지금 당장 손에 잡히는 바울 서신을 다룬 아무 책이나 펼쳐보라. 대부분 바울 서신이 서신 장르에 속한다는 것을 당연지사로 인정할 것이다. 하지만, 서신 장르가 지닌 구조적인 그리고 수사적인 특징과 기능을 제대로 반영하여 다룬 경우를 만나기란 쉽지 않을 것이다. 바울 서신을 서신답게 장르적 특징과 기능을 고려하여 접근한다면, 우리는 그리 중요하게 여기지 않았던 부분에서조차 바울 사도가 열정적으로 설득력 있게 전달하고자 했던 그의 복음에 대한 이해 및 목회적인 태도를 분명하게 깨닫게 될 것이다. 김주한 박사의 『바울, 목회, 서신』은 신학생과 목회자가 다소 접근하기 어려운 분야인 고대 편지 연구사 및 바울 서신의 그리스-로마 훈계 전통을 전문가의 시각에서 명료하게 제시해 준다. 또한, 이를 바탕으로 하여 도출된 바울의 목회 원리는 바울 서신 연구의 중요한 방향성을 제공해 준다. 이 연구서를 통해 신학생과 목회자가 정당한 해석학적인 관점에서 바울 서신을 서신답게 다루어 바울 사도의 복음에 대한 이해와 그의 목회 원리의 정수를 맛보기를 바란다.

남궁영 박사 | 칼빈대학교 신학과, 신약신학

먼저, 김주한 박사의 책을 독자들에게 소개할 수 있어서 기쁘다. 항상 학자로서 묵묵히 그의 길을 걸어가면서도 목회자로서의 사명을 생명처럼 여기는 그의 모습을 볼 때면 개인적인 친근함을 넘어 존경하는 마음을 갖게 된다. 그래서인지 김주한 박사의 저서는 필자를 더욱 설레게 한다. 특히, 본서는 수년간의 그의 수고와 노력의 결실이기에 더욱 값진 것이 아닐까 하는 생각이 든다. 바울 서신의 문학적 양식 이해는 그의 서신들을 통해 드러나는 바울의 목회적 의도를 파악하는데 중요한 단서를 제공한다. 이는 바울 서신을 목회 서신으로 볼 수 있는 충분한 이유이기도 하다. 바울 서신이 고대 그리스-로마의 문학적 양식을 반영하고 있음은 부인할 수 없다. 따라서 저자는 "고대 그리스-로마 편지의 문학적 특징은 바울 서신의 문학적 특성을 이해하고 분석하는 데 긍정적으로 기여" 한다고 말한다(p.161). 이는 바울 서신의 문학적 양식의 이해가 독자들에게 바울 서신 이해를 위한 아이디어와 함께 바울의 저술 의도를 파악할 수 있는 힌트를 제공함을 의미한다. 특히, 저자는 "고대 훈계 편지"를 소개하면서 훈계 전통의 이해 속에서 바울 서신을 목회 서신으로 볼 수 있는 타당성을 제공하며, 아울러 바울 서신을 통해 드러난 그의 목회 신학과 목회적 실천 원리를 제시함으로써 목회 서신으로써의 바울 서신 이해를 돕는다. 그리고 함께 수록된 저자의 연구 논문들은 독자들에게 또 다른 정보를 제공한다. 즉, 본서는 신학자뿐만 아니라 신학생과 목회자에게까지도 많은 읽을거리를 제공한다. 따라서 바울 서신에 관심이 있는 자라면 정독을 권하고 싶다.

오정환 박사 | 대신대학교 신학과, 신약신학

바울 서신을 가장 잘 이해할 수 있는 방법은 무엇인가? 바울 서신 연구 분야의 여러 방법론이 있지만, 그 무엇보다 바울 서신을 고대 그리스-로마 편지의 여러 유형과 양식과 비교해보면서 유사성과 비유사성을 확인하는 작업이 필수적이다. 바울 서신에 관한 국내 저술이 해외에 비해 그리 많지 않은 척박한 땅과 같은 환경 속에서 김주한 교수가 저술한 『바울, 목회, 서신』은 마치 단비와 같다. 본서의 장점은 다음과 같다. 첫째로, 고대 서신학 분야의 최근 연구 동향을 한눈에 파악해볼 수 있다. 본서는 서신학 연구사, 서신 유형의 범주들, 구조, 고대 그리스-로마 시대에 사용된 여러 문구와 고유 기능, 장르를 비롯하여 전반적인 중요 논의를 포함한다. 서신 분석학적 접근을 사용하여 바울 서신을 이해하고자 하는 이들에게 본서는 매우 중요한 선행연구이다. 둘째로, 김주한 교수는 자신의 연구를 토대로 바울 서신의 유형과 특징이 무엇인지를 논리적으로 도출해낸다. 바울 서신을 목회적 차원에서 저술된 영혼 돌봄의 편지로 제안하는 저자의 주장은 합당하며, 이는 김주한 교수의 독특한 학문적 기여이다. 셋째로, 본서는 그리스도인으로서의 정체성 확립과 권면에 관한 중요한 원리를 드러냄으로써 바울의 가르침이 지니고 있는 본질을 보여준다. 본서를 통하여 오늘날 독자들은 1세기의 그리스도인 독자들 틈에 끼어서 있는 그대로의 바울의 메시지를 듣게 될 것이다. 바울 서신을 더 깊이 이해하고자 하는 독자들은 반드시 본서를 필수독서 목록에 올려놓아야 한다!

이기운 박사 | 총신대 신대원/안양대 겸임교수, 신약신학

김주한 박사의 바울 사도와 바울 서신들에 대한 사랑, 더 나아가 하나님의 말씀과 교회에 대한 열정이 또 한 권의 책 『바울, 목회, 서신』으로 열매를 맺어 출판된 것을 기쁘게 생각한다. 본서에는 바울 서신을 전문적으로 연구한 성실한 학자의 연구 결과와 이를 통해 교회에 이바지하려는 목회적 열정이 잘 어우러져 있다. 바울 사도의 편지들에 나타난 목회 원리를 따라 현장에 적용하고픈 열망을 가진 목회자들이나 성도들은 제5부 "바울의 목회 원리: 정체성 형성의 목회적 원리들과 적용"부터 펼쳐

읽을 것이다. 신약 성경 중 많은 부분을 차지하고 있는 고대의 "편지"라는 장르를 이해하는 것이 왜 중요한지, 그리고 그 장르를 이해하는 것이 바울 서신과 더 나아가 다른 편지를 이해하는 데 어떤 도움을 주는지를 알고 싶은 모든 진지한 신학도들은 처음부터 차근차근 읽을 것을 권한다. 큰 유익이 있으리라 기대한다. 한편, 성경을 우리말로 번역할 때 얼마나 큰 고통스러운 결정이 뒤따르는지를 조금이나마 엿보고 싶은 분들에게는 제4부 뒤에 놓인 [보록 2]를 꼼꼼히 읽어보길 바란다. 간단히 말하자면, 하나님의 말씀을 사랑하기에 더욱 깊이 알기 원하고, 그 말씀을 좇아 살아가기를 원하는 모든 이들은 이 책을 가까운 곳에 두고 자주 꺼내 읽을 것을 추천한다.

이종만 목사 | 전 총신대 신학대학원 강사, 신약신학

본서에서 김주한 교수는 고전학의 연구 분야인 편지학과 바울 신학에 이르는 방대한 학문 영역을 다루면서도 각 분야에 대한 해박한 지식과 함께 깊이 있는 통찰을 제공하고 있다. 『바울, 목회, 서신』은 무엇보다도 다양한 학문 분야의 내용을 종합하고 엮어내는 저자의 학문적 역량이 잘 드러난 책이라 할 수 있다. 독자들은 본서를 통하여 고대 편지와 목회 서신 간의 장르적 구분이라는 신선한 내용을 접할 뿐만 아니라, 이러한 구분으로부터 목회 서신의 장르 규정이 바울 서신 해석에 끼치는 지대한 영향을 흥미롭게 관찰할 수 있을 것이다. 또한, 편지학이라는 고전학적 논의가 목회 서신들의 장르적 분석을 통한 올바른 번역과 장르적 접근의 결과 얻어진 균형 잡힌 서신의 해석을 통한 설교라는 가장 실제적이고 실천적인 신학의 장으로 이어지는 과정을 통해, 저자는 학자이며 목사로서 맞게 되는 학문적 논의와 신앙적 실천 간에 진지하고 치열한 고민의 흔적을 여실히 보여줌으로써 독자들의 영혼을 인도하고자 시도하고 있다. 저자의 초대에 응하여 독자들이 온전한 신학을 통한 온전한 그리스도인의 신앙으로 나아가길 소망한다.

박정훈 목사 | 스텔렌보스대 고전학과, 고전어학

바울, 목회, 서신
목회서신의 형성과 사도적 목회원리들

김주한 지음

바울, 목회, 서신
목회서신의 형성과 사도적 목회원리들

2022년 10월 13일 초판 1쇄 인쇄
2022년 10월 13일 초판 1쇄 발행

지은이   김주한
펴낸이   임연주
책임편집 유한상
펴낸곳   이름북하우스

주소 | 경기도 고양시 일산동구 일산로 463번길 41-15 1층
메일 | ileumbook@gmail.com
등록 | 2021년 2월 10일

ISBN 979-11-974298-3-5
ⓒ 김주한 2022

이 책의 저작권은 저자와 이름북하우스가 소유합니다.
신저작권법에 의하여 한국 내에서 보호를 받는 저작물이므로 무단전재와 복제를 금합니다.

목회서신의 형성과
사도적 목회원리들

바울, 목회, 서신

개정증보판

김주한 지음

차례

머리말

약어

제1부 서론　19

제2부 고대 편지 연구사　25

제1장 다이스만(A. Deissmann) 이전　27
1. 벤틀리(R. Bently, 주후 1662~1739년)와 근대 비평적 접근의 출현　27
2. 19세기 편지학의 중흥과 이집트 파피루스 편지의 발견　29

제2장 다이스만과 이집트 파피루스 편지 연구　30

제3장 문학적 양식 분석(Literary Form Analysis)　32
1. 초기 문학적 양식 분석　33
2. 문학적 양식 분석의 발전　37
3. 문학적 양식 분석 시기의 기독교 서신 전통에 관한 연구　46

제4장 편지 이론들과 수사학적 접근들　51
1. 이론적 접근 출현과 편지학에 관한 신약학계의 반응　51
2. 연역적 이론적 접근: "고대 편지 이론가들"(Ancient Letter Theorists)　53
3. 연역적 혹은 고전 수사학적 접근　56
4. 귀납적 혹은 서술적 접근　58

제5장 결론적 요약　60

[보록 1] 고대 편지 연구사에 따른 갈라디아서 해석사 62
  §1. 서론 62
  §2. 최근 40년간의 갈라디아서 문예적 연구 방법의 분석과 평가 65
    §2.1. 고대 비-문학 편지로서의 갈라디아서: J. L. White. 65
    §2.2. 고대 수사 작품으로서의 갈라디아서: H.D. Betz 72
    §2.3. 연설/수사 장치를 사용한 복합적 성격의 편지로서의 갈라디아서: R.N. Longenecker 78
    §2.4. 자체 수사적 논리를 가진 작품으로서의 갈라디아서: D.F. Tolmie 84
  §3. 결론: 요약 및 향후 연구를 위한 제언 89

제3부 바울 서신의 문학 양식적 훈계 전통적 배경 93

제1장 그리스-로마 편지의 양식 95
1. 그리스-로마 편지의 범주 95
2. 그리스-로마 편지의 구조 104
3. 그리스-로마 편지의 서두, 본문 및 결어의 문학적 특징 118
4. 그리스-로마 편지 작성의 추가적 관습들 130

제2장 고대 그리스-로마 훈계 전통과 훈계 편지들 133
1. 고대 편지 분류법과 훈계 편지들 133
2. 그리스-로마 훈계 전통의 소개: 목표, 발전, 종류 138
3. 그리스-로마 훈계 전통의 실천: 장르적 특징들 151

제3장 결론적 요약 164

제4부 목회 서신으로써의 바울 서신 167

제1장 목회 동기: 역사적 배경 172
1. 고대 세계와 기독교 172
2. 바울과 성도들의 상황 184

제2장 목회 의도　188

　　1. 바울의 의도와 자의식　188
　　2. 목회적 심정　191

제3장 목회 실천: 데살로니가전서 분석　194

　　1. 바울 서신과 훈계 전통　194
　　2. 목회 서신으로써의 데살로니가전서　197

제4장 결론적 요약　214

[보록 2] 고대 편지 양식에 따른 신약 성경 편지 양식 연구　218

§1. 서론　218

§2. 고대 그리스-로마 편지의 서두　221

　　§2.1. 편지 서두의 종류　222
　　§2.2. χαίρειν의 기원　225
　　§2.3. χαίρειν의 보충　228

§3. 신약 서신 서두　228

　　§3.1. 발·수신자 부분과 인사 부분을 나눈 편지들　230
　　§3.2. 발·수신자와 인사가 한 문장을 이룬 편지들　233

§4. 『개역개정』의 번역 분석과 평가　234

　　§4.1. 〈§3.1〉의 발·수신자 부분과 인사 부분을 나눈 편지들　234
　　§4.2. 〈§3.2〉의 발·수신자와 인사가 한 문장을 이룬 편지들　252

§5. 편지 서두 번역을 위한 제안　254

§6. 결론　256

제5부 바울의 목회 원리: 정체성 형성의 목회적 원리들과 적용 257

제1장 "칭의 공동체"로써의 교회 260

1. "칭의 공동체"의 시작: 오직 믿음 260
2. "칭의 공동체"의 삶: 말씀을 통한 회복 264

제2장 바울의 목회 원리: 최초 그리스도인 정체성 정립하기 267

1. 목회 정황과 정체성 확립의 필요성 268
2. 정체성을 확립하\는 다섯 가지 목회 원리 272

제3장 결론적 요약 318

[보록 3] 고대 훈계 전통에 따른 신약성경 서신의 훈계 방식 연구 321

§1. 서론 322

§2. 고대(그리스-로마) 세계에서의 모델 324

§2.1. 모델 사용의 목적 324
§2.2. 모델의 기능 325
§2.3. 모델의 종류 327
§2.4. 요약 329

§3. 신약 서신의 모델 사용과 기독교 정체성 330

§3.1. 서문 331
§3.2. 신약 성경 서신에서의 모델들 332
§3.3. 요약 353

§4. 결론: 한국 교회의 설교에 있어서의 모델 356

제6부 결어 359

참고문헌 363

개정증보판 머리말

필자는 2019년도에 본서를 준비하여 출판하였다. 박사학위를 마치고 수년이 지나도록 필자의 논문을 소개할 기회가 많지 않아 시간이 더 흐르기 전에 욕심을 내어 책을 출판했다. 독자들의 사랑을 받았으나 조급하게 출판된 책이었기에 내용에 있어 부족한 부분과 편집상의 문제 등으로 이내 마음이 무거웠다. 만 3년이 지나면서 이 문제가 필자의 마음을 더욱 무겁게 해왔기에 개정증보판을 준비하여 출판하기로 결심했다. 그러나 전문 서적이며 동시에 한 번 출판된 책을 기꺼이 개정증보하여 출판해 줄 출판사를 찾기가 어려웠다. 고민을 하던 중 이름북하우스의 유한상 목사를 만나 대화를 나누었는데, 기꺼이 개정증보판을 출판해 주시겠다고 해 감사하는 마음으로 이 판을 준비했다.

한 가지 언급할 것은 본서의 개정증보판을 준비하기 위해 초판을 재차 자세히 읽다 보니, 본서의 구성은 필자의 박사학위 논문(2012년) 전반부와 그에 관한 소개 논문들(2014~2015년)에 기초하고 또한 귀국하여 개별적으로 연구한 논문 세 편(2012~2013년)을 보록으로 소개하는 것으로 했는데, 출처가 일부 부정확하게 표기된 것을 발견하였다. 따라서 먼저 이 사항을 바로잡아 독자들이 더욱 정확한 서지 정보를 얻을 수 있도록 하였다(출처는 해당 단락에 각주로 처리하였다).

본 개정증보판의 목적은 초판과 동일하다. 바울 서신을 통해 그의 목회 신학과 그 실천 원리를 제시하는 것이다. 필자는 개선된 본서를 통해 독자들이 그러한 연구에 도움을 받기를 소원한다.

마지막으로, 어려운 상황 중에서도 본서의 개정증보판을 기꺼이 출판해 주신 이름북하우스 유한상 목사님께 다시 한번 감사드린다.

2022년 9월 1일
에덴동산과 마주한
총신대학교 연구실에서
김주한 박사

초판 머리말

이 책은 바울 서신 연구에서 줄곧 소외되던 분야인 사도 바울의 목회 신학과 그 실천에 대한 주제를 다룬다. 바울은 사도요 목회자요 선교 사로서 자신의 사명을 감당했는데, 이 일을 위해 그리스-로마 세계를 두루 다녔고, 대리자들을 파송했고 서신들을 발송했다. 그리스도인의 삶의 양식이라 할 수 있는 기준들이 분명하게 마련되지 않았던 시점에 최초 그리스도인들은 새로운 구원의 삶과 이전의 죽음의 삶 가운데서 내적으로나 외적으로 혼란을 겪었을 수밖에 없었다. 외적 핍박은 대체로 새로운 삶을 선택한 이의 당연한 결과로 받아들일 수 있었겠지만, 거짓 교사나 이단적 가르침 및 여러 실생활 내에서의 문제들은 최초 그리스도인들이 소유하게 된 구원의 삶이 과연 어떤 삶인지에 대한 의문을 야기했을 것이다. 이에 한 지역에 방문하여 복음을 전하고 교회를 세우고 여러 이유로 그 교회를 떠나있어야 했던 사도 바울은 이제 새롭게 예수를 믿어 최초 그리스도인들이 된 이들을 온전히 양육해야 할 필요성이 있었다. 하나님의 뜻에 따라 성도들을 그분의 뜻 가운데 살 수 있도록 인도하는 사명을 받은 바울은 문제에 직면한 교회에 서신을 발송해 그들을 양육했고 그것이 바로 현재 우리가 소유하고 있는 13통의 바울 서신이다.

한편, 사도 바울이 목회를 위해 서신을 보냈다는 말은 단순히 그가 목회자였다는 점 이상을 우리에게 말해준다는 사실을 기억해야 한다. 특별히 바울이 목회자로 목회를 시행할 때 서신을 발송했다는 점과 다양한 교회에 목회 서신을 보내면서도 바울 신학이라 부를 수 있는 핵심적 사항들을 각 교회의 문제들에 적용하여 성도들을 양육하려 했다는 점에 주의해야 한다. 이 두 가지 사항은 바울 서신을 이해하고 해석하는 데 중요한데, 그 이유는 특정한 문학 장르를 사용했다는 점은 그 장르가 기능하는 방식이 구분되기에 그에 따른 이해가 필요하고, 또한 임기응변식으로 서신을 보낸 것이 아니라 중심을 가지고 각 교회에 서신을 썼다는 것은 바울이 일단의 목회 원리를 가지고 있었다는 점을 시사하기 때문이다. 그러므로 바울이 사도요 목회자요 선교사로 바울 서신들을 보냈으며, 현재 우리가 그 하나님의 말씀을 연구하고 이해하고 전한다고 한다면 이 두 요소, 즉 바울의 목회 서신 작성법과 목회의 원리들을 알아야 한다.

본서는 이 두 관점을 염두에 두면서 진행된다. 우선, 바울 서신의 문학적 이해를 위해 바울 당대의 편지 작성법과 바울 편지 해석사를 다루고, 다음으로 그 서신들을 통해 실행한 바울의 목회를 이해하기 위해 바울의 목회 원리들을 목회적 정황과 목회의 실천(서신서들)의 관점에서 다뤄보고자 한다.

본서는 필자의 박사 논문 "The pastoral letter in the Early Christianity up to the Early Fifth Century C.E."(2012)의 전반부를 요약 번역 및 수정·보충한 것이며, 세 편의 보록들은 필자가 한국에 귀국해 발표했던 그들을 일부 수정한 것이다(출처는 각 보록에 표시됨). 필자는 박사 논문과 박사를 마친 이후 귀국하여 초대 교회의 신약 성경 목회 전통(사도 바울)에 대해 줄곧 관심을 가져왔는데, 본서를 통해 지난 시간의 연구 결과를 단권으로 국내 독자들에게 소개할 기회가 생겨 마음이 기쁘다. 독자들은 본서를 통해 사도 바울이 최초 그리스도인들을 복음으로 양육하기 위해 신학적 목회 원리를 체계화하고 이 사항을 각 교회에 적용하여 목회 서신을 발송한 사실을 확인함으로 바울이 전한 복음뿐만 아니라 그가 사명자로서 감당한 수고를 배워 최초 그리스도인들이 그랬듯이 복음에 굳건히 서는 계기를 얻기를 바란다.

약어

학술지 약어

ABR   Australian Biblical Review
CBQ   Catholic Biblical Quarterly
JBL   Journal of Biblical Literature
JSNT   Journal for the Study of the New Testament
NovT   Novum Testamentum
NTS   New Testament Studies
SBLSP   Society of Biblical Literature Seminar Paper
TDNT   Theological Dictionary of New Testament
TynB   Tyndale Bulletin
WTJ   Westminster Theological Journal
ZNW   Zeitschrift für die neutestamentliche Wissenschaft und die Kunde der älteren irche

성경 약어

『개역개정』   『성경전서 개역개정판』(제4판, 2005)

제1부
서론

초대 기독교 저자들(예. 교부들)은 목회 돌봄(pastoral care)이 필요한 다양한 상황 중에 편지를 작성하고 발송했다. 그러나 이렇게 발송된 목회 편지는 한 개인이 갑자기 결정하여 그러한 편지 장르가 창조되고 그 서술 기법과 내용이 결정된 것이 아니었다. 오히려 저자들은 자신들이 속한 문화 내에서 받은 교육 내용, 예를 들어, 당대의 편지 작성법에 따라 편지를 작성했을 뿐만 아니라, "영혼 돌봄"(psychagogy 혹은 soul-guidance)을 목적으로 고대 그리스-로마 (도덕) 철학자들(philosophical moralists)이 적용한 훈계 전통(hortatory tradition)을 염두에 두고, 그에 상응하거나 대비되는 목회를 실천했을 것이다. 물론, 초대 기독교 저자들이 당대의 문화와 전통들을 알고 염두에 두었을 것이라는 추측은 그들이 그 전통에 대해 실제로 어떤 태도를 취했는지의 문제-즉, 그것들을 완전히 수용했는지 아니면 부분적으로 수정하여 받아들였는지 아니면 완전히 배격했는지-는 별개의 사항으로 후에 논의한다.

하지만 분명한 사항이 있다. 즉, 신약 성경 서신들은 최초 기독교인들을 돌보기 위해(목회) 작성되었는데,[1] 초대 기독교 편지 저자들이 자신들에게 맡겨진 이들에게 목회 편지를 발송하기에 앞서 신약 성경의 바울 서신과 공동 서신을 접하게 되었다는 점이다(Athanasius, *Ep.pasch.* 39).[2] 이는 그들이 목회 편지들을 작성할 때 그리스-로마 훈계 전통을 활용하고 더불어 신약 성경 서신들을 자신들의 목회 서신 모범으로 사용했을 가능성

---

1   R. N. Longenecker, "On the Form, Function and Authority of the New Testament Letters," *in Scripture and Truth*, edited by D. A. Carson and J. D. Woodbridge (Leicester: InterVarsity Press, 1983), 104; D. A. DeSilva, *An Introduction to the New Testament: Contexts, Methods, & Ministry Formation* (Downers Grove, Illinois: InterVarsity Press, 2004), 29.

2   L. M. 맥도날드, 『성경의 형성: 교회의 정경 이야기』, 김주한 역 (서울: 솔로몬, 2015), 273-282을 참조하라

을 높여준다.³ 스토어스(S. K. Stowers)에 따르면, 주후 4~5세기 어간에 이러한 현상이 분명하게 나타났다.⁴

이 저자들(즉, 초대 기독교 편지 저자들)은 동방에서는 나지안주스의 그레고리오스(Gregory of Nazianzus) 그리고 서방에서는 히에로니무스(Jerome)와 아우구스티누스(Augustine)에 의해 가장 잘 예시된 기독교 전통과 고전 수사학을 종합하는 일을 성취했다.

물론, 초대 기독교 저자들은 신약 성경 서신을 무조건 모방한 것은 아니고 자신들이 처한 사회적-문학적 환경 속에서 편지를 작성했다. 이 말은 그들의 편지 각각이 각 시대의 고유한 특징들을 가지고 있음을 의미한다. 그럼에도 불구하고, 이 편지들이 시간을 초월하여 문학적 양식, 편지의 내용, 목적에 따른 기능에 있어 일단의 공통점을 가지고 있었으리라 추측해 볼 수 있다. 왜냐하면 편지 저술의 목적(즉, 목회)과 그들이 참조했던 자료(모델)들이 공통적이었기 때문이다. 특별히, 도티(W. Doty)는 주후 3세기까지의 기독교 지도자들에게 있어서의 교육의 부재 상황이 그들이 목회를 위해 편지를 저술하고자 했을 때 무엇보다 신약 성경 서신들에 의존할 수밖에 없게 하였을 것이라는 합리적 추론을 제안하기도 했다.⁵ 이런 일반적 심리 상태와 더불어 초대 기독교 편지 저자들의 신약 서신들에 대한 의존은 그들의 목회 편지들 사이의 유사점들을 양산해 냈다. 그러므로 초대 기독교 저자들의 목회 편지와 그들의 문학적 전거 사이의 관계를 밝혀내기 위해, 일반 배경이

---

3   W. G. Doty, *Letters in Primitive Christianity* (Philadelphia: Fortress, 1973)와 H. -J. Klauck, *Ancient Letters and the New Testament: A Guide to Context and Exegesis* (Waco, Texas: Baylor University Press, 2006), 442를 참조하라.

4   S. K. Stowers, *Letter Writing in Greco-Roman Antiquity* (Philadelphia: Westminster, 1986), 45.

5   Doty, *Letters in Primitive Christianity*, 75.

되는 그리스-로마 훈계 전통의 특징들과 특별한 배경이 되는 신약 성경 서신들에서 나타나는 기독교 목회 전통 특징들 모두를 살펴볼 필요가 있다.

한 가지 더 고려해야 할 사항은 신약 성경 서신 저자들도 당대의 문학적 전통들, 즉 그리스-로마와 유대교 훈계 전통 및 편지 전통과 접점을 가졌을 수 있다는 점이다. 물론, 이러한 교류를 전제한다고 하더라도, 이는 신약 성경 저자들이 당대의 다양한 전통들을 무분별하고 맹신적으로 모방했다는 것을 절대 의미하지 않는다.[6] 하지만 그러한 교류의 가능성이 있었다는 점만으로도 우리는 신약 성경 서신의 훈계(철학)적-문학적 배경(the hortatory[philosophical]-literary backgrounds)에 주의를 기울일 필요가 있다. 이러한 배경 연구로부터 우리는 신약 성경 서신 저자들이 각 상황 속에서 성도들을 목회하기 위해 어떤 방식으로 이 전통들을 사용했는지와 더불어, 어느 정도까지 초대 기독교 저자들의 목회 편지가 신약 성경 서신들의 영향을 받았는지를 확인할 수 있게 될 것이다.

필자는 위에서 언급한 사항을 바울 서신(Paul's letters)에 초점을 두고 논의하고자 한다. 그 이유는 바울 서신은 사도 바울이라는 한 인물을 통해 저술되었고 그 분량이 많을 뿐만 아니라 사도행전과 각 서신의 내용에서 드러나듯이 분명한 목회의 목적하에서 작성되었기 때문이다. 이와 더불어, 바울 서신이 초대 기독교에 미친 영향력을 고려할 때도 바울 서신에 집중하는 것은 유익이 있으리라 생각된다. 그러나 바울 서신을 선택하고 장르 상 목회를 위한 편지라고 단정하더라도, 그 자체가

---

6   J. L. White, "Saint Paul and the Apostolic Letter Tradition," *CBQ* 45 (1983), 437이하와 A. J. Malherbe, "Paul: Hellenistic Philosopher or Christian Pastor?," in *Paul and the Popular Philosophers* (Minneapolis: Fortress, 1989), 70을 참조하라.

훈계 혹은 목회 편지 장르로 분류될 수 있는지를 분석해 보는 것이 필요하다. 따라서 아래의 항목에 따라 연구를 진행해 보고자 한다.

첫째, 제2부에서는 바울 서신 연구를 위한 배경으로 "고대 편지 연구사"를 살펴본다.

둘째, 제3부에서는 "바울 서신의 문학 양식적-훈계 전통적 배경"이 되는 그리스-로마 편지의 종류와 양식 및 훈계 전통과 편지 종류들에 대해 살펴본다.

셋째, 제4부에서는 바울의 전도 활동과 바울 서신에 드러나는 목회적 특징을 통해 "목회 서신으로써 바울 서신"의 작성 배경과 특징들을 살펴본다.

넷째, 제5부에서는 바울께서 자신의 서신들을 통해 실천한 목회의 일관된 규칙들을 발견하고 정리함으로써 "바울의 목회 원리: 정체성 형성의 목회적 원리들과 적용"을 제시해 보고자 한다.

제2부
고대 편지 연구사

신약 성경 서신 및 초대 기독교 편지들이 그리스-로마 문학사(文學史)에서 독특한 위치를 차지하고 있는 것은 사실이다. 그럼에도 불구하고, 이 편지들은 그리스-로마 문학사의 일부이며 유사한 시대적 배경에서 저술되었다는 점은 부인할 수 없다. 따라서 그리스-로마 편지학(片紙學, epistolography)에서 기독교 편지 전통으로써의 목회 편지 유형 즉, "기독교 영혼 돌봄 편지"(the pastoral letter or psychagogical letter)의 적절한 위치를 찾기 위해 초대 기독교 편지의 역사뿐 아니라, 일반 그리스-로마 편지의 역사를 살펴보는 것은 적절한 접근이라 할 수 있다. 이 두 영역에 관한 연구는 목회 혹은 기독교 영혼 돌봄 편지 유형으로 형상화된 하나의 기독교 편지 전통 연구에 대한 배경을 제공해 줄 것이다.

제1장 다이스만(A. Deissmann) 이전

1. 벤틀리(R. Bently, 주후 1662~1739년)와 근대 비평적 접근의 출현

고대 그리스-로마 편지에 대한 최초의 근대적 연구는 편지의 진정성(authenticity)에 대한 탐구로부터 시작됐다. 주후 14세기 이전까지는 그리스-로마 편지들의 저작권(진정성)에 대한 의심이 적었으나 역사-비평 방법(the historical-critical method)이 학계의 주류를 이루면서 분위기가 바뀌었다. 이 방법론이 주후 17세기 후반에 시실리 아그리젠툼의 폭군 팔라리스(Phalaris, 주전 약 570~554년)의 편지들에 관한 진정성 연구에 도입됨으로써 편지학의 전환점이 마련되었다. 이 방법론을 고대 그리스-로마 편지 연구에 적용한 사람은 벤틀리였다.

벤틀리는 주후 1697년 및 1699년에 출판한 두 논문에서 팔라리스의 편지가 위조된 것임을 주장했다.[7] 그러나 벤틀리의 연구 기여점은 팔라리스의 편지가 위조되었다는 것을 증명하는 데 제한되지 않고, 어떻게 고대 그리스-로마 편지를 비평적 방법으로 연구할 수 있는가를 제시하는 데까지 나아갔다. 즉, 벤틀리의 연구는 "단어들과 언어로부터의 논증

---

[7] R. Bentley, *A Dissertation on the Epistles of Phalaris; with an Answer to the Objections of the Hon. Charles Boyle, ESQ* (London: W. Mc'Dowall, 1816[1697]); "A Dissertation upon the Epistles of Phalaris, Themistocles, Socrates, Euripides and Others, and the Fables of Aesop (Appended to Wotton's Reflections upon Ancient and Modern Learning, 1697)," in *A Dissertation upon the Epistles of Phalaris, Themistocles, Socrates, Euripides and Others, and the Fables of Aesop: also, Epistola ad Joannem Millium*, edited by A. Dyce (London: Francis Macpherson, 1836[1699]).

들"을 사용하여 고대 편지들을 비평적으로 연구함으로써 한 편지의 진정성을 파악하는 기준점을 마련했다. 예를 들어, 벤틀리는 팔라리스의 한 편지의 진정성을 연구하면서 해당 편지에 사용된 어휘의 용례를 기준으로 삼았는데, 그는 헬라어 단어 "쁘로노이아"(πρόνοια, 섭리)라는 단어를 위조의 증거로 제시했다. 벤틀리의 연구에 따르면, 이 단어가 팔라리스의 세 번째 편지에서 소피스트들(Sophists)에 의해 신의 섭리(providence)의 개념을 표현하는 것으로 사용되고 있으나, 사실 이 단어는 플라톤(Plato, 주전 428/427-348/347년) 이전에는 신적 섭리를 나타내지 않았으며 신에게 돌려진 단어가 아니었다는 것이다. 단지, 인간적 고려나 예상을 의미했다는 것이 벤틀리의 주장이다. 벤틀리는 어휘의 이런 시대착오적 용례가 팔라리스의 편지들이 위조된 것임을 드러내는 결정적 증거라고 주장했다. 이런 연구에 근거한 고대 편지의 진정성 연구는 (비록 벤틀리의 직접적인 영향은 아닐지라도) 향후 고전 작품들의 진정성 연구에 적용되었을 뿐만 아니라, 신약 성경 서신의 진정성 연구에도 적용될 것이었다.[8]

그러나 역설적으로 이런 비평적 접근은 오히려 고대 그리스-로마 편지에 관한 연구 발전에 장애가 되었다. 고(高, high)-문학과 저(低, low)-문학을 구분했던 학문적 풍토에서 혹자의 대작(大作)에 비해 편지들이 갖는 위상이 높지 않았다는 점과 더불어, 대다수 편지가 진정성이 없다고 전제한 상황(사실이든 아니든)에서 편지에 관 관심이 축소된 것이다. 다만, 이 시기에는 고전 작품 전집 출판이 진행되면서 고대 편지들

---

8 예를 들어, 바울 서신의 진정성을 논의할 때 진정성 있는 서신으로 합의된 것들과 의심받는 서신들을 구분하는 기준으로서 어휘나 문체 등의 언어적 요소들이 채택되어 왔다는 것은 잘 알려진 사실이다. 그러나 최근 학계에서는 대필자나 서신 작성의 상황 등의 문제들을 고려할 때 언어적 요소는 진정성을 결정하는 결정적인 요소가 될 수 없다는 점에 대체로 동의한다. 대표적인 예로 에베소서와 골로새서의 저작권 논쟁이 있다.

이 수집 및 정리되어 출판되는 것으로 관심이 지속되었을 뿐이다.

2. 19세기 편지학의 중흥과 이집트 파피루스 편지의 발견

앞서 언급했듯이, 벤틀리의 고대 그리스-로마 편지 진정성 연구 영향으로 향후 학계는 편지에 관한 연구 가치를 느끼지 못했다. 게다가, 근대에 이르기까지 고대 저자들의 편지가 정리되어있지 않아 자료 접근의 어려움이 연구 진행을 순조롭지 못하게 했다. 그러나 19세기 어간에 이르러 편지 연구사의 일차적 특징이 나타나는데, 바로 문학적 편지 전집들(the collections of literary letters)이 출간되고 그것들을 근거한 기초적 연구가 진행되기 시작된 것이다.[9]

한편, 고대 편지에 대한 지대한 관심과 적극적인 연구의 시작은 고대 이집트 지역에서 발견된 파피루스 편지(papyrus letters from Egypt)에 의해 촉발되었다. 파피루스 편지들은 문학적 편지들(literary letters)과는 달리 당시에 보존 가치가 없어 폐기된 것들이 우연히 보존된 것들로 편지 작성 당시의 시대 상황, 언어, 편지 양식을 원본 그대로 드러내 주는 가치 있는 자료로 취급되었다. 파피루스 편지의 발견으로 학계는 고대 편지 연구가 문학적 편지 연구로만은 충분하지 않다는 점을 인식하게

---

9   J. K. Orelli, *Collectio Epistularum Graecarum: Graece et Latine* (Lipsiae: Libraria Weidmannia, 1815); A. Westermann, *De epistolarum scriptoribus Graecis commentationis* (Lipsiae: Staritz, 1851-1858); R. Hercher ed., *Epistolographi Graeci* (Paris: F. Didot, 1873); W. Roberts, *History of Letter-Writing from the Earliest Period to the Fifth Century* (London: William Pickering, 1843); V. Martin, *Essai sur les Letters de St. Basil le Grand* (Nantes: Carpentier, 1865); P. Albert, *Le genre epistolaire chez les Anciens* (Paris: Librairie Hachette, 1869).

되었다(그러나 사실 이전 학자들이 파피루스 편지에 관심을 두지 못한 것은 이집트 파피루스 편지 발견 이전까지 유럽에 파피루스 편지가 불과 수십 통 적도만 존재했기 때문이다). 이러한 인식은 결국 (일반 편지학과 신약 서신 영역 모두와 관련된) 편지에 관한 연구로 이어졌다.

제2장 다이스만과 이집트 파피루스 편지 연구[10]

다이스만은 이집트 옥시링쿠스(Oxyrhynchus, 카이로에서 남쪽 방향으로 약 160킬로 정도 떨어진 곳에 있는 고대 도시)에서 발견된 파피루스 편지들을 접했을 때,[11] 이 편지들의 중요성을 간파했고 무엇보다 신약 성경 서신

---

10 A. Deissmann, "Epistolary Literature," in *Encyclopaedia Biblica: A Critical Dictionary of the Literary, Political, and Religious History, the Archaeology, Geography, and Natural History of the Bible*, edited by T. K. Cheyne and S. Black. 4 vols. Vol. 2 (London: Admansand Charles Black, 1901), 1323-1329; *Bible Studies: Contributions Chiefly from Papyri and Inscriptions to the History of the Language, the Literature, and the Religion of Hellenistic Judaism and Primitive Christianity*, trans. by A. Grieve (Edinburgh: T.&T. Clark, 1909[1895]); *Licht vom Osten: Das Neue Testament und die neuentdeckten Texte der hellenistisch-romischen Welt* (Tübingen: More Siebeck, 1923); *Light from the Ancient East: The New Testament Illustrated by Recently Discovered Texts of the Graeco-Roman World, New and Completely Revised Edition with Eighty-Five Illustrations from the Latest German Edition*, trans. by L. R. M. Strachan (Grand Rapids, Michigan: Baker Book House, 1965[1909]).

11 옥시링쿠스 파피루스의 중요성에 관한 국내의 연구는 민경식, "옥시링쿠스 파피루스의 가치와 전망,"「성경원문연구」제22호 (2008.4), 7-22를 보라.

을 연구하는데 중요한 배경 자료가 될 것으로 판단했다. 그리고 그의 예상은 적중했다. 다이스만은 파피루스 편지가 갖는 사회적 가치(편지 작성자의 사회적 신분과 그 안에 그려진 일상의 묘사를 통해 사회 계층을 연구), 언어적 가치(어휘와 구문) 및 문학적 가치(편지 장르에 관한 연구)를 발견했기에 이 사항들을 집중적으로 연구했다.

이 분야 중 편지학과 관련된 다이스만의 연구는 편지의 장르 구분 개념에 큰 영향을 미쳤다. 다이스만은 파피루스 편지를 포함한 연구에서 편지 장르의 이분법을 주장했다. 그는 편지를 "편지"(letter)와 "서신"(epistle)으로 구분했다. 그러면서 각 항목을 아래와 같이 정의했다.

① 편지: 진정한 편지로 고대 세계의 일상을 보여주는 자료.
② 서신: 문학적 편지로 진정성이 결여된 자료.

이런 구분은 일차적으로 파피루스 편지가 저술 당시의 현장을 반영해 주는 반면, 문학적 편지는 그렇지 않다는 점을 고려해 분류한 것이며, 동시에 진정성을 강조하는 측면에서 파피루스 편지는 현실을, 문학적 편지는 추상적이며 인위적인 사항을 반영해 준다는 평가에 따른 것이었다. 이 구분 이후 다이스만은 "편지"를 향후 진행할 신약 서신 연구에 있어 가치 있는 것으로 판단했다. 물론, 현재 다이스만의 이분법적 분류와 평가가 전적으로 타당한 것이라 여겨지고 있지는 않을지라도 그의 연구는 아래와 같은 기여를 했다.

첫째, 서양 고전 문학계에서 편지학에 대한 관심을 유발했다(특별히, 비-문학적 편지).

둘째, 편지를 장르적 차원에서 다루도록 이끌었다.

셋째, 초기 형태일지라도 고대 편지에 대한 "편지"와 "서신"의 이분법을 제시함으로 편지학 이해를 위한 분류학 혹은 유형론을 제안했다.

넷째, 신약 서신 연구를 위한 자료로써 이집트에서 발견된 파피루스 편지들에 관한 관심(예. 양식 및 장르 분석)을 일으켰다. 단, 다이스만의 일차적 관심이 편지 분석이 아닌 사회학적·문학적·종교적 측면에 있었기 때문에 이집트 파피루스 편지가 편지 장르 연구에 적용되는 일이 지연되기는 했다.

다섯째, 부분적 기여로써 위조된 것으로 그 가치를 바르게 평가받지 못한 고대의 대다수 편지에 대한 긍정적 태도를 유발했다.

제3장 문학적 양식 분석(Literary Form Analysis)

편지의 문학적 양식에 관한 연구는 이집트 파피루스가 대거 발견된 이후 편지 유형에 따라 그 양식이 다르다는 점이 인지된 다음에 적극적으로 진행되었다. 이 연구를 통해 이집트 파피루스 편지의 구조, 양식, 구문들(관용적 표현들) 등의 문학적 양식과 특징이 드러나게 되었고, 추가로 그 양식들의 기능이 무엇인지가 파악되었다. 특별히, 이러한 문학 양식에 관한 연구는 반복적으로 등장하는 양식이 특별한 의미가 있는 것인지 아니면 단순히 관습적인 것인지와 또한 이 양식이 신약 성경 서신에서도 발견되고 어떤 기능을 하는지 등의 주제로 확장되어 발전했다. 편지의 문학적 양식 분석은 편지학 발전에 있어서 아래와 같은 기여를 했다.

첫째, 문학적 편지(예. 고대 저자들의 편지 등)든 비-문학적 편지(예. 이집트 파피루스 편지 등)든 상관없이 고대 편지에 대한 긍정적 평가를 가져왔다.

둘째, 편지 연구가 편지 구조와 문학적 양식 분석에 기초에 진행되는 계기가 마련됐다.

셋째, 편지학 연구 분야로 신약 신학자들의 동참을 이끌었고 이로써 기독교 편지 연구의 기틀과 더불어 비교 연구를 통한 고대 편지 양식들의 연구가 본격적으로 진행되었다.

위의 긍정적인 평가들과 관련하여 각 시기에 따라 언급해야 할 학자들이 있다. 연구의 초창기로부터(예. F. X. J. Exler) 그 연구가 완숙해질 때까지(예. J. L. White와 C. Kim) 이 연구는 증가한 자료들과 그에 대한 철저한 분석 및 연구로 발전했다. 이에 따라 편지의 다양한 양식들과 특징들이 드러나게 되었다.

1. 초기 문학적 양식 분석

(1) 개론

편지의 문학적 양식 분석을 체계적으로 초창기에 제시한 학자는 엑슬러이다. 그러나 그 이전에도 편지학 분야에서 편지의 양식과 특징 및 분류에 대한 몇몇 연구서들이 출판되었다.

① 비-문학적 편지(the non-literary or documentary letters) 연구서
▶ J. P. Mahaffy, *A History of Classical Greek Literature*, 2 vols. (London / New York: MacMillan, 1895).

- ▶ G. A. Gerhard, "Untersuchungen zur Geshichte der griechischen Breifes, I. Die Angangsformel," *Philologus* 64 (1905): 27-65.
- ▶ F. Ziemann, *"De epistularum graecarum formulis sollemnibus quaestiones selectae,"* (Diss. Halle.: 1911).

② 관공서 편지(the diplomatic or royal letters) 연구서
- ▶ W. Schubart, "Bemerkungen zum Stile hellenistischer Königsbriefe," APG 6 (1920): 324-347.

③ 문학 편지(the literary letters) 연구서
- ▶ E. M. Pease, "The Greeting in the Letters of Cicero," in *Studies in Honor of Basil. L. Gildersleev*, edited by B. L. Gildersleeve (Baltimore: John Hopkins Press, 1902): 395-404.

④ 기독교 편지(the Christian letters) 연구서
- ▶ G. G. Findlay, *The Epistles of Paul the Apostle to the Thessalonians with Map, Introduction, and Notes* (Cambridge: Cambridge University Press, 1911).
- ▶ P. Wendland, *Die urchristlichen Literaturformen*, vol. 1.3 (Tübingen: J.C.B. Mohr [Siebeck] 1912).
- ▶ H. G. Meecham, *The Epistle to Diognetus: The Greek Text with Introduction, Translation and Notes* (Manchester: Manchester University Press, 1949).

주의할 점은 위의 저자들은 자신의 연구를 모두 19세기 말에서 20세기 초에 출판했다는 점이다. 이는 편지학이 (벤틀리와 그 이후의 간헐적 연구를 제외하고) 이집트 파피루스 편지의 발견 이후 독립적인 분야로 연구된 시기가 얼마 되지 않았다는 것을 잘 보여준다. 동시에, 다양한 편지 종류에 관한 연구가 포괄적으로 진행된 것은 이 시기에 편지학에 관한 관심이 증가하고 있음을 잘 드러내 준다. 따라서 엑슬러를 살펴

보기에 앞서 이 학자들의 연구 성과를 살펴보고자 한다.

(2) 지만(F. Ziemann)과 미캄(H. G. Meecham)

비록 엑슬러가 편지의 문학적 양식 분석의 체계적 기초를 놓은 최초의 학자로 여겨지고 있을지라도, 그에 앞서 편지의 문학적 양식을 연구한 학자들이 있었다. 우선, 지만은 자신의 박사 학위 논문에서[12] 선별적이나마 편지의 문학적 양식을 분류하고 평가하는 작업을 진행했다. 그럼에도 불구하고, 지만의 연구는 제한된 자료를 가지고 작성되었고 또한 라틴어로 저술되어 자료의 한계와 연구 결과의 보급의 한계로 인해 영향력을 크게 발휘하지는 못했다. 그러나 지만의 연구는 여전히 편지의 문학적 양식 분석에 있어서 빼놓을 수 없는 기본 연구로 평가될 수 있다. 다음으로, 미캄도 엑슬러 이전에 이집트 파피루스 편지를 연구한 초기 학자로 언급될 가치가 있다. 특별히, 미캄은 옥시링쿠스에서 발견된 편지들의 양식과 어휘 그리고 그것들이 신약 서신 연구에 미치는 영향에 관한 작은 연구서를 출판했다.[13]

(3) 엑슬러(F. X. J. Exler)

엑슬러는 이집트 파피루스 편지(비-문학 편지)의 구조, 양식, 구문(관용적 표현들)에 관해 주도적인 연구를 진행한 최초의 학자로 평가될 수 있다. 그는 편지 양식 중 편지 서두(letter-opening)와 결어(letter-closing) 연구

---

12 Ziemann, "*De epistularum graecarum formulis sollemnibus quaestiones selectae.*"
13 H. G. Meecham, *Light from Ancient Letters: Private Correspondence in the Nonliterary Papyri of Oxyrhynchus of the First Four Centuries, and Its Bearing on New Testament Language and Thought* (Eugene, Oregon: Wipf & Stock, 1923).

를 통해 그 형식을 체계적으로 제시했을 뿐만 아니라, 서두와 결어 중간에 놓인 편지 본문 단락(letter-body)이 독립적으로 존재한다는 점을 문학적 양식 분석을 통해 드러냈다. 한편, 엑슬러는 편지 유형과 편지 양식이 밀접하게 연관되어 있다는 점을 발견하여 제시했다. 자신의 문학적 양식 분석에 따라 편지를 "친교 편지," "사업 편지," "관공서 편지," "청원서" 및 "지원서"로 구분한 기여도 했다. 그럼에도 불구하고, 엑슬러의 연구는 아래의 한계점을 가진다.

> 첫째, 편지 본문 단락에 관한 연구가 미진했다.
>
> 둘째, 편지 분류 기준이 여전히 모호했다. 예를 들어, "일부 자의적으로," "문서의 내용"에 근거해, "양식의 유사함"을 따라 구분했는데[14] 이는 객관적인 기준일 수 없다.
>
> 셋째, 편지 유형과 편지 양식의 밀접한 연관성을 발견했을지라도 양식, 내용, 기능의 연관성에 관한 연구를 심화하지는 못했다.

엑슬러의 연구가 편지의 문학적 양식 연구에 기초를 놓은 것은 사실이나, 편지의 문학적 양식이 본문 부분에서도 발견되며 그것을 체계적으로 서술할 수 있다는 점을 드러내는 것은 보다 많은 자료를 가지고 연구할 향후 학자들의 몫이 되었다. 그러나 편지의 문학적 양식 분석 연구를 시도하고 실제적인 결과물을 체계적으로 제시했다는 점에서 엑슬러의 위치는 편지학 분야에서 여전히 확고하다.

14　F. X. J. Exler, *The Form of the Ancient Greek Letter: A Study in Greek Epistolography* (Washington: Catholic University of America, 1923), 23.

2. 문학적 양식 분석의 발전

편지의 문학적 양식 분석은 1970-80년대에 이르러 절정을 맞이했다. 이 시기의 연구는 무엇보다도 편지 이해에 있어 문학적 특성(구조, 양식, 구문들)과 기능의 연관성의 중요성을 강조하는데 그 특징이 있었다. 즉, 형태와 의미를 함께 고려하는 본격적인 문학 분석이 진행된 것이다.

한편, 이 시기에 속한 학자들은 고대 편지의 특성을 규정하고 분석하여 편지 유형을 특정화함으로써 고대의 편지 작성법을 구체화하였다. 특별히, 문학적 특성을 넘어선 편지의 유형(type)을 구분한 연구 성과는 장르(genre)가 내용 결정에 중요한 의미를 지닌다는 문학적 분석의 개념과 함께 문학적 양식 분석이 연구되는 편지를 이해하는데 결정적인 근거를 제공했다. 편지의 문학적 양식 분석과 그 분석 결과가 해당 편지의 편지 유형을 드러내어 편지 해석의 기틀을 마련해 주는 것으로 이해되는 풍토에서 그 연구는 자연스럽게 신약 성경 서신을 이해하기 위한 문학적 양식 분석에도 적용되었다. 한편, 신약 학자들이 문학적 양식 분석 연구에 참여함에 따라 고대 편지 분석은 더 활기를 띠게 되었는데, 특별히 비교-문학적 접근을 추구한 학자들은 고대 그리스-로마 편지 연구[15]

---

[15] J. L. White, "Introductory Formulae in the Body of the Pauline Letter," *JBL* 90 (1971a), 91-97; "The Structural Analysis of Philemon: A Point of Departure in the Formal Analysis of the Pauline Letters," *SBLSP* 1 (1971b), 1-47; *The Form and Structure of the Official Petition: A Study in Greek Epistolography* (Missoula, Montana: Scholars Press, 1972a); *The Form and Function of the Body of the Greek Letter: A Study of the Letter-Body in the Non-Literary Papyri and in Paul the Apostle*, 2nd ed., (Missoula, Montana: Scholars Press, 1972b); "Epistolary Formulas and Clichés in Greek Papyrus Letters," *SBLSP* 14 (1978), 289-320; "The Greek Documentary Letter Tradition Third Century B.C.E. to Third Century C.E.,"

와 신약 서신 연구[16]를 병행하기도 했다. 다만, 그 연구는 주로 바울 서

> Semeia 22 (1982), 89-106; "Saint Paul and the Apostolic Letter Tradition," 433-444; "New Testament Epistolary Literature in the Framework of Ancient Epistolography," in *Aufstieg und Niedergang der römischen Welt II: Principat*, edited by W. Haase, Vol. 25.2 (Berlin / New York: Walter de Gruyter, 1984), 1730-1756; *Light from Ancient Letters* (Philadelphia: Fortress, 1986); "Ancient Greek Letters," in *Greco-Roman Literature and the New Testament: Selected Forms and Genres*, edited by D. E. Aune (Atlanta: Scholars Press, 1988), 85-105; "Apostolic Mission and Apostolic Message: Congruence in Paul's Epistolary Rhetoric, Structure and Imagery," in *Origins and Method: Toward a New Understanding of Judaism and Christianity: Essays in Honour of John C. Hurd*, edited by B. H. McLean (Sheffield: JSOT, 1993), 145-161; J. L. White and K. A. Kensinger, "Categories of Greek Papyrus Letters," *SBLSP* 10 (1976), 79-91; C.-H. Kim, Form and Structure of the Familiar Greek Letter of Recommendation (Missoula: Scholars Press, 1972); "The Papyrus Invitation," *JBL* 94 (1975), 391-402; "Index of Greek Papyrus Letters," *Semeia* 22 (1981), 107-112; C.-H. Kim, and J. L. White, "Letters from the Papyri: A Study Collection," (Society of Biblical Literature Epistolography Seminar 1974. Unpublished, 1974); R. Buzón, "Die Briefe der Ptolemaerzeit: Ihre Struktur und ihre Formeln," (Diss. Fakultät für Orientalistik und Altertumswissenschaft, Ruprechte-Karl-Universität zu Heidelberg, 1984); C. Kim, "'Grüße in Gott, dem Herrn!': Studien zum Stil und zur Struktur der griechischen christlichen Privatbriefe aus Ägypten" (Diss. Trier, 2011).

16　P. T. O'Brien, *Introductory Thanksgivings in the Letters of Paul* (Leiden: E. J. Brill, 1977) ; "Thanksgiving within the Structure of Pauline Theology," in *Pauline Studies: Essays presented to Professor F. F. Bruce on his 70th Birthday*, edited by D. A. Hagner and M. J. Harris (Exeter, Devon: Paternoster, 1980), 50-66; "Letters, Letter Forms," in *Dictionary of Paul and His Letters*, edited by G. F. Hawthorne and R. P. Martin (Downers Grove, Ill.: InterVarsity Press, 1997), 550-553; F. Schnider und W. Stenger, *Studien zum neutestamentlichen Briefformular* (Leiden: E. J. Brill, 1987); J. A. D. Weima, *Neglected Endings: The Significance of the Pauline Letter Closings* (Sheffield: JSOT Press, 1994a); "Epistolary Theory," in *Dictionary of New Testament Background*, edited by C. A. Evans and S. E. Porter (Downers Grove, Ill.: InterVarsity

신에 국한되었다. 편지 이해의 방법론으로서 편지의 문학적 양식 분석의 중요성을 드러내고 학계를 이끈 학자는 화이트였다. 그러나 그 외에도 김찬희, 부종(R. Buzón), 김진옥 등도 각자의 연구를 통해 문학적 양식 분석이 발전을 도왔다.

(1) 화이트(J. L. White)

화이트는 편지 분석에 관한 자신의 첫 번째 연구에서 "이제 특별한 편지 유형들과 그것들과 관계된 양식들에 주의를 기울이는 것이 적당할 듯하다."라고 언급한다.[17] 이 언급은 한편으로는 편지 구조와 상응하는 편지 유형의 관계를 연구할 의도, 다른 한편으로는 편지 이해를 위해 이 연구의 결과를 사용할 계획을 드러내 준다. 사실, 화이트가 이러한 연구 방향을 취한 것은 편지의 각 유형에 특별하게 나타나는 구조와 양식을 제시할 때까지 누구도 편지의 본질을 이해할 수 없다고 판단했기 때문이었다.[18] 따라서 화이트는 자신의 연구를 구조적 특징과 언어적 표현에 따라 구분할 수 있는 확실한 편지 유형만을 분석하는 데 집중하기도 했다.[19] 따라서 화이트는 편지의 여러 유형 중 가장 구별되는 특징을 드러내는 청원 편지(petition)에 우선 집중했다. 이 연구

Press, 2000a), 327-330; "Greco-Roman Letters," in *Dictionary of New Testament Background*, edited by C. A. Evans and S. E. Porter (Downers Grove, Ill.: InterVarsity Press, 2000b) 640-644.

17 White, *The Form and Structure of the Official Petition: A Study in Greek Epistolography*, 2.

18 White, *The Form and Structure of the Official Petition: A Study in Greek Epistolography*, 69.

19 White, "New Testament Epistolary Literature in the Framework of Ancient Epistolography," 3.

를 위해 고대 파피루스 청원 편지들(청원서)을 분석한 결과, 화이트는 이 편지들이 아래의 구조로 일관되게 작성된 독립된 편지 유형임을 증명했다(청원 편지의 예는 아래의 제3부 제1장을 참조하라).[20]

① 서두: 인사, 계보, 직업, 거주지 언급
② 배경: 청원 계기 서술
③ 요구: 청원 내용
④ 결어: 마지막 인사

화이트의 청원 편지 유형 확립과 그 특징들에 대한 분석과 기능에 대한 설명은 이전까지 외적인 특징들이나 내용에 집중해 편지를 해석하려는 시도에서 벗어나 편지의 유형과 그 안에 사용된 양식들이 편지의 내용과 어떠한 관계를 갖는지에 관해 정보를 제공해 준다는 점에서 앞선 시대의 문학적 양식 분석 연구의 한계를 뛰어넘은 것이라고 평가할 수 있다. 이러한 기초적 연구 이후 화이트는 문학적 양식 분석을 (엑스터처럼) 단지 서두와 결어에만 적용하지 않고 편지 본문에 등장하는 표현을 분석하는데 적용함으로써 편지 본문에 등장하는 문학적 양식과 내용의 연관성(편지의 내용 전개와 문맥적 연결 기능이 있는지 없는지 등)을 밝힘으로써 편지 본문을 단지 그 내용에 의존하지 않고 외적인 장치(예. 문학적 양식)에 의지해 분석하는 방법을 제시했다.[21] 이러한 유형 및

---

20 White, *The Form and Structure of the Official Petition: A Study in Greek Epistolography*, 8.
21 White, *The Form and Function of the Body of the Greek Letter: A Study of the Letter-Body in the Non-Literary Papyri and in Paul the Apostle, passim*; "New Testament Epistolary Literature in the Framework of Ancient Epistolography," 1730-1756; *Light from Ancient Letters, passim*.

양식과 내용의 연관성에 관한 화이트의 연구는 곧바로 신약 성경 서신 연구에 도입되었고, 이후 신약 서신 분석에 중요한 도구로 사용되었다. 화이트의 연구는 편지학에 있어서 아래와 같은 기여를 했다.

> 첫째, 비-문학적 편지 연구가 그리스-로마 편지학의 한 영역으로 자리 잡게 했다.[22]
>
> 둘째, 그의 포괄적인 편지의 문학적 양식 분석(파피루스 편지 및 신약 서신)은 객관적 자료들에 근거한 그리스-로마 편지(신약 성경 서신 포함)의 성격 및 그 기능에 관한 이해를 증진 시켰다.
>
> 셋째, 편지 장르를 정의하는데 근거를 제공했다.
>
> 넷째, 기독교 편지 전통의 개념을 형성하는 데 결정적으로 기여했다.[23]

(2) 김찬희(C.-H. Kim)

김찬희는 이집트 파피루스에서 발견된 추천 편지(the letter of recommendation)[24] 및 초대장(the invitation)[25]을 다수 분석함으로써 이 두 편지 종류가 독립된 유형을 이룬다는 것을 증명했고, 더불어 각 유형에 따른 특징들을 제시했다. 김찬희의 방법론은 화이트가 사용한 방법론과 유사했다(이 둘은 펑크 지도하에 동문수학했다). 즉, 편지의 양식과 구문(관용적 표현들)의 기능은 편지 유형에 따른 기본 구조와 연관되어 있음을 전제로 하여 그 둘의 관계를 논증한 것

22　White, *Light from Ancient Letters*.
23　White, "Saint Paul and the Apostolic Letter Tradition," 433-444.
24　C.-H. Kim, *Form and Structure of the Familiar Greek Letter of Recommendation* (Missoula: Scholars Press, 1972).
25　Kim, "The Papyrus Invitation," 391-402.

이다.²⁶ 이런 전제하에서 김찬희는 추천 편지의 일관된 구조를 아래와 같이 제시함으로 이 편지가 하나의 독립적 유형을 이룬다고 결론지었다(추천 편지의 예는 아래의 제3부 제1장을 참조하라).²⁷

    ① 서두: 인사 구문 및 호의 구문
    ② 배경: 신분 구문, 추천 배경
    ③ 요구: 요구절, 상황절, 목적 혹은 원인절
    ④ 감사: 추천자의 감사 혹은 이후 보은에 대한 사항
    ⑤ 결어: 호의 구문, 종결 인사

    김찬희의 추천 편지 유형 연구는 신약 성경 서신중에서 추천 편지로 분류될 수 있는 빌레몬서와 로마서 16:1의 겐그레아 교회의 집사 뵈뵈를 로마 교회에 추천(『개역개정』, "천거")한다는 단락과 관련하여 의미 있는 해석을 제공하려는 부차적인 목적도 가지고 있었다. 이러한 사항은 문학적 양식 분석가들의 일관된 신념, 곧 양식 및 구문은 그것이 사용된 편지의 내용과 밀접한 연관이 있다는 점을 구체적으로 설명하려는 노력의 결과라고 볼 수 있다.

    한편, 김찬희는 자신의 연구를 유사 편지(*a quasi*-letter)로 분류될 수 있는 고대의 초대장까지 확장했다. 그리고 문학적 양식 분석에 근거해 초대장의 구조를 아래와 같이 밝혀냈다(초대장의 예는 아래의 제3부 제1장을 참조하라).²⁸

---

26   Kim, *Form and Structure of the Familiar Greek Letter of Recommendation*, 3.
27   Kim, *Form and Structure of the Familiar Greek Letter of Recommendation*, 7.
28   Kim, "The Papyrus Invitation," 392.

① 인사: 동사 형태로 제시(발신자가 없음. 전달자가 직접 언급했을 가능성 있음)
② 초대된 사람 이름
③ 행사 주최자의 신분
④ 목적
⑤ 파티의 이유
⑥ 장소
⑦ 날짜

파피루스 추천 편지와 초대장을 연구한 김찬희는 편지학에 있어서 아래와 같은 기여를 했다.

첫째, 화이트에 대한 여러 학자의 비판, 즉 청원 편지는 공문서 특징이 있으므로 독특하게 일정한 형식을 갖춘 것이라는 비판이 타당치 않음을 증명했다.

둘째, 편지 유형의 특징들은 단지 공무나 사무를 전달하는 관공서 편지에서만 등장하는 것이 아니라, 개인적인 비-사무적 편지에서도 등장한다는 점을 드러냄으로 편지 구조 및 양식이 고대 편지를 이해하는데 결정적인 요소가 될 수 있음을 보여주었다.[29]

(3) 부종(R. Buzón)

부종은 "우리는 편지의 구조 및 양식에 근거해 (프)톨레미 시대(Ptolemaic Period)의 편지들 및 편지 형식의 작품들을 연구해야 할 과업이 있다."는 말과 함께 자신의 연구를 시작한다.[30] 자신의 말대로 부종은 이집트

29　　White, *Light from Ancient Letters*, 194.
30　　Buzón, "Die Briefe der Ptolemaerzeit: Ihre Struktur und ihre Formeln," 11.

파피루스에서 발견된 개인 편지, 추천 편지, 사업 편지, 공무 편지 및 영수증, 어음, 계약서를 포괄적으로 분석하여 각각의 구조와 양식을 밝혀내고 그 문서들을 분류했다.[31] 비록 부종의 작업이 화이트 및 김찬희의 연구와 일부 중복된 점이 있다고 할지라도, 부종은 이들의 연구 분야를 뛰어넘어 보다 사소한 것으로 취급되던 영수증, 어음, 계약서 등도 분석하여 제공함으로써 당대의 편지와 그 형식을 따른 문서들의 특징을 밝히는 데 기여했다.

(4) 김진옥(C. Kim)

김진옥은 자신의 박사 논문에서 주후 4~5세기 기독교 파피루스 편지를 분석하여 아래와 같은 구조를 밝혀냈다.[32]

① 인사(서두)
② 호의 구문
③ 편지 본문
④ 3자 인사[33]
⑤ 확장된 결론적 인사(결어)

김진옥의 연구는, 비록 화이트, 김찬희 그리고 부종이 편지의 문학

31　Buzón, "Die Briefe der Ptolemaerzeit: Ihre Struktur und ihre Formeln," 237-244.
32　Kim, "'Grüße in Gott, dem Herrn!': Studien zum Stil und zur Struktur der griechischen christlichen Privatbriefe aus Ägypten," 122-183(182).
33　편지의 발신자와 일차 수신자가 주고받는 인사가 아닌, 제3자에게 전하는 인사로, 주로 저자나 저자와 함께 있는 제3자가 일차 수신자나 수신자와 함께 있는 제3자에게 전하는 인사다.

적 양식 분석을 활발히 진행할 때 함께 활동한 학자는 아니었을지라도, 이집트 파피루스 편지 연구에서 최근까지 미개척 분야였던 고대 후기의 기독교 파피루스 편지 연구를 진행함으로 사실상 파피루스 편지의 문학적 양식 분석에 마침표를 찍었다고 평가할 수 있다.

(5) 그 외의 문학적 양식 분석가들

앞선 단락에서 편지의 문학적 양식 분석의 측면에서 이집트 파피루스 편지 분석을 통해 학문적으로 이바지한 학자들을 살펴보았다. 그러나 이 기간에는 신약 성경 서신 전체나 각 부분의 양식을 분석하여 고대 편지학 및 신약 성경 서신에 관한 양식 연구를 진행한 학자들도 있었다.

① 신약 서신의 일반 구조와 양식적 특징 연구서
- ▶ Schnider und Stenger, *Studien zum neutestamentlichen Briefformular*.
- ▶ J. Murphy-O'Connor, *Paul the Letter-Writer: His World, His Options, His Skills* (Collegeville, Minnesota: Liturgical Press, 1955).
- ▶ J. A. D. Weima, *Paul 'the' Ancient Letter Writer: An Introduction to Epistolary Analysis* (Grand Rapids, MI.: Baker Academic, 2016).

② 감사 단락 연구서
- ▶ O'Brien, *Introductory Thanksgivings in the Letters of Paul*.
- ▶ O'Brien, "Thanksgiving within the Structure of Pauline Theology."
- ▶ J. Lambrecht, "Thanksgiving in 1 Thessalonians 1-3," in *Pauline Studies* (Leuven: Leuven University Press, 1994): 319-341.

③ 방문 공지 단락 연구서
- ▶ R. W. Funk, "The Apostolic *Parousia*: Form and Significance," in *Christian History and Interpretation: Studies Presented to John Knox*, edited by W. R. Farmer, C. F. D. Moule and R. R. Nieburhr

(Cambridge: Cambridge University Press, 1967): 249-269.
- ▶ R. W. Funk, "The Form and Structure of II and III John," *JBL* 86 (1967): 424-430.
- ▶ R. W. Funk, "The Apostolic Presence: Paul," in *Parables and Presence: Forms of the New Testament Tradition*, edited by R. W. Funk (Philadelphia: Fortress, 1982): 81-102.
- ▶ R. W. Funk, "The Apostolic Presence: John the Elder," in *Parables and Presence: Forms of the New Testament Tradition*, edited by R. W. Funk (Philadelphia: Fortress, 1982): 103-110.
- ▶ T. Y. Mullins, "Visit Talk in New Testament Letters," *CBQ* 35 (1973): 350-358.

④ 결어 연구서
- ▶ Weima, *Neglected Endings: The Significance of the Pauline Letter Closings*.
- ▶ Weima, "Greco-Roman Letters," in *Dictionary of New Testament Background*, 640-644.

위에서 언급된 연구들은 이집트 파피루스 편지 분석 및 연구를 통해 정리된 편지의 장르와 각 부분의 문학적 특성들을 참조해 신약 성경 서신, 특별히 바울 서신의 장르와 각 부분의 문학적 특징을 분석하고 정리한 것들이다. 이 연구들을 통해 신약 성경 서신을 보다 체계적으로 분석할 수 있는 근거가 마련되었다.

3. 문학적 양식 분석 시기의 기독교 서신 전통에 관한 연구

편지의 문학적 양식 분석은 무엇보다 고대 편지들이 특정한 유형들로 분류될 수 있다는 사실을 밝혀냈다. 제안된 편지 유형들이 고대 시대의 일정 기간에 사용되었다는 점에서 일단의 편지 유형 전통이 존재했었다고 평가될 수 있다. 이러한 상황 가운데 신약 성경 서신 연구자들은 신약 성경의 27권의 책 중 21권이나 되는 서신들 역시 "전통"이라고 부를 수 있는 일단의 특징들을 공유하고 있는지에 관해 관심을 두기 시작했다. 특별히, 이 관심은 바울 서신에 집중되었고, 학자들은 독립된 기독교 편지 전통이 존재했는지에 대해 찬·반 견해를 제시했다.

(1) 반대 입장

신약 성경 서신(특별히, 바울)이 일단의 공유된 특징들을 가지고 있다는 것은 이미 잘 알려진 사실이다. 그러나 이 공통점들이 신약 성경 서신의 독립된 전통을 가리키는 것이라는 점에 대해서는 회의적인 견해가 있었다. 대표적으로 베르거(K. Berger)가 반대 입장을 제시했다. 베르거에 따르면, 바울은 단지 자신의 목적을 위해 당대의 편지 전통을 일부 수정해 사용했을 뿐, 모든 편지는 떨어져 있는 사람들 간의 대화, 즉 구두(口頭)의 대신이며 또한 바울 서신에 사용된 문학적 양식들을 참조해 볼 때 바울 서신은 일반 편지 전통(common letter tradition)과 연속성이 있다.[34] 게다가, 신약 서신과 후대 기독교 편지 간의 유형 및 양식적 연속성은 물론 발전적인 요소가 발견되지 않는다는 점 역시 독립된 기독교 편지 전통이 존재했는지에 대해서 의문을 제기하는 근거가 되었다.

---

34 K. Berger, "Hellenistische Gattungen im Neuen Testament," in *Aufstieg und Niedergang der römischen Welt II: Principat*, edited by W. Haase. Vol. 25.2 (Berlin / New York: Walter de Gruyter, 1984), 1332.

(2) 찬성 입장

독립된 기독교 편지 전통이 존재했다는 주장은 1970년대 이후 문학적 양식 분석이 활발히 진행되면서 본격적으로 주장되었다. 한 작품의 장르를 규정하는 중요한 요소로는 내용, 기능, 양식이 있는데,[35] 독립 전통을 지지하는 학자들은 신약 성경 서신이 이러한 장르 규정 요소를 포함하고 있다고 판단하여 독립적 전통이 존재한다고 주장한 것이다. 이 입장의 대표적인 학자는 앞서 언급된 화이트였다. 그는 바울 서신과 이집트 파피루스 편지를 비교·분석하여 각 편지의 정황과 문학적 양식 및 관용적 구문들에 근거해 바울이 "사도적 편지 전통"(the apostolic epistolary tradition)을 향하는 기독교 편지 유형의 초석을 놓았다고 결론 지었다.[36] 화이트에 따르면, 당대의 이집트 파피루스 편지들과 구별되는 소위-"사도적 편지 전통"을 구성하는 신약 성경 서신의 특성들은 아래와 같다.[37]

> 첫째, 일반 파피루스 편지보다 길고 더 문학적이며, 친근하기보다는 사무적인 분위기를 가진다.
>
> 둘째, 저자는 사도의 신분으로 서신을 작성했고, 서신이 성격상 공동체적이며, 교회에서 큰 소리로 낭독되도록 의도되었다.

---

35   K. Berger, *Formgeschichte des Neuen Testaments* (Heidelberg: Quelle & Meyer 1984), 14; D. E. Aune, *The New Testament in Its Literary Environment* (Philadelphia: Westminster. 1987), 13.

36   White, "Saint Paul and the Apostolic Letter Tradition," 433-444; "New Testament Epistolary Literature in the Framework of Ancient Epistolography," 1730-1756; "Ancient Greek Letters," 85-105.

37   White, "Saint Paul and the Apostolic Letter Tradition," 433-444.

셋째, 바울 서신이라는 것을 인식하게 하는 종교적 특성, 즉 감사 단락의 서문 기도와 축복, 영광송, 찬송과 고백의 포함, 성경을 사용, 훈계의 교육적 유형, 결어 부분에서의 축복문 등이 (거의) 일관되게 등장한다.

넷째, 서두의 인사 구문의 변형(한 문장에서 두 문장으로)[38]과 더불어, 결어에서 마지막 인사 대신 축복문이 사용되었다.

다섯째, 기독교인 인사의 전형으로 추측되는 거룩한 입맞춤(the holy kiss)에 대한 언급이 있다.

여섯째, 일반 편지의 특징이라고 할 수 있는 저자의 안위에 대한 감사와 결별하여 수신자에 대한 감사로 변형된 감사 단락이 등장한다.

일곱째, 예수의 재림("파루시아"[parusia])이 축복된 삶의 동기가 된다.

여덟째, 기독교 공동체를 향한 영적 충고와 지시라는 동일한 목적이 있다.

아홉째, "사도적 현존"(the apostolic presence)이라는 장치로 사도의 권위가 강화된다.

열 번째, 기독교 전통에 대한 훈계적 호소가 등장한다.

열한 번째, 기도와 평화 기원문(the peace-benediction)에서의 종말론적 준비로의 호소가 등장한다.

화이트가 제시한 위의 특징들은 바울 서신과 더불어 다른 신약 성경 서신(베드로, 야고보, 요한, 유다의 편지들)에도 분명히 등장한다. 만약 이 점이 인정된다면, 독립된 기독교 편지 전통을 찬성하는 학자의 다음의 주장을 수용할 수 있다.[39]

---

38 White, "Saint Paul and the Apostolic Letter Tradition," 437.
39 Doty, *Letters in Primitive Christianity*, 21-22; White, "Saint Paul and the

첫째, 기독교 편지 유형(전통)의 창시자는 바울이다.

둘째, 최초 기독교 편지로서의 바울 서신은 기독교 편지 전통 출현에 결정적인 역할을 했고 후에 존속하는 데 이바지했다.

셋째, 이 편지 전통은 성도들을 지도하기 위한 편지 양식으로 구체화되었는데 이는 "기독교 영혼 돌봄 편지" 혹은 "목회 서신" 유형으로 보아야 한다.

앞서 살펴본 기독교 편지 전통 존재 부정과 존재 찬성 입장 중에서 어떤 입장을 취할 것인지는 화이트가 제시한 견해를 얼마나 수용할 것인가에 달려있다. 왜냐하면 일반적인 측면에서 바울 서신이 당대의 일반 편지 전통과 연속성이 있다는 점은 모두가 인정하는 점이기 때문이다. 한편, 화이트의 입장을 수용하여 독립된 기독교 편지 전통이 있었다고 하더라도 추가로 고려해야 할 사항은 이미 반대자들이 제시했던 반론, 즉 신약 성경 서신들에 등장하는 독특성들이 후대의 기독교 편지들에서도 등장하는지에 관해 확인해야 할 필요성이 있다.[40]

Apostolic Letter Tradition," 444; "New Testament Epistolary Literature in the Framework of Ancient Epistolography," 1739; "Ancient Greek Letters,"96-101; Stowers, *Letter Writing in Greco-Roman Antiquity*, 41; H. Y. Gamble, "Letters in the New Testament and in the Greco-Roman World," in *The Biblical World*, edited by J. Barton. 2 vols. Vol. 1 (London / New York: Routledge, 2002), 198.

[40] 신약 서신으로부터 시작된 기독교 목양 편지 전통이 주후 5세기 초반까지의 기독교 편지 연구로 목양 편지의 독립된 전통을 확인한 논문으로는 Kim, "The Pastoral Letter in the Early Christianity up to the Early Fifth Century C.E.," (Unpublished Dissertation; Stellenbosch: Stellenbosch University, 2012)을 참조하라.

제4장 편지 이론들과 수사학적 접근들

1. 이론적 접근 출현과 편지학에 관한 신약학계의 반응

편지의 문학적 양식 분석 이후, 편지를 사회적 정황 가운데서 이해하려는 시도가 진행되었다. 그러나 이 시도는 이미 19세기 말 및 20세기 초에 출판된 다이스만의 연구에 포함되어 있었고 또한 이에 관한 관심들은 일부 지속되었다. 그러나 1970년대에 이르러서야 학자들은 이 주제를 본격적으로 연구하기 시작했다. 이 분야가 관심을 받게 된 것은 아래의 동기들 때문이었다.

> 첫째, 긍정적으로 보자면, 새로 발견된 자료에 관한 기초적 연구가 종결되었기 때문에 자연스럽게 이론화 작업으로 진행되는 실천과 이론의 균형 잡기가 시도되었다.
>
> 둘째, 부정적으로 보자면, 문학적 양식 분석의 시대착오적 측면과 구조, 양식 및 기능이 필연적 관계를 갖는다는 그릇된 전제가 문제로 지적되었다. 또한 편지 본문 단락에 관한 연구가 결여되었다(예. 신약 성경 서신 연구자들은 문학적 양식 분석에 있어서 본문 단락 연구가 불충분함을 인지함). 즉, 본문 단락의 해석에 있어 구조, 양식 및 기능의 관계가 분명히 설명되지 못했다. 한편, 편지 본문 이해에 있어서 "왜"가 아니라 "어떻게" 구성되었는가에 관한 질문은 본문 이해에 큰 도움이 못 된다는 지적도 있었다. 이러한 이유로 신약 성경 서신 연구자들은 서신의 정황을 드러내 주는데 도움을 되는 수사 비평(the rhetorical criticism)으로 전환하기도 했다.[41]

---

41 F. W. Hughes, *Early Christian Rhetoric and 2 Thessalonians* (Sheffield: JOST Press,

셋째, 신약 성경 서신 본문에서 비-문학적 편지와 문학적 편지의 특성들이 함께 등장한다는 점 역시 전환의 이유가 됐다. 즉, 비록 신약 성경 서신이 본질적으로는 비-문학적 편지의 특성을 가지고 있지만, 종종 문학적 편지에만 등장하는 수사 장치들과 문학 자료들을 포함하고 있다는 것이다. 예를 들어, 신약 성경 서신 본문 단락은 비-문학적 편지 전통으로는 설명이 불가능해 보였는데, 이 점에 대해서는 편지의 문학적 양식 분석의 대표 격인 화이트조차 일부 동의했다.[42]

넷째, 신약 성경 서신에 관한 접근법이 바뀐 또 다른 이유가 있다. 신약 성경 서신을 일단의 최초 기독교 공동체의 모습을 그려주는 자료로써 이해하려는 시도가 있었다. 다이스만 이래로 초대 기독교의 구성원은 최하층민이었다고 전제되어왔는데, 1960-70년대를 거치면서 학자들은 초대 기독교인들이 최하층민으로만 구성된 것이 아니라, 중산층과 일부 지식인층까지도 포함한 혼합된 공동체였을 것이라고 이해하기 시작했다.[43] 이러한 상황에서 학자들은 신약 성경 서신이 단지 비-문학적 편지들과만 연계되어 연구되기보다는 당대 지식인층의 글쓰기와도 함께 고려해야 한다는 입장을 갖게 되었다.

앞서 살펴본 새로운 인식들로 인해 몇 가지 결과들이 제시되었다.

첫째, 신약 성경 학계에서의 파피루스 편지 및 그것의 문학적 양식 분석 작업이 평가 절하되었다.

둘째, 편지 이해 및 편지의 유형 결정을 위한 고대 문학적 이론들(편지학

    1989), 30.
42   White, *Light from Ancient Letters*, 3.
43   A. J. Malherbe, *Social Aspects of Early Christianity*, 2nd and enlarged ed. (Philadelphia: Fortress, 1983[1977]), 29-31.

이론 혹은 수사학 이론)이 보다 높은 수준의 해석적 장치로 고려되기 시작했다.

셋째, 처음에는 편지 이론가들(ancient letter theorists) 및 고전 수사학(the classical rhetoric)에 기초한 연역적 이론적 접근이 시도되었다. 이후, 편지 자체의 논리와 배열에 근거한 귀납적 혹은 서술적 접근이 사용되었다.

2. 연역적 이론적 접근: "고대 편지 이론가들"(Ancient Letter Theorists)

고대 편지들을 양식적 특징의 측면에서만 아니라, 실천과 이론을 균형 있게 보려는 시도가 진행되었다. 이는 편지 연구를 특정 자료와 방법론에 제한하지 않고 비-문학적 편지, 문학적 편지, 고대 편지 이론(서) 등을 고려한 포괄적인 접근이었다. 특별히, 연구자들은 고대 편지 이론(서)에 집중함으로 고대 편지의 특성과 편지 작성법에 관해 보다 정확히 이해할 수 있다고 판단했다. 왜냐하면 고대 편지 이론(서)이 편지 작성의 이상(理想)을 설명해주고 그리스-로마 편지학의 본질을 드러내 주는 것으로 생각되었기 때문이다. 이 접근을 시도한 학자들로는 코스켄니미(H. Koskenniemi), 말허비(A. J. Malherbe) 및 스토어스 등이 있다.

(1) 코스켄니미(H. Koskenniemi)[44]

코스켄니미는 고대 그리스-로마 편지의 본질을 나타내는 세 가지 특성을 "필로프로네시스"(*philophronesis*, 동기로써 우정), "파루시아"(*parusia*,

---

44   H. Koskenniemi, *Studien zur Idee und Phraselogie des griechischen Briefes bis 400 n. Chr.* (Helsinki: Akateeminen Kirjakauppa, 1956), 34-47. Doty, *Letters in Primitive*

기능으로써 만남), "호밀리아"(*homilia*, 대화적 내용)로 규정했다. 코스켄니미의 규정은 고대 편지의 작성 목적의 이론을 밝혀낸 것인데, 향후 편지 연구에 지대한 영향을 미치게 되었다.

(2) 말허비(A. J. Malherbe)[45]

말허비는 신약 성경 서신을 고대 그리스-로마 세계의 사회적, 종교적, 문학적 배경에서 이해하려고 시도했다. 말허비는 바울을 헬라 문화에

Christianity. Guides to Biblical Scholarship, 14-15와 K. Thraede, *Grundzüge griechisch-römischer Brieftopik* (München: C. H. Beck, 1970)을 참조하라.

45 A. J. Malherbe, "Ancient Epistolary Theorists," *Ohio Journal of Religious Studies* 5 (1977), 3-77; *The Cynic Epistles: A Study Edition* (Missoula, Mont.: Scholars Press, 1977); *Social Aspects of Early Christianity; Moral Exhortations: A Greco-Roman Sourcebook* (Philadelphia: Westminster, 1986); *Paul and the Thessalonians: The Philosophic Tradition of Pastoral Care* (Philadelphia: Fortress, 1987); *Ancient Epistolary Theorists* (Atlanta: Scholars Press, 1988); *Paul and the Popular Philosophers* (Minneapolis: Fortress, 1989); "'Pastoral Care' in the Thessalonian Church," *NTS* 36/3 (1990), 375-391; "Hellenistic Moralists and the New Testament," in *Aufstieg und Niedergang der römischen Welt II: Principat*, edited by W. Haase. Vol. 26.1 (Berlin / New York: Walter de Gruyter, 1992), 267-333; *The Letters to the Thessalonians: A New Translation with Introduction and Commentary* (New York / London / Toronto / Sydney / Auckland: Doubleday, 2000); "Paraenesis in the Epistle to Titus," in *Early Christian Paraenesis in Context*, edited by J. Starr and T. Engberg-Pedersen (Berlin / New York: Walter de Gruyter, 2004), 297-317; "New Testament, Traditions and Theology of Care In," in *The Dictionary of Pastoral Care and Counseling*, edited by R. J. Hunter et al. (Nashville, Tenn.: Abingdon, 2005), 787-792; "Godliness, Self-Sufficiency, Greed, and the Enjoyment of Wealth: 1 Timothy 6:3-19 Part I," *NovT* 52 (2010), 376-405; "Godliness, Self-Sufficiency, Greed, and the Enjoyment of Wealth: 1 Timothy 6:3-19 Part II," *NovT* 53 (2011), 76-96; A. J. Malherbe, F. W. Norris, and J. W. Thompson, eds., *The Early Church in its*

친숙하며 성숙한 사상가요 편지 작성자로 보았기 때문에 바울 서신에는 파피루스 편지에서 발견되는 양식적 특징들이 거의 반영되어 있지 않다고 보았다. 바울 서신이 고대 그리스-로마 편지 전통에 뿌리를 두고 있고, 교육받은 저자에 의해 기록되었다는 견해가 말허비의 해석학적 입장을 형성했다. 말허비는 고대 그리스-로마 사회의 대화가 수사학적 실천 위에 세워졌고, 편지는 대화의 수단으로 그러한 실천의 일부를 형성하고 있는 것으로 보았다. 이 때문에 앞선 시대의 이집트 파피루스 편지를 연구한 문학적 양식 분석가들(예. 화이트, 김찬희 등)과 달리 고대 편지 이론이나 수사학에 관심을 두었다. 다만, 후대의 학자들과 달리 말허비는 편지 이론과 수사학 이론을 같은 것으로 취급하지는 않았다.

(3) 스토어스(S. K. Stowers)[46]

스토어스는 신약 성경 서신을 고대 저자와 독자가 이해한 것처럼 이해하기 위한 시도로 고대 그리스-로마 편지 작성의 사회적 문맥을 고려해야 한다고 주장했다.[47] 그는 편지 유형 연구를 아래의 세 가지 사회적 관계와 연관하여 설명하려고 시도했다.

Context: Essays in Honor of Everett Ferguson (Leiden / Boston / Köln: Brill, 1998).

46   Stowers, *Letter Writing in Greco-Roman Antiquity*; "Social Typification and Classification of Ancient Letters," in *The Social World of Formative Christianity and Judaism: Essays in Tribute to Howard Clark Kee*, edited by J. Neusner, et al. (Philadelphia: Fortress, 1988), 78-90; "Letters: Greek and Latin Letters," in *The Anchor Bible Dictionary*, edited by D. N. Freedman. 6 vols. Vol. 4 (New York: Doubleday, 1992), 290-293.

47   Stowers, *Letter Writing in Greco-Roman Antiquity*, 27.

① 계층적 상하 수직 관계
② 우정을 근거로 한 동등 관계
③ 집안 문제와 관련된 사회적 관계

스토어스는 위에서 언급된 관계성 속에서 법정적 연설(the judicial speech), 숙의적 연설(the deliberative speech), 추도적 연설(the epideictic speech)이 사회적 상호 교류의 정황 내에서 필요에 따라 선별적으로 작동했다고 전제하며 편지 분석에 이러한 사항을 적용하여 해석했다. 다만, 스토어스는 대화로 이뤄지는 연설 문맥을 일차적으로 고려했기에 고전 수사학적 분석법을 사용하는 학자들의 기준으로 이 장르들을 적용하지는 않았다.

3. 연역적 혹은 고전 수사학적 접근

편지를 이해함에 있어서 연역적 혹은 고전 수사학적 분석법을 적용하는 학자들은 고대의 모든 대화는 수사학적 요소를 가지며, 사실상 수사학의 일부라고 주장한다. 고대 세계에서 대화의 한 종류로 이해된 편지 역시 수사학적 요소를 담고 있으며, 이는 문학적으로 어느 정도 수준이 있음을 의미한다고 전제한 것이다. 이러한 맥락에서 신약 성경 서신을 연구한 학자들은 신약 성경 서신을 이집트 파피루스 편지, 즉 비-문학적 편지 전통으로만 이해하기는 어렵다고 주장한다. 특별히, 신약 성경 서신의 본문 부분은 비-문학적 편지와 확연한 차이를 보이는데, 이 차이점들로 나타나는 요소들이 연역적 혹은 고전 수사학적 분석의 필요성을 제기한다고 본다. 이러한 입장을 지닌 대표적인 학자는 베츠(Hans Dieter Betz)다.

베츠는 갈라디아서를 이해하는데 있어서 고전 수사학을 분석 방법론으로 사용했다.[48] 물론, 그에 앞서 종교 개혁자였던 필립 멜랑히톤(Philip Melanchthon, 주후 1497~1560년)이 바울 서신을 고전 수사학을 통해 해석하려고 시도했다. 그러나 이 방법론이 신약 성경 서신 연구에 적극적으로 도입된 것에는 베츠의 갈라디아서 연구에서 시작된다. 베츠는 갈라디아서의 구조를 두 부분, 즉 편지적 요소(갈라디아서의 틀로 기능)를 반영하는 서두(갈 1:1-5)와 후기(postscript, 갈 6:11-18), 그리고 고전 수사학의 배열에 따라 진술된 편지 본문(1:6-6:10)으로 구분하면서 본문 연구에 있어 고전 수사학적 분석 방법론을 적용했다. 이때 베츠는 갈라디아서를 법정적 연설과 맥을 같이하는 "변호 편지" 장르의 한 예로 분류했다.[49] 이러한 분석을 통해 베츠는 갈라디아서가 수사학적으로나 신학적으로 잘 작성된 정교한 변증서이고, 문학적 수준을 고려해 볼 때 바울이 갈라디아 교회들을 가난하고 무지한 자들을 전도하여 설립한 것이 아니라 헬라화 되고 로마화 된 도시민들 가운데서 설립했다고 제안했다.[50]

---

[48] H. D. Betz, "The Literary Composition and Function of Paul's Letter to the Galatians," *NTS* 21 (1974/75), 353-379; "In Defense of the Spirit: Paul's Letter to the Galatians as a Document of Early Christian Apologetics," in *Aspects of Religious Propaganda in Judaism and Early Christianity*, edited by E. S. Fiorenza (Notre Dame / London: University of Notre Dame Press, 1976), 99-114; *Galatians: A Commentary on Paul's Letter to the Churches in Galatia* (Philadelphia: Fortress, 1979).

[49] Betz, "The Literary Composition and Function of Paul's Letter to the Galatians," 354.

[50] Betz, *Galatians: A Commentary on Paul's Letter to the Churches in Galatia*, 2.

4. 귀납적 혹은 서술적 접근

귀납적 혹은 서술적 접근법은 앞서 언급된 연역적 혹은 고전 수사학적 접근의 문제점, 즉 그 분석의 결과들이 서로 일치하지 않는다는 점과 바울 서신의 편지적 특성을 너무 고려하지 않는다는 문제의식을 가진 학자들에 의해서 시작되었다. 따라서 이 접근법을 사용한 학자들은 편지적 특성을 고려하면서 본문을 이해하기 위한 분석법을 제안했다.

(1) 롱에네커(R. N. Longenecker): 편지와 수사학의 결합

롱에네커는 자신의 갈라디아서 주석에서 편지적 분석과 수사학적 분석을 통합적으로 사용했다.[51] 롱에네커는 화이트와 유사하게 갈라디아서를 비-문학적 전통에 속한 보통 편지로 보았다.[52] 그러나 갈라디아서의 본문 단락이 여전히 비-문학적 편지 양식 전통에서는 이해되기 힘들다는 점을 인정했다. 롱에네커는 바울이 자기 당시에 사용된 설득의 수사학적 형식들과 양식들을 편지를 작성할 때 사용했다고 판단했다.[53] 이를 전제로 하여 롱에네커는 갈라디아서의 본문 단락을 수사학적 배열에 따라 분석했다.[54] 롱에네커는 바울 서신은 기본적으로 편지지만, 본문 단락에서 바울이 설득의 기술들(즉, 수사학)을 사용했다는

---

51 R. N. Longenecker, *Galatians* (Dallas, Texas: Word Books, 1990), *Introducing Romans: Critical Issues in Paul's Most Famous Letter* (Grand Rapids, Michigan / Cambridge, U.K.: William B. Eerdmans, 2011)를 참조하라.

52 Longenecker, *Galatians*, cx.

53 Longenecker, *Galatians*, cix.

54 Longenecker, *Galatians*, cv-cix.

견해를 견지했다. 이러한 점에서 롱에네커는 베츠 계열의 고전 수사 분석학자가 아니었다. 오히려, 편지적 특성과 수사학적 요소 모두를 충분히 고려한 연역적(편지 문학 양식 및 수사학적 배열적 요소를 전제함) 절충주의자라고 평가될 수 있다.

(2) 톨미(D. F. Tolmie): 작품 차제 배열 분석

톨미가 제안한 새로운 접근법은 편지 자체가 가지고 있는 흐름, 즉 내적 배열을 분석의 최우선 권을 둔 귀납적 접근법이다.[55] 물론, 내적 전개 안에는 수사학적 요소나 편지학적 요소가 포함되어 있기에 이러한 요소들이 완전히 배제되지는 않는다. 그러나 이러한 요소들의 사용은 저자가 편지의 전개를 통해 전달하고자 하는 내용에 의해 취사 선택된 것이다. 이러한 점에서 이 접근은 이전의 분석법들과는 확연히 차이가 난다. 톨미는 연역적 수사 분석을 평가한 후 그 한계점들을 지적하고 이에 대한 대안으로 작품의 내적 전개에 따라 갈라디아서를 분석하고 그 내용을 문학적 요소들로 설명함으로써 갈라디아서에 나타난 바울의 수사적 전략을 분석하는 새로운 시도를 감행했다(자세한 사항은 아래 <보록 1>을 참조하라). 이러한 시도를 톨미는 "바울이 갈라디아인들을 설득하려 한 방식에 관한 본문-중심의 서술적 분석"(a text-centered descriptive analysis of the way in which Paul attempts to persuade the Galatians)이라고 불렀다.[56] 이 방법에 근거해 톨미는 갈라디아서를 각 주제와 특정한 요소를 담고 있는 18개의 세부 단락으로 구분했다. 특별히, 각 단락에 존재하

---

55   D. F. Tolmie, *Persuading the Galatians: A Text-Centred Rhetorical Analysis of a Pauline Letter* (Tübingen: Mohr Siebeck, 2005), 27.

56   Tolmie, *Persuading the Galatians: A Text-Centred Rhetorical Analysis of a Pauline Letter*, 28.

는 사항들을 정리하고 각 요소를 유사한 것끼리 묶음으로써 갈라디아서의 전략을 여섯 개의 기본적인 수사적 사실들로 대분했다. 이 여섯 가지의 요소들이 바울의 갈라디아서 작성 목적을 드러낸다고 보았다.[57]

제5장 결론적 요약

바울 서신에 관한 연구는 고대로부터 진행되었으나 그리스-로마 편지로서의 관점에서 바울 서신이 연구된 기간은 이제 약 한 세기(100년) 정도 지나고 있다. 앞서 살펴보았듯이, 바울 서신을 이해하기 위해 학자들은 바울 서신을 고대 편지와 비교하여 이해를 도모하는 편지의 문학적 분석으로부터 시작하여 고대 세계의 대화 방식과 정보 전달 방식을 고려한 수사 분석 시도했다. 이러한 해석의 시도들이 성공했는지 실패했는지는 정확히 평가할 수 없으나, 분명한 사실은 새로운 해석 방법론이 도입될 때마다 새로운 해석이 제안되었다는 점이다. 그러나 이 새로운 제안은 이전의 연구 방법론을 극복하기 위한 노력이었다는 점, 그리고 각 단계의 새로운 연구의 결과는 이전 연구를 부정하는 것이 아니라 보충하는 방향으로 발전했음을 기억해야 한다. 이러한 측면에서 최근 한 권의 신약 성경 서신 연구서가 흥미를 끈다. 바울 서신의 편지 분석의 권위자인 와이마의 *Paul 'the' Ancient Letter Writer: An*

---

57 Tolmie, *Persuading the Galatians: A Text-Centred Rhetorical Analysis of a Pauline Letter*, 240.

Introduction to Epistolary Analysis(2016년)가 그것이다.[58] 이 책이 흥미를 끄는 이유는 화이트와 김찬희에 의해 1970년대에 본격화되었고, 롱에네커의 갈라디아서 주석(1990년)에 적용되었던 "편지 문예 분석"(혹은 서신 분석, *Epistolary Analysis*)을 와이마가 다시 소개하고 있기 때문이다. 와이마는 1994년도에 *Neglected Endings: The Significance of the Pauline Letter Closings*를 출간한 이후 거의 한 세대 만에 다시 편지의 문학적 분석을 다시 소개하고 있는 것이다. 와이마의 이 시도가 바울 신학계에 편지 장르 연구에 관한 관심을 다시 불러일으킬지는 분명하지 않지만,[59] 확실한 사실은 바울 서신을 편지로 보고 그에 따라 연구하는 방법론은 여전히 가치 있는 방법론이라는 것을 드러내 준다. 그러나 만약 이러한 연구가 약 30년 전의 연구 그대로라면 여전히 제한점이 있을 것이다. 그러므로 연구자는 이전 연구를 숙지하고 새롭게 제시되는 "편지 문예 분석"을 습득하여 바울 서신을 해석하기 위한 전문 방법을 배우고 연구해야 할 것이다.

---

58 이 책은 최근에 번역되었다. 제프리 A. D. 와이마, 『고대의 편지 저술가, 바울: 서신 분석을 위한 개론』, 조호형 역 (서울: 그리심, 2017).

59 Weima는 2016년 새로운 책 소개의 목적을 독자들에게 편지 양식 분석(서신 분석)의 방법과 해석적 가치를 독자들에게 소개하기 위한 것임을 분명히 밝힌다. Weima, *Paul 'the' Ancient Letter Writer: An Introduction to Epistolary Analysis*, xii.

[보록 1]
고대 편지 연구사에 따른 갈라디아서 해석사
"신약 서신 문예적 분석 최근 40년 평가와 향후 연구를 위한 제언"[1]

§1. 서론

영감된 하나님의 말씀으로서의 성경은 존재의 이유, 내용 및 기능에 있어 그 자체로 충분하지만(fully), 그 의미를 이해함 있어서 해석적 관점에 따라 그것이 바로 드러나기도 하고 또한 제한되기도 했다. 이는 성경 이해에 있어 해석의 방법의 중요성을 말해준다. 따라서 성경이 주어진 이래로 기독교인들은 성경을 보다 바르게 이해하기 위해 지속적인 노력을 해왔다.[2] 그 노력의 일환으로 지난 약 40년 동안 신약 성경 편

---

1   본 장은 김주한, "신약 편지 문예적 분석 최근 40년 평가와 향후 연구를 위한 제언- 갈라디아서를 중심으로," 「신약연구」 12/4 (2013.12): 812-837의 내용을 일부 수정하여 재수록한 것이다.

2   R. M. Grant, 『성경 해석의 역사』(*A Short History of the Interpretation of the Bible*), 이상훈 역 (서울: 대한기독교서회, 1994[1969])과 T. Longman III, 『문학적 성경 해석』 (*Literary Approaches to Biblical Interpretation*), 유은식 역 (서울: 솔로몬, 2002[1987]), 31-74를 참조하라.

지들에 대한 문예적 분석(the literary analysis)[3]이 시도되었다.[4] 문예적 분석은 한 작품의 의미가 문학적 장르와 뗄 수 없는 관계에 있다는 내용을 전제로 하여 한 작품의 부분 의미를 그 작품이 속한 문학 장르의 영역에서 해석하고 이해하려고 한 시도이다.[5] 이 시도의 유용성은 무엇보다 해당 작품을 어떤 문학 장르의 틀에 따라, 즉 규칙을 가지고 본문을 해석할 토대를 마련해 주었다는 데 있다. 물론, 많은 경우 고대 작품들의 문학 장르를 규정하는 일이 어려운 일이다. 이는 그 시도를 하는 해석자의 시대정신이나 배경에 따라 달라진다. 이 점이 신약 편지 최근 해석 40년사에서도 잘 드러난다. 그럼에도 불구하고, 이 접근법의 근본적 취지는 매우 긍정적이다. 즉, 한 작품의 장르 규정을 통해 그 작품의 전체 혹은 부분의 원-의미를 찾는 일에 보다 가까이 갈 수 있다는 기대가 있어 왔고, 많은 긍정적인 결과들이 있었다.

특별히, 문예적 접근은 바울의 편지들을 연구하는 데 집중적으로

---

3   문예적 분석은 문학적 분석과 동일한 의미로 사용한다. 그런데 이 용어는 R. N. Soulen and R. K. Soulen에 의하면 신약 성경 해석사에 있어서 가장 모호한 용어로 인식된다. 그들은 이 용어가 적어도 다음의 세 가지 학풍에 적용될 수 있다고 본다: (1) 19세기의 역사 비평과 관련된 개념(예. 자료 비평), (2) 20세기의 본문의 수사학적 요소 및 문학적 구조 문제를 다룬 방법, (3) 현대적인 개념에서 현대의 문학 이론과 병행하여 성경을 이해하려는 시도(R.N. Soulen and R.K. Soulen, *Handbook of Biblical Criticism* [Louisville, London: Westminster John Knox Press, 3rd ed. revised and expanded ed., 2001], 105). 필자가 문예적 혹은 문학적 분석이라고 지칭한 부분은 항목 (2)와 관련된다.

4   Longman III, 『문학적 성경 해석』, 31.

5   심상법, 『신약 주해를 위한 신약 서론』 (서울: 이레서원, 2005), 243, 247. 이곳에서 심상법은 E. D. Hirsh(*Validity in Interpretation* [New York and London: Yale University Press, 1967])의 견해를 따라 성경 주해에 있어서 성경의 문예적 장르의 중요성을 강조한다. Longman III, 『문학적 성경 해석』, 90-91을 참조하라.

사용되었다.[6] 이 중 빌레몬서가 연구의 최초 대상이 되었다.[7] 그 이유는 다이스만(A. Deissmann) 이후로 바울 편지 중에서 빌레몬서가 이집트 파피루스 편지들과 가장 유사한 형식과 길이를 가지고 있다고 여겨졌기 때문이다. 물론, 바울 편지들의 독특성에 대한 자각을 통해 다른 편지에 관한 연구도 꾸준히 시도되었다.

한편, 신약 편지 중 문예적 분석과 관련하여 특별한 관심을 받아온 편지는 갈라디아서를 꼽을 수 있다. 특별히, 갈라디아서를 바울의 교리 요약집으로 취급해왔던 교회 전통에 대한 학자들의 재고와 더불어, 고대의 여러 문학 장르의 해석학적 적용이 갈라디아서에 시도되면서 갈라디아서는 문예적 분석의 중심에 놓이게 된 것이다. 갈라디아서에 대한 문학 장르적 접근은 고대 편지 장르의 관점에서(예. 화이트[J.L. White]), 고대 수사학의 틀에 맞춰서(예. 베츠[H.D. Betz]), 편지 장르와 연설 및 수사학 장르의 혼합적 사용과 관련하여(예. 롱에네커[R.N. Longenecker]) 및 자체 수사적 논리를 가진 설득 작품의 측면에서(예. 톨미[D.F. Tolmie]) 이뤄졌고 현재 진행되고 있다. 이러한 측면에서 신약 편지의 문예적 접근에 대한 연구사는 갈라디아서 해석의 역사와 더불어 해석학적 방법론에 대한

---

6   이에 대한 이유는 두 가지 측면에서 이해할 수 있다. 첫째, 문헌학적 측면에서 사도 바울의 편지들이 현존하는 기독교 편지들이기 때문이다. 둘째, 해석학적 측면에서 역사-비평적 연구 이래로 신약 성경에서 진-편지로 인정받은 편지들이 (요한 2-3서와 함께) 대부분 사도 바울의 편지들에 한정되어왔기 때문이다. 특별히, 튀빙겐 학파(The Tübingen School)의 연구 이래로 사도 바울 서신들 중, 4개(로마서, 고린도전서, 고린도후서, 갈라디아서) 혹은 7개의 편지들(로마서, 고린도전서, 고린도후서, 갈라디아서, 빌립보서, 데살로니가전서, 빌레몬서)만이 진-바울 편지들로 여겨졌기 때문에 그 전통에 속해 있던 서구 학계의 연구들은 이 편지들에 집중했다.

7   J.L. White, "The Structural Analysis of Philemon: A Point of Departure in the Formal Analysis of the Pauline Letter", *SBLSP* 1 (1971), 1-47.

역사를 살펴볼 수 있는 중요한 창이 될 것이다. 이에 필자는 갈라디아서에 대한 문학 장르적 접근에 대한 해석사를 통해 지난 40년간의 신약 편지에 대한 문예적 접근의 역사를 살펴보고 평가해 보고자 한다.

§2. 최근 40년간의 갈라디아서 문예적 연구 방법의 분석과 평가

§2.1. 고대 비-문학 편지로서의 갈라디아서: J. L. White.

화이트의 공헌은 무엇보다 이집트에서 발견된 파피루스 편지들에 대한 면밀한 분석과 더불어 그 결과물을 신약 성경 편지 연구에 적용한 점에 있다. 물론, 화이트 이전에도 파피루스 편지에 관한 관심이 지속해서 있었다. 사실, 고대 편지의 관점에서의 신약 서신 연구는 다이스만에 의해 본격적으로 시작되었다. 다이스만은 이집트에서 발견된 파피루스 편지들을 참고로 하여 신약 성경 편지들의 사회적 위치, 문학적 성격 및 성경 헬라어의 특징을 규정하는 작업을 했다. 특별히, 편지의 문예적 성격과 관련하여 그 문예적 수준 및 상황적 실제성에 근거해 편지를 "편지"(letter)와 "서신"(epistle)으로 구분했다.[8] 그 후 여러 학

---

8 A. Deissmann, "Epistolary Literature", in T.K. Cheyne and S. Black (ed.), *Encyclopaedia Biblica: A Critical Dictionary of the Literary, Political, and Religious History, the Archaeology, Geography, and Natural History of the Bible* (4 vols,

자가 파피루스 편지들을 참조하여 신약 성경 편지의 특성 및 형식을 연구하였다.[9] 그러나 파피루스 편지 자체의 문예적 양식뿐 아니라 그 결과의 신약 성경 편지에 대한 본격적 적용은 화이트에 의해 시도되었다. 따라서 화이트를 이 편지 양식 비평의 대표자로 여기는 데는 무리가 없다.

§2.1.1. 분석

화이트의 초기 연구는 청원편지 양식(petition)에 관한 연구 및 신약 성경 편지 본론에 관한 양식적 연구에 집중되었다.[10] 그런데 사실, 후자

London: Admans and Charles Black, 1901), 1323-29; *Bible Studies: Contributions Chiefly from Papyri and Inscriptions to the History of the Language, the Literature, and the Religion of Hellenistic Judaism and Primitive Christianity* (trans. A. Grieve, Edinburgh: T. & T. Clark, 1909); *Licht vom Osten: Das Neue Testament und die neuentdeckten Texte der hellenistisch-romischen Welt* (Tübingen: More Siebeck, 1923); *Light from the Ancient East: The New Testament Illustrated by Recently Discovered Texts of the Graeco-Roman World: New and Completely Revised Edition with Eighty-Five Illustrations from the Latest German Edition* (trans. L.R.M. Strachan, Grand Rapids, Michigan: Baker Book House, 1965).

9 예를 들어, H.G. Meecham, *Light from Ancient Letters: Private Correspondence in the Nonliterary Papyri of Oxyrhynchus of the First Four Centuries, and Its Bearing on New Testament Language and Thought* (Eugene, Oregon: Wipf & Stock, 1923) 및 T.Y. Mullins, "Disclosure: A Literary Form in the New Testament", *NovT* 7 (1964), 44-50; "Greeting as a New Testament Form", *JBL* 87 (1968), 418-26; "Formulas in New Testament Epistles", *JBL* 91 (1972), 380-90 등이 있다.

10 J. L. White, "Introductory Formulae in the Body of the Pauline Letter," *JBL* 90 (1971), 91-97; *The Form and Structure of the Official Petition: A Study in Greek Epistolography* (Missoula, Montana: Scholars Press, 1972); *The Form and Function of the Body of the Greek Letter: A Study of the Letter-Body in the Non-Literary Papyri and in Paul the Apostle* (Missoula, Montana: Scholars Press, 2nd ed., 1972).

와 관련하여 이전까지의 편지 양식 연구가 편지의 서론 및 결론에만 초점이 맞춰져 왔고, 이에 이 양식 연구가 사실 파피루스 편지와는 길이나 내용 등에서 차이가 나는 신약 성경 연구에 부적절하다는 견해가 있었다. 이는 후에 화이트도 동의할 사항이었지만,[11] 신약 성경 편지들의 본론은 이집트에서 발견된 대부분의 편지들의 본문들과는 사뭇 달랐다는 점에서 기인한 것이었다. 자연스럽게 이 접근에 대한 비판이 일어났고, 그 비판은 이 접근법으로는 본론부를 거의 설명할 수 없다는 데 초점이 맞춰졌다.[12] 그럼에도 불구하고, 화이트는 이집트 파피루스 편지들 본문에서 발견되는 형식들을 가지고 지속적으로 신약 성경 편지 본문을 분석하려 시도했다. 이는 신약 성경 편지들이 철저하게 이집트 파피루스 편지들과 밀접한 관련이 있다는 다이스만 계열의 사조로부터 영향을 지속적으로 받아왔기 때문일 뿐 아니라, 정확한 문예적 장르 정보가 해석의 정당성을 제공해 준다는 입장을 견지했기 때문이다. 특별히, 후자와 고려할 때 화이트는 확실히 해석에 있어 장르 규정 및 규정된 장르의 비중을 정확히 인식하고 있었던 장르 분석 학자라 칭할 수 있다.

화이트의 편지 각 부분, 즉 서론부, 본론부 및 결론부의 문학적 형식

---

11   바울 편지들의 본문 논의의 수사학적 양식에 대한 White의 인식에 대해 J. L. White, "Apostolic Mission and Apostolic Message: Congruence in Paul's Epistolary Rhetoric, Structure and Imagery", in B. H. McLean (ed.), *Origins and Method: Toward a New Understanding of Judaism and Christianity: Essays in Honour of John C. Hurd* (Sheffield: JSOT, 1993), 157-60을 참조하라.

12   "편지 본론부는 서론부나 종결부보다 덜 상투적인데 그 이유는 본론부는 편지의 메시지 부분이기 때문이다. 그렇기에 본론부의 이보다 상이한 특성은 양식 분석의 가장 큰 장애거리가 되어왔다"(White, "Introductory Formulae", 91, 각주 2번).

연구의 최종적 결과는 1986에 출판된 그의 책에 잘 설명되었다.[13] 이 책은 이집트 파피루스 편지의 문예적 형식 연구를 일단락 한 책이라고 평가해도 과언이 아닐 것이다. 그러나 이 책이 나오기까지 화이트는 1971년부터 시작해 다양한 책과 소논문을 출판했다. 하지만 여기서 살펴볼 이집트 파피루스 편지의 문학적 형식들의 신약 성경 적용의 예는 1972년에 출판된 그의 초기 작품에 근거한 것이다. 그 책에서 화이트는 무엇보다 파피루스 편지들 본론부에 등장하는 문학적 형식들을 철저히 분석하여, 그를 통해 편지의 구성과 논리적 흐름을 파악하는 이론을 제시하려 시도했다. 화이트는 이 연구를 통해 편지 본문부가 본론-서론, 본론-중앙, 본론-결론으로 구성되어 있고, 이와 더불어 본론-서론 소개 문구,[14] 본론-결론 소개 문구[15]

13　　J. L. White, *Light from Ancient Letters* (Philadelphia: Fortress Press, 1986).

14　　(1) 드러냄 문구(disclosure Formula): "Know that…"(톨레미 시대) 혹은 "I want you to know that…"(로마 시대). (2) 본론부를 소개하는 정보 수답 통지(acknowledging receipt of information, which introduce the body): "I received your letter in which you said…", "Someone came and said…", "Just as you instructed me, I have…" 및 "Concerning that…(περί 혹은 ὑπέρ δέ…)". (3) 수신자로 하여금 무시되어왔던 업무에 종사할 것에 대한 의뢰 혹은 요구에 앞서 종종 수신자가 의무를 태만히 했다는 것을 암시하는 도입 문구(introductory formulas "which imply that the recipient is remiss in a duty", especially before a request or demand in which the addressee is urged to attend to the neglected matter): "I wrote formerly that…", "Just as I wrote…", "This is now my second (third 등) letter…" 및 "I am astonished(θαυμάζω) that…"(J. L. White, "Epistolary Formulas and Clichés in Greek Papyrus Letters," *SBLSP* 14 [1978], 303-304, 317, 각주 2번; "The Greek Documentary Letter Tradition Third Century B.C.E. to Third Century C.E.," *Semeia* 22 [1982], 98). White, "Introductory Formulae", 93을 참조하라.

15　　(1) 특별히 추천 편지에서 의뢰문 이후 감사 문구(appreciation formula after statement of request, especially in letters of commendation). (2) 의뢰문 이후 확신 문구 (confidence formula after statement of request): "I ask you, therefore, not to do otherwise; but I know that you will do everything well(P.Oxy. IV. 745, 7-9줄을 참조하라)". (3) 발신자의 방문 공지 혹은 수신자의 방문 의뢰(visit Talk of Sender or

및 전환 문구들[16]로 가득 차 있음을 밝혔다.[17] 이 연구 결과는 고대 편지 이해에 기여를 했는데, 특별히 편지의 본론부의 시작과 끝을 구별해 냄으로써 저자의 의도를 읽어낼 수 있는 장치를 마련했다. 그리고 그 결과를 바탕으로 신약 성경 편지들의 본문부의 전개를 설명하려고 시도했다.

이러한 맥락에서 화이트는 바울 서신의 구성을 서론부, 본론부 및 결론부의 삼중 구분으로 봤다.[18] 그러나 일반 파피루스 편지와 달리

Request to Visit of Recipient). (4) 수신자가 의뢰되고 명령된 일에 종사할 것을 강요하는 구문들(coercing phrases that the recipient attend to something requested or commanded): "Make it your concern to...", "Therefore, do not neglect to..." 및 "Take care that...". (5) Μὴ ἄλλως ποιήσῃς 및 변형들: "Do not act otherwise(μὴ οὖν ἄλλως ποιήσῃς [καὶ μὴ ἄλλως ποιήσῃς])" 혹은 "If you should act otherwise(εἰ δ᾽ ἄλλως ποιήσῃς [ἔσται...])". (6) 메시지의 끝 부분에서 정보를 요구하기(asking for information at the close of the message): "Write to me that we may know(γράψον [ἐπίστειλον] ἡμῖν [μοι] ἵνα [ὅπως] εἰδῶμεν)" 혹은 "Inform me about(διασάφησον μοι [ἡμῖν] περί... or δήλωσόν μοι περί...)". (7) 드러냄 문구(disclosure formula)-정보를 드러냄(disclosure of information): "I wrote to you, therefore, that you may know(γέγραφα οὖν σοι ὅπως εἰδῇς) 혹은 "I want you to know that..."(White, "Epistolary Formulas", 302, 305-306; "The Greek Documentary Letter", 99).

16   (1) 접속사들(conjunctions)-실제 문장, 즉 요구의 배경(background to actual statement [request]): οὖν, διό 및 ὅθεν. -시간이 경과한 요구에 대한 회상(reminding of overdue request):ἔτι οὖν καὶ νῦν. -편지 내에서 새로운 주제로의 전환(turning to a new subject within the letter): δὲ καί 및 ὁμοίως (ὡσαύτως) δὲ καί. (2) 적당한 접속사들과 등장하는 드러냄 문구(disclosure formulas with appropriate conjunctions): "Know also that..." 혹은 "I want you to know, too"(White, "Epistolary Formulas", 307-308; "The Greek Documentary Letter", 100).

17   White, *The Form and Function*, 1-41; "Epistolary Formulas", 299-308; "The Greek Documentary Letter", 98-100.

18   J.L. White, "Ancient Greek Letters", in D.E. Aune (ed.), *Greco-Roman Literature and the New Testament: Selected Forms and Genres* (Atlanta: Scholars Press, 1988), 97.

본론부가 "이론적 부분"과 "실천적 부분"으로 구분된다고 본다.[19] 이러한 사항을 근거로 해 화이트가 제시한 갈라디아서 구성은 다음과 같다:[20]

      서론부: 갈 1:1-5
      본론부: 갈 1:6-5:12
           원-본론: 갈 1:16-5:12
                본론-서론: 갈 1:6-14
                본론-중앙: 갈 1:15-4:31
                본론-결론: 갈 5:1-12
         "파라이네시스" 혹은 훈계: 갈 5:13-6:17(?)[21]
      결론부: 갈 6:18(?)

---

19 White, *The Form and Function*, 47. 위의 사실을 근거로 화이트는 바울 서신의 기본적 구성을 다름과 같이 제시했다(White, *The Form and Function*, 45):

서론부	인사 (발신자, 수신자, 인사)
	감사부분
본론부	본문 (형식적 서론, 연결 및 전환 양식들, 마무리 "종말론적 '클라이막스'" 및 사도적 방문 구문["사도적 현존"; apostolic *parousia*])
	"파라이네시스" 혹은 훈계
결론부	결론부 요소들(인사, 영광송, 축복)

20 그의 책을 중심으로 필자가 재구성함(White, *The Form and Function*, 46, 48-52, 53, 54-56, 60).

21 이 부분과 계속되는 결론부에 대해 White는 정확한 구분을 제시하지 않는다. 따라서 필자는 구절 뒤에 (?)표시를 덧붙인다(위 각주 19번에서 White가 제시한 바울 서신의 기본 구성을 보면 결론부는 인사, 영광송, 축복으로 이루어져 있다는 점을 참조하라).

§2.1.2. 평가

화이트의 연구는 신약 편지 연구에 있어 다음의 두 가지 점에서 긍정적인 기여를 했다. 첫째, 화이트는 자신의 연구에서 파피루스 편지 및 신약 성경 편지의 본론에 등장하는 다양한 문예적 구문들을 분석 및 제시했는데,[22] 이를 통해 얻어진 객관적인 자료들을 토대로 신약 성경 편지를 편지로 바라보고 분석할 객관적인 기준을 제시했다는 점에서 큰 기여를 했다. 사실, 이집트 파피루스 편지들이 다이스만에 의해 신학계에 소개되기 이전까지 학자들은 갈라디아서를 포함한 신약 성경 편지들을 단순히 종교적 문서 혹은 수사학적 작품이나 설교 등으로 취급했다. 따라서 갈라디아서의 편지적 특성에 대해서는 거의 고려하지 않았다. 둘째, 신약 성경 편지를 편지 장르로 이해한 다이스만조차 신약 성경 편지를 문예적 특성에서 보려는 시도를 적극적으로 하지 않았다. 그러나 화이트는 앞선 연구들의 토대 위에서 신약 성경 편지의 형식과 기능을 이해하려 시도했고 그 이해를 증진시켰다.[23]

그럼에도 불구하고, 많은 학자는 화이트의 제안이 신약 성경 편지의 본문을 설명하는데 불충분함을 지적해왔다. 사실, 처음에 편지의 문학적 특징들로만 신약 성경 편지 해석의 객관적 기준을 찾으려 시도했던 화이트조차 자신의 방법론이 적어도 신약 성경 편지 본문을 이해하는 데는 한계가 있음을 인정하기도 했다.[24] 그렇지만 이러한 한계점도 향후 연구에 새로운 아이디어를 전해주는 기능을 했는데, 한편으로 학자들은 (본 논문에서는 다루지 않지만) 고대 편지 이론에 관해 관심을

---

22 M. L. Stirewalt, "Review." *JBL* 93(3) (1974, S.), 480.
23 J. J. Pilch, "Book Reviews and Short Notices." *CBQ* 36(1) (1974), 146.
24 White, *Light from Ancient Letters*, 3; "Saint Paul and the Apostolic Letter Tradition." *CBQ* 45 (1983)을 참조하라.

갖게 되었고, 다른 한편으로 학자들은 향후 신약 성경 편지 분석을 위한 중요한 수단으로 기능할 고대 수사학에 관심을 갖게 만들었다. 두 번째 아쉬운 점은, 화이트는 신약 성경 편지들과 파피루스 편지의 형식을 너무나 강조한 나머지 구조를 분석함에 있어서 신약 성경 편지들의 독특성을 잘 드러내지 못하는 경향을 보였다.[25]

§2.2. 고대 수사 작품으로서의 갈라디아서: H.D. Betz

신약 성경 편지를 고대 편지의 관용적 표현의 관점에서 분석하는 시도는 신약 성경 편지들의 문예적 특성을 분명히 드러내 주었고, 이로써 편지에 대한 접근의 기본적인 자세의 변화를 가져온 기여를 했다. 그러나 일부 문예적 양식 분석학자들과 대다수 학자는 이러한 시도가 신약 편지들의 특징을 이해하는데 불충분하다는 결론에 이르렀다. 특별히, 신약 편지 본론부를 이해하는 데 어려움이 있다는 점에 관심이 모아졌다. 사실, 바울 편지들은 이집트에서 발견된 파피루스 편지보다 구성과 길이에 있어서 훨씬 복잡하고 길 뿐만 아니라 그 내용도 보다 심도 있다. 또한 문학적으로 양질의 문학적 기법인 수사학적 요소를 담고 있다.[26] 이러한 사항을 고려하여 학자들은 바울 편지들은 편지

---

25 Pilch, "Book Reviews," 146. 그러나 White는 1983년도에 쓴 소논문을 통해 바울에서 시작하는 독특한 기독교 편지 전통이 형성되었음을 지적함으로 신약 편지들의 독특성을 분명하게 제시했다(J.L. White, "Saint Paul and the Apostolic Tradition," *CBQ* 45 [1983], 433-44).

26 바울 편지들의 특징들에 대한 간략한 소개는 심상법, 『신약 주해』, 247-50, 256-60을 보라.

형식에 담긴 수사문 혹은 연설문으로 보아야 한다고 확신했다.[27] 이에 따라, 학자들은 바울 편지들을 고대 수사학적 관점, 즉 법정적 수사학, 추도적 수사학, 숙의적 수사학의 관점에서 분석하고자 했다. 근대에 들어 이러한 접근을 신약 성경 편지 분석에 적용하고자 시도한 최초의 학자는 베츠이다. 그는 고전 수사학을 근거로 갈라디아서 분석을 시도하는 글들과 주석을 저술했다.[28]

§2.2.1. 분석

베츠는 신약 성경 편지 이해를 위해 고전 수사학을 사용한 근대의 최초의 학자로 인정받는다.[29] 물론, 베츠 이전에도 이러한 시도가 없었던 것은 아니다. 예를 들어, 종교 개혁자의 후예인 멜란히톤(P. Melanchton)

---

27   이한수,『이방인들의 구원과 삶을 위해 바울 사도가 쓴 러브레터』(서울: 솔로몬, 2013), 15-16과 김주한, "신약 성경 편지 서두 번역에 대한 제안",『신약연구』11(4) (2012.12), 858, 각주 8번을 참조하라.

28   H. D. Betz, "The Literary Composition and Function of Paul's Letter to the Galatians", *NTS* 21 (1974/75), 353-79; "In Defense of the Spirit: Paul's Letter to the Galatians as a Document of Early Christian Apologetics", in E. S. Fiorenza (ed.), *Aspects of Religious Propaganda in Judaism and Early Christianity* (Notre Dame / London: University of Notre Dame Press, 1976), 99-114; *Galatians: A Commentary on Paul's Letter to the Churches in Galatia* (Philadelphia: Fortress, 1979); 『갈라디아서』(*Galatians: A Commentary on Paul's Letter to the Churches in Galatia*, 번역실 역, 서울: 한국 신학연구소, 1987 [1979]). M. D. Nanos, *The Galatians Debate: Contemporary Issues in Rhetorical and Historical Interpretation* (Peabody, Massachusetts: Hendrickson, 2002), 3-28과 Y. M. Park, "Is Paul a Rhetorician? - An Evaluation based on Paul's own Biographical Statements",『신약연구』, 11(2) (2012.6), 393을 참조하라.

29   G. Strecker, *History of New Testament Literature* (trans. C. Katter, Harrisburg, Pennsylvania: Trinity Press International, 1997), 22, 61.

도 이러한 시도를 했다.³⁰ 그러나 베츠의 시도로 다시 성경 해석에 있어서의 고전 수사학의 가치가 재평가되기 시작했다. 특별히, 그의 연구는 신약 성경 편지의 통일성과 편지 본론부 이해를 이해하는데 있어서 고전 수사학의 가치를 증명했다는 데 의의가 있다. 그 이후에 베츠의 연구 결과와 관련해 다양한 연구가 시도되었다.³¹

베츠는 1970년대에 쓴 글들(1974/75; 1976; 1979)에서 고전 수사학을 갈라디아서를 이해하는 수단으로 사용했다. 특별히, 1974/5년도에 쓴 소논문은 이 시도의 첫 발걸음으로 볼 수 있다. 그 글에서 베츠는 갈라디아서의 구성을 두 부분, 즉 편지 형식의 틀 부분³²과 편지 본론부로 구분했다.³³ 우선, 베츠는 편지학적 관점에서 편지의 틀을 서론부(갈 1:1-5)와 후기(갈 6:11-18)로 구분했다. 그리고 편지 본론부(갈 1:6-6:10)를 고전 수사학의 배열에 따라 분석했다.³⁴ 고전 수사학의 배열에 따

---

30   Classen은 신약 편지의 수사 분석에 대한 Melanchton의 위치를 다음과 같이 평가한다: "멜란히톤 보다 성경에 대한 수사 비평의 발전에 기여한 사람이 없다고 말하는 것은 정당하다. 더욱 놀라운 사실은 후세대들이 그의 의견들과 성취가 사실상 잊히도록 했다는 점이다. 그러나 성경 주해사의 성실한 연구는 수사학적 범주들의 적용이 결코 완전히 포기된 적이 없음을 보여준다(C. J. Classen, *Rhetorical Criticism of the New Testament* [Boston / Leiden: Brill, 2002], 15-16). Melanchton과 그 이전 시대의 기독교 저술가들의 수사 분석에 대해서는 Classen, *Rhetorical Criticism*, 99-177을 참조하라.

31   대표적인 예로는 G.A. Kennedy, *New Testament Interpretation through Rhetorical Criticism* (Chapel Hill: University of North Carolina Press, 1984), 144-52 및 J. Smit, "The Letter of Paul to the Galatians: A Deliberative Speech", *NTS* 35 (1989), 1-26이 있다(Nanos, The Galatians Debate, 3-28, 39-59에서 재출판 되었음을 참조하라). 또한 Classen, *Rhetorical Criticism*, 2, 각주 2번을 보라.

32   Betz, "The Literary Composition", 355-59.

33   Betz, "The Literary Composition", 359-77.

34   Betz, "The Literary Composition", 353.

라 갈라디아서에 대한 양식 비평을 통해[35] 베츠는 갈라디아서를 "변호편지" 장르의 한 예로 구분했다.[36] 자신의 분석 논문을 통해, 베츠는 신약 편지에 대한 수사 분석의 정당성을 입증했다. 그는 갈라디아서를 아래와 같이 구분했다:[37]

서론부	갈 1:1-5	
		"엑소르디움"(갈 1:6-11)
		"나라띠오"(갈 1:12-2:14)
본론부	갈 1:6-6:10	"프로포지띠오"(갈 2:15-21)
		"프로바띠오"(갈 3:1-4:31)
		"파라이네시스"(갈 5:1-6:10)
후기(결론부)	갈 6:11-18	

§2.2.2. 평가

베츠의 연구는 고대 편지학을 연구하는 당대의 학자들에게 두 가지 사실을 의미했다. 첫째, 베츠의 연구는 신약 성경 편지의 본론부가 고대 문학의 배경 내에서 어떻게 다뤄지고 이해될 수 있는지의 좋은 예를 향후 학계에 제공해 주었다.[38] 편지 형식 분석학자들 혹은 양식 비평학자들의 연구가 편지 본론부 이해에 있어 제한점을 드러냈다는 점

35　Betz, "The Literary Composition", 377.
36　Betz, "The Literary Composition", 354. 물론, 베츠의 이러한 장르 구분은 갈라디아서가 편지의 한 종류이기는 하나 편지 형식에 담겨진 변증서라는 의미가 강하다.
37　보다 상세한 단락 구분은 Betz, 『갈라디아서』, 78-92를 참조하라.
38　Classen, *Rhetorical Criticism*, 1-2.

에서[39] 베츠의 새로운 접근은 편지 본론부를 해석하고 이해하는데 유용한 방법을 제공했다고 평가할 수 있다. 둘째, 베츠의 연구는 그간 학계가 다이스만이 신약 성경 편지들이 이집트에서 발견된 파피루스 편지들과의 유사성을 근거로 기독교를 사회 최하층민들과 연관하여 이해했던 전통을 바꿔 놓았다. 대신, 베츠는 갈라디아서의 수사학적 특성의 훌륭함을 드러냄으로써 바울과 그의 교회 구성원들은 사회적으로 최하층민들에 속하지도 않고 또한 갈라디아서를 위시한 신약 성경 편지들이 즉흥적으로 작성된 편지가 아니라는 견해도 제시했다. 즉, 그는 갈라디아서가 잘 작성되었으며 "수사학적으로나 신학적으로 정교한 '변증'"이라고 주장하면서, 바울이 갈라디아 교회들을 가난하고 무지한 자 중이 아니라 헬라화 되고 로마화 된 도시민 중에 설립했다고 제안했다.[40] 이러한 제안은 향후 초대 교회의 모습을 재구성하며 신약 편지를 해석하는데 주요한 변화를 가져왔다.

그럼에도 불구하고, 그의 접근법은 후대에 비평을 받았다. 그 비평의 핵심은 두 가지로 나뉜다. 첫째, 베츠의 분석이 본문 설명에 적합하

---

[39] 예를 들어, 비록 White가 갈라디아서 본론부의 일단의 일반적 편지 특징을 규정했을지라도(White, The Form and Function, 46-68), 그 편지적 특징들은 단지 본론부는 작은 단락으로 구분하는 데에만 직접적인 도움을 준다. 다른 한편 Stowers는 "질책의 편지들"(Letters of Rebuke)에서 갈라디아서의 편지 문구들과 병행하는 몇몇 본문들을 발견했다(S.K. Stowers, *Letter Writing in Greco-Roman Antiquity* [Philadelphia: Westminster, 1986], 134). 그러나 그는 그 본문들을 해석하려 시도하지 않았다.

[40] Betz, 『갈라디아서』, 53; *Galatians: A Commentary*, 2. D. E. Aune, *The New Testament in Its Literary Environment* (Philadelphia: Westminster, 1987), 13과 A. J. Malherbe, *The Letters to the Thessalonians: A New Translation with Introduction and Commentary* (New York / London / Toronto / Sydney / Auckland: Doubleday, 2000), 97을 참조하라.

더라도 신약 성경 편지는 분명 수사학적 연설이 아니라 편지라는 점을 학자들은 재차 강조했다. 사실, 베츠는 비록 자신의 분석에서 편지적 요소를 언급하고 있지만, 실제로 그 편지 부분에 대해서는 특별한 언급을 하지 않는다. 그는 그 부분이 마치 연설이나 수사 작품에 종종 덧붙여지는 인사나 헌정문 정도로 본 것 같다.[41] 그러나 갈라디아서는 분명히 편지 장르에 속한 문헌이다.[42] 둘째, 베츠의 연구는 신약 성경 본문 해석의 고전적 수사학 적용은 맞춰진 틀에 신약 성경 편지 본문을 짜 넣는 듯한 인상을 준다. 예를 들면, 고대 수사학에서는 "파라이네시스"(갈 5:1-6:10) 단락이 연설의 분리된 단락으로 전혀 알려져 있지 않았다.[43] 셋째, 갈라디아서를 고전 수사학적 방법론으로 분석한 베츠 이후의 학자들은 베츠(법정적 수사학)와 다른 결론(숙의적 수사학)에 이르렀다는 점이 그의 연구의 한계를 드러내 준다.[44] 이와 더불어 몇몇 학자들은 베츠가 제시한 바울의 고전 수사학에 대한 훈련 자체에 대해서도 의구심을 갖는다.[45]

---

41 Betz, "The Literary Composition", 355; 『갈라디아서』, 78. 물론, Betz는 이 부분들에 대한 설명이나 주석을 제공하기는 한다. 그러나 전체 분량에 비해 너무 간단하게 언급할 뿐이다(Betz, "The Literary Composition", 355-359; 『갈라디아서』, 117-28, 622-48).

42 Park, "Is Paul a Rhetorician?", 410을 참조하라.

43 Smit, "The Letter of Paul," 4; M. Silva, "Betz and Bruce on Galatians", *WTJ* 45 (1983), 378.

44 각주 31을 참조하라. 특별히, Smit는 베츠의 분석의 한계점을 항목별로 제공한다: Smit, "The Letter of Paul", 2-5.

45 이와 관련해, Porter처럼(S.E. Porter, "Paul as Epistolographer *and* Rhetorician? Implications for the Study of the Paul of Acts", in S.E. Porter [ed.], *Paul in Acts* [Peabody, Massachusetts: Hendrickson, 2001], 98-125), 박윤만은 바울의 고전 수사학에 대한 훈련과 관련해 의심을 품는다(Park, "Is Paul a Rhetorician?", 416, 420-421). S. E. Porter, "The Theoretical Justification for Application of Rhetorical Categories to

§2.3. 연설/수사 장치를 사용한 복합적 성격의 편지로서의 갈라디아서: R.N. Longenecker

앞선 두 연구의 흐름들(편지 양식 분석[§2.1]과 본문에 대한 고대 수사학적 분석[§2.2])은 몇몇 학자들로 하여금 신약 성경 서신을 분석함에 있어 수사학적 성격과 편지의 문학적 관용 표현들을 함께 고려하도록 인도했다. 이러한 절충적 입장을 취한 학자들은 편지를 이해함에 있어서, 한편으로는 편지의 기본적 구조를 편지의 문학적 관용 표현들을 통해 파악하고, 다른 한편으로는 수사학적 분석을 시도하여 그 양쪽 결과들을 비교하여 보다 조화로운 편지 구조 이해 및 해석을 시도했다.[46]

---

46 예를 들어, 이 점에서 이들은 Malherbe(*The Letters to the Thessalonians*, 78-92) 및 D. F. Watson("A Reexamination of the Epistolary Analysis Underprining the Arguments for the Composite Nature of Philippians", in J. T. Fitzgerald, T. H. Olbricht and L. M. White [ed.], *Early Christianity and Classical Culture: Comparative Studies in Honor of Abraham J. Malherbe* [Leiden / Boston: E. J. Brill, 2003], 157-77; 그러나 그의 글 "Rhetorical Criticism of the New Testament", in D. F. Watson and A. J. Hauser [ed.], *Rhetorical Criticism of the Bible: A Comprehensive Bibliography with Notes on History and Method* [Leiden / New York / Köln: E. J. Brill, 1994], 124-25를 보라)의 연구들과 차이가 난다. Malherbe와 Watson은 고대 편지 이론가들 그리고/혹은 현대 편지 학자들을 의존해 편지의 특징들만을 자신들의 연구에 엄격하게 적용했다. S. E. Porter("Exegesis of the Pauline Letters, including the Deutero-Pauline Letters", in S. E. Porter [ed.], *Handbook to Exegesis of the New Testament* [Leiden / New York / Köln: E. J. Brill, 1997], 503-53 [특별히, 543-50]) 역시 편지 작성에 있어 수사학적 영향을 최소화 한 바울 서신 분석에 있어 편

Pauline Epistolary Literature", in S. E. Porter and T. H. Olbricht (ed.), *Rhetoric and the New Testament: Essays from the 1992 Heidelberg Conference* (Sheffield: Sheffield Academic Press, 1993), 100-122와 Silva, "Betz and Bruce", 377과 E. E. Ellis, *The Sovereignty of God in Salvation: Biblical Essays* (London: T. & T. Clark, 2009), 94를 참조하라.

갈라디아서와 관련하여 이러한 시도를 한 대표적인 학자는 롱에네커, 한센(G.W. Hansen)[47] 및 최근에 미터나흐트(D. Mitternacht)[48] 등이 있다. 이 중 필자는 이 견해를 학계에 가장 영향력 있게 제시한 주석을 저술한 롱에네커의 작품을 살펴보고자 한다.

§2.3.1. 분석

롱에네커는 1990년에 출간한 자신의 갈라디아서 주석에서 자신의 접근법을 사용했다. 그곳에서 롱에네커는 갈라디아서를 비-문학 편지 전통(즉, 이집트 파피루스 편지 전통)에 속한 일반 편지로 보았다.[49] 이는 앞선 <§2.1> 단락에서 살펴본바, 신약 성경 편지들을 이집트에서 발견된 비문학 편지 전통에서 바라본 화이트로 대표되는 문학적 양식 분석 학자들의 견해를 수용한 것이다.[50] 그러나 롱에네커는 갈라디아서의 본론부가 그 양식 전통에서는 이해되기 힘들다는 점을 역시 부인할 수 없었다. 따라서 롱에네커는 바울이 당시에 사용된 설득의 기술들을 자신의 논의를 위해 사용되었다고 판단했다.[51] 그런데 롱에네커 자신의

지의 양식적 특징들에 의존했다.

47　G. W. Hansen, *Abraham in Galatians: Epistolary and Rhetorical Contexts* (Sheffield: Sheffield Academic Press, 1989).

48　D. Mitternacht, "A Structure of Persuasion in Galatians: Epistolary and Rhetorical Appeal in an Aural Setting", in D. F. Tolmie (ed.), *Exploring New Rhetorical Approaches to Galatians: Papers presented at an International Conference, University of the Free State Bloemfontein March 13-14, 2006* (Bloemfontein: UFS, 2007), 53-98.

49　R. N. Longenecker, *Galatians* (Dallas, Texas: Word Books, 1990), cv; 『갈라디아서』(*Galatians*, 이덕신 역, 서울: 도서출판 솔로몬, 2003), 149.

50　White, *The Form and Function*, xii를 참조하라.

51　Longenecker, *Galatians*, cix.

주장인 신-수사학(혹은 공시적 수사학)이 적용되었을 것이라는 견해와 달리, 그의 분석을 보면 본론부에서 고전 수사학의 배열이 등장함을 보게 된다. 그 결과 롱에네커의 구조 분석은 외적으로만 보자면 위의 <§2.2> 단락에서 살펴본 베츠의 분석과 유사한 결과를 보여준다. 즉, 아래 도표에서 보듯이, 롱에네커의 갈라디아서 개요도 베츠의 분석처럼 편지의 서론부와 결론부가 있고 그 안에 수사학의 배열이 등장하기 때문이다. 따라서 베츠로 시작한 신약 성경 편지들에 고전 수사 분석을 시도한 것을 강렬하게 비판한[52] 포터(S.E. Porter)는 롱에네커를 베츠의 학문적 범주에서 바라보며 롱에네커를 비평했다.[53]

그러나 이러한 포터의 견해는 심층적으로 볼 때 정확하지 않다. 오히려, 롱에네커는 포터가 취한 입장[54] (그리고 후에 화이트도 수용한 입장[55]) 즉, 신약 성경 편지들은 기본적으로 편지들이며 본론부에 있어서 바울에 사용된 설득의 기술들(즉, 수사학적 장치들[신-수사학적 요소])이 등장한다는 입장을 견지했기 때문이다.[56] 사실, 롱에네커가 아래 도표의 (2)항 비난 단락과 (3)항 요구 단락에서 수사학의 배열 용어들을 사용하고

---

52 Porter, "The Theoretical Justification", 109-10; "Paul as Epistolographer *and* Rhetorician?, 103.
53 Porter, "Exegesis of the Pauline Letters", 546.
54 Porter, "The Theoretical Justification", 122; "Exegesis of the Pauline Letters", 543. S. E. Porter (ed.), *Handbook to Exegesis of the New Testament* (Leiden / New York / Köln: E. J. Brill, 1997), 585를 참조하라.
55 White, "Apostolic Mission and Apostolic Message", 157-160.
56 Longenecker, 『갈라디아서』, 163-70(특별히, 170). 다음 사항을 참조하라. 인사(1:1-5); 자서전적인 구체적인 사항들과 신학적 논의들을 포함하고 있는 질책 단락(1:6-4:11); 개인적, 성경적 및 윤리적 호소들을 포함하고 있는 의뢰 단락(4:12-6:10); 서명(6:11-18). 이 개요 뒤에 Longenecker는 다음 말을 덧붙인다. "이 기본적 편지 구조는 "편지의 개요의 기초로 기능하며 주석에 있어 주해에 적당한 정보를 제공할 것이다"(Longenecker, *Galatians*, cix).

있지만, 그 일차적인 단락의 구분은 편지 문학적 형식들의 분포도를 분석하여 제시한 것이고, 그 내용의 특성에 맞춰 고전 수사학의 배열에 등장하는 용어들을 신-수사학적 측면에서 덧붙여 설명하고 있는 것이다. 이러한 점에서 롱에네커에 대한 포터의 비평은 일부 수정될 필요가 있다고 본다. 왜냐하면 롱에네커는 베츠 계열의 고전 수사 분석학자가 아니라 편지와 수사학 모두의 문학적 요소들을 충분히 고려한 연역적(편지 문학양식 및 수사학 배열적 요소를 고려한 사항에서) 절충주의자라고 볼 수 있기 때문이다. 이러한 관점에서 제시된 롱에네커의 갈라디아서 개요는 다름과 같다:[57]

(1) 서론 인사: 갈 1:1-5

(2) 비난 단락: 갈 1:6-4:11(법정적 수사학적 성격이 강함)

    a. 작성의 상황 그리고/혹은 당면한 이슈들("엑소르디움"): 갈 1:6-10

    b. 변호에 있어 자서전적인 언급들("나라띠오"): 갈 1:11-2:14

    c. 갈라디아서의 계획/제안("프로포지띠오"): 갈 2:15-21

    d. 지지 논의들("프로바띠오"): 갈 3:1-4:11

(3) 요구 단락: 갈 4:12-6:10(숙의적 수사학적 성격이 강함)

    a. 유대화 위협에 대한 훈계들("엑호르따띠오," 부분1): 갈 4:12-5:12

---

57   Longenecker, *Galatians*, cv-cix. 참조. Longenecker는 바울 서신의 기본적 구성을 다음의 다섯 부분으로 나눴다(R.N. Longenecker, "On the Form, Function and Authority of the New Testament Letters," in D. A. Carson and J. D. Woodbridge [ed.], *Scripture and Truth* [Leicester: Inter Varsity Press, 1983], 103; *Galatians*, cvi; 『갈라디아서』, 152): 1. 서론(발송자, 수신자[들], 인사); 2.(종종 중재 기도와 함께) 감사 혹은 축복; 3.본론 (형식적 [본론-]서론, 연결 및 전환 형식들, 종말론적 클라이막스 및 때때로 여행 통보); 4.(효력 있는 호격과 함께) 훈계 단락/파라이네시스; 5. 결론(종종 저술 과정 언급된 상태로 인사, 영광송, 축복송).

  b. 자유주의적 경향들에 대한 훈계들("엑호르따띠오," 부분2):
   갈 5:13-6:10

 (4) 결론(서명): 갈 6:11-18

§2.3.2. 평가

롱에네커의 이러한 절충주의적 시도는, 첫째, 베츠 이후 고전 수사 분석이 갈라디아서를 포함한 신약 성경 편지들에 대한 문학적 해석의 대세를 이루며, 다시 한번 신약 성경 편지의 편지적 특성에 대한 고려가 잊혀 가는 시점에 신약 성경 편지들을 편지 장르 안에서 해석할 수 있도록 좋은 방향을 제시해 주었다는 데 그 기여점이 있다. 그리고 더 나아가 갈라디아서의 편지 고유의 특성을 잘 드러내 줌과 동시에 항상 문제로 부상되었던 갈라디아서의 본론부에 대한 해석에 있어 바울 자신의 설득의 기술(즉, 신-수사학의 도입)이라는 측면으로 문제를 해결할 수 있게 해주었다는 두 번째 긍정적 요소가 있다.

  그럼에도 불구하고, 롱에네커의 분석은 우선 포터와 같은 학자가 이미 제기했듯이, 그가 사용한 용어가 고전 수사학자들의 그것과 동일한 것들을 사용함으로써 독자가 혼란을 겪을 수 있는 여지를 남겨 놓았다는 아쉬운 점이 있다. 이와 더불어, 롱에네커의 편지의 문학적 양식 분석의 결과가 화이트가 제시한 그것과 상이한 점을 보인다는 점도 주의를 기울일 필요가 있다. 사실, 화이트의 주요 논점을 신약 성경 편지 본문이 본문-서론, 본문-본론, 본문-결론에 해당하는 형식구들에 따라 일정하게 나타난다는 점을 논증하고 이에 따라 갈라디아서 본문도 분석하는 것이었다.[58] 그런데 롱에네커는 화이트의 입장을 취한다고 말하면서도, 단지 화이트가 제공하는 편지의 문학적 형식구들에만 관심을 가진다. 다시 말해, 편지의 문학적 형식구들이 등장할 경우 그것들은 집합적으로 등장하고, 그럴 경우 그곳에서 저자는 자신의 생각을 환기한다고 주장하는 물린스(T.Y. Mullins)의 견해에 입각해[59] 자신의 분석을 진행할 뿐, 화이트가 제시한 본문의 구조를 완전히 배제한다. 이러한 태도는, 비록 분명하게 언급되어 있지는 않지만, 마치 롱에네커가 고전 수사학의 틀을 버리고 유연성 있게 신-수사학의 입장을 취하는 것으로 보인다. 더욱이, 롱에네커는 편지의 문학적 형식구들의 개별 기능을 언급하면서도, 단지 그것들이 집단적으로 등장한다는 측면에서만 바라봄으로써[60] 사실상 형식구들의 기능이 아닌 통계를 가지고만 편지 형식들을 고려한 측면이 있다. 이는 화이트가 보인 형식들의 기능과 가치에 대한 평가, 그리고 그에 근거한 분석과는 거리가 있는 독립적인 작업의 예이다. 추가로, 몇몇 학자들은 신약 편지가 작성되던 시기에는 편지와 수사학의 영역이 혼동된 적이 없다고도 주장한다.[61] 이러한 사항들을 고려할 때 롱에네커의 편지와 수사학의 절충주의적 접근에 대해 주의가 요구된다.

---

58   물론, White는 흔히 "편지적 훈계"(epistolary *parenesis*)라는 부분은 편지의 원본문으로 보지 않았기에 본문의 범위에 있어서는 두 학자가 차이를 보일 수 있다.

59   Longenecker, 『갈라디아서』, 154-55. T. Y. Mullins, "Formulas in New Testament Epistles", *JBL* (1972) 91: 380-390(특별히, 387)을 참조하라.

60   Longenecker가 형식들의 집단적 등장을 통한 구분의 예외로 둔 형식은 "말하기 동사"의 상투구문이다. 그러나 그러한 예외를 둔 이유를 정확하게 하지 않는다(Longenecker, 『갈라디아서』, 155).

61   Park, "Is Paul a Rhetorician?", 410-411.

§2.4. 자체 수사적 논리를 가진 작품으로서의 갈라디아서: D.F. Tolmie

톨미는 특별히 이전까지의 수사 분석들이 좀 더 엄격하든(§2.2) 아니면 온건하든(§2.3) 간에 고대 수사학적 범주들을 신약 편지 이해에 일방적으로 적용하는 점에 대해 문제를 제기했다. 톨미의 이러한 문제 제기는, 비록 이러한 접근들이 신약 편지에 등장하는 여러 현상을 보다 정확한 용어들로 설명할 수 있도록 기여했지만, 고대 세계에 일관된 수사학 모델들이 존재하지 않았다는 점과 더불어 고대 수사학은 그 기능에서 연설들을 생산하는 것을 최우선 목표로 했지, 작품을 평가하기 위해 의도된 것이 아니라는 근본적인 점을 지적했다.[62] 만약 고대 수사학에 대한 톨미의 견해를 인정한다면, 수사학 이론으로 한 작품을 체계적으로 분석하는 것은 (비록 연구에 있어서 피할 수 없는 방법이라 말할 수는 있어도, 논리적으로는) 모순이 된다. 왜냐하면 그 작품은 어떤 수사학 이론에 따라 정교하게 만들어진 수사학 모델 작품(sample)이 아니기 때문이다. 이전 접근법에 대한 이러한 견해를 가지고 톨미는 무엇보다 편지 자체가 가지고 있는 흐름, 즉 내적 전개를 분석의 최우선에 두는 새로운 접근을 시도했다.[63]

---

[62] D.F. Tolmie, *Persuading the Galatians: A Text-Centred Rhetorical Analysis of a Pauline Letter* (Tübingen: Mohr Siebeck, 2005), 19, 24-27.

[63] Tolmie, *Persuading the Galatians*, 27.

§2.4.1 분석

톨미는 본문에 접근함에 있어 내적 전개 안에서 등장하는 문학적 요소들(즉, 수사학적 요소나 편지학적 요소)을 충분히 고려했다.[64] 그러나 톨미는 이전의 학자들과 달리 이러한 문학적 요소들을 저자를 통제하는 어떠한 틀이라기보다는, 저자가 편지의 전개를 통해 자신이 전달하고자 하는 내용을 효과적으로 전달하기 위한 장치로서 취사 선택적으로 사용하고 컨트롤할 수 있는 도구로 보았다. 따라서 톨미는 바울이 설득을 위해 작성한 갈라디아서를 그 내적 전개에 따라 분석하고 그 내용들을 문학적 요소들로 설명함으로써 갈라디아서에 나타난 바울의 수사학적 전략을 분석하고자 시도한다. 이러한 시도를 톨미는 "바울이 갈라디아인들을 설득하려 한 방식에 대한 본문-중심의 서술적 분석"(a text-centred descriptive analysis of the way in which Paul attempts to persuade the Galatians)이라 칭했다.[65]

이러한 방법론을 가지고 갈라디아서를 읽은 후, 톨미는 갈라디아서를 각각의 주제나 특정한 요소를 담고 있는 아래의 18개의 세부 단위로 구분했다:[66]

단위	내용
(1) 1:1-5	자신의 사도권의 신적 기원을 강조하기 위해 서론을 변형함
(2) 1:6-10	청자들에게 그들의 위치를 다시 고려하도록 강요하기 위해 갈라디아 교회들에서 발생한 사건들에 대해 혐오를 표현함

64　Tolmie, *Persuading the Galatians*, 31, 38-39, 219-220, 249-255를 참조하라
65　Tolmie, *Persuading the Galatians*, 28.
66　Tolmie, *Persuading the Galatians*, 29; Tolmie가 제시한 18개의 단위에 대해서는 *Persuading the Galatians*, 234-235를 참조하라.

단위	내용
(3) 1:11-24	자신의 복음의 신적 기원을 증명하기 위해 자신의 삶으로부터 사건들을 재진술함
(4) 2:1-10	예루살렘 지도부에 의해 자신의 복음의 내용과 기원에 대한 승인을 증명하기 위해 자신의 예루살렘 두 번째 방문을 재진술함
(5) 2:11-21	어떻게 자신이 "복음의 진리"를 위해 확고하게 서있었는지를 보여주기 위해 안디옥에서의 사건을 각색해서 재진술함
(6) 3:1-5	자신의 복음을 지지하는 청자들이 경험했던 사건들을 갈라디아인들에게 회상시키기 위해 사용된 힐문적인 수사 질문의 연속
(7) 3:6-14	성경적 논쟁들로 적대자들을 대적하기 위한 성경의 권위에 근거한 예와 논쟁들
(8) 3:15-18	언약과 율법을 구분하기 위해 사용된 *a minori ad maius* 논쟁법
(9) 3:19-25	율법의 열등함을 강조하기 위한 방식으로 율법의 목적을 설명함
(10) 3:26-29	갈라디아인들에게 그들이 믿음으로 하나님의 자녀가 되었다는 것의 증거로서 그들의 세례를 회상시킴
(11) 4:1-7	영적 노예됨과 하나님의 자녀됨을 대조하기 위해 사용된 대리인에 대한 유비
(12) 4:8-11	다시 종교적 노예됨으로 돌아선 것에 대해 갈라디아인들을 비난함
(13) 4:12-20	감성적 논쟁들의 연속
(14) 4:21-5:1	갈라디아인들이 영적 노예됨으로 항복하지 않도록 촉구하는데 사용된 성경의 권위에 근거한 유비적 논쟁
(15) 5:2-6	할례에 대한 엄중한 경고
(16) 5:7-12	대적자들을 비방함
(17) 5:13-6:10	성령에 지도받은 삶을 살도록 갈라디아인들을 촉구함
(18) 6:11-18	마지막 논박을 위해 편지 결론을 변형함

이 세부 단락은 톨미가 본문을 읽고 그 흐름에 따라 단위를 구분했다는 점에서 주관적일 수 있다. 그럼에도 불구하고, 그가 구분에 있어 여러 장치들을 고려했다는 점에서 이전 연구들에서 드러난 객관적 요소가 배제되지는 않았다고 볼 수 있다.

한편, 톨미가 구분한 이 18개의 각각의 단위는 단독으로 기능하는 것이 아니다. 오히려 톨미는 그것들은 사도 바울의 수사학적 전략(즉, 설득의 전략)의 단계를 구성하는 것으로 이해했다. 그래서 그는 각 단위에 존재하는 사실들을 추려내고, 그 각각의 요소들을 유사한 것들끼리 묶음으로써 갈라디아서 전략을 여섯 개의 기본적인 수사학적 사실들을 묶어냈다.[67] 이 여섯 가지의 요소들이 갈라디아서를 통해 드러내고자 한 사도 바울의 목적을 드러낸다고 톨미는 본다. 그 여섯 요소는 아래와 같다:[68]

단락	단위	내용
(1) 1:1-2:10	단위 1-4	청자들에게 자신의 신적 권위를 확신시킴
(2) 2:11-3:14	단위 5-7	청자들에게 자신의 복음이 참 복음임을 확신시킴
(3) 3:15-25	단위 8-9	청자들에게 율법의 열등함을 확신시킴
(4) 3:26-5:1	단위 10-14	청자들에게 적대자들의 "복음"은 영적 노예 됨을 대표함을 확신시킴. 그리고 대신에 그들에게 자신의 복음을 따름으로서 영적으로 자유하게 머물 것을 촉구함

67　Tolmie, *Persuading the Galatians*, 235.
68　Tolmie, *Persuading the Galatians*, 240.

(5) 5:2-6:10   단위 15-17   그가 청자들로 하여금 할례를 받아야 한다는 압력에 굴복하지 말고 적대자들을 피하기를 원하고 또한 성령에 따라 살 것을 바랐던 것처럼 그들이 행동할 것을 확신시킴

(6) 6:11-18   단위 18   적대자들에 대한 마지막 논박

§2.4.2. 평가

톨미의 연구는 무엇보다 본문 자체의 전개를 고려해 본문을 설명하려는 시도라는 점에서 본문 중심적 해석 방법의 좋은 모델을 제공했다고 평가할 수 있다. 또한 해석에 있어서 본문 안에 포함된 문학적 요소들 충분히 고려함으로써 하나님 말씀일 뿐만 아니라 1세기에 속한 문헌으로서의 갈라디아서의 특성을 잘 드러냈다. 그러한 면에서 톨미의 연구는 성경 편지 학계에서 이전의 전통적 수사학적 접근들에 대한 대안을 제시했다고 볼 수 있다.[69]

그럼에도 불구하고 톨미의 연구는 갈라디아서를 포함한 바울 서신의 장르를 규정하는 데는 제한적인 기여를 할 뿐이다. 필자의 견해로는 먼저 편지의 문학적 장르 규정이 있은 후에(이는 전통적인 수사 분석과 같이 전제를 가지고 한 작품의 장르를 정하는 것을 말하는 것이 아니라 다양한 작품 분석을 통한 문학적 장르 규정 작업을 통해 한 작품의 장르를 결정해 내는 것을 말) 그 작품의 각 본문의 특성 그리고 응집된 본문들 혹은 그 작품 전체의 기능과 특성을 서술하는 순서로 진행되어야 한다고 본다. 왜냐하면 장르 규정이 특정 본문 해석에 영향을 주기 때문이다(게다가

---

69   Tolmie, *Persuading the Galatians*, 247을 참조하라.

편지라는 너무 넓은 장르 규정은 도움이 되지 않기에 보다 세밀한 장르 구분이 이뤄져야 한다). 그러나 톨미의 연구는 내적 발전에 관심을 두었기에 이러한 요소에 대해서는 크게 관심을 드러내지 못한 한계가 있다.

§3. 결론: 요약 및 향후 연구를 위한 제언

앞서 살펴본 최근 40년간의 신약 편지에 대한 네 가지의 문예적 접근법들은 다음과 같은 특징이 있다:

첫째, 전체적인 흐름은 이전 단계의 연구를 보완하는 대안적 형식으로 다음 단계의 연구가 시도되었다는 점이다. 즉, 화이트는 이전 연구에서 신약 편지의 편지적 특성이 완전히 무시된 것에 반응하여, 베츠는 편지 형식 분석이 편지의 본론 부분을 효과적으로 설명하지 못하고 있다는 점에 반응하여, 롱에네커는 베츠를 위시한 고전 수사 분석가들이 신약 편지를 고전 수사학의 틀에 너무 짜 넣으려고 함과 동시에 편지적 특성을 충분히 고려하지 않은 것에 반응하여, 톨미는 이전의 연구들을 회고하면서 외적 형식들(즉, 장르)에 대한 고려도 중요하지만, 더욱 중요한 것은 본문 자체가 진술하는 바를 따라가는 것이라는 견지에서 시도된 것이다. 이러한 학문적 흐름은 또다시 편지 장르에 관심에 적은 톨미의 내적 서술에 근거한 분석이 과연 합당한가에 대한 의문을 던지게 한다.

둘째, 문예적 분석은 무엇보다 본문이 내포한 문학적 특징들을 고려했다는 점에서 해석의 대상인 본문의 특성을 최우선으로 했다는 장점이 있다. 그럼에도 불구하고, 여전히 한 작품과 그에 사용된 문학적 작품들의 관계를 규정하는 데 어려움을 겪었다는 공통점을 보여준다. 이러한 어려움은 화이트와 베츠에 대해 지적되었다. 최근에 롱에네커와 톨미는 이러한 사항을 해결하기 위해 설득의 기술이라는 측면에서 편지를 보면서, 저자가 편지를 어떻게 기술했는지를 내용과 사용된 문예적 장치들을 통해 설명하려고 시도했다. 즉, 최근 문학 분석의 동향은 문학적 장르 규정을 통해 해석에서 다시 편지의 내용과 일단의 기준을 통한 분석에 근거한 해석으로 움직이고 있다. 그러나 여전히 문학 분석에 있어서의 핵심은 장르인데, 그 안에 포함된 내용과 형식과 기능의 관계를 고려해야 할 것이다. 이 점에서 최근의 문예적 분석은 그것의 본질에서 일탈하고 있다는 평가를 내릴 수 있다.

셋째, 문예적 분석은 무엇보다 본문 중심적인 방법론으로 해석될 수 있다. 더 나아가 그 작품이 포함된 시대의 여러 문학적 장치들을 고려한다는 점에서 보다 객관적인 성격을 지니고 있다고 평가할 수 있다. 물론, 본문 중심적인 문예적 접근사였지만 결과를 통해 보건대 그 결과가 서로 상이했다는 점은 마치 우리에게 해석자의 입장과 정황이 본문 자체보다 더 중요하다는 이미지를 던져줄 수 있다. 그럼에도 불구하고, 변치 않는 확고한 사실은 문예적 분석을 시도한 이들은 본문 자체와 관련 문헌들 및 문학적 전통들에 깊은 관심을 가졌으며, 문예적 분석 방법들은 헬라어 원문에 대한 이해를 요구하는 접근법들이었다는 특징이 있다.

신약 성경 편지에 대한 이해를 위해 시도된 앞선 연구들은 각 시대의 요구에 따라 철저하게 진행되었다. 특별히 각 단계의 연구가 앞선 단계 연구의 한계점을 보완해 나가며 진행되었기에 편지에 대한 문예적 접근은 엮인 하나의 조형물에 비견될 수 있을 것이다. 이러한 점에서 문예 분석은 단순한 해석학적 시도나 실험이라기보다는 하나의 읽기 체계라고 평가할 수 있다.

    그렇다면 이제 신약 성경 편지들을 이해하는 열쇠로서 우리가 찾아야 할 방법론은 무엇일까? 즉, 앞선 연구를 토대로 하여 보다 본문의 원-의미에 접근할 수 있는 문예적 분석의 다음 대안은 무엇일까? 이 질문은 너무 포괄적이고 그러면서도 근원적이기에 쉽게 대답할 수 없다. 그럼에도 불구하고, 한 가지 제시될 수 있는 제안은, 신약 편지의 특성을 고려할 수 있는 문학적 장르를 규정하여, 그 장르적 이해 아래에서 편지들을 해석하는 방법론이다. 그러나 이러한 고민 앞에서 해결하기 어려운 점은 신약 편지들의 장르를 어떻게 규정하며, 그것들은 어떤 장르에 속하는가를 밝혀내는 것이다. 따라서 향후 연구를 위해 급선무가 되는 것은 신약 편지들의 장르에 대한 재점검이다.

제3부
바울 서신의 문학 양식적 – 훈계 전통적 배경

제2부에서 살펴보았듯이, 바울 서신은 지난 약 100여 년간 고대 그리스-로마 편지적 관점에서 논의되었다. 비록 그 관심이 편지 양식에 제한되곤 했지만, 이로써 드러난 한 가지 사실은 바울 서신은 성도들을 목회하기 위해 보내진 하나님의 말씀임과 동시에, 약 2,000여 년 전에 실제로 작성되어 발송된 최초의 "기독교 편지"라는 점이다. 바울이 성도들을 목회하기 위해 편지를 써서 발송한 것은 그 자체로 역사적 정황이 있다. 그 정황을 요약하면, 바울은 자신이 세운 교회의 성도들이 다양한 핍박과 유혹에 빠졌을 때 그 상황을 가르침과 훈계로 해결하고자 했으나 자신이 직접 교회에 방문할 수 있는 상황이 아니었기에 "바울 서신"을 작성하여 교회에 보내 목회했다는 것이다. 이러한 정황 중에 바울의 가르침이 "서신," 즉 편지로 기록되었고, 더불어 "목회적," 즉 (위로, 권면, 가르침, 교정 등을 포함한) 훈계 편지로 작성된 것이다. 다만, 기독교인들이 편지 자체나, 투렌(L. Thurén)이 지적했듯이, 훈계 전통 자체를 고안했던 것은 아니다.[60] 따라서 바울 서신을 연구하여 잘 이해하기 위해서는 이 점을 간과해서는 안 된다. 따라서 이 단락에서는 바울 서신을 연구하고 이해하는 배경적 작업으로 바울 당대의 편지 양식과 훈계 전통에 관해 살펴보고자 한다.

---

[60] L. Thurén, "Motivation as the Core of Paraenesis - Remarks on Peter and Paul as Persuaders," in *Early Christian Paraenesis in Context*, edited by J. Starr and T. Engberg-Pedersen (Berlin / New York: Walter de Gruyter, 2004), 353-354. "오늘날 명백한 것은 초기 기독교 훈계들이 당대의 그리스 및 유대 철학적 및 종교적 전통을 따라가고, 주변의 문화와 사회에 속한 다양한 공동체들의 가치를 반영하고 있다는 점이다. 신약 신학자들은 초대 교회 훈계들 자체에 있어서 더 원류를 증명해내는 데 실패했다... 분명하게 최초 기독교인들은 합당한 삶을 위한 새로운 규칙 혹은 지침을 고안해 낸 것은 아니다."

제1장 그리스-로마 편지의 양식

1. 그리스-로마 편지의 범주

고대 그리스-로마 편지는 저술 목적, 내용, 보존 방식 등에 따라 다음의 세 가지 범주로 분류된다.

① 문서 혹은 비-문학 편지(the documentary or non-literary letter)
② 관공서 편지(the diplomatic or royal letter)
③ 문학 편지(the literary letter)

(1) 문서 편지 혹은 비-문학 편지

이 범주에 속한 편지를 문서 편지라고 말하는 것은 오늘날의 회사나 기관의 문서들이나 개인이 사무를 위해 작성한 정형화되고 한시적인 특징이 있어 보존의 가치가 지극히 적어 읽힌 후 쓰레기통에 버려졌다가 우연히 발견된 편지이기 때문이다. 또한 비-문학 편지라고도 불리는 이유는 개인들이 사적인 안부나 정보를 교환하기 위해 작성되어 통념상의 유산으로 보존될 필요가 없으나 우연한 방식으로 보존되어 발견된 것들이기 때문이다(비교. 아래의 문학 편지). 그러나 이 두 명칭을 하나로 통합하지 않는 이유는, 개인이나 가족 간의 친교 편지 등은 한시적인 특징은 있으나 정형성에서는 자유롭고 또한 개인적인 차원에서만 보존의 가치가 있기에 비-문학적 편지로 부르는 것이 적절하나, 회사나 기관의 문서 따위는 문학적 요소와는 어떤 접점이 없기에 비-문학 편지라는 명칭보다는 문서 편지라고 부르는 것이 적절하다고 여겨지기 때문이다(반면, 개인 편지는 간혹 후대에 보존 가치를 인정받아 문학 편지로 전환되는 경우가 있었음). 이 종류에 속한 편지의 한 예로 주후 25년경에 보내진 P.Oxy. 291, 즉 "카이에아스가 뛰란노스에게"*Chaireas to Tyrannos*을 보면 아래와 같다.[61]

앞면	
[1-2줄] Χαιρέας Τυράννωι τῶι φιλτάτωι πλεῖστα χαίρειν.	카이레아스가 가장 친애하는 뛰란노스에게 진심으로 안부를 묻는다.
[3-9줄] τ[ὴν] ἔκθεσιν τοῦ ιβ (ἔτους) Τιβερίου Καί[σαρ]ος Σεβαστοῦ σειτικὴν καὶ ἀρ[γ]υρικὴν εὐθέως γράψον, ἐ[πεὶ] Σεουῆρος μοι ἐνετείλατο πρὸς ἀπαίτησιν· καὶ προέγραψ[ά σοι] ἀνδραγαθι[ν] καὶ ἀπαιτεῖν μ[έχ]ρι ὑγια[ί]νων παρ[α]γένωμαι.	너는 띠베리오스 까이사르 세바스토스 12년 때의 밀과 재무 상세표를 즉시 보내라. 왜냐하면 세우에로스가 반환을 위해 나에게 명령을 했기 때문이다. 그래서 내가 안전하게 갈 때까지 네가 남자답게 행동하여 반환할 것을 미리 쓴 것이다.
[10-14줄] [μὴ ο]ὖν ἀμελήσῃς καὶ τὰ ἀπὸ [. (ἔτους) μ]έχρι ια (ἔτους) ἔτο[ι]μα ποίησον [εἰς τὴ]ν ἀπαίτησιν σιτικὰ καὶ [ἀργυρικά].	무시하지 마라. 그리고 …년부터 11년 때까지에 속한 것들과 밀과 [돈을] 돌려줄 것을 위해 준비해라.
[10-14줄] ἔρρωσο.	잘 지내라.

---

61 B. P. Grenfell and A. S. Hunt, *The Oxyrhynchus Papyri edited with Translations and Notes*, Vol. 2 (London: Egypt Exploration Society, 1899), 290-291.

뒷면	
Τυράννωι διοικητῆι	행정관 뛰란노스에게

(2) 관공서 편지

이 범주에는 왕의 편지(예. 칙서, 왕의 가족 편지), 국가 간의 편지(예. 행정 지시, 외교 편지), 행정 편지(예. 청원서) 등이 포함된다. 그러나 편지학에서 관공서 편지는 일반적으로 왕의 편지나 국가 간의 편지를 가리키며 행정 편지는 특정 사안 처리와 관련된 것이기에 문서 혹은 비-문학적 편지로 간주된다.

왕의 편지와 국가 간의 편지가 특별히 관공서 편지로 분류되는 것은 편지의 보존성에 관련된다. 즉, 비록 위의 편지에는 개인적 사항을 담은 편지가 포함될 수 있을지라도(예. 왕의 가족 편지. 통치자끼리의 사적 편지 등), 대다수 편지는 칙령 등과 같이 보존의 필요성을 지녔고, 따라서 그 내용이 비문이나 성벽에 새겨져 보존되기도 했다. 결국, 관공서 편지는 내용과 형식에 있어서 당대의 일반적인 편지와 공통점이 있었을지라도, 모두에게 공개될 목적으로 작성되었기에 그에 따른 독특성을 가지곤 했다. 이 종류에 속한 편지의 한 예로 Welles가 제시한 32번째 편지요 마그네시아의 시장 거리에 있는 남쪽 벽면에 새겨져 있는[62] "안티오코스 3세의 아들 안티오코스의 편지"*Letter of Antiochus Son of Antiochus III*를

---

[62] 이 편지는 흰색 대리석에 새겨져 있는데 너비는 62-63cm, 두께는 20-21cm, 높이 166cm에 달한다. C. Bradford Welles, *Royal Correspondence in the Hellenistic Period: A Study in Greek Epigraphy* (New Haven: Yale University Press, 1934), 140.

보면 아래와 같다.[63]

[1-2줄]
Βασιλεὺς ᾿Αντίοχος Μαγνήτων τῆι βουλῆι καὶ τῶι δήμωι χαίρειν·

왕 안티오코스가 마그네시아의 공회와 그 주민에게 문안한다.

[215줄]
Δημοφῶν καὶ Φιλίσκος καὶ Φέρης οἱ παρ' ὑμῶν πεμφθέντες πρὸς τὸν πατέρα θεωροὶ ἕνεκεν τοῦ ἐπαγγεῖλαι τὸν ἀγῶνα καὶ τἆλλα ἃ ἐψήφισται ὁ δῆμος συντελεῖν διὰ πενταετηρίδος τῆι ἀρχηγετίδι τῆς πόλεως ᾿Αρτέμιδι Λευκοφρηνῆι ἀπέδωκαν καὶ τὸ πρὸς ἐμὲ ψήφισμα καὶ διελέχθησαν μετὰ σπουδῆς ἀκολούθως τοῖς ἐν τούτωι κατακεχωρισμένοις, παρακαλοῦντες ἀποδέξασθαι στεφανίτην ἰσοπύθιον τὸν ἀγῶνα ὃν τίθετε τῆι θεᾶι.

시합과 주민이 아르테미스 류꼬프네 시의 최고 지도자를 위해 매 네 번째 해에 지불하고자 투표했던 다른 것들을 보고하려 했기에 너희로부터 아버지에게 보내진 대사들인 데모폰과 필리스꼬스와 페레스가 나를 향한 법령마저 전달해 주었고 또한 그들이 계속해서 열심을 가지고 이것으로 자리를 잡게 된 자들과 대화했다. 너희가 그 여신을 위해 놓은 그 시합을 왕관이 돌려지는 퓌티온과 같은 것으로 수용하길 권면하면서 말이다.

[15-23줄]
ἔχοντος οὖν τοῦ πατρὸς περὶ τοῦ δήμου τὴν φιλανθρωποτάτην δι[άλη]ψιν καὶ ταῦτα ἀποδεδεγμένου, θέ[λεω κ]αὶ αὐτὸς ἀκολουθεῖν τῆι προαιρέ[σει αὐτ]οῦ, νῦν τε ἀποδέχομαι τὰς ἐψη[φισμένα]ς ὑφ' ὑμῶν τιμὰς τῆι θεᾶι καὶ [τὸ λ]ο[ιπ]ὸν πειράσομαι κατακολουθῶν [τῆι τοῦ] πα[τρ]ὸς ὑφηγήσει συναύξειν ὑμῖν [ἐν οἷς ἂ]ν π[αρ]ακαλῆτε ἢ καὶ αὐτὸς ἐπινοῶ.

그러므로 아버지께서 주민에 대해 최고의 박애를 가지고 계시고 이것들을 수용하시기 때문에, 내 자신도 그의 계획을 따르길 원하고 지금 너희에 의해 그 여신에게 투표된 존중들을 수용한다. 그리고 마지막으로 나는 아버지의 인도하심을 전적으로 따르면서 너희가 권면하거나 혹은 내 자신이 생각하는 것들로써 너희를 성장시키려(지원하려) 할 것이다.

[24줄]
ἔρρωσθε.

잘 지내라.

---

63   Welles, *Royal Correspondence in the Hellenistic Period: A Study in Greek Epigraphy*, 142-143.

(3) 문학 편지

문학 편지는 일차적으로 문학적인 의도(예. 훈계, 철학, 유희 등)로 작성된 편지를 말한다. 따라서 형식은 편지 형태지만 실제로 그 내용은 시(時)나 강연, 연설 혹은 이야기로 이뤄진 경우가 많다. 물론, 문학 편지 중에는 형식과 내용에 있어서 일반 편지와 유사한 것들도 있다. 특별히, 그 내용이 항상 가공의 내용을 담고 있는 것만은 아니다. 왜냐하면 문학 편지 범주에는 원래 정해진 수신자가 있어 실제로 보내졌다가 후대에 보존 가치가 있어 보존되어 문학 편지로 분류된 편지와 원-의도는 실제적이나 특정 독자보다는 보편 독자를 겨냥하여 작성된 편지도 포함되기 때문이다. 후자의 경우, 본문 보존의 목적으로 작성된 경우가 많기에 가공의 내용을 담고 있다고 평가될 수 있다. 그러나 실제로 가공의 내용을 담고 있는 대다수 편지는 문자적 의미에서 "문학적"이라는 점에서 보편 독자를 겨냥한 편지와 구분된다. 따라서 문학 편지를 이해하기 위해서는 아래와 같은 구분할 필요가 있다.

첫째, 문학적 의도로 작성된 편지. 편지 형식에 담긴 시 등에서 발견되는 편지와 더불어, 보편 독자를 겨냥하여 작성된 철학적 혹은 종교적 편지가 이에 속한다. 후자는 전자와 달리 염두에 둔 독자가 있기에 편지의 특징을 더 지니지만 정황이 문학적이기에 실제로 보내진 편지와 구분되는 경우가 대다수다. 후자의 대표적인 예들로는 세네카 (Seneca, 주전 4년~주후 65년)의 『도덕 편지들』$^{Epistolae\ morales}$이나[64] 클라우디스 아일리아누스(Claudius Aelianus, 주후 약 175~235년)의 편지들이 있고, 최근 작품으로는 루이스(C. S. Lewis, 주후 1898~1963년)의 『스크루테이프의 편

---

64 국역으로는 루시어스 세네카, 『세네카 삶의 지혜를 위한 편지』, 김천운 역 (서울: 동서문화사, 2016)을 참조하라.

지』^{The Screwtape Letters}65가 있다. 한 예로, 로마의 소피스트 클라우디우스 아일리아누스에게 돌려지는 20통의 편지 중 4번(Ep. 4), 즉 "안테미온이 드라께스"^{Anthemion to Draces}를 보면 아래와 같다.66

[1-2줄]	
Τί σοι καλὸν εἴργασται καὶ τί σοι πεπόνηται χρηστόν;	무엇이 너에게 좋은 것으로 작용해왔고, 어떤 유익한 것이 너에게 노력으로 얻어졌는고?
[2-4줄]	
ἐγὼ γὰρ ἀμπελίδος ὄρχον ἐλάσας, εἶτα μοσχίδια συκιδίων παραφυτεύσας ἁπαλά, καὶ ἐν κύκλῳ περὶ τὸ αὔλιον κατέπηξα ἐλαίας.	그러므로 나 자신은 포도나무의 열을 놓고, 그리고 나서 무화과의 잘 자란 어린싹을 옆에 심고 그리고 시골집 주변 둘레에 올리브 나무를 단단히 심었네.
[4-6줄]	
εἶτα ἐν δεῖπνον ἦν πίσινον ἔτνος καὶ τρεῖς ἁδρὰς ἐξεκάναξα κύλικας καὶ ἀσμένως κατέδαρθον.	그리고 나니 나를 위해 완두콩 수프 저녁이 있었네. 그리고 세 개의 작은 맥주컵을 부었네. 그리고 즐겁게 잠들이 들었다네.

둘째, 실제 편지에서 보존된 문학 편지. 이 편지는 편지 작성의 정황에 따라 좀 더 진중하고 무거운 내용을 담고 있는 편지로부터 더 개인적인 내용을 담고 있는 편지로 구성되어 있는데, 한 가지 공통점은

---

65 국역으로는 C. S. 루이스, 『스크루테이프의 편지』, 김선형 역 (서울: 홍성사, 2018)을 참조하라.

66 Allen Rogers Benner and Francis H. Fobes, *The Letters of Alciphron, Aelian and Philostratus with an English Translation* (London: William Heinemann, 1962), 355.

저자의 의도와 상관없이(의도가 있더라도) 편지가 원-독자의 손을 떠나 일반 독자, 특별히 후대 독자에게 읽힐 가치가 있어 문학 작품화되어 보존된 편지 종류라고 말할 수 있다. 독립적으로 보존된 편지들로는 플라톤의 편지[67]나 신약 성경 서신 및 교부 편지 등이 있다. 한 예로, 플라톤이 자신의 친구이자 철학적 통치를 실현하도록 시칠리아의 디오뉘시오스 1세에게 자신을 소개한 디온(Dion)의 죽음 어간(주전 356~354년)에 그의 추종자인 아리스또도로스에게 보낸 편지(*Ep.* 10)를 보면 아래와 같다(13통의 편지 중 10번째).[68]

[358ξ]	[358c]
Πλάτων Ἀριστοδώρῳ εὖ πράττειν.	플라톤이 아리스또도로스에게 문안합니다.
ἀκούω Δίωνος ἐν τοῖς μάλιστα ἑταῖρον εἶναί τέ σε νῦν καὶ γεγονέναι διὰ παντός, τὸ σοφώτατον ἦθος τῶν εἰς φιλοσοφίαν παρεχόμενον· τὸ γὰρ βέβαιον καὶ πιστὸν καὶ ὑγιές, τοῦτο ἐγώ φημι εἶναι τὴν ἀληθινὴν φιλοσοφίαν, τὰς δὲ ἄλλας τε καὶ εἰς ἄλλα τεινούσας σοφίας τε καὶ δεινότητας κομψότητας οἶμαι προσαγορεύων ὀρθῶς ὀνομάζειν	나는 디온으로부터 철학을 위한 것 중 최고 지혜로운 습관을 내보이는 당신이 최고 중에서 친구이며 지금도 항상 그래왔다고 듣습니다. 그러므로 견고함과 신실함과 건전함, 나 자신은 이것이 참된 철학(지의 사랑)이라고 말합니다. 그러나 다른 철학들과 다른 것들을 향해가는 철학들과 영악함(거침)은 장식적인 것들이라고 생각합니다. 올바르게 이름 짓는 것이라고 주장하자면 말입니다.
ἀλλ᾽ ἔρρωσό τε καὶ μένε ἐν τοῖς ἤθεσιν οἷσπερ καὶ νῦν μένεις.	그러나 [당신은] 잘 지내십시오. 그리고 지금도 당신이 그것을 위하여 머무는 그 습관들 가운데 머무십시오.

---

67   국역으로는 플라톤, 『편지들』, 개정판, 강철웅 외 역 (서울: 아카넷, 2021)을 참조하라.

68   Plato, *Platonis Opera*, John Burnet ed. (Oxford University Press, 1903).

한편, 진짜 편지가 앞선 플라톤의 편지처럼 독립적으로 보존되지 못한, 즉 다른 문학 작품에 포함된 채로 보존되어 문학 작품화된 예도 있다. 이러한 편지들은 주로 역사물에 포함되는데, 예를 들어, 신약성경 사도행전의 예루살렘 공의회 편지(행 15:23-29), 구약성경 에스라서의 아닥사스다 왕이 보낸 편지(스 4:17-22)이 있다. 성경 외에도 이러한 편지가 많다. 한 예로, 구약 외경 『마카비 2서』에 포함된 편지인 "안티오코스 5세 유파토르가 유대인들에게"*Antiochus V Eupator to the Jews*(『마카비 2서』 11:27-33)를 보면 아래와 같다(이 편지의 원형은 관공서 편지이다).

27α πρὸς δὲ τὸ ἔθνος ἡ τοῦ βασιλέως ἐπιστολὴ τοιάδε ἦν·	27a 그리고 민족을 향해 왕의 편지가 다음과 같았다.
27β βασιλεὺς Ἀντίοχος τῇ γερουσίᾳ τῶν Ἰουδαίων καὶ τοῖς ἄλλοις Ἰουδαίοις χαίρειν.	27b 왕 안티오코스는 유대인들의 원로원과 다른 유대인들에게 문안합니다.
28 εἰ ἔρρωσθε εἴη ἂν ὡς βαουλόμεθα καὶ αὐτοὶ δὲ ὑγιαίνομεν.	28 만약 여러분이 잘 지내고 있다면 우리가 바라는 것처럼입니다. 그리고 우리 역시 건강합니다.
29 ἐνεφάνισεν ἡμῖν Μενέλαος βούλεσθαι κατελθόντας ὑμᾶς γίνεσθαι πρὸς τοῖς ἰδίοις.	29 메넬라오스는 여러분들이 내려가서 그 자신의 것들에 속하기를 바란다고 우리에게 제시했습니다.
30 τοῖς οὖν καταπορευομένοις μέχρι τριακάδος Ξανθικοῦ ὑπάρξει δεξιὰ μετὰ τῆς ἀδείας.	30 그러므로 크산티꼬스의 30일까지 내려가는 자들에게는 위협으로부터 자유와 함께 행운(호의)이 있을 것입니다.
31 χρῆσθαι τοὺς Ἰουδαίους τοῖς ἑαυτῶν δαπανήμασιν καὶ νόμοις καθὰ καὶ τὸ πρότερον καὶ οὐδεὶς αὐτῶν κατ᾽ οὐδένα τρόπον παρενοχληθήσεται περὶ τῶν ἠγνοημένων.	31. 유대인들이 이전에서처럼 그 자신들의 음식 규정들과 율법들을 위해 사용하기 위한 것입니다. 그리고 그들 중 누구도 어떤 방식으로든 알지 못했던 것들에 대해 크게 문제가 되지 않을 것입니다.

32 πέπομφα δὲ καὶ τὸν Μενέλαον παρακαλέσοντα ὑμᾶς.	32 그리고 내가 메넬라오스가 여러분을 격려하기 위해 그까지 보냈습니다.
33a ἔρρωσθε.	33a 잘지내시오.
33β ἔτους ἑκατοστοῦ τεσσαρακοστοῦ ὀγδόου Ξανθικοῦ πεντεκαιδεκάτῃ.	33b 148년의 크산티오스 15째 날.

(4) 요약

위에서 언급된 편지의 세 범주는 고대 세계에서 편지 작성이 우연히 이루어진 행위가 아니라 의도와 목적을 가지고 진행된 행위이며, 또한 비록 주요 문학 장르들과는 비견하기 어려울지라도, 그 자체로 보존과 연구의 가치가 있음을 보여준다. 한편, 바울 서신과 관련하여서는 편지의 세 범주는 여러 측면에서 이해에 도움을 주기도 하고 혼란도 가져왔음을 먼저 언급할 필요가 있다. 예를 들어, 바울 서신은 일차적으로 서신 수신자에게 보내진 것이지만 그것이 종종 수신자가 속한 교회 구성원들에게도 적용되고, 더 나아가 주변 교회들에까지 적용되곤 했다. 이러한 사실은 바울 자신뿐만 아니라 당대 교회들이 바울 서신을 보존하는 것을 급선무라고 여길 만큼 가치 있는 것으로 받아들였다는 것을 의미한다. 그렇다면 오늘날 독자들에게 바울 서신은 비-문학적 편지(즉, 개 교회나 개인의 사안으로 실제로 보내진 편지)에 속하면서, 동시에 관공서 편지(즉, 교회 지도자에 의해 보내진 권위 있는 편지)요 문학적 편지의 특성(즉, 실제 편지일지라도 보존의 가치를 저자와 수신자 모두가 느끼게 한 편지)을 가진 것으로 여겨질 수 있다.

위의 사항은 바울 서신을 연구하기 위해 그 내용과 교회 내에서의 가치를 연구하는 것도 중요하지만, 그러한 사항을 전달하기 위해 바울이 선택한 당대의 편지 양식에 관한 이해 역시 중요함을 지적해 준다. 그리고 연구를 위해서는 당대의 편지 양식에 관한 이해가 다른 부분들에 대한 이해에 우선되어야 한다는 점도 지적해 준다. 이러한 맥락에서 필자는 바울 서신이 원래는 비-문학적 편지에 속했다는 점을 고려해 바울 시대의 편지 예들과 그 작성법과 특성들을 먼저 살펴봄으로써 바울 서신 연구의 기초를 제시할 것이다.

2. 그리스-로마 편지의 구조

(1) 그리스-로마 편지의 전형(the proto-type)

비록 그리스-로마 편지가 문서 혹은 비-문학 편지, 관공서 편지 및 문학 편지로 구분되고 그 목적과 내용에 따라 다양성을 지니고 있을지라도, 편지는 구조, 양식 및 외적 요소들 등과 관련된 편지 작성법에서 거의 한결같은 특징이 나타낸다. 그러나 세 범주 중 고대 그리스-로마 편지 양식을 잘 보존하고 있는 대다수 편지는 문서 혹은 비-문학 편지에 속한다. 왜냐하면 다른 범주에 속한 편지들은 그것들이 전수되면서 서두(즉, 발신자, 수신자 및 인사)가 간소화되거나 필요한 부분들만이 발췌되어 보존되고 또한 다른 작품의 자료로써 사용되어 외적 형식이 변형되곤 하였지만, 문서 혹은 비-문학 편지는 보존 가치가 크지 않았던 관계로 편지 내용이 확인된 후 쓰레기장에 버려졌다가 후대에 우연히 발견됨으로 고대 그리스-로마 편지의 전형을 원형 그대로 반영해 주기 때문이다. 물론, 문서 혹은 비-문학 편지의 대다수가 이집트에서 발견되었기에 이 편지는 이집트 문화권의 편지 전형을 반영하고 있다고 평가될 수 있다. 그러나 당대의 편지 교류 상황과 이집트 외에서 발견된 편지의 형식을 고려해 볼 때, 이집트에서 발견된 이 편지가 당대의 그리스-로마 편지의 특성을 잘 드러내 준다고 말할 수 있다.

클라우크(H.-J. Klauck)는 많은 편지 중에서 주후 2세기에 작성된 BGU 2.423, 즉 "아삐온의 첫 번째 편지"*The First Letter of Apion*가 당대 편지의 전형을 잘 드러내 준다고 본다.⁶⁹

앞면: 편지 본문	
[1-2줄]	
Ἀπίων Ἐπιμάχῳ τῶι παρὶ καὶ κυρίῳ πλεῖστα χαίρειν.	아삐온이 아버지요 주인인 에삐마코스에게 진심으로 문안드립니다.
[2-6줄]	
Πρὸ μὲν πάντων εὔχομαί σε ὑγιαίνειν καὶ διὰ παντὸς ἐρωμένον εὐτυχεῖν μετὰ τῆς ἀδελφῆς μου καὶ τῆς θυγατρὸς αὐτῆς καὶ τοῦ ἀδελφοῦ μου.	참으로 모든 것에 앞서 저는 당신께서 건강하시고, 제 자매와 그녀의 딸 그리고 제 형제와 함께 잘 지내시길 항상 기도합니다.
[6-10줄]	
Εὐχαριστῶ τῷ κυρίῳ Σεράπιδι, ὅτι μου κινδυνεύσαντος εἰς θάλασσαν ἔσωσε εὐθέως. Ὅτε εἰσῆλθον εἰς Μησήνους, ἔλαβα βιατικὸν παρὰ Καίσαρος χρυσοῦς τρεῖς καὶ καλῶς μοί ἐστιν.	저는 주 세라삐스에게 감사합니다. 왜냐하면 제가 바다에서 위험에 처한 후 그가 즉시로 구원해 주셨기 때문입니다. 제가 메세노스(Misenum)에 도착했을 때 저는 카이사르로부터 여행 경비(*viaticum*)로 금화 세 개를 얻었습니다. 저에게는 잘된 일입니다.

69　H.-J. Klauck, *Ancient Letters and the New Testament: A Guide to Context and Exegesis* (Waco, Texas: Baylor University Press, 2006), 9-11.

앞면: 편지 본문

[11-18줄]
Ἐρωτῶ σε οὖν, κύριέ μου πατήρ, γράψον μοι ἐπιστόλιον πρῶτον μὲν περὶ τῆς σωτηρίας σου, δεύτρον περὶ τῆς τῶν ἀδελφῶν μου, τρ[ί]τον, ἵνα σου προσκυνήσω τὴν χέραν, ὅτι με ἐπαίδευσας καλῶς καὶ ἐκ τούτου ἐλπίζω ταχὺ προκό(μι-)σαι τῶν θε[ῶ]ν θελόντων.

그러므로, 내 주 아버지여, 저는 당신께 요구합니다. 우선, 당신의 안위에 관해, 둘째로 제 형제들의 안위에 관해, 셋째로 제가 당신의 손을 경배하기 위해 편지 한 통을 제게 써주십시오. 왜냐하면 당신께서 저를 잘 훈육하셨기 때문입니다. 그리고 신들께서 원하신다면 저는 이곳으로부터 속히 가길 소망합니다.

[18-20줄]
Ἄσπασαι Καιπίτων[α πο]λλὰ καὶ το[ὺς] ἀδελφούς [μ]ου καὶ Σε[ρηνί]λλαν καὶ το[ὺς] φίλους μο[υ].

까이삐똔과 제 형제들과 세레닐라와 제 친구들에게 많은 안부를 전해주십시오.

[21-23줄]
Ἔπεμψά σο[ι εἰ]κόνιν μ[ου] διὰ Εὐκτήνομος. Ἔσ[τ]ι [δέ] μου ὄνομα Ἀντῶνις Μάξιμος

저는 유끄떼노몬을 통해 제 초상화를 당신께 보냈습니다. 그리고 제 이름은 안또니스 막시모스[70]입니다.

[23줄]
Ἐρρῶσθαί σε εὔχομαι.

저는 당신이 잘 지내길 기도합니다.

[24줄]
Κεντυρί(α) Ἀθηνονίκῃ.

백인부대(白人部隊) 아테노니께.

---

70   Klauck는 이 이름이 아삐온이 갖게 된 로마식 이름일 것으로 추측한다. Klauck, *Ancient Letters and the New Testament: A Guide to Context and Exegesis*, 13.

앞면: 편지 본문	
⟨In the left margin(addendum)⟩ [25줄] Ἀσπάζεταί σε Σερῆνος ὁ τοῦ Ἀγαθοῦ [Δα]ίμονος [καὶ...]ς ὁ τοῦ [...] ρος καὶ Τούρβων ὁ τοῦ Φαλλωνίου καὶ Δ[...]νᾶς ὁ τ[ου ....] σε [. . .] [...]. [...]. [ ]	⟨왼쪽 여백⟩ 아가토 다이몬의 (아들)인 세네노스가 당신께 문안합니다. [그리고] ...로스의 (아들)인 ...스와 팔로니오스의 (아들)인 뚜르본과 ...의 (아들)인 드[...]나스가 너를...

뒷면: 집주소와 추가 주소	
⟨On the reverse(outside address)⟩ [28줄] ε[ἰς] φ[ιλ]αδελφίαν Ἐπιμάχῳ ἀπὸ Ἀπίωνος υἱοῦ.	⟨뒤편(바깥 주소)⟩ 필라델피아에서. 에뻬마코스에게, 아들 아삐온으로부터.
⟨In the opposite direction(additional address)⟩ [29-30줄] Ἀπόδος εἰς χώρην πρίμαν Ἀπαμηνῶν Ἰο[υλι]ά[ν]ου Ἀν.[..]λιβλαρίῳ ἀπὸ Ἀπίωνος ὥστε Ἐπιμάχῳ πατρὶ αὐτοῦ	⟨맞은편 쪽에(추가 주소)⟩ 아삐온으로부터 아빠메노스의 첫 번째 보병대 캠프에 있는 서기관 율리아노스에게 전달하라. 그러면 그의 아버지 에뻬마코스에게.

위에 제시된 아삐온의 첫 번째 편지(BGU 2.423)를 분석해 보면, 구조와 형식에 있어서 아래와 같은 특징을 가지고 있다.

첫째, 편지가 삼중 구조, 즉 서두, 본문, 결어로 구성되어 있다. 한편, 편지지 낱장(정확히는 파피루스) 왼쪽 여백에는 3자 인사가 담겨있고, 뒤쪽에는 주소, 그리고 맞은 편 방향에는 추가 주소가 기록되어있다.

둘째, 서두는 인사 부분과 기도 및 감사 단락으로 이뤄져 있다. 우선, 인사 부분에서 편지 발신자 아삐온이 먼저 등장하는데, 이는 비록 에삐마코스가 아버지일지라도 편지에서 일반적으로 발신자의 이름이 먼저 등장하는 관습에 따른 것이다(단, 관공서 편지에서는 직급에 따라 수·발신자의 위치가 변경되곤 한다). 한편, 수신자 에삐마코스는 "아버지요 주인"이라는 어휘로 묘사되어 있다. 이는 발신자가 수신자와의 관계를 고려한 친근감의 표현이라고 볼 수 있다. 이후, 기도 단락이 등장하는데 이 부분에서 아삐온은 수신자 에삐마코스와 가족의 건강을 위해 기도한다 (Πρὸ μὲν πάντων εὔχομαι). 편지에서 기도 단락은 감사 단락에 비해 자주 등장하지는 않는다. 특별히, 위의 편지처럼 기도 단락과 감사 단락이 함께 등장하는 경우는 드문 경우다. 클라우크는 이 편지를 그리스-로마 전형으로 제시하면서 이 점을 강조했는데, 그의 의도가 신약성경 서신의 형식을 고대 그리스-로마 편지 형식과 비교하여 연구할 정보를 제공하기 위한 것이었기에 이 편지를 선택했다고 언급한 점에서 잘 나타난다(예. 감사 단락의 경우 바울 서신, 기도 단락의 경우 요한삼서). 다른 한편, 감사 단락에서 아삐온은 세라삐스 신에게 감사드린다 (Εὐχαριστῶ τῷ κυρίῳ Σεράπιδι). 앞서 언급했듯이, 감사 단락도 고대 그리스-로마 편지에서 자주 등장하지는 않는다. 흥미로운 점은 아삐온은 세라삐스 신에게 감사하며 자신이 지중해를 건널 때 겪은 위험을 언급하는데, 결국 이를 통해 편지를 보내는 자신이 신의 가호(加護)를 받은 사람임을 드러낸다는 것이다. 이 사항은 (심지어 아버지에게조차) 편지 발신자의 언권(言權)을 강화하는 기능을 했다.

셋째, 본문에서 아삐온은 아버지께 가족의 안부를 전하는 편지를 요구한다. 사실, 고대 그리스-로마 비-문학적 편지의 내용은 이러한 간단한 요구나 정보 공유로 이뤄져 있었다. 또한 개인 사업이나 여타 사소한 주제들이 진술되었다. 그렇기에 특별한 경우를 제외하고는 편지 본문 단락이 짧은 경우가 대다수였다.

넷째, 결어 부분에서 아삐온은 편지를 인사로 끝내지 않고 3자 인사, 중요한 추가 정보(자신의 초상화를 보냈다는 이야기와 자신의 로마식 이름이 무엇인지 언급), 편지 전달자의 이름 및 단순한 인사를 대신하는 건강을 위한 기도 문구를 사용한다. 아삐온의 편지는 고대 그리스-로마 비-문학적 편지가 결어 부분에 담을 수 있는 모든 요소를 담고 있다. 단, 비-문학적 편지에서 이렇게 확장된 결어가 등장하는 것은 예외적임을 기억해야 한다. 일반적으로는 "안녕" 등의 간단한 인사로 종결된다. 한편, 일반적으로 많은 편지에는 편지 작성일이 제시되는데[71] 아삐온의 첫 번째 편지에서는 이 부분이 생략되었다.

마지막으로, 편지 주소가 일반적으로 편지 바깥 부분(즉, 본문이 기록된 부분의 뒷면)에 기록되어있는 관습에 따라 이 편지에서도 바깥 부분에 주소가 기록되어있다. 다만, 아삐온의 첫 번째 편지는 군대에서 발송된 것으로 부대 내의 편지 담당 부서에 대한 언급이 추가된 점이 주의를 끈다.[72]

하지만 모든 편지가 아삐온의 첫 번째 편지(BGU 2.423)가 담고 있는 요소들을 담고 있는 것은 아니다. 예를 들면, 앞서 언급된(제1장 1.[1]) "카이에아스가 뛰란노스에게"*Chaireas to Tyrannos*(P.Oxy. 291)는 "아삐온의 첫 번째 편지"(BGU 2.423)와 일부 차이를 보인다. 즉, 후자에는 감사 단락이 등장하는데("저는 주 세라뻬스에게 감사합니다."), 전자에는 감사 단락이 없었다. 또한 내용에서도 전자에는 가족에게 보내는 친교의 내용이

---

71   Klauck가 인용하는 편지(P.Oxy. 1.119)에서 그 예가 등장한다: Τῦβι ιη = "the 18th of Tybi(January)." Klauck, *Ancient Letters and the New Testament: A Guide to Context and Exegesis*, 26-27.

72   Klauck, *Ancient Letters and the New Testament: A Guide to Context and Exegesis*, 14.

담겨있고 후자에는 사무적인 내용을 전달한다. 더불어, 전자는 편지의 길이가 길고, 후자는 짧다. 그럼에도 불구하고, 이 두 편지는 기본적으로 안부를 묻는 서두, 편지 내용을 전달하는 본문, 마지막 인사를 전하는 결어를 포함하는 유사한 구조를 가진다(감사 단락이 경우 당대 편지에 일반적이지 않았다. 즉, BGU 2.423가 특이한 경우이다).

(2) 특정 유형의 편지와 유사 편지

고대 그리스-로마 편지는 앞서 살펴본 "아삐온의 첫 번째 편지"(BGU 2.423)와 "카이에아스가 뛰란노스에게"(P.Oxy. 291)처럼 기본적으로 삼중 구조로 되어있다. 그러나 고대 세계에서 다양한 목적으로 편지가 작성되면서 각 목적에 따라 그 형식이 변형되곤 했다. 또한 편지와 유사한 기능을 하는 문서에서 독특한 형식이 나타나기도 했다. 대표적인 예로, 청원서(the petition), 추천 편지(the letter of recommendation), 초대장(the invitation letter) 등이 있다. 각 편지 유형마다 일관된 형식을 가지고 있는데 이는 이 편지들이 일상적으로 사용되었음을 말해준다.

(a) 청원서(공식 청원 편지)

청원서는 발신자에 의해 (정부)기관 등에 공식적으로 제출된 편지를 가리킨다. 따라서 일정한 양식을 하고 있었다. 일반적으로 아래의 사중 구조로 구성되었다.[73]

73　White, *The Form and Structure of the Official Petition: A Study in Greek Epistolography*, 63.

① 서두: 인사, 계보, 직업, 저주지
② 배경: 청원의 계기 서술
③ 요구: 청원의 내용
④ 결어

화이트는 위의 사중 구조와 각 항목의 세부 사항은 청원이라는 독특한 목적에 따라 형성된 것으로 설명한다. 화이트는 P.Oxy. 487(주후 156/8년), 즉 "행정관에게 드리는 청원"*Petition to the Epistrategus*을 청원서의 대표 모델로 제시하는데[74] 이 청원서에서 위에서 언급된 특징들이 잘 나타난다.[75]

[1-4줄]	
Στατιλίῳ Μαξίμῳ το κρατίστωι ἐπιστρατήγῳ παρὰ Νικίου Ἀρπάλου ἀπ' Ὀξυρ[ύγχ]ων πόλεως.	지고한 행정관 스딸리오스 막시모스께, 옥시[링쿠]스 시(市)의 하르빨로스의 아들 니끼아스로부터.
[4-10줄]	
ὁ τῆς πόλε[ως] γ[ρ]αμ[μα]τεὺς Σερῆνος ἐπε[δ]ωκέ με εἰς ἐπιτροπὴν ἀφηλίκ[ω]ν υἱ[ι]ῶν Δ[ι]ονυσίου Δωρίωνος ὄντας [ὡ]ς αὐτῶν [ἐ]ίκοσι πέντε καὶ μητέ[ν]α πρὸς γένους ἐκ πατρὸ[ς ἢ μητρὸς αὐτῶν ἄλλοτε ἐχόντων τοὺς ἐκ{κ} τῆς συγγενίας αὐτῶν δυναμένους τὰ τῆς ἐπιτρ[ο]πῆς αὐτῶν διοικῆσε.	도시 서기관 세레노스가 도리온의 아들인 디오뉘시오스의 어리지 않은 아들들의 책임을 위해 나를 보냈습니다. 대략 25살이나 되었을지라도 말입니다. 언제든 그들이 자신들의 아버지나 어머니에게 속한 친척 중에서 그들을 보호할 업무들을 감당할 수 있는 어떤 자도 가지고 있지 않습니다.

---

74   White, *The Form and Structure of the Official Petition: A Study in Greek Epistolography*, 5-7.
75   White, *The Form and Structure of the Official Petition: A Study in Greek Epistolography*, 162-163.

[10-19줄]
ἐμοῦ τε καταβαρηθέ[ν]τος ἐν ταῖς
λιτουργίαις καὶ χραιώστου γενομένου
δέομε, κύριαι, ἐὰν σοῦ τῇ τύχῃ δώξῃ,
κελεῦσαι τῷ στρατηγῷ αἰπαναγκάσε
τὸν γραμματι τῆς πόλε[ω]ς ἄ[λ]λον
ἀν[τ'] ἐμοῦ καταστάθηναι τῇ τῶν
ἀφηλίκων ἐπιτροπῆ(ν) ὅπως δυνηθῶ
τῇ γε{γε}οργίᾳ μου προσευκερῖν πρὸς
[τὸ] δύνασθέ με καὶ τὰ ἐκ{κ} τῆς
χρίας ἐν ἐμὺ ὀφλήματα ἀποδοῦναι
καὶ μὴ μεταναστήσῃς με τῶν ἰδίων
τῆς ἰ{δ}ίας {γένομε} ε[ἵ]ν' ὦ εὐ{γ}
εργετημένος.

저는 공무가 과중하고 빈털터리가 되었기 때문에, 주여, 만약 당신의 행운을 기뻐하신다면, 행정관에게 도시의 다른 서기관이 나 대신 그 어리지 않는 자들의 보호자로 세워지도록 힘쓰도록 촉구해 주실 것을 요청 드립니다. 그 결과 저는 제게 있는 벌금 중 부족분을 환급하기 위해 제 농토를 경작할 수 있고 또한 당신께서 저를 제 자신의 소유로부터 떠나가게 하지 않고, 적어도 그 가운데서 잘 지내도록 하게 하실 것입니다.

[19줄]
διευτύχει.

안녕히 계십시오.

[19-24줄]
ἔτους εἰκοστοῦ Αὐτοκράτορος
Καίσαρος Τίτου Αἰλίου Ἁδριανοῦ
Ἀντω(νίνου) Σεβαστοῦ Εὐ[σ]εβοῦς
μηνὸς Ἁδριανοῦ ιη. Νικίας
[Ἁρπ]άλου ἐπι[δ]έδω[κα].

황제 까이사르 띠또스 아일리오스 하드리아노스 안또니노스 세바스또스 유세베스의 20번째 되는 해, 하드리아노스 달(月) 18일에, 나 하르빨로스의 아들 니끼아스가 청원서를 제출했습니다.

"행정관에게 드리는 청원"(P.Oxy. 487)을 보면 청원서의 특징이 아래와 같이 나타난다.

첫째, 발신자 니끼아스는 자신의 출신을 옥시링쿠로스로 밝히고 또한 자신이 하르빨로스의 아들이라고 언급한다. 이는 자신의 개인적 배경을 드러낸 것이다. 그리고 청원을 접수할 "지고한 행정관" 스딸리오스 막시모스에게 문안을 전한다(1-4줄). 이때 사용된 "지고한 행정관"이라는 표현은 호의를 얻기 위한 수단이었을 것이다.

둘째, 니끼아스는 인사를 나눈 후 자신이 왜 청원하는지에 관한 배경을 설명한다(4-10줄). 즉, 자신이 현재 디오뉘시오스의 거의 청년이 된 아들들을 돌보는 과중한 일에 임명되었고, 이로써 어려움이 발생했다고 말한다.

셋째, 청원의 배경을 설명한 니끼아스는 자신의 요구 사항을 이어 언급한다(10-19줄). 즉, 자신의 상황을 고려해서 다른 사람을 디오뉘시오스의 아들들의 보호자로 세워 자신이 이 상황을 모면하고, 자신이 직면한 재정적 문제와 농사 문제 등을 잘 해결해 나갈 수 있도록 해달라는 것이다.

넷째, 니끼아스는 간단한 인사("안녕히 계십시오")로 청원서를 마친다(19줄).

마지막으로, 청원서에는 청원서를 제출한 날짜가 포함되어 있다(19-24줄). 이 편지는 로마 황제 안토니누스 피우스(주후 138-161 재위) 재위 20년째 되는 해인 주후 약 156/8년에 발송된 것이다.

위의 분석은 청원서가 화이트가 제안한 대로 사중 구조로 되어 있음을 드러내 준다. 그러나 모든 학자가 이러한 분석에 동의하지는 않았다. 예를 들어, 스타이어왈트는 화이트가 독립적으로 구분한 배경 단락(②)을 본문-오프닝(즉, 본문의 주제를 서술하는 부분)으로 보고 청원 편지 역시 삼중 구조로 분석할 수 있다고 제안하기도 했다.[76] 이러한 의견 차이는 학자들마다 편지 자체의 종류가 무엇인지 그리고 고대 세계 편지의 기본 구조를 어떻게 이해하는지에 따라 다르게 나타난 것으

---

76 M. L. Stirewalt Jr., *Paul, the Letter Writer* (Grand Rapids, Michigan / Cambridge: William B. Eerdmans, 2003), 33.

로 볼 수 있다.

(b) 추천 편지(개인 추천서)

추천 편지란 이름 그대로 혹자가 다른 사람을 지인 등에게 추천하는 내용을 담은 편지를 말한다. 김찬희는 개인끼리 주고받은 추천 편지 혹은 추천서의 구조를 오중 구조로 분석했다.[77]

① 서두: 인사 구문 및 호의 구문
② 배경: 신분 구문, 추천 배경
③ 요구: 요구절, 상황절, 목적 혹은 원인절
④ 감사: 추천자의 감사 혹은 이후 보은에 대한 사항
⑤ 결어: 호의 구문, 종결 인사

이러한 구조는 피-추천인을 추천하려는 일차 목적에 따라 그 사람에 대한 정보 제공 및 추천의 근거를 분명하게 제시하기 위해 형성된 것으로 볼 수 있다. 물론, 모든 추천 편지가 위의 형식을 다 갖춘 것은 아니다. 그럼에도 불구하고, 편지의 가장 기본적인 요소인 서두(①)과 결어(②) 그리고 추천 사항과 관련된 배경(③)과 요구(④) 부분은 항상 등장한다. 김찬희는 개인추천 편지의 대표적인 예로 P.Mich. 33(주전 253년), 즉 "알렉시마코스가 제논에게"를 제시하는데 이 추천 편지에는 감사(⑤) 부분이 분명하게 언급되어 있지는 않다.[78]

---

77 Kim, *Form and Structure of the Familiar Greek Letter of Recommendation*, 7, 101.
78 김찬희는 이 편지를 추천 편지의 전형("a model letter of recommendation")으로 본다. Kim, *Form and Structure of the Familiar Greek Letter of Recommendation*, 6, 169.

[1줄] Ἀλεξίμαχος Ζήνωνι χαίρειν.	알렉시마코스가 제논에게 문안한다.
[2-8줄] Νικάνωρ ὁ τὴν ἐπιστολήν σοι ἀποδιδούς ἐστιν ἡμῖν ἐν φιλίαι, ἀποδεδήμηκεν δὲ πρὸς [ὑ]μας διὰ τὸ τ[ὸ]ν υἱὸν αὐτοῦ εἶναι τῶν ἐπιγόνων τῶν καταμεμετρημένων ἐν τῶι Ἀρσινοείτηι.	편지를 너에게 전달하는 니까노르는 우리에게 있어서 친구들에 속한다. 그런데 그가 그의 아들이 아르시노네이떼에 할당된 소산들에 속해 있기에 너희 쪽으로 떠나게 되었다.
[8-11줄] καλῶς ἂν οὖν ποιήσαις ἐπιμέλειαν ποιούμενος αὐτοῦ περὶ ὧν ἄν σοι ἐντυγχάνηι· χαριεῖ γάρ μοι.	그러므로 그가 너를 만날지도 모르는 그 주변에서 그가 돌봄을 받는다면 너는 잘하는 일일 것이다. 왜냐하면 그것이 나에게 기쁨이 될 것이기 때문이다.
[12-13줄] γράφε δὲ καὶ σὺ ἡμῖν περὶ ὧν ἂν βούληι. ἔρρωσο,	그리고 너 역시 우리에게 네가 바라는 것들에 대해 편지해라. 잘 지내라.
Ἀθὺρ ια.	"하튀르"월 11일

"알렉시마코스가 제논에게"(P.Mich. 33)를 보면 추천 편지의 특징은 다음과 같이 나타난다.

첫째, 추천인 알렉시마코스는 추천을 받게되는 제논에게 문안을 보낸다. 다만, 이 편지에서는 호의를 얻기 위한 구문이 따로 등장하지는 않는다("문안한다.").

둘째, 이 편지에서 알렉시마코스는 제논에게 니까노르를 추천한다. 알렉시마코스는 니까노르를 자신의 친구(동료) 중 하나로 소개함으로 그의 신분을 명확히 하고, 더불어 그를 제논에게 추천하는 이유는 니까노르가 그의 아들과 함께 제논이 거주하는 지역으로 이동하게 되었기 때문이라고 언급한다.

셋째, 알렉시마코스는 자신의 친구(동료)인 니까노르를 제논이 잘 대해 달라고 요구하며, 그 이유는 그러한 처우가 자신에게 기쁨이 될 것이기 때문이라고 언급한다.

넷째, 마지막 인사를 하면서 알렉시마코스는 추천하는 자신에게 제논이 원하는 바가 있으면 부탁할 것을 언급하고(호의구문), 이후 마지막 인사로 편지를 마무리한다.

다섯째, 이 편지에는 발송일이 표시되어 있는데, "하튀르"월 11일, 즉 11월 7일에 발송되었다(편지 연대는 253년이다).

한편, 김찬희는 앞서 예로 살펴본 일반적인 추천 편지와 달리 기독교 추천 편지는 삼중 구조로 되어있다고 주장한다.[79]

(c) 초대장(유사 편지)

초대장의 경우 보통 편지로 볼 수는 없지만, 편지의 기능, 즉 정보를 전달하는 기능을 했다. 이러한 기능의 유사성 때문에 김찬희는 초대장을 분석했다.[80] 한 예로, 주후 2세기에 속한 초대장 P.Oxy. 523의 내용

79　　Kim, *Form and Structure of the Familiar Greek Letter of Recommendation*, 101 이하.

80　　Kim, "The Papyrus Invitation," 391-402.

은 다음과 같다.[81]

Ἐρωτᾷ σε Ἀντώνιο(ς) Πτολεμ(αίου) διπνῆσ(αι) παρ' αὐτῶι εἰς κλείνην τοῦ κυρίου Σαράπιδος ἐν τοῖς Κλαυδ(ίου) Σαραπίω(νος) τῆι ις ἀπὸ ὥρας θ.	쁘똘렘(마이오스의 아들) 안또니오스가 16일 9시부터 끌라우디(오스) 사라삐오(노스의) 장소에서 주 세라뻬스의 식탁에서 그와 함께 식사할 것을 당신께 요구한다.

위의 예에서 보듯이, 연구를 통해 김찬희는 초대장에는 보통 편지에서 나타나는 삼중 구조(서두, 본문, 결어) 중 하나인 서두가 빠져있다고 지적한다.[82] 또 하나의 특징은 문서 편지에서 종종 발견되는 편지 발송 일자가 없다. 하지만 이러한 이유는 쉽게 유추될 수 있다. 즉, 서두가 주로 초대장 전달자의 직접 방문을 통해 말(口頭)로 전달되었기 때문이다.[83]

---

81 B. P. Grenfell, and A. S. Hunt, *The Oxyrhynchus Papyri edited with Translations and Notes*, vol. 3 (London: Egypt Exploration Society, 1903), 260.

82 White, "The Greek Documentary Letter Tradition Third Century B.C.E. to Third Century C.E.," 92.

83 Kim, "The Papyrus Invitation," 397.

3. 그리스-로마 편지의 서두, 본문 및 결어의 문학적 특징

앞 단락에서 살펴본 사항에 근거하면 고대 그리스-로마 시대의 보통 편지는 서두, 본문, 결론의 삼중 구조로 이뤄져 있었다. 한편, 각 부분은 각자의 기능을 원활하게 하기 위한 장치나 관습적 표현 등을 포함하고 있었는데 그 내용을 대략 제시하면 다음과 같다.

① 서두
수·발신자 언급 및 인사, "프롬"(proem)이라 불리는 구문(예. 감사 단락, 기도 단락)으로 구성

② 본문
편지의 내용을 전달하는 부분으로 일반적으로 본문의 주제를 진술하는 "본문-서론"(body-opening), 내용을 전달하는 "본문-본론"(body-middle), 내용을 요약하는 "본문-결론"(body-closing)으로 구성. 더불어, 본문에서는 다양한 주제들이 그 전개를 위해 관습적 표현들로 진술[84]

③ 결어
마지막 인사(건강 소원), 결론적 훈계, 방문 고지(告知) 및 3자 인사 등의 요소들로 구성[85]

---

[84] White, "The Structural Analysis of Philemon: A Point of Departure in the Formal Analysis of the Pauline Letter," 20-21; "The Greek Documentary Letter Tradition Third Century B.C.E. to Third Century C.E.," 92-100; Weima, "Greco-Roman Letters," 642-644; Klauck, *Ancient Letters and the New Testament: A Guide to Context and Exegesis*, 42.

[85] White, "The Structural Analysis of Philemon: A Point of Departure in the Formal Analysis of the Pauline Letter," 16-21을 참조하라.

위의 3부분 중에서 서두와 결어는 고대 그리스-로마 편지의 장르적 특징을 잘 나타내 준다. 특별히, 이 부분은 편지의 목적에 따라 정형화되기도 하며 또한 수·발신자의 상호 분리 상태를 전제하기에 이점을 극복하기 위한 특정 양식이 있다(예. "[발신자]가 [수신자]에게 문안한다." 등). 반면, 본문 부분은 다양한 내용들을 전달하기에 편지의 종류와 작성 형편에 따라 매우 다양하여 따라서 그 특징을 몇 마디로 규정하기가 어렵다. 따라서 편지의 문학적 특성을 이해하는 첫걸음은 서두와 결어 부분의 문학적 특징을 잘 살펴보는 것이다. 따라서 아래의 설명에서 편지의 문학적 특징을 대변하는 편지 서두와 결어 부분에 대해 살펴보고 이후 본문 부분에서 발견되는 문학적 특징들을 살펴보고자 한다.

(1) 서두

편지 서두는 두 부분으로 구성된다. 즉, 인사 부분(발신자, 수신자, 문안)과 "프롬"(건강 소원 혹은 기도 단락 및 감사 단락). 그러나 이 중 "프롬" 부분은 모든 편지에 등장하지는 않는다. 즉, 편지 저술 상황 혹은 그에 따른 편지 유형의 선택적 요소이다.[86] 이에 반해, 인사 부분은 편지의 가장 분명한 특징을 이루며 초대장 같은 유사 편지나 문학적 편지들에서 편지 모음을 위해 일부러 생략한 경우를 제외하고는 항상 등장한다.[87]

---

86 Klauck, *Ancient Letters and the New Testament: A Guide to Context and Exegesis*, 22.

87 White, "The Greek Documentary Letter Tradition Third Century B.C.E. to Third Century C.E.," 92.

(a) 인사 부분[88]

인사 부분은 편지의 필수적인 부분이다. 그렇지만 모든 종류의 편지에서 인사 방식이 동일하지는 않다. 편지의 종류(예, 문서/비-문학적 편지, 외교 편지, 문학 편지 등)에 따라 인사 표현 방식이 차이가 난다. 대략 정리하면 다음과 같다.

① 문서/비-문학 편지
"A가 B에게 문안한다." 및 "B에게, A 혹은 A로부터 [문안한다]."

② 관공서 편지(예. 청원서 혹은 지원서[application])
"B에게, A 혹은 A로부터 [문안한다]." 선호

③ 문학 편지
인사 부분이 종종 생략되거나, 구분을 위해 수신자가 여격 형태로 제시

하지만 표현 방식의 차이는 발신자, 수신자, 인사 부분의 삭제 등을 가리키는 것이 아니라 그 세 요소의 배열과 관련된다는 점에서 결정적인 차이로 볼 수는 없다. 게다가, 인사 표현에 "카이레인"(χαιρεῖν)이라는 어휘가 공통으로 등장한다(간혹 생략된다). 한편, 공통으로 편지

---

[88] White, "The Greek Documentary Letter Tradition Third Century B.C.E. to Third Century C.E.," 93; "New Testament Epistolary Literature in the Framework of Ancient Epistolography," 1734. 고대 라틴어 편지 및 히브리어/아람어 편지 서두의 형식에 대한 간단한 소개에 대해서는 정원래와 김주한, "토마스 아퀴나스의 『학업 방법에 대하여』의 소개, 번역 및 평가," 「신학지남」 85/4 (2018.12), 113-117(라틴어 편지 서두와 결어)와 J. Kim, "The Literary Form of Prescript of Ancient Royal Letter and a Hint for Its Translation: Ezra 4:17 as Case Study," *Scriptura* 111 (2012.12), 544-554(히브리어/아람어 편지 서두)를 참조하라.

의 발신자와 수신자의 이름에 호칭이나 직분 등의 장식들이 덧붙여지는 경우가 있으며, 문안의 말에는 그 문안을 강조하는 표현 곧 "많이" 및 "지극히" 등의 부사들이 추가되기도 한다.

(b) "프롬"(감사 단락, 기도 단락 등)

"프롬"은 편지 서두의 필수 요소는 아니다. 그러나 바울 시대의 편지와 그 이후의 편지들에는 공공연하게 등장한다.[89] 단, "프롬"은 이집트에서 발견된 문서적 편지들에서만 제한되어 사용되는 특징이 있다. "프롬"을 구성하는 주된 요소로는 건강 기원, 기도 및 감사이다. 그러나 이 요소들이 함께 등장하는 경우는 드물다(위에서 살펴본 아삐온의 첫 번째 편지[BGU 2.423]는 예외적인 편지로 볼 수 있다). 추가로, "프롬"에 뒤이어 기쁨의 표현과 같은 관습적 표현들이 등장한 경우도 없지 않다.

(2) 결어

편지를 마무리하는 결어에서도 끝인사가 등장한다. 이때 사용되는 끝인사를 위한 형식은 "강하게 만들다"를 의미하는 동사 "론뉘미"(ῥώννυμι) 동사의 부정과거, 중간태, 명령법, 단수 2인칭형인 "에르로소"(ἔρρωσο)나 복수 2인칭형인 "에르로스테"(ἔρρωσθε)가 사용된다. 이 표현은 문자적으로는 "강건하시오"를, 관용적으로는 "잘 지내라."를 의미한다. 그러나 간혹 이 어휘의 대체 용어인 "유뛰케이"(εὐτύχει)와 "디유뛰케이"(διευτύχει)가 사용되기도 하는데, 이 표현들은 "뛩카

---

89   Klauck, *Ancient Letters and the New Testament: A Guide to Context and Exegesis*, 21-23.

노"(τυγχάνω) 동사에 접두어 "유"(ευ-)를 붙인 형태로 일반적으로 "잘 있어"를 의미한다.[90] 그러나 어휘의 의미가 풍성하더라도 관습적으로 "안녕" 정도로 이해해도 된다. 그리고 그 쓰임에 있어 후자, 곧 "유뛰케이" 혹은 "디유뛰케이"는 청원 편지와 같은 보다 공식적 서신에서 사용되는 반면, "에르로소" 혹은 "에르로스테"는 가족 혹은 친구나 동료 간의 친교 편지나 관공서 편지일지라도 동등한 위치에 있는 관료들끼리 주고받는 편지들에서 사용되고 했다.[91]

한편, 결어 부분의 마지막 인사와 별개로 결어는 그 자체의 기능을 수행하기 위한 일단의 관습적 표현을 포함하고 있는데, 와이마는 그것들을 다음의 4가지로 정리했다.[92]

① 작별 소원(즉, 결어의 끝인사)
② 건강 소원 혹은/그리고 3자 인사(와이마는 이것은 제2차 문안이라는 용어를 사용함)
③ 자필 서명
④ 문맹 형식(즉 편지 발신자가 글을 모르기에 대필자를 고용했음을 알리는 문구. 단, 화이트는 자필 서명을 "본문-결론"에 속한 것으로 보았다.[93])

비록 위와 같이 그리스-로마 편지의 결어가 복잡한 사항들 포함할 수 있었을지라도 대다수의 편지는 단순한 작별 인사로 종결되곤 했다.

90　　Exler, *The Form of the Ancient Greek Letter: A Study in Greek Epistolography*, 69.
91　　Exler, *The Form of the Ancient Greek Letter: A Study in Greek Epistolography*, 74.
92　　Weima, "Greco-Roman Letters," 643-644.
93　　White, "Apostolic Mission and Apostolic Message: Congruence in Paul's Epistolary Rhetoric, Structure and Imagery," 151, 각주 15.

(3) 본문

고대 그리스-로마 편지의 서두와 결어는 그것들의 위치와 그곳에 사용된 내용과 관습적 표현들 때문에 외적으로 규정하기가 수월하다. 이에 반해, 본문은 형식과 내용이 편지의 목적에 따라 차이가 나기에 한마디로 규정하기가 어렵다. 따라서 학자들은 본문을 규정하기 위해 단순한 표현을 사용했는데, 곧 본문은 서두와 결어 사이에 놓은 부분이라고 말한다.[94]

본문 부분을 편지적 측면에서 설명하기가 쉽지 않다. 왜냐하면 본문에 사용된 양식들과 그 기능들이 다양하기 때문이다. 따라서 편지 부분 중에 본문은 가장 단일성이 없으며 그렇기에 양식 분석에 있어 가장 큰 장애가 된다는 점을 인식해야 한다.[95] 그럼에도 불구하고, 본문은 편지의 특별한 상황을 표현하고 정보를 드러내거나 찾는 것 혹은 요구나 명령을 하는 것으로 기능하고 있다는 점에서 매우 중요하다.[96]

한편, 본문 부분에는 서두와 결어에서 나타나는 정형적인 표현들이 거의 존재하지 않지만 적어도 문서 편지/비-문학적 편지들을 통해 볼 때 일단의 관습적 표현들과 일정한 본문 전개 방식을 찾아볼 수 있

---

94 White, *The Form and Function of the Body of the Greek Letter: A Study of the Letter - Body in the Non-Literary Papyri and in Paul the Apostle*, 20; R. M. Thorsteinsson, *Paul's Interlocutor in Romans 2: Function and Identity in the Context of Ancient Epistolography* (Stockholm, Sweden: Almqvist & Wiksell International, 2003), 19, 각주 28.

95 White, "Introductory Formulae in the Body of the Pauline Letter," 91, 각주 2.

96 White, "New Testament Epistolary Literature in the Framework of Ancient Epistolography," 1731, 1736.

다.⁹⁷ 이러한 연구는 화이트에 의해 집중적으로 진행되었는데, 화이트는 본문에 등장하는 관습적 표현을 "본문-서론," "본문-본론" 및 "본문-결론"에 따라 정리하여 제시했다. 다만, 이 부분에서 "본문-서론"과 "본문-결론" 부분에 더욱 정형화된 표현들이 등장하기에 이 두 부분을 순차적으로 살펴보고 이후 "본문-본론" 부분을 살펴본다.⁹⁸

(a) 본문-서론

본문의 "본문-서론" 부분에는 다양한 형식들이 등장한다. 예를 들어, 정보를 전달하는 형식들, 요구, 지시, 배경 등을 제시하는 문구들, 답변의 긴박성을 가리키는 표현들, 요구 및 지시의 상황들("배경")을 설정하는 비-형식적 관습적 표현들, 본문을 소개하는 요구나 지시 표현들이 그것이다. 물론, 이 표현들이 항상 사용되거나 아래 소개되는 표현들만 사용된 것도 아니다. 필요에 따라 그리고 저자에 따라 일반의 변형이 발생하기도 했다. 그럼에도 불구하고, 여전히 이 형식들은 편지의 본문 부분의 일차적인 목적 즉, 정보 제공과 "본문-서두"의 일차적인 목적 곧 본문의 주제 제시와 관련된 사항을 효과적으로 전달하기 위한 기능을 수행한다.

① 정보를 전달하는 형식
〈노출 구문〉
▶ γίνωσκε (ἴσθι, μάθε) ὅτι (ὡς)...: "~를 알아라(배워라)."
▶ γινώσκειν σε θέλω ὅτι...: "나는 네가 ~을 알기를 원한다."

---

97   White, "The Greek Documentary Letter Tradition Third Century B.C.E. to Third Century C.E.," 100.
98   White, *Light from Ancient Letters*, 203-211.

⟨첨부된 편지에 대해 알림⟩
▶ ὑπογέγραφά σοι τῆς (τὰ) παρά... ἐλθούσης μοι ἐπιστολῆς (γράμματα) τὸ ἀντίγραφον: "나에게 편지(문서)가 온 후 ~로부터의 (편지[문서])의 복사본을 아래에 첨부했다."

⟨받은 정보에 대한 답변⟩
▶ ἐκομισάμην (ἐλάβομεν) τὸ παρὰ σοῦ ἐπιστόλιον (τὴν ἐπιστολήν), ἐν ὧι (ἐν ἧι) γράφεις...: "나는 네가 글을 쓴 너로부터의 쪽지(편지)를 잘 받았다(취했다)."

⟨받은 정보에 대한 감사 혹은 승낙⟩
▶ καθάπερ (καθότι, ὡς) ἡμῖν (μοι) ἔγραψας (ἐπέσταλκας)...: "네가 우리에게(나에게) 썼듯이(소식을 전했듯이)..."

⟨Περί+속격⟩
▶ περὶ τῶν συμβόλων γεγράμφαμεν Κρίτωνι καὶ Καλλικλεῖ...: "그 모인 자들에 대해 우리가 끄리똔과 깔리끄레스에게 ...을 썼다."

② 요구, 지시, 배경 등을 제시하는 문구

⟨의심과 불만족의 표현⟩
▶ θαυμάζω (ἀηδίζομαι) ὅτι (πῶς, ἕνεκα)...: "나는 ~하는 것(어떻게 ~ 일지, ~ 때문에)에 깜짝 놀라고 있다(불쾌하다)."

⟨많은 답변 없는 편지들에 대한 언급⟩
▶ τοσαύτας ὑμ[ε]ῖν ἐπιστολὰς διεπεμψάμην κοὐδεμείαν μοι ἀντεγράψαται, τοσούων καταπλευσάντων: "나는 너희에게 이렇게 많은 편지들을 보냈다. 그러나 이렇게 많은 이들이 항해한 후에도 어떤 편지도 나에게 답신 되지 않았다."
▶ ἐγὼ δὲ πρότερόν σοι ἐγεγράφειν περὶ τούτων: "그리고 나 역시 앞서서 너에게 이것들에 관해 썼다."
▶ ἐγράψαμέν σοι πρότερον περί...: "우리가 앞서 너에게 ~에 관해 썼다."

③ 답변의 긴박성을 가리키는 표현
▶ ὡς ἂν (ἅμα 등) τάχιστα λάβηις (ἀναγνῶτε) τὴν ἐπιστολήν (τὰ γράμματα, τὴν ἐντολήν), λαβέ (ἀπόστειλον 등)...: "네가 편지(글, 명령서)를 받자마자[받는 동시에 등](읽자마자[읽는 동시에 등]), ...을 취하라(보내라 등)."

④ 요구 및 지시의 상황들("배경")을 설정하는 비-형식적 관습적 표현
▶ ἐπεί (ἐπειδή)로 소개되는 구문들: "~할 때."

⑤ 본문을 소개하는 요구나 지시 표현
▶ καλῶς ποιήρεις...로 소개되는 요구: "~을 네가 잘할 것이다/잘해주길."

(b) 본문-결론

"본문-서론"에서처럼 "본문-결론"에서도 정형화된 표현들이 다양하게 등장한다. 예를 들어, 요구 문항 후에 등장하는 감사 문구, 정보를 전달하는 형식들, 설득과 경고 및 위협에 사용되는 표현들, 재확신과 배려의 문장들 및 다른 관습적 표현들, 가정법을 사용한 금지의 표현, "아고니아조"(ἀγωνιάω) 동사("갈등하다, 싸우다") 혹은 "도께오"(δοκέω) 동사("생각하다, 가정하다")를 사용한 수신자에 대한 배려 표현, 결론적 전환구 및 수신자를 돕고자 하는 의지를 나타내는 표현들이 등장한다. 이 표현들 역시 상황에 따라 변형될지라도 본문 부분을 마무리하기 위한 적절한 기능을 한다.

① 요구 문항 후에 등장하는 감사 문구[99]

▶ 특별히, 추천 편지에서 욕구 문장 이후에 등장하는 문구.

② 정보를 전달하는 형식

〈정보 노출 형식〉

▶ γέγραφα οὖν ὅπως εἰδῇς: "그러므로 나는 네가 알 수 있도록 썼다."

〈정보 요구 형식〉

▶ γράψον (ἐπίστειλον) ἡμῖν (μοι) ἵνα (ὅπως) εἰδῶμεν: "우리가 알도록 우리에게(나에게) 써라(소식을 전해라)."
▶ διασάφησόν μοι (ἡμῖν) περί...: "~에 대해 나에게(우리에게) 매우 분명하게 하라."
▶ ἀντίγραψόν (ἀντιφώνησόν) μοι...: "나에게 답신하라(답변하라)."

③ 설득과 경고 및 위협에 사용되는 표현

〈감사, 확신, 보은의 의지의 표현〉

▶ τοῦτο γὰρ (δὲ) ποιήσας εὐχαριστήσαις ἡμῖν (μοι): "그러므로(그러나) 이것을 행한 후 너는 우리에게(나에게) 감사하게 되길."
▶ τοῦτο γὰρ (δὲ) ποιήσας ἔσῃ μοι κεχαρισμένος...: "그러므로(그러나) 이것을 행한 후 네게 감사하게 될 것이다."
▶ οἶδα γὰρ ὅτι...: "그러므로 나는 ~를 안다."
▶ εἰδὼς ὅτι...: "~를 알고 있기 때문에."
▶ καὶ σὺ δὲ γράφε (γράψον/ἐπίστελε/σήμανον/διασάφησον 등) πρὸς ἡμᾶς (ἡμῖν, μοι) περὶ (ὑπὲρ) ὧν ἂν βούλῃ (ὧν ἐὰν θέλῃς αἴρῃ 등)...: "그리고 너 자신 역시 우리를 향해(우리에게, 나에게) 네가 바라는 것들(네가 원하는 것들, 네가 요구하는 것들 등)에 대해(위해) 써라(기록하라/소식을 전하라/설명하라/확실히 지적하라 등)."

---

99   White, "The Greek Documentary Letter Tradition Third Century B.C.E. to Third Century C.E.," 99.

⟨책임 있는 행동을 촉구하는 표현⟩

▶ μὴ οὖν (ἐὰν δὲ) ἀμελήσῃς...: "그러므로 무시하지 마라(그러나 만약 무시한다면)..."
▶ ἐπιμέλειαν δὲ ποίησαι (ἔχε, 등) ὅπως...: "그러나 주의하라. 그 결과..."
▶ ἐπιμελοῦ δέ...: "그러나 주의하라."
▶ μελησάτω σοι ὅπως...: "너에게 있어 [그것이] 주의 되길. 그 결과..."
▶ φρόντισον οὖν ἵνα (ὡς)...: "그러므로 ~하도록(~처럼) 생각하라/주의하라."
▶ μὴ οὖν (혹은 καὶ μὴ εἰ δ') ἄλλως ποιήσῃς...: "그러므로(혹은, 그렇지 않고서는) 다르게 행하지 말라."
▶ γινώσκων ὅτι ἐάν...: "~하는 것은 무엇인들 알면서..."
▶ γίνωσκε (ἐπίστασο) σαφῶς (ἀκριβῶς) ὅτι...: "~하는 것을 분명히(정확히) 알아라(이해하라)."

⟨긴박한 답변의 필요성을 가리키는 표현⟩

▶ ὡς ἂν (ἅμα) οὖν λάβῃς λάβε (ἀναγνῶτε) τὴν ἐπιστολήν: "그러므로 네가 받았을 때(동시에) 그 편지를 ([너희는] 읽어라)/취해서 그 편지를 ([너희는] 읽어라)."
▶ ἔτι οὖν καὶ νῦν...: "그러므로 이제도..."

④ 재확신과 배려의 문장들 및 다른 관습적 표현

⟨가정법을 사용한 금지의 표현⟩

▶ ἀγωνιάω 동사("갈등하다, 싸우다") 혹은 δοκέω 동사("생각하다, 가정하다"): "그러므로 나는 네가 걱정하지 않기를 부탁한다." 혹은 "내가 무시하고 있다고 여기지 말라."

⟨사용하는 수신자에 대한 배려의 표현⟩

ἀγωνιάω 동사("갈등하다, 싸우다").

⟨결론적 전환구⟩
▶ τὰ δὲ λοιπά (λοιπὸν οὖν)...: "그리고 마지막으로(그러므로 마지막으로)."

⟨수신자들을 돕고자 하는 의지를 나타내는 표현⟩
▶ καὶ σὺ δὲ ἐάν τινος χρείαν ἔχῃς... γράφε ἡμῖν: "그러나 만약 네 자신도 어떤 것이든 필요하면... 우리에게 써라.".

(c) 본문-본론

"본문-본론"에는 일반적으로 내용 진행의 전환을 나타내는 표현들이 등장한다. 예를 들어, 요구의 배경에서 요구 사항으로의 전환구, 문의에 대한 답변구 및 새로운 주제로의 전환구가 반복적으로 사용된다.

① 요구의 배경에서 요구 사항으로의 전환구

⟨일반 전환구⟩
▶ καλῶς ποιήσεις: "네가 잘할 것이다."

⟨기본 표현⟩
▶ οὖν(διό 및 ὅθεν: "그러므로" 및 "그로부터."

⟨고양된 표현⟩
▶ ἔτι οὖν καὶ νῦν: "그러므로 지금도 여전히."

② 문의에 대한 답변구

▶ "περὶ (ὑπέρ) δέ+속격" 구문: "그리고 ~에 대해서는." 이 구문은 수신자의 문의 사항에 관해 저자가 답변을 주고 있음을 가리킨다. 중요한 요구를 위한 구문으로 이는 보통 본문 전반부보다는 후반부에

등장한다.

③ 새로운 주제로의 전환구
▶ δὲ καί: "그리고 또한."
▶ ὁμοίως (ὡσαύτως) δὲ καί: "그러나 동일하게(유사한 방식으로) 또한."

그러나 "본문-본론"에서 드러나는 위의 구문들은 주로 문서/비-문학적 편지들에서 등장하는 형식이므로 그리스-로마 편지의 본문의 일반적 특징을 설명하는데 불충분하다. 문서 편지 본문의 길이, 저술 양식의 규격화 및 전달 내용의 제한성이 그 이유이다. 사실, 그리스-로마 세계에서는 편지들은 단순히 정보 혹은 일상의 소식을 전하는 것을 넘어서 설득, 가르침 및 재미와 같은 다양한 목적으로 편지가 작성되었고, 저자들은 효과적인 내용 전개 및 만족스러운 결과를 위해 다양한 문학적 장치들이나 자료들을 사용하곤 했다. 이는 외교적 편지 및 문학적 편지 모두에 있어서 사실이다.[100] 따라서 위에서 제시된 문서/비-문학적 편지들에 등장하는 일단의 어구들은 제한이 있다.

4. 그리스-로마 편지 작성의 추가적 관습들

앞선 단락들에서 살펴본 내용은 모두 편지 내적, 즉 본문의 내용과 관련된 사항들이다. 그러나 그리스-로마 편지에는 외적 특징들도 있다. 즉 일반 문학 작품들(예. 시, 서사시, 소설 등)과 달리, 당시 상황은 물론

---

100 Welles, *Royal Correspondence in the Hellenistic Period: A Study in Greek Epistolography*, xlvii, xlviii; Berger, "Hellenistische Gattungen im Neuen Testament," 1340-1363.

편지가 발송되고 전달되는 행위 등을 그 안에 포함하기에 나타나는 요소들이 있다. 그것은 대략 다음의 4가지로 정리될 수 있다.

(1) 대필자 사용

종종 편지 발신자는 대필자를 고용했다. 가장 큰 이유는 발신자가 문맹(文盲)이기 때문이었다. 이외에 간혹 건강상의 이유로 대필자가 고용되기도 했는데,[101] 그 이유는 당시에 글을 쓰는 것이 숙달된 기술을 요구하는 작업이었기에 질병 가운데 있는 사람이 수월하게 할 수 있는 일이 아니었기 때문이다. 한편, 주인이 노예나 대필자를 고용하여 편지를 쓰는 일도 있었다. 예를 들어, 키케로(Cicero, 주전 107~44년)는 해방 노예이자 친구인 티로(Marcus Tullius Tiro, 주전 4년 사망)를 통해 글을 대필하게 했다.

(2) 편지 작성 날짜 기재

오늘날의 편지들과 마찬가지로 고대 그리스-로마 편지들은 작성 혹은 발송 날짜를 기재했다. 다만, 문학 편지의 경우, 처음부터 보존을 목적으로 했기에 날짜 기재가 무의미하여 생략했거나, 원래 문서 편지였는데 가치가 있어 보존될 때 날짜가 무의미해 삭제된 것으로 보인다. 따라서 작성 날짜를 포함하는 현존하는 대다수 편지는 외교적 편지 및 문서 편지다.[102] 예를 들어, 앞서 살펴보았던 청원서인 "행정관에게 드

---

101   E. R. Richards, *Paul and First-Century Letter Writing: Secretaries, Composition and Collection* (Downers Grove, IL.: InterVarsity Press, 2004), 60-63.

102   참고. Exler, *The Form of the Ancient Greek Letter: A Study in Greek Epistolography*, 98-100.

리는 청원"(P.Oxy. 487[주후 156/8년])의 19-24줄에는 "황제 까이사르 띠또스 아일리오스 하드리아노스 안또니노스 세바스또스 유세베스의 20번째 되는 해, 하드리아노스 달(月) 18일에"라는 표현이, 추천 편지 "알렉시마코스가 제논에게"(P.Mich. 33[주전 253년])에는 "'하투르'월 11일"(11월 7일)이라는 날짜가 기재되어 있다.

(3) 편지 전달자

고대 그리스-로마 세계에서 편지는 주로 편지 전달자에 의해 교류되었다. 일반적으로는 편지 전달자의 이름은 생략되었는데, 그 이유는 편지 전달자가 편지의 발신자와 수신자 모두와 상관이 없던 사람이곤 했기 때문이다. 대다수의 경우, 편지는 발신자 지역에서 수신자 지역으로 여행하는 사람에게 맡겨져 전달되곤 했다. 하지만 관공서 편지나 중요한 편지의 경우, 발신자와 수신자에게 알려진 사람, 곧 피고용인, 동료, 가정 노예, 친구들, 하급자들, 여행자 등에 의해 전달되었다. 한편, 간혹 편지 전달자의 이름이 편지 안에 기재되는 예도 있었는데 이 경우 편지 전달자의 역할은 한층 더 중요한 것으로 여겨진다.[103] 이때 이런 편지 전달자는 편지 외의 정보를 전달하고 수집하여 편지를 통한 대화에 중요한 가교 구실을 감당하기도 했을 것으로 추측된다.

---

103   참고. P. M. Head, "Named Letter-Carriers among the Oxyrhynchus Papyri," *JSNT* 31 (2009), 279-299.

(4) 바깥 주소

파피루스 편지는 종종 두루마리 형태로 발송되었다. 이는 파피루스 재료의 특성 때문이기도 하고 또한 그 내용을 보호하기 위한 것이기도 했다. 따라서 수신자의 주소를 기재할 필요가 있을 경우, 편지 안쪽 맨 하단부에 기록하곤 했지만, 일반적으로 편지 바깥쪽, 즉 파피루스 편지 내용이 남긴 뒷면에 기록했다.[104] 이러한 기재 방식은 편지 전달자로 하여금 편지 배송을 원활하게 했고 또한 수신자가 해당 편지가 자신의 것인지를 편지를 열어보지 않고 확인할 수 있도록 해주었다. 예를 들어, "아삐온의 첫 번째 편지"(BGU 2.423)의 뒷면에는 "필라델피아에서, 에삐마코스에게, 아들 아삐온으로부터"라는 주소가 기재되어 있다.

제2장 고대 그리스-로마 훈계 전통과 훈계 편지들

1. 고대 편지 분류법과 훈계 편지들

고대 그리스-로마 편지는 그 종류에 따라 다양한 기능을 가지고 있었고, 편지 저자들은 저작 목적에 따라 편지를 다양한 유형으로 구분하여 사용했다. 예를 들어, 당대의 선생이나 철학자가 제자를 교육하고자 했을 때,

---

104　참고. Schnider und Stenger, *Studien zum neutestamentlichen Briefformular*, 3.

그는 훈계와 관련된 편지 유형들을 선별하여 편지를 썼을 것이다. 또한 법정에 서게 될 사람은 변호 등과 관련된 편지 유형을 염두에 두었을 것이다. 이러한 실천은 결국 고대 그리스-로마 세계에서의 편지 분류 시도를 야기했고, 현재 두 개의 고대 그리스-로마 편지 안내서, 즉, 위-데메트리우스(Pseudo-Demetrius)의 『편지의 유형들』(Τύποι Ἐπιστολικοί)와 위-리바니우스(Pseudo-Libanius)의 『편지 작성의 특징들』(Ἐπιστολιμαῖοι Χαρακτῆρες)가 보존되어 있다. 이 편지 안내서들은 편지의 목적에 따른 종류와 편지 작성의 예를 나름대로 제공한다.

그렇다면 고대 그리스-로마 시대의 편지에는 어떤 종류가 있었을까? 또한 저자들은 필요에 따라 어떤 선택의 여지가 있었을까? 위의 두 편지 안내서들에 제시된 편지 목록을 참조해 볼 때 당시의 저자들은 참조할 만한 적절한 모범을 가지고 있었다고 말할 수 있다. 각 안내서에 제시되는 목록을 살펴보면 다음과 같다.[105]

첫째, 위-데메트리우스의 『편지의 유형들』에는 아래와 같이 총 21개의 편지 유형이 제시되고 있다(안내서 원래 순서).[106]

번호	유형	번호	유형
1	φιλικός (friendly, 친교)	12	ἀξιωματικός (supplicatory, 탄원)
2	συστατικός (commendatory, 추천)	13	ἐρωτηματικός (inquiring, 요구)
3	μεμπτικός (blaming, 비난)	14	ἀποφαντικός (responding, 대답)

---

105 D. E. Aune, *The Westminster Dictionary of New Testament and Early Christian Literature and Rhetoric* (Louisville / London: Westminster John Knox, 2003), 164. 참고. Malherbe ed., *Ancient Epistolary Theorists*, 4-5.

106 제시된 21개의 편지 유형들과 그 영문 제목은 Malherbe, *Ancient Epistolary Theorists*, 30-31을 따랐다. 헬라어 용어 번역이 수월하지 않아 Malherbe의 번역도 함께 제시한다.

4	ὀνειδιστικός (reproachful, 질책)	15	ἀλληγορικός (allegorical, 유비)
5	παραμυθητικός (consoling, 위로)	16	αἰτιολογικός (accounting)
6	ἐπιπμητικός (censorious, 검열)	17	κατηγορικός (accusing, 고소)
7	νουθετητικός (admonishing, 경고)	18	ἀπολογητικός (apologetic, 변호)
8	ἀπειλητικός (threatening, 위협)	19	συγχαρητικός (congratulatory, 축하)
9	ψεκτικός (vituperative, 욕설)	20	εἰρωνικός (ironic, 풍자)
10	ἐπαινετικός (praising, 찬사)	21	ἀπευχαριστικός (thankful, 감사).
11	συμβουλευτικός (advisory, 충고)		

둘째, 위-리바니우스, 『편지 작성의 특징들』에는 아래와 같이 총 41개의 편지 유형이 제시되고 있다(안내서 원래 순서).[107]

번호	유형	번호	유형
1	α′ παραινετική (paraenetic, 훈계)	22	κβ′ ὑβριστική (insulting, 모욕)
2	β′ μεμπτική (blaming, 비난)	23	κγ′ ἀπογγελτική (reporting, 보고)
3	γ′ παρακλητική (requesting, 요청)	24	κδ′ σχετλιαστική (angry, 분노)
4	δ′ συστατική (commending, 추천)	25	κε′ πρεσβευτική (diplomatic, 외교)
5	ε′ εἰρωνική (ironic, 풍자)	26	κς′ ἐπαινετική (praising, 찬사)
6	ς′ εὐχαριστκή (thankful, 감사)	27	κζ′ διδασκλική (didactic, 교육)
7	ζ′ φιλική (friendly, 친교)	28	κη′ ἐλεγκτική (reproving, 책망)
8	η′ εὐκτική (praying, 기도)	29	κθ′ διαβλητική (maligning, 악의)
9	θ′ ἀπειλητική (threatening, 위협)	30	λ′ ἐπιτιμητική (censorious, 검열)
10	ι′ ἀπαρνητική (denying, 부인)	31	λα′ ἐρωτηματική (inquiring, 요구)

---

107 제시된 41개의 편지 유형들과 그 영문 제목은 Malherbe, *Ancient Epistolary Theorists*, 66-67을 따랐다. 헬라어 용어 번역이 수월하지 않아 Malherbe의 번역도 함께 제시한다.

11	ια´ παραγγελματική (commanding, 명령)	32	λβ´ παραθαρρυντική (encouraging, 격려)
12	ιβ´ μεταμελητική (repenting, 후회)	33	λγ´ ἀναθετική (consulting, 조언)
13	ιγ´ ὀνειδιστική (reproaching, 직책)	34	λδ´ ἀποφαντική (declaratory, 선언)
14	ιδ´ συμπαθητική (sympathetic, 동정)	35	λε´ σκωπτική (mocking, 모욕)
15	ιε´ θεραπευτική (conciliatory, 화유)	36	λς´ μετριαστική (submissive, 복종)
16	ις´ συγχαρητική (congratulatory, 축하)	37	λζ´ αἰνιγματική (enigmatic, 수수께끼)
17	ιζ´ παραλογιστική (contemptuous, 경멸)	38	λη´ ὑπομνηστική (suggestive, 암시)
18	ιη´ ἀντεγκληματική (counter-accusing, 반-고소)	39	λθ´ λυπητική (grieving, 슬픔)
19	ιθ´ ἀτεπισταλτική (replying, 답변)	40	μ´ ἐρωτική (erotic, 사랑)
20	κ´ παροξυντική (provoking, 짜증)	41	μα´ μικτή (mixed, 혼합)
21	κα´ παραμυθητική (consoling, 위로)		

위에서 제시된 편지들은 비록 모든 종류가 정확하게 구분되어 사용된 것은 아니더라도(예. 위-리바니우스, 『편지 작성의 특징들』의 41번째 혼합 편지[mixed]), 고대 그리스-로마 세계에서 편지 작성법이 적지 않게 발전되어 있음을 알 수 있을 뿐만 아니라, 당대 저자들이 편지 목적에 따른 편지 작성법에 대해 고민했음을 충분히 살펴볼 수 있다.

한편, 위의 목록을 그리스-로마 훈계 전통의 측면에서 살펴볼 때 (바울 서신도 목회 즉, 훈계를 담고 있다), "훈계 편지" 범주로 분류될 수 있는 일단의 편지 유형을 구분할 수 있다. 두 안내서에서 훈계 전통과 관련된 편지 유형들은 다음과 같다.[108]

108　Stowers, *Letter Writing in Greco-Roman Antiquity*, 52. Aune, *The Westminster Dictionary of New Testament and Early Christian Literature and Rhetoric*, 162-168을 참조하라.

① 비난 편지(the letter of blame)

② 질책 편지(the letter of reproach)

③ 책망 편지(the letter of reproof)

④ 위로 편지(the letter of consolation)

⑤ 찬사 편지(the letter of praise)

⑥ 혹평 편지(the letter of censure)

⑦ 격려 편지(the letter of encouragement)

⑧ 충고 편지(the letter of advice)

⑨ 경고 편지(the letter of admonition)

스토어스 역시 위와 비슷한 편지 유형 목록들을 언급하면서, 이 유형들을 "권면과 충고 편지"(letters of exhortation and advice)라는 제목으로 범주화를 했는데, 이는 훈계 편지 전통 연구를 위한 적절한 시도라고 볼 수 있다.[109] 여하튼, "훈계 편지" 범주로 분류할 수 있는 편지 유형들에 대해 주의를 기울여야 할 이유는 바울 서신이 이 범주에 속할 뿐만 아니라 훈계 편지들로 분류되는 편지들과 목적, 기능 문학적 장치들의 사용과 같은 일부 특징들, 즉 수신자들을 격려, 위로, 충고, 훈계, 교정, 권고, 힐책, 혹평과 같은 훈계 전통의 다양한 방법들을 일부 공유하고 있기 때문이다.

다른 한편, "훈계 편지"는 수신자들을 바른길로 인도하는 일(즉, 영혼 돌봄)을 일차적 목적으로 하는데, 결국 이 편지의 기능과 내용을 적절히 이해하려면 고대 그리스-로마 시대의 훈계 전통과 그 실천을 살펴볼 필요가 있다. 이를 통해 고대 그리스-로마 시대의 선생 혹은 철학자들이 "훈계 편지"를 통해 이루고자 한 목표와 실천했던 사항을 적절

---

109   Stowers, *Letter Writing in Greco-Roman Antiquity*.

히 이해할 수 있을 것이고, 과연 편지를 통해 그들이 무엇을 하였는지를 알 수 있을 것이다.

2. 그리스-로마 훈계 전통의 소개: 목표, 발전, 종류[110]

(1) 목표

그리스-로마 세계에서 훈계 전통은 종교의 영역이 아닌 (도덕) 철학의 영역에 속해있었다.[111] 물론, 이 말은 종교가 윤리적 주제를 무시했다거나 혹은 그리스-로마의 철학자들이 윤리에만 관심이 있었다는 것을 의미하지는 않는다. 그러나 고대 세계에서 윤리적 주제들은 종교 지도자들 보다는 소위 도덕 철학자(moral philosophers)라고 불리는 선생들에 의해 다뤄졌고, 또한 "앎에 관한 사랑(philosophia, 철학)의 핵심은 윤리학에 놓여 있었다."[112]는 점은 사실이었다. 특별히, 헬레니즘 시대의 철학자들은 세상과 자신이 속한 학파 구성원의 올바른 삶에 관심을 두고 윤리학에 집중하는 경향이 있었고, 이 과정 중에서 자기 자신들과 제자들의 도덕적, 영적 성장을 독려하기 위한 원리들이나 장치들이 필요

---

110 이 단락의 내용은 필자의 박사 논문 요약 논문인 "기독교 목회 편지 전통의 시작: 신약 편지," 「Canon&Culture」 8/1 (2021, 봄): 119-125를 수정 및 보충한 것이다.

111 Stowers, *Letter Writing in Greco-Roman Antiquity*, 9. J. T. McNeill, *A History of the Cure of Souls* (New York, Evanston and London: Harper Torchbooks, 1965), 17을 참조하라.

112 M. Trapp, *Philosophy in the Roman Empire: Ethics, Politics and Society* (Hampshire: Ashgate, 2007), 6.

함을 깨닫게 되었다.[113] 이러한 필요 가운데 도덕 철학자들은 자신들을 "영적(psychic, 정신적) 건강의 촉진자들"로 이해하면서[114] 활동을 이어갔고, 최종적으로 "영혼 돌봄"이라고 알려진 양육 체계를 발전시켰다.[115] "영혼 돌봄"의 원어 표현은 "프쉬카고기아"(ψυχαγωγία)인데, 이는 "영혼," "인생" 혹은 "삶"을 의미하는 "프쉬케"(ψυχή)와 인도함을 의미하는 "아고"(ἄγω) 동사에서 파생된 명사형인 "아고기아"(ἀγωγία)가 합성된 말이다. 이를 영어로는 soul-guidance("소울-가이던스") 혹은 guidance of soul("가이던스 오브 소울")이라고 번역되었고, 독일어로는 Seelenführung("젤렌퓌룽"[Rabbow]) 혹은 Seelenleitung("젤렌라이퉁")으로 번역되었다. 영어와 독일어 모두 "프쉬카고기아"를 문자적으로 번역하려고 했다. 다만, 한국어 번역 "영혼 돌봄"은 문자적 의미라기보다는 내용에 따른 번역이라고 말할 수 있다.

한편, "영혼 돌봄"은 "인격 교육을 통해 미덕과 행복의 취득, 즉 혹자가 정당하게 자랑스러울 수 있는 것의 성취를 목적으로 했다."고 알려져 있다.[116] 이러한 의미에서 그리스-로마 세계에서 철학을 실행한다거나 철학자가 되는 것의 목적은 오늘날의 실천이나 목적과는 전혀 달랐다. 당시에 철학을 실행하거나 철학자가 된다는 것은 철학에 대한 일단의 전문 지식을 갖는다거나 오늘날 대학에서 철학과 교수가 되는

---

113 J. C. Thom, *The Pythagorean Golden Verses with Introduction and Commentary* (Leiden / New York / Köln: E. J. Brill, 1995), 77. L. G. Perdue, "The Social Character of Paraenesis and Paraenetic Literature," *Semeia* 50 (1990), 6을 참조하라.

114 M. Graver, "Philosophy as Therapy," in *The Oxford Encyclopedia of Ancient Greece and Rome*, edited by M. Garagin and E. Fantham, 7 vols. Vol. 5 (Oxford: Oxford University Press, 2010), 273.

115 Malherbe, "Hellenistic Moralists and the New Testament," 301.

116 Malherbe, "New Testament, Traditions and Theology of Care In," 787.

것을 의미하기보다는, 철학을 실행하고 철학자가 되는 것은 혹자의 삶을 돌보고(혹은 돌보거나) 그/그녀의 삶을 잘 이끄는 것을 가리킨다.[117] 이를 한마디로 요약하면, 고대 그리스-로마 시대, 특별히 헬레니즘 시대의 철학은 "삶의 기술"[118]이요 "삶의 방식"[119]이었다는 것이다. 그러므로 바울의 동시대인이었던 스토아 철학자 세네카는 『도덕 편지들』 90.1에서 루킬리우스(Lucilius)에게 다음과 같이 진술했다(Seneca, Ep. 90.1).

> *Quis dubitare, mi Lucili, potest quin deorum immortalium munus sit quod vivimus, **philosophiae quod bene vivimus?***
> 나의 루킬리우스여, 우리가 사는 것이 불멸한 신들의 선물이지만, 삶을 잘 영위하는 것은 철학의 선물임을 누가 의심할 수 있겠는가?

세네카는 인생 자체는 신의 선물로 주어지는 것이지만 그것을 어떻게 영위할 것인지에 대해서 노력해야 한다고 말하며 바른 "삶의 기술" 혹은 "삶의 방식"을 배움으로 이뤄질 수 있다고 "앎에 관한 사랑"을 강조하고 추천하였다. 하지만 철학적 삶을 추구하는 것이 그에 동

117　Trapp, *Philosophy in the Roman Empire: Ethics, Politics and Society*, 2. I. Hadot, "The Spiritual Guide," in *Classical Mediterranean Spirituality: Egyptian, Greek, Roman*, edited by A. H. Armstrong and trans. by M. Kirby (London: Routledge & Kegan Paul, 1986), 444와 Malherbe, *Moral Exhortations: A Greco-Roman Sourcebook*, 121과 Stowers, *Letter Writing in Greco-Roman Antiquity*, 36을 참조하라.

118　P. Hadot, *Philosophy as a Way of Life: Spiritual Exercises from Socrates to Foucault*, trans. by M. Chase (Oxford: Blackwell, 1995), 83.

119　P. Hadot, "Philosophical Life," in *Brill's New Pauly: Encyclopaedia of Ancient World*, edited by H. Cancik and H. Schneider, 15 vols., vol. 2 (Leiden/Boston: Brill, 2007), 91.

참한 학생들이나 신참자들에게 항상 유익한 결과를 가져다준 것만은 아니었다. 다시 말해, 비록 철학자들이 좋은 의도를 가지고 사람으로 하여금 더 나은 삶을 추구하도록 촉구했을지라도, 사실 그들의 가르침들은 종종 당시 사회의 규범들(즉, 관습이나 문화)과 충돌하곤 했다. 특별히, 도덕 철학자들은 "종종 혼돈, 당황, 때때로 사기를 떨어뜨리는 사회적, 지적, 도덕적 변혁 혹은 재조정을 수반하는 급진적인 재교육을 요구했기 때문에,"[120] "철학적" 삶으로의 전환과 그러한 삶을 영위하려는 시도는 현존하는 사회적 관습 혹은 규범들과 다양한 방식으로 긴장을 야기했다.[121] 그리고 그러한 긴장은 개인적 차원에 머물지 않고 사회적 활동 영역에서도 발생했다. 그 결과 충돌을 견뎌내기 힘들었던 일부 신참자들과 심지어 새로운 삶(즉, 철학적 삶)을 선택했던 학생들조차 그들의 이전의 삶으로 되돌아가는 일이 적지 않았다.

이 모든 사항이 도덕 철학자로 하여금 "조용한 서약에 의한 것이든 아니면 극적인 전향에 변혁에 의한 것이든 최초의 전환으로는 충분하지 않고" 또한 "열심 있는 학생은 철학적 인도자나 영혼의 의사가 필요하다."는 결론에 이르게 했다(Ps.-Diogenes, *Ep.* 3을 참조하라).[122] 이제 철학자는 신참자는 물론, 배움에 깊이 들어온 제자에게조차 그들이 배운 삶의 방식에 헌신한 상태로 머물기 위해서는 분명히 영혼-인도자(soul-guide), 즉 철학자의 지속적인 관심이 필요했다고 생각했다.[123] 따

---

120 Malherbe, "Hellenistic Moralists and the New Testament," 302. Malherbe, *Paul and the Thessalonians: The Philosophic Tradition of Pastoral Care*, 36-37과 "'Pastoral Care' in the Thessalonian Church," 387-388을 참조하라.

121 Stowers, *Letter Writing in Greco-Roman Antiquity*, 36. Perdue, "The Social Character of Paraenesis and Paraenetic Literature," 13을 참조하라.

122 Stowers, *Letter Writing in Greco-Roman Antiquity*, 37.

123 Perdue, "The Social Character of Paraenesis and Paraenetic Literature," 6.

라서 영혼-지도자로서 도덕 철학자들은 이 사안을 깊이 생각했고, 학생들과 신참자들에 대한 그들의 "영혼 돌봄"을 위해 칭찬 혹은 비난, 설득 혹은 만류와 같은 다양한 방식으로 사람들을 교육하는 것을 목적으로 하는 그리스-로마 훈계 전통을 사용했다.

(2) 발전

도덕 철학자들의 이러한 노력은 "영혼 돌봄"이라고 알려진 잘 발전된 돌봄 체계를 형성시켰다.[124] 특별히, 헬레니즘 시대에 많은 철학자가 "자신들의 제자들을 영적 성숙함으로 인도하는 방법들을 고안했고, 사람이 자기 자신 스스로 더욱 성숙하게 자라나기를 지속할 수 있는 훈련과 실천 방안"을 발전시켰다. "영혼 돌봄"으로 알려진 "지적, 도덕적, 영적 돌봄의 체계가 후기 헬레니즘 시대와 로마 제국 시대까지 각각의 철학 전통들에서 잘 성립"되었다.[125]

역사적으로 이 전통의 시작은 소크라테스(Socrates, 주전 469~399년)로

---

124 Malherbe, "Hellenistic Moralists and the New Testament." A. Rabbow, *Seelenführung: Methodikder Exerzitien in der Antike*. München: Kösel; Hadot, I. 1969. *Seneca und die griechisch-römische Traditionder Seelenleitung* (Berlin: Walter de Gruyter, 1954)과 Hadot, "The Spiritual Guide," 436-459와 Hadot, *Philosophy as a Way of Life: Spiritual Exercises from Socrates to Foucault*와 Hadot, "Philosophical Life," 91-94와 C. E. Glad, *Paul and Philodemus: Adaptability in Epicurean and Early Christian Psychagogy* (Leiden / New York / Köln: E. J. Brill, 1995)와 D. I. Rankin, *From Clement to Origen: The Social and Historical Context of the Church Fathers* (Hampshire: Ashgate, 2006)을 참조하라.

125 Thom, *The Pythagorean Golden Verses with Introduction and Commentary*, 77. Malherbe, "Hellenistic Moralists and the New Testament," 301과 Glad, *Paul and Philodemus: Adaptability in Epicurean and Early Christian Psychagogy*, 17-23을 참조하라.

거슬러 올라간다. 이후 플라톤, 아리스토텔레스(Aristotle, 주전 348~322년) 및 그의 동시대인 에피쿠로스(Epicurus, 주전 341~271년)에 의해 체계화되었다. 이 훈계 전통은 특별히 후대 도덕 철학자들과 여러 철학 학파에 의해 유지되고 발전되었는데, 특별히 격변하는 사회에서 철학은 더욱 자주 그리고 분명하게 "고치는 기술"로 기능하기 시작했다.[126] 예를 들어, 스토아학파(the Stoics), 에피쿠로스학파(the Epicurean School), 견유학파(the Cynics), 회의주의자들(the Skeptics) 및 유대인들(the Jews)조차도 그들 각자의 "영혼 돌봄"의 실천을 통해 구성원들을 바로 세우는 일을 시행했다. 동시대의 훈계 전통에 머물러 있었다는 점에서는 영혼 돌봄을 위한 실천에 있어 일부 내·외적 공통점을 지니게 되기도 했다.[127] 그러나 각 학파는 여전히 그들 자신만의 원리와 실천을 통해 구성원들을 양육했다.

(a) 고대 그리스 시대

고대 그리스 시대에 인간에 관한 관심이 확대되면서 인간의 온전히 세우고 인도하는 데 초점을 둔 스승과 가르침 및 원리가 개발되고 제시되었다. 대표적인 인물로는 소크라테스, 플라톤, 아리스토텔레스 및 에피쿠로스 등이 있다.

첫째, 소크라테스는 자기 자신의 영혼을 돌보는 것을 모든 것의 기초로 여겼다(Plato, *Apol.* 20e2를 참조하라).[128] 즉, 당시까지 많이 논의되던 형

---

126 Graver, "Philosophy as Therapy," 273.
127 Stowers, *Letter Writing in Greco-Roman Antiquity*, 37과 Thom, *The Pythagorean Golden Verses with Introduction and Commentary*, 90-91을 참조하라.
128 T. Bonhoeffer, "'Seelsorge' in Platos Apologie: Eine Richtigstellung," *Pastoraltheologie* 78 (1989), 286.

이상학적 고민보다는 "우리가 어떻게 살아야 하는지, 인간을 위한 좋은 삶은 어떤 것일지 등의 실천적인 문제들"에 대해 숙고했다. 따라서 인간의 삶과 관련된 주요 주제인 윤리가 주된 관심이기도 했다.[129]

둘째, 플라톤은 스승 소크라테스와 달리 자신이 아닌 타인의 영혼을 돌보는 일에 관심을 두었다.[130] 물론, 타인이라고 할 때 모든 사람을 말하는 것이 아니다. 그의 정치 철학에 기초해 동등 된 존재로 여겨진 사람들을 가리킨다. 즉, 남성들의 우정에 기반을 둔 돌봄이었다. 이를 위해 플라톤은 최초의 고등 교육기관인 아카데미아(The Academy)를 설립했고,[131] 이에 속한 자들은 정확한 규칙을 따라 생활하고 대화와 죽음을 준비하는 연습도 시행했다.[132]

셋째, 아리스토텔레스는 "영혼 돌봄"을 체계적으로 제시한 철학자로서 현재는 소실된 편지 형식을 띤 철학적 삶을 위한 훈계들을 담은 『프로트렙티쿠스』(Protrepticus)를 저술했다. 철학에 따른 효과적인 "영혼 돌봄"의 장(場)으로 뤼케움(the Lyceum)을 설립했다. 이곳에서 과학적 질문과 명상에 헌신된 삶의 방식을 나누었다.[133] 아리스토텔레스의 "영혼 돌봄"은 이후 소요학파(逍遙學派, the Peripatetic school)로 계승되었다.[134]

넷째, 에피쿠로스는 형이상학보다는 "삶의 실천 철학"을 추구했으며 따라서 윤리에 관심을 두었다. 그러나 이 윤리는 그 자체가 목적이 아닌 "행복"을 추구하는 것과 관련되며, 따라서 행복을 영육의 고통을 제거하고 쾌락을 추구하는 방식과 관련된다. 특별히, 그는 참된 행복,

---

129　필립 스톡스, 『100인의 철학자 사전』, 이승희 역 (서울: 말·글 빛냄, 2010), 45-46.
130　Bonhoeffer, "'Seelsorge' in Platos Apologie: Eine Richtigstellung," 286.
131　스톡스, 『100인의 철학자 사전』, 49.
132　Hadot, "Philosophical Life," 92-93.
133　Hadot, "Philosophical Life," 93.
134　Hadot, "The Spiritual Guide," 457.

즉 쾌락을 위해 "신중함과 절제"를 중요시했으며, 또한 쾌락을 위한 구별을 가능하게 하는 지혜를 최우선 미덕으로 삼았다.[135] 이를 위해 그는 공동체를 설립했고 "명예와 명성을 추구하는 그리스 전통을 부인하는 '자연적 우정'의 공동체로 물러"나 일반 대중 공동체의 "영혼 돌봄"의 발전에 큰 영향을 미쳤다.[136] 이는 특수 공동체에 "영혼 돌봄"을 적용했던 플라톤의 "영혼 돌봄" 형식과 대비가 되는 것으로 당시에 대안적 양육 방식으로 자리 잡았다. 이러한 그의 철학은 그의 이름을 딴 에피쿠로스학파에 의해 계승되었다.

(b) 그리스-로마 시대

그리스-로마 시대에는 다양한 철학 학파가 활발하게 활동하면서 자신의 가르침을 통해 사람들을 바르게 인도하려고 시도했다. 대표적 학파로는 스토아학파, 에피쿠로스학파, 견유학파, 회의주의자 및 유대교 등이 있다(아카데미아와 소요학파도 활동했으나 앞선 단락에서 언급했다).

첫째, 스토아학파는 제논(Zenon)으로부터 시작되었다. 스토아 철학은 무엇보다 인간이 자신의 본성과 우주적 본성(자연) 양쪽에 부합되게 살아야 한다고 주장하면서, 이를 위해 이성에 따른 삶을 살 것을 권면했다.[137] 따라서 그 철학은 외적인 것들과 연계되어있는 사람들의 감정적 불균형을 치료하는 데 초점을 맞췄다.[138] 즉, 항시적 경계, 의도와 관련된 지속적인 도덕적 정화, 발생된 기대하지 않았던 불운으로부터 야기되는 감정적 충격에 대해 끊임없이 지적(知的)으로 준비하는 방식

---

135 스톡스, 『100인의 철학자 사전』, 63-65.
136 Stowers, *Letter Writing in Greco-Roman Antiquity*, 32-33.
137 스톡스, 『100인의 철학자 사전』, 90-91.
138 Graver, "Philosophy as Therapy," 274.

을 취했다. 그러나 그 지적 노력은 개인에게 함몰되지 않고 오히려 도시 혹은 인류 공동체에 대한 헌신으로 구현될 것을 추구했다.[139] 이 학파에 속한 대표적인 학자들로는 스토아학파의 세 번째 지도자 크리시포스(Chrysippos, 주전 3세기), 정치인이며 문인인 키케로, 네로 황제의 자문관 역할을 했고 후에 자결한 세네카, 역사가 디오 크리소스토모스(Dio Chrysostom, 주후 1세기), 노예 출신의 교사 에픽테투스(Epictetus, 주후 약 55~135년), 황제 마르쿠스 아우렐리우스(Marcus Aurelius, 주후 3세기)가 있다. 이들은 견유학파적 초월을 영적으로 해석하면서 동시에 사회적, 정치적 질서를 지지했다.[140]

둘째, 에피쿠로스학파는 고행이 아니라 순수하고 음란과 무관한 쾌락의 향유를 통한 욕구에 제한 및 근심의 괴로움으로부터 영을 자유롭게 하는 데 집중했다.[141] 이를 위한 자연 현상들에 대한 과학적 설명을 시도했다.[142] 고대 철학의 다른 영역인 인식론과 물리학이 "행복한 삶을 위해 요구되는 지적 상태"로만 고려되었다.[143] 종종 이상을 실현하기 위해 스토아학파와 대비적으로 사회로부터 물러나 친구 공동체를 형성하는 것을 추구했으며,[144] 그 목적을 위해 친근한 분위기, 공동 식사의 검약, 주인-종 및 남자-여자의 평등을 추구했다.[145] 이 학파에

---

139 Hadot, "Philosophical Life," 93.

140 Stowers, *Letter Writing in Greco-Roman Antiquity*, 37.

141 Hadot, "Philosophical Life," 93.

142 Graver, "Philosophy as Therapy," 273-274.

143 Hadot, "The Spiritual Guide," 445.

144 Stowers, *Letter Writing in Greco-Roman Antiquity*, 37; Glad, *Paul and Philodemus: Adaptability in Epicurean and Early Christian Psychagogy*, 104. C. Gill, *Greek Thought* (Oxford: Oxford University Press, 1995), 59-60을 참조하라.

145 Hadot, "Philosophical Life," 93. Glad, *Paul and Philodemus: Adaptability in Epicurean and Early Christian Psychagogy*, 161-175을 참조하라.

속한 대표적인 학자들로는 시조 에피쿠로스, 필로데모스(Philodemus, 주전 1세기), 루크레티우스(Lucretius, 주전 약 55년에 사망)가 있다.

셋째, 견유학파는 인간은 악덕(惡德)에 완전히 잡혀 있다는 것을 전제로 "영혼 돌봄"을 시행했다. 따라서 단순히 부드러운 말로 개선될 수 없기에, 거친 혹평(rebuke) 및 힐책(rebuke)이 "영혼 돌봄"에 효과 있다고 여겼다.[146] 그러나 이는 견유학파 철학자들의 일관된 견해는 아니었다. 왜냐하면 일부 견유학파 철학자들은 거친 치료는 영혼 돌봄이 필요한 이들을 죽일 수 있다고 평가하면서, 더욱 친절하고 피-상담자의 상태와 관련해 치료자 자신과 말을 적용할 것을 추천하고 했기 때문이다.[147] 그러나 전체적인 분위기는 강한 어조의 가르침을 사용했다. 한편, 규범적 사회를 자연스럽지 않고 삐뚤어진 것으로 거부했다.[148] 따라서 관습을 거부하고 엄격한 금욕주의적 삶을 추구했고, 간혹 사회의 관습에 의해 형성된 도덕성, 곧 부끄러움의 규칙을 따르지 않았으며(나체 활동 등), 돈을 경멸하거나 권력자에 관한 존경을 하고 있지 않았으며, 도발적인 자유 발언("파레시아"[παρρησία])을 통해 의견을 피력했다. 이 모든 태도는 불필요한 것들로부터의 완전히 독립하며 동시에 개인주의적 삶의 방식을 추구했음을 보여준다.[149] 이 학파는 이러한 "자아의 수련"을 통해 사람이 언제고 겪게 될 불운과 재난 가운데서도

---

146   Stowers, *Letter Writing in Greco-Roman Antiquity*, 36.

147   Stowers, *Letter Writing in Greco-Roman Antiquity*, 35-37. Glad, *Paul and Philodemus: Adaptability in Epicurean and Early Christian Psychagogy*, 91-94를 참조하라.

148   Stowers, *Letter Writing in Greco-Roman Antiquity*, 36. I. L. Moles, "Cynics," in *The Oxford Classical Dictionary*, edited by S. Hornblower, A. Spawforth and E. Eidinow (Oxford: Oxford University Press, 2012), 403을 참조하라.

149   Hadot, "Philosophical Life," 93-94.

자유로울 수 있도록 하려고 했다.¹⁵⁰ 이 학파에 속한 대표적인 학자들로는 시조인 시노페의 디오게네스(Diogenes of Sinope, 주전 323년 사망), 테베스의 크라테스(Crates of Thebes, 주전 약 365~285년)와 그의 아내 마로네시아의 히파르키아(Hipparchia of Maronesia, 주전 약 350~280년)가 있다.

넷째, 엘리스의 철학자 퓌론(Pyrrhon, 주전 365~275년)을 시조로 한 회의주의자는 어떤 대상을 선과 악으로 평가하는 것을 거부했다.¹⁵¹ 이들은 모든 일에 무관심했고, 마음의 동요하지 않는 평화의 상태(ataraxia)에 있는 것을 최고의 것으로 보고 이를 추구했다.¹⁵²

다섯째, 유대인들은 구약 성경의 모세 오경을 중심으로 한 삶의 기준을 제시했다. 특별히, 이스라엘 왕국이 소멸된 이후 종교 공동체로 존립하던 시기에 유대 지도자들은 『미쉬나』 등의 삶을 위한 구체적인 실천 방안을 제시하여 구성원들을 양육하려 했다. 그럼에도 불구하고, 유대교는 성전 중심의 활동을 통해 제의적인 요소(제사 등)가 양육에 가미되어 여타 학파들과는 사뭇 다른 모양의 "영혼 돌봄"이 시행되었다고 평가해야 한다.

(3) 종류

고대 그리스-로마 세계에서는 철학적 훈계 전통이 다양한 문학적 장르들에서 사용되었을 뿐 아니라¹⁵³ 여러 종류의 훈계가 사용되었다. 그 종류에는 "파라이네시스"(paraenesis), "프로트렙시스"(protrepsis), "심불

150　스톡스, 『100인의 철학자 사전』, 71.
151　스톡스, 『100인의 철학자 사전』, 97.
152　Hadot, "Philosophical Life," 94.
153　Berger, Formgeschichte des Neuen Testaments., 17.

레"(*symboule*)가 있는데,¹⁵⁴ 이 세 가지 훈계는 모두 사람을 훈계하는 데 목적을 두고 있지만 각각이 청자의 정황에 따른 특별한 목적과 관련하여 구분되는 특징을 가지고 있었다.

첫째, "파라이네시스"는 훈계 전통의 본유적 부분일 뿐 아니라, 본유적 의미에서 "지혜, 특별히 도덕 지혜의 전통적인 격언들이나 교훈들을 포함"한다.¹⁵⁵ 즉, "파라이네시스"의 목적은 "삶의 어떤 방식을 지속하기 위한 충고요 훈계"였다.

둘째, "프로트렙시스"는 "청자들을 새롭고 이전과는 다른 삶의 방식으로 초청하는 훈계 문학"이라는 특징이 있으며,¹⁵⁶ 이러한 특성 때문에 전향이나 호교와 관련되어 이해되곤 한다.

셋째, "심불레"는 앞선 두 훈계 종류와 차이가 있다. 이는 문학 장르라기보다는 장치인데, 특별히 현안에 대한 답을 제시하거나 얻는 것을 목적으로 한 훈계이다. "심불레"는 그 특성에 있어서 "일반적이고 보편적인 문제들을 고려하며" 비록 철학자의 특별한 훈계 정황에 따라 적용되는 점은 부인할 수는 없을지라도 사견(私見)에 기초를 두지 않는 "파라네시스"와 달리,¹⁵⁷ 특별하고 상황이 담긴 문제를 고려한다(예. "우리

---

154   Stowers, *Letter Writing in Greco-Roman Antiquity.*, 91-94.

155   Stowers, *Letter Writing in Greco-Roman Antiquity*, 91. Aune, *The New Testament in Its Literary Environment*, 191와 Perdue, "The Social Character of Paraenesis and Paraenetic Literature," 12를 참조하라.

156   Stowers, *Letter Writing in Greco-Roman Antiquity*, 92; Perdue, "The Social Character of Paraenesis and Paraenetic Literature," 23; M. Harding, *Tradition and Rhetoric in the Pastoral Epistles* (New York: Peter Lang, 1998) 107.

157   Stowers, *Letter Writing in Greco-Roman Antiquity*, 93; Aune, *The New Testament in Its Literary Environment*, 191; Malherbe, *Paul and the Thessalonians: The Philosophic Tradition of Pastoral Care*, 76; Perdue, "The Social Character of

가 배로 갈까요 육로로 갈까요?")

주의할 점은 "심불레"의 경우와 "파라이네시스"와 "프로트렙시스" 간의 구분이 모호하다는 점이다.[158] 모호함의 첫 번째 이유는 고대 저자들이 거의 이들, 특별히 "파라이네시스"와 "프로트렙시스"를 구별하지 않았기 때문이다. 이와 관련해 하딩(Harding)은 "주장의 이 두 가지 방식들[즉, '파라이네시스'와 '프로트렙시스']은 그리스-로마 시대에는 '파라이네시스'라고 불렸다"라고 말한다.[159] 또한 그 당시에 범위에 있어 "파라이네시스"가 "프로트렙시스"보다 더 넓었는데, 이 점이 실상에 있어 "파라이네시스"를 "프로트렙시스"로부터 구별하는 것을 어렵게 만들기도 한다.[160] 사실, 현실에서는 이 두 가지의 훈계 전통의 적용 부분이 혼합되어 있다. 그런 의미에서 스토어스가 "그 구분은 항상 새로운 삶에 대한 청중의 배치에 따라 상대적이다."라고 말한 것은 적절한 설명이다.[161]

Paraenesis and Paraenetic Literature," 12.

158 Malherbe, *Moral Exhortations: A Greco-Roman Sourcebook*, 121-122, 124-125; Stowers, *Letter Writing in Greco-Roman Antiquity*, 92-93; B. Fiore, *The Function of Personal Example in the Socratic and Pastoral Epistles* (Rome: Biblical Institute Press, 1986), 41.

159 Harding, *Tradition and Rhetoric in the Pastoral Epistles*, 197. Stowers, *Letter Writing in Greco-Roman Antiquity*, 92를 참조하라.

160 Malherbe, *Moral Exhortations: A Greco-Roman Sourcebook*, 124; F. Ferguson, *Backgrounds of Early Christianity*, 3rd ed. (Grand Rapids, Michigan: William B. Eerdmans, 2003), 322.

161 Stowers, *Letter Writing in Greco-Roman Antiquity*, 92. Malherbe, *Moral Exhortations: A Greco-Roman Sourcebook*, 121과 Thom, *The Pythagorean Golden Verses with Introduction and Commentary*, 77을 참조하라.

3. 그리스-로마 훈계 전통의 실천: 장르적 특징들

그리스-로마 훈계 전통은 삶의 영역과 문학적 영역 모두에서 중요한 역할을 했다. 예를 들어, 삶의 영역과 관련하여, 훈계 전통은 새로운 삶의 방식을 위한 길로 이끌었다. 문학적 영역에 있어서, 훈계 전통은 새로운 삶의 방식과 유지를 위한 효과적인 지침서로 사용되었다. 다른 말로 하면, 새로운 삶의 방식으로의 전향을 권면하고 학생으로 하여금 철학적 삶을 유지하도록 지도하는 것과 관련하여, 도덕 철학자는 정형화된 형식들과 스타일을 가지고 이 전통을 사용했다. 이러한 사실로부터, 그리스-로마 훈계 전통의 문학적 실천(즉, 작품들)에서 반복되는 장르적 특징들이나 형식들을 발견할 수 있는지를 질문해야 할 수 있다. 그 이유는 훈계 전통을 반영하는 문학적 장르의 규정을 하기 위해서이다.

그러나 이 질문의 대답은 낙관적이지는 않다. 왜냐하면 그리스-로마 훈계 전통은 매우 복잡하기 때문이다.[162] 더 나아가, 여전히 (문학) 장르란 무엇인지, 그리고 어떻게 장르를 규정해야 하는지에 대한 논의가 지속되고 있기 때문이다.[163] 예를 들어, 한 작품의 문학 장르를 규정함에 있어서 귀납적으로 구조, 양식 및 관습적 표현들과 같은 일단의 필연적인 요소들과 형식들을 가정할 수 있다. 그러나 여전히 문제로 남곤 하는 사항은 한 작품의 장르를 특화하는 그런 필연적이고 상시 나타나는 요소들과 형식들이 발견되지 않는다는 점이다. 이는 훈계 작품들에서도 사실인데, 특별히 훈계 전통이 담화(즉, 혼자 말하는 글)와 편

---

162   A. Kotzé, "The Protreptic-paraenetic Purpose of Augustine's Confessions and its Manichean Audience" (D.Litt. Diss. Stellenbosch, 2003), 50-51을 참조하라

163   Berger, *Formgeschichte des Neuen Testaments*, 9-10, 16-17을 참조하라.

지와 같은 다양한 문학 양식들을 통해 전달되었다는 사실이 상황을 더욱 복잡하게 만들기도 한다.

요약하자면, 한 작품의 문학 장르 규정의 본유적인 어려움과 함께, 현실에 있어 훈계 전통이 다양한 문학적 형태들로 구체화 되었다는 점이 그리스-로마 훈계 문학 작품들의 특징들을 간단하게 정리해 내는 일을 거의 불가능하게 만든다는 것이다. 그럼에도 불구하고, 담화나 편지와 같은 훈계 전통을 형상화한 문학 장르들을 고려할 때, 현존하는 훈계 작품들에 공통적인 장르적 특징들을 구별해 낼 수 있고, 또한 그러한 발견들에 근거해 그리스-로마 훈계 전통의 공통된 문학적 특성들을 정리할 수 있을 것으로 기대할 수 있다. 이 특징들은 주로 훈계 전통의 실천적 상황들(즉, 목적과 기능)과 문학적 양식의 특징들로부터 발생한 것일 것이다. 특별히, 실천적 상황들은 철학자들이 자신의 영혼 돌봄을 더욱 풍성하게 하기 위한 수사학적(즉, 문학적이고 연설적인) 노력의 도입을 장려했을 것인데, 그 결과, 훈계 문학 작품 각각의 장르에서 일단의 수사학적 형식들이 반복해서 등장했을 것이라는 예상할 수 있다. 물론, 그 반복적 요소들이 훈계 작품에 있어서 장르를 구성하는 근본적인 요소들인지를 단정하기는 어렵다. 그러나 그것들은 한 문학 작품을 훈계 장르에 혹한 작품으로 분류하는 기준으로 유용하게 사용될 것이다.

그 요소는 문학 작품의 작성과 관련하여 두 개의 범주로 구분될 수 있다. 첫째는 작품 밖에 존재하는 편지 작성의 실제적 정황들이고, 둘째는 작품 내에 사용된 편지-수사적 요소들이다. 전자에는 편지 발신자인 철학자들과 수신자인 그들의 제자나 청자들 간의 관계 및 제자들 혹은 청중들에 대한 철학자들의 특별한 태도(즉, 적응과 적용)와 같은 관계적 요소들이 포함된다. 후자에는 효과적인 "영혼 돌봄"을 위해 사용된 편지-수사적(즉, 문학적이고 연설의 특징을 지닌) 문학 장치들이 포함된다.

(1) 본문 외의 관계적 요소들

도덕 철학자는 철학으로 전향하려는 이들이나 이미 돌아온 제자나 신참자 등을 적절히 양육하기 위한 책임을 가지고 있었다. 이를 위해 도덕 철학자는 여러 준비를 했다. 하지만 기술적인 사항보다 그들은 선생님으로서의 자질과 그 자질에 근거한 관계 형성을 중요하게 여겼다. 왜냐하면 적절한 관계의 형성이 결국 가르침의 내용을 보증해 준다고 이해했기 때문이다. 특별히, 도덕 철학자가 활동하던 시기에도 거짓 스승, 즉 사기꾼이나 아첨꾼이 존재했다. 이들은 자신을 포장하고 자신의 이익을 위해 가르침을 받는 자들과의 관계를 좋게 만들려고 노력했다. 적지 않게 이들의 이러한 포장에 속아 그릇된 길을 가는 자들이 나오기도 했기에, 참 선생은 자신과 거짓 선생을 구분할 수 있는 기준을 제시할 필요성과 참 선생으로서의 온전한 태도를 증명해야 했다. 이러한 노력은 아래의 몇 가지 사항으로 요약될 수 있다.

첫째, 도덕 철학자는 자신과 제자 혹은 청중 간의 관계를 정확하게 규정했다. 이 특징은 선생님인 철학자가 제자들 혹은 청중에 대해 모든 면에서 우월성을 가지고 있다고 요약된다.[164] 물론, 이 말은 그들의 관계가 사회적 위치나 공식적 직무들에 근거한 계급적이라는 것을 의미하지 않는다. 오히려, 양자의 관계는 친밀했고, 때때로 동등한 것처럼 묘사되기도 했다. 그 이유는 그 관계가 종종 우정, 동지애, 우애의

---

164   Aune, *The New Testament in Its Literary Environment*, 191; Perdue, "The Social Character of Paraenesis and Paraenetic Literature," 14-15.

유대로 나타났기 때문이었다.[165] 그럼에도 불구하고, 일반적으로 선생님으로서 철학자는 나이, 지혜, 경험, 소명 때문에 신분과 자격에 있어 우월했다는 점은 부인할 수 없다. 철학자는 종종 자신의 자격을 소명의 신적 기원에 두기도 했다(예. Dio Chrysostom, Or. 32.12; Epictetus, Diatri. 3.22.38-49).

둘째, 도덕 철학자는 선생님으로서 해야 할 역할에 대한 자신의 자격을 엄격한 자기-조사(self-examination)를 통한 도덕적 상태를 증명함으로써 주장했다(예. Julian, Or. 6.200C-200D, 200D-201A). 말허비에 의하면, 선의로 약자들에게 자신의 권고를 나누는 사람은 "자기 자신을 조사하고 자신의 권고를 자기 자신에게 적용할 것을 요구" 받았다(Dio Chrysostom, Or. 51.5; 77/78.42; Plutarch, Adul. amic. 71E-72A를 참조하라).[166] 게다가, 철학자는 과거에 경험들로부터 시험받아 얻어진(즉, 고난 [hardships]) 자신의 성실함(integrity)과 철학적 삶에 대한 자신의 신실함을 증명하기도 했다. 엄격한 자기-조사와 특별한 경험들로부터 얻어진 확고부동함으로 도덕 철학자는 삶의 지도자로서 자격이 됨을 가장 잘 증명할 수 있었다(예. Dio Chrysostom, Or. 8.15; 39.3; Seneca, Ep. 29.4). 반면, 철학자를 따르던 청중 가운데서 많은 이들은 이러한 자격을 결여했다(예. Dio Chrysostom, Or. 13.13).

주의할 사항은 이러한 자격은 한 개인의 인격 혹은 도덕성에 기초한 것이었다는 점이다. 그것은 사회적 혹은 공식적 지위 등과는 관련 없었다. 그러므로 "영혼 돌봄"은 가족의 한 구성원이 더 나이가 많은

---

165 L. G. Perdue, "Paraenesis and the Epistle of James," ZNW 72 (1981), 246과 Malherbe, "Hellenistic Moralists and the New Testament," 267-333과 Glad, *Paul and Philodemus: Adaptability in Epicurean and Early Christian Psychagogy*, 53-58을 참조하라.

166 Malherbe, "'Pastoral Care' in the Thessalonians Church," 384.

사람에 대해서도 수행될 수 있었다. 우리는 그러한 예를 한 파피루스 편지에서 발견(P.Dryton 36 혹은 Sel.Pap. I. 101)한다. 이는 "파피루스 편지에 담겨 있는 간단한 훈계의 예"로서, 거기에서 아들이 "그의 어머니와 아버지를 위한 격려"를 하는 내용의 편지이다.[167] 그러므로 우리는 훈계의 실제적 적용에 있어 "연장자이며 더 지혜로운 친구가 연소자이며 미숙한 친구의" 관계가 당연하게 인정될 수 있다.

셋째, 도덕 철학자가 자신의 영혼 돌봄의 목적을 성취하기 위해 자기 제자나 신참자 혹은 청중이 직면하고 있는 현안들에 초점을 맞췄다. 그러므로 각 상황에 따라 철학자는 종종 유익을 주는 다양한 도구들을 사용했을 뿐 아니라, 좋은 의사가 자신의 환자들을 위해 하듯, 자신들의 치료를 손보고 바꾸기도 했다(예. Dio Chrysostom, *Or.* 77/78.37-45; Plutarch, *Adul. amic.* 73C-74E; *Adol. poet. aud.* 46D-47D; Seneca, *Ep.* 64.6-10). 그러므로 대다수 철학자는 전통적인 지혜의 가치를 높게 평가하면서도 "영혼 돌"봄의 자료를 재해석하여 각각 상응하는 상황에 적용하는 것을 시도했다. 그러한 수고는 세네카의 언급을 통해서 확인할 수 있다. 그는 전통적인 지혜의 가치를 알았고, 자신의 『도덕 편지들』 64.7에서 *Veneror itaque inventa sapientiae inventoresque*("그러므로 나는 지혜로부터 발견된 것들과 그것의 발견자들을 존경한다.")라고 언급하기도 했다. 세네카에게 있어서, "많은 선임자들의 유산"에 들어가는 것은 "즐거움"이었다(*adire tamquam multorum hereditatem iuvat*)(Seneca, *Ep.* 64.7). 그럼에도 불구하고, "영혼 돌봄"을 위해 그런 전통적 지혜를 사용함에 있어서 세네카는 각각 상응하는 상황에 따라 적절하게 재해석하고 적응해야 함을 강조했다(Seneca, *Ep.* 64.8).

넷째, 도덕 철학자는 자기 자신을 자기 제자와 신참자 혹은 청중

---

167   Stowers, *Letter Writing in Greco-Roman Antiquity*, 97.

이 처한 상황에 적응시키는 데 주저하지 않았다.[168] 그러한 실천은 훈계 작품들에서 일단의 특별한, 그러나 부분적으로는 관습적인 표현들로 다양한 흔적을 남겼다. 예를 들어, 문헌들에서 종종 "아버지-아들," "어머니/보모-아기," "의사-환자" 및 "선생님-제자"와 같은 관계적 표현들이 발견된다. 이 모든 표현은 철학자와 제자 혹은 신참자, 그리고 드물게 청중과의 관계를 묘사하는 데 사용되었다. 더욱이, 자기 제자나 신참자 그리고 심지어 청중에 대한 철학자의 "자기-낮춤"(self-humiliation)이 도덕성과 성실함에 있어서 자신의 우월성 의식으로부터 기인할 것일 수 있다는 점과 동시에 제자들에 의한 선생님의 우월함을 인정으로부터 나왔을 수 있다는 점에서, 철학자의 "자기 낮춤" 역시 그러한 적응의 예 중 하나로 볼 수 있다.

그럼에도 불구하고, 철학자의 "자기-낮춤"은 설득을 위한 적응의 관점으로부터 고려되어야 한다. 왜냐하면 그러한 시도는 철학자와 제자 간의 좋은 관계에 근거를 두고 있기 때문이었다. 따라서 이 우월함이 철학자의 "영혼 돌봄"을 위한 실제적인 근거와 일단의 훈계적 이야기들을 생산하기 위한 촉매제가 될 때, 훈계의 수여자(즉, 철학자)와 수혜자(즉, 제자나 신참자 그리고 청중) 사이의 관계가 훈계 전통을 중요한 장르적 요소 중 하나라고 정리될 수 있다. 요약하자면, "자기 자신을 청중의 상황으로 적응했던 책임감 있는 선생님은 광범위한 설득 스타일들을 알고 있었던 것이고 어떻게 그들이 특정한 상황에 적당하게 혹은 부정당하게 반응하는지에 민감한 사람이었던 것."이다.[169]

---

168   Malherbe, *Moral Exhortations: A Greco-Roman Sourcebook*, 50; Glad, *Paul and Philodemus: Adaptability in Epicurean and Early Christian Psychagogy*; "Paul and Adaptability," in *Paul in the Greco-Roman World: A Handbook*, edited by J. P. Sampley (Harrisburg / London / New York: Trinity Press International, 2003), 17-41.

169   Malherbe, *Moral Exhortations: A Greco-Roman Sourcebook*, 121.

(2) 본문 내의 편지-수사적 문학 장치들

도덕 철학자는 훈계를 위한 편지를 작성할 때 제자나 신참자를 더욱 온전히 설득하고 훈계하기 위해 설득을 위한 수사적 도구들을 사용했다. 물론, 훈계가 목적이 아니더라도 효과적인 정보 전달 등을 위해 저자는 종종 수사적 도구들을 사용했다. 그럼에도 불구하고, 훈계 작품들에는 설득이라는 특별한 목적이 있었기에 특정한 특별한 요소들이 반복적으로 사용되었고 이 반복적인 요소들은 훈계 작품들의 문학적 특징을 형성했다. 그 사항들은 아래의 몇 가지 항목으로 정리될 수 있다.

첫째, 도덕 철학자는 우호적인 관계 형성을 위해 작품 내에 "관계 지향적인" 호칭이나 표현을 반복적으로 사용했다. 이 표현들은 제자나 신참자와의 연대를 증진 시켰고 동시에 철학자의 말에 주의를 기울이게 하는 기능을 했다.[170]

둘째, 도덕 철학자는 자신들의 설득 논지에서 어록, 속담, 시, 찬양 등의 권위 있는 자료를 인용 혹은 암시하여 작품과 훈계를 더욱 설득력 있게 만들었다.[171] 물론, 권위 자체는 오늘날 권위자를 인용하듯 사용된 자료에서 나온 것은 아니다. 이에 대해 아리스토텔레스는 설득을 위해 사용되는 자료(증거들)를 인위적 증거들(αἱ ἔντεχνοι πίστεις)과 비-인위적 증거들(αἱ ἄτεχνοι πίστεις)로 구분하는데(Aristotle, Rh. 1.2.2), 이 두 가지를 효과적으로 사용할 때 설득력이 극대화된다고 보았다. 인위적 증거들은 "로고스"(λόγος), 곧 이성적 호소, "파토스"(πάθος) 곧 감성적 호소 및 "에토스"(ἦθος), 곧 윤리적 호소를 구성하는 수사학적

---

170   Fiore, *The Function of Personal Example in the Socratic and Pastoral Epistles*, 17을 참조하라.

171   Fiore, *The Function of Personal Example in the Socratic and Pastoral Epistles*, 15를 참조하라.

기술이며 이는 저자가 자기 작품을 저술하고 완성하는데 사용하는 내적 구성력을 가리킨다. 한편, 비-인위적 증거들은 수사학적 기술의 일부가 아니라 수사학 기술 밖에서 기인하며 논쟁을 지지하는 데 사용된다.[172] 아리스토텔레스에게 있어서 권위 있는 자료는 비-인위적 증거들에 속한다. 사실, 도덕 철학자는 다른 권위들에 의존하는 것이 꼭 필요하지는 않았지만 이러한 호소는 그들의 말에 더욱 힘을 실어주었기에 필요에 따라 사용하기도 했다.

셋째, 도덕 철학자는 설득을 위해 관습적이고 전통적인 주제들인 "토포이"(τόποι, "토포스"[τόπος]의 복수형)를 사용했다. "토포이"는 "개인적인 관점을 희생시키지 않은, 전통적이고 잘 체계화된, 일반적 상투적 표현들, 격언들, 짧은 정의 문구 등을 사용한 도덕적 주제에 대한 취급"[173] 혹은 "특정한 주제들 혹은 화제들에 대한 확장된 교훈적인 문구들"[174]을 가리킨다. 그러나 그 범위가 도덕적 주제에만 한정되는 것은 아니었다. 톰(J. C. Thom)은 고대 그리스-로마 세계에 아래의 세 가지 종류의 "토포이"가 존재한다고 주장했다.[175]

---

172 E. P. J. Corbett, and R. J. Connors, *Classical Rhetoric for the Modern Student*, 4th ed. (New York / Oxford: Oxford University Press, 1999), 17-19. H. Lausberg, *Handbook of Literary Rhetoric: A Foundation for Literary Study*, trans. by M. T. Bliss, A. Jansen and D. E. Orton (Leiden / Boston / Köln: Brill, 1998), § 350-353, 355와 T. Hanbinek, *Ancient Rhetoric and Oratory* (Malden, MA: Blackwell, 2005), 103을 참조하라.

173 Malherbe, *Moral Exhortations: A Greco-Roman Sourcebook*, 144. Aune, *The Westminster Dictionary of New Testament and Early Christian Literature and Rhetoric*, 476-478을 참조하라.

174 J. L. Bailey and L. D. V. Broek, *Literary Forms in the New Testament: A Handbook* (Louisville: Westminster / John Knox, 1992), 62.

175 J. C. Thom, "'The mind is its own place': Defining the Topos," in *Early Christianity and Classical Culture: Comparative Studies in Honor of Abraham J.*

① 논리적 혹은 수사학적 "토포스"
"'물질적' 사상보다는 사고의 전개나 구조의 흐름"을 제공

② 문학적 "토포스"
"반복적으로 사용되는 문학적 주제들이나 모티브들을 구성"

③ 도덕적 혹은 도덕적 "토포스"
주로 헬레니즘 도덕적 작품들에 등장하는 "토포스들"로 그 주제는 최소 15개, 즉 ⓐ 결혼, 성적 사랑, 가문, 부모와 자녀, 여자의 역할의 주제, ⓑ 친구, 진솔한 말과 아첨의 주제, ⓒ 교육과 훈련의 주제, ⓓ 정치적 수완의 주제, ⓔ 화와 다른 감정들에 대한 주제, ⓕ 즐거움과 고통의 주제, ⓖ 평온과 평정의 주제, ⓗ 미덕의 진보에 관한 주제, ⓘ 악덕의 주제, ⓙ 개인적 꾸밈에 대한 주제, ⓚ 의(義)의 주제, ⓛ 다른 삶의 방식의 주제, ⓜ 부와 가난의 주제, ⓝ 예정, 운명, 고난의 주제, ⓞ 경건과 신(神)의 주제 등으로 구성됨.

그러나 이 항목들은 고대 그리스-로마 문헌들을 연구하는 것으로 더욱 증가할 수 있다. 여하튼, 도덕 철학자는 당시에 통용되던 이런 공통 주제를 직면한 현안을 해결하는 데 사용함으로 돌봄 받는 자가 가르침과 돌봄에 집중하도록 했다.

넷째, 도덕 철학자는 교훈을 말로만 제시한 것이 아니라, 더욱 효과적인 훈계를 위해 가시적인 예인 모델 등을 제시하곤 했다. 모델은 종종 개인 모델, 철학자 자신(예. Plutarch, *Demetri.* 1.4-6; Ps.-Isocrates, *To Demon.* 9-15; Pliny, *Ep.* 8.13. Seneca, *Ep.* 6.5-6; 11.9-10; 52.1-9; 95.72; Lucian, *Demon.* 1-2; Dio

---

Malherbe, edited by J. T. Fitzgerald, T. H. Olbricht and L. M. White (Leiden: E. J. Brill, 2003), 566-568. Malherbe, *Moral Exhortations: A Greco-Roman Sourcebook*, 144-161; Malherbe, "Hellenistic Moralists and the New Testament," 320-325를 참조하라.

Chrysostom, *Or.* 4.83-96을 참조하라), 비-인격적 예들(예. Dio Chrysostom, *Or.* 48.14-16; Maximus of Tyre, *Dissertationes*, 36)로 구성되었다.[176] 도덕 철학자는 모델과 예시를 제공함으로 제자에게 철학적 삶을 더 잘 이해시키려고 했다. 그러나 그 모델과 예시는 단지 유명세 따위로 선정된 것은 아니었다. 오히려, "주어진 논점 하에서 보다 넓은 사회적 질서의 미덕들 혹은 악덕들을 구체화하는 것으로써 그려질 수 있는 삶과 행동을 보여주는 가치 있는 사람"이 언급되었다.[177]

한편, 비록 필연적이지는 않지만, 제시된 모델과 예시는 미덕과 악덕 목록 및 고난 목록과 같은 관습적인 표현들과 함께 나오곤 했는데, 이는 제시된 모델과 예시가 철학적 가르침을 유지하기 위해 견뎌온 일들을 구체적으로 제시하는 것과 미덕과 악덕 목록 및 고난 목록이 연관되곤 했기 때문이다. 여하튼, 제시된 모델이나 예시의 권고적 혹은 반-권고적 기능은 "권고 편지의 핵심"(the heart of paraenetic letter)으로 여겨졌을 만큼 설득 기술 중 중요한 위치를 차지했다.[178]

다섯째, 도덕 철학자는 제자 등에 향한 훈계의 효과를 높이기 위해 관습적인 목록들 제시하곤 했다. 고대 세계에도 오늘날과 같이 규정된 내용을 담고 있는 목록이나 지시서 등이 존재했다. 이 목록들은 이것들이 적용된 단체(혹은 사회)의 가치를 긍정적 혹은 부정적으로 담고 있기에 특별히 신참자들이 새로운 단체에서 자신들의 정체성을 형성해 나가는데 유익한 도구로 기능했다. 그러한 목록으로는 악덕 및

---

176   Aune, *The New Testament in Its Literary Environment*, 191. Malherbe, *Moral Exhortations: A Greco-Roman Sourcebook*, 135-136과 "Hellenistic Moralists and the New Testament," 284-286과 *The Letters to the Thessalonians: A New Translation with Introduction and Commentary*, 83-84를 참조하라.

177   Perdue, "The Social Character of Paraenesis and Paraenetic Literature," 16.

178   Malherbe, "Paraenesis in the Epistle to Titus," 301.

미덕 목록(the list of virtues and vices), 고난 목록(the list of hardship/the *peristasis* catalogue), 집안 규율(the household code/Haustafeln) 등이 있다. 각각의 목록은 아래와 같은 기능을 담고 있었다.

① 악덕 및 미덕 목록
성격화, 묘사, 예시화, 지시, 훈계, 변명, 논쟁의 목적으로 사용[179]

② 고난 목록
스승의 자질 묘사나 증명을 위한 수사학적이고 문학적 장식으로 스승을 미덕의 삶을 열망하는 이들을 위한 믿을 만한 사람으로 확증하는 기능(Seneca, *Ep.* 71.30; Epictetus, *Diatr.* 3.22.50-51을 참조하라).[180] 이 목록을 통해 철학자는 모방 되어야 할 권위 있는 모델을 제공할 뿐만 아니라 그 자신을 그러한 모델로 제시[181]

③ 집안 규율
집안 구성원들의 의무를 담은 목록들로 이는 "개인적인 업무들의 적절하고 이상적인 취급과 연관된 의무들과 책임들의 밑그림을 그려주는" 원리들을 제공[182]

---

179   J. T. Fitzgerald, "Virtue/Vice Lists," in *The Anchor Bible Dictionary*, edited by D. N. Freedman. 6 vols. Vol. 6 (New York, N.Y.: Doubleday, 1992), 857. Malherbe, *Moral Exhortations: A Greco-Roman Sourcebook*, 135와 Aune, *The New Testament in Its Literary Environment*, 89-91을 참조하라.

180   J. T. Fitzgerald, *Cracks in an Earthen Vessel: An Examination of the Catalogues of Hardships in the Corinthian Correspondence* (Atlanta, Georgia: Scholars Press, 1988), 203.

181   Malherbe, *Moral Exhortations: A Greco-Roman Sourcebook*, 142; B. Fiore, "Parenesis and Protreptic," in *The Anchor Bible Dictionary*, edited by D. N. Freedman, 6 vols. Vol. 5 (New York, N.Y.: Doubleday, 1992), 164.

182   D. L. Balch, "Household Codes," in *The Anchor Bible Dictionary*, edited by D. N. Freedman, 6 vols. Vol. 3 (New York, N.Y.: Doubleday, 1992), 318.

여섯째, 도덕 철학자는 훈계의 한 방법으로 회상 기법을 사용했다. 회상 기법은 이미 제자들이 알고 있는 것, 철학자에 의해 이미 가르쳐진 것, 그들의 이전 태도가 전제된 것, 사람들에 의해 일반적으로 인정되고 있는 것들로 구성되어 있다는 점에서[183] 그 사항이 언급될 때 말하는 자와 듣는 자 모두 쉽게 동의할 수 있으며 때로는 공동의 기억에 근거한 연대감 등을 형성하는 데 도움을 주었다. 이러한 사항이 회상 기법을 설득의 중요한 기술로 자리 잡게 했다. 이 기법을 사용할 때 도덕 철학자들은 "네가 이미 알다시피"와 같은 문구를 사용하여 동의를 끌어냈다(예. Seneca, *Ep.* 94.26). 한편, 충고의 내용이 이미 제자들에게 알려진 것이기에 다른 지시나 설명을 추가하지 않았다. 따라서 종종 그 내용이 전통적이었고 도덕 철학자는 수용된 가치를 회상시키는 일에 집중했다(예. Isocrates, *Demon.* 9-10; Cicero, *Fam.* 1.4.3.; 2.4.2; Seneca, *Epp.* 6.5-6; 11.8-10; Pliny, *Ep.* 8.24.1).[184] 많은 경우 충고들은 듣는 이들이 현재 행하고 있는 일에 대한 칭찬이거나 지속하라는 격려로 이뤄져 있었다(Cicero, *Quint. fratr.* 1.1.8; *Fam.* 6.10b.4; Seneca, *Epp.* 13.15; 25.4를 참조하라).[185] 이는 도덕 철학자와 제자의 연관성이 아니라, 그들과 그들이 공유하고 있는 전통과의 연관성을 재확인하는 기능을 하기도 했다.[186]

일곱째, 도덕 철학자는 효과적인 설득을 위해 위에서 언급한 특별한 자료 혹은 장치들 외에 언어 자체를 효과적으로 표현하여 설득에

---

183 Fiore, *The Function of Personal Example in the Socratic and Pastoral Epistles*, 18.
184 Malherbe, "Paraenesis in the Epistle to Titus," 301.
185 Malherbe, *Moral Exhortations: A Greco-Roman Sourcebook*, 125; "Paraenesis in the Epistle to Titus," 310; J. de Waal Dryden, *Theology and Ethics in 1 Peter: Paraenetic Strategies for Christian Character Formation* (Tübingen: Mohr Siebeck, 2006), 116.
186 Fiore, *The Function of Personal Example in the Socratic and Pastoral Epistles*, 18.

사용하기도 했다. 예를 들어, 단어의 의미가 변하거나 향상되는 언어의 장치 혹은 유형을 가리키며 수사학적 용어로는 장식으로 불리는 다양한 문체들, 곧 "'트로페"(tropes, 수사어구)와 "쉐킴"(schemes/figure, 문채)을 사용했다. "트로페"(수사어구)란 단어의 의미를 확대, 확장 혹은 변화시키며 한 단어나 표현을 변화시키는 데서 발생하는 언어 기법이다.[187] "쉐킴"(문채)은 일련의 단어군(群)의 모양새를 가리키는데,[188] "트로페"와 달리 "쉐킴"은 단어의 문자적 의미를 유지하면서 단어 배열을 통해 기능이 드러난다.[189] 이러한 언어적 표현을 사용해 저자는 자신의 논증을 효과적으로 전달하였고 또한 훈계받는 자들의 이해를 돕기도 했다.

여덟째, 도덕 철학자는 종종 현안을 해결하기 위해 가상의 적을 내세워 자신의 논증을 이어가는 기법인 "디아트리베"(diatribe)를 사용하기도 했다.[190]

아홉째, 도덕 철학자는 훈계를 위한 작품들에서 다양한 훈계 어휘들을 사용하고 동시에 동사의 명령법, 권고적 가정법, 명령을 대신하는 미래 직설법 형태를 적극적으로 사용하여 자신의 훈계와 가르침을 전달했다.

---

187   G. P. Rowe, "Style," in *Handbook of Classical Rhetoric in the Hellenistic Period (330B.C.-A.D.400)*, edited by S. E. Porter (Leiden / New York / Köln: Brill, 1997), 124, 129.
188   Rowe, "Style," 129.
189   R. A. Lanham, *A Handlist of Rhetorical Terms*, 2nd ed. (Berkeley / Los Angeles / London: University of California Press, 1991), 178.
190   S. K. Stowers, *The Diatribe and Paul's Letter to the Romans* (Chico, Calif.: Scholars Press, 1981), 71을 참조하라.

제3장 결론적 요약

그리스-로마 편지들의 양식은 편지 목적의 다양성과 저자들의 다양한 상황 및 스타일로 인해 다양한 양식과 분위기를 갖게 되었다. 물론, 신약 시대에 이르러서는 이미 그리스-로마 편지들의 양식이 편지의 목적과 기능에 따라 어느 정도 확정되어 있었다. 다시 말해, 다양한 편지가 존재했지만, 그 종류가 무한대로 허용된 것이 아니라 발신자와 수신자의 이해 범주에서 편지의 작성 목적과 기능에 따라 어느 정도 관습화된 양식들이 존재했다는 것이다. 따라서 당대의 독자뿐만 아니라 후대의 독자까지도 편지의 형식을 보고 해당 편지의 종류가 무엇인지도 어느 정도 추측할 수 있는 상황이었다. 따라서 앞서 언급한 편지 양식들을 염두에 두는 것이 향후 일반 고대 편지뿐만 아니라 바울 서신을 이해하는 데도 일단의 도움이 될 것임을 기억할 필요가 있다.

한편, 고대 그리스-로마 편지의 문학적 특징은 바울 서신의 문학적 특성을 이해하고 분석하는데 긍정적으로 기여하는 것은 확실하다. 왜냐하면 바울은 성도들을 복음으로 양육하기 위해 말씀을 기록했지만, 편지라는 문학 양식을 통해 말씀을 기록했고, 더불어 그 자신은 물론 당대 수신자들이 이해할 수 있는 형식에 따라 기록했기 때문이다. 물론, 후에 살펴보겠지만 바울 서신은 고유한 특징들을 담고 있다. 그럼에도 불구하고, 오늘날 독자에게는 매우 생소한 바울 당대의 편지에서 사용된 표현들이 등장하기도 한다. 만약 오늘날 독자가 이런 사항들을 간과한다면 바울 서신의 내용을 오해할 수도 있다. 따라서 고대 그리스-로마 편지 문학적 양식 및 편지 관습에 익숙해지는 것은 바울 서신을 해석하는데 중요한 힌트를 제공한다는 점을 염두에 두면서

앞서 공부한 내용을 잘 기억할 필요가 있다.[191]

다른 한편, 바울 서신이 고대 훈계 편지 유형들과 맥을 같이 하고 있다는 점은 훈계 편지들에 대한 이해와 더불어 이 편지들의 배경이 되는 고대 세계의 철학적 훈계 전통(philosophical hortatory tradition)에 익숙해질 것도 요구한다. 물론, 이 말은 바울이 기독교 신앙이 아닌 고대의 철학적 훈계 전통을 따라 성도들을 양육했다는 것을 말하지 않는다. 이는 근본적으로 불가능한 일인데, 훈계라는 것은 각각의 공동체가 신조로 삼거나 신앙하고 있는 사항을 기준으로 하여 구성원들의 원리에 따른 삶을 추구하는 것을 목적으로 하기에 그렇다. 즉, 기독교인들을 양육하는 것은 오직 성경의 가르침(과 "신앙의 기준과 신앙 고백들"[regula fidei confessionesque])을 기준으로 한다는 것이다. 그렇다면 훈계 전통을 공유한다는 말은 언어와 기능으로 묘사되는 훈계 전통을 바울 역시 기독교 목양을 위해 기술적으로 사용했음을 말한다. 따라서 바울의 목양 사역을 이해하기 위해 그리스-로마 훈계 전통을 연구하는 것은 일단의 도움이 된다. 더 나아가, 고대 세계의 철학적 훈계 전통 연구는 훈계 장르로서 훈계 편지들의 더욱 일반적 성격들을 드러내 줄 것이고, 이와 더불어 일반 훈계 작품들과 구별되는 편지 장르로서 훈계 편지들의 특별한 특성들을 드러내 줄 것이기에 꼭 기억해 두어야 할 사항이다.

위의 내용들을 염두에 두고 다음 장에서는 "목회 서신으로써 바울 서신"에 관해 살펴보고자 한다.

---

191 편지의 문학적 양식을 분석해 바울 서신에 적극적으로 적용한 연구로는 Longenecker의 갈라디아서 주석, Weima의 *Paul 'the' Ancient Letter Writer: An Introduction to Epistolary Analysis* 및 White의 연구서들이 있다. 특별히 Weima는 자신의 방법론을 Epistolary analysis라고 불렀다.

제4부
목회 서신으로써의
바울 서신

바울 서신을 읽는 성도들은 바울이 서신, 즉, 편지를 썼다는 점을 알지만, 막상 서신을 읽을 때는 이 사실을 망각하곤 한다. 한 예로, 성도들은 로마서를 바울의 신학 요약집(encheiridion)으로 간주하고 갈라디아서를 바울 자신의 사도권 변증서(apologia)라고 이해한다.[192] 그러나 바울 당시의 신학 요약집 및 변증서는 문학 장르에 있어 바울이 성도들을 목회하기 위해 보낸 편지와는 분명한 차이가 있다. 물론, 로마서와 갈라디아서를 각각 신학 요약집 및 변증서라고 부른 것은 그 편지의 내용을 고려할 때 완전히 틀린 것이라 말할 수는 없다. 왜냐하면 로마서는 다른 바울 서신에 비해 그의 신학의 전반을 보여주고 있고, 갈라디아서는 거짓 교사와의 분쟁 가운데 있던 바울의 사도권(apostleship)에 관한 변증적 호소를 포함하고 있기 때문이다. 그럼에도 불구하고, 바울 서신을 칼빈(John Calvin, 주후 1509~1564년)의 『기독교강요』와 같은 신학 개요라든지, 순교자 유스티아누스(Justin Martyr, 주후 약 100~165년)의 변증서들과 같은 변증서라는 서신 이외의 다른 문학 장르에 속한 작품으로 보는 것은 완전히 다른 말이다.

사실, 바울은 로마 교회에 로마서를 보내면서 자신이 사역 중에 가르쳤던 복음의 핵심을 길고 자세히 제시했다. 하지만 이 복음의 소개는 자신의 신학 소개 자체가 목적이 아니라, (바울 편에서든 로마 교회 편에서든 간에) 로마 교회에 편지를 보내는 상황과 관련되어 있다는 점을 기억해야 한다(거짓 교사로 인한 교회 내의 분쟁). 그러므로 로마서에서조차 성도들은 바울이 자신의 신약 요약집이 아닌 (목회를 위한) 편지를

---

192   예. Guerra는 로마서를 고대 변증서의 전통에서 이해했다. A. J. Guerra, *Romans and the Apologetic Tradition: The Purpose, Genre and Audience of Paul's Letter* (Cambridge: Cambridge University Press, 1995). 한편, Betz는 갈라디아서를 법정적 수사학 작품으로 보았다. Betz, "The Literary Composition and Function of Paul's Letter to the Galatians," 353-379.

쓰고 있다는 것을 발견할 수 있다(롬 16:17-19. 롬 1:10-12를 참조하라).

예) 롬 16:17-19
17 형제들아 내가 너희를 권하노니 너희가 배운 교훈을 거슬러 분쟁을 일으키거나 거치게 하는 자들을 살피고 그들에게서 떠나라 18 이같은 자들은 우리 주 그리스도를 섬기지 아니하고 다만 자기들의 배만 섬기나니 교활한 말과 아첨하는 말로 순진한 자들의 마음을 미혹하느니라 19 너희의 순종함이 모든 사람에게 들리는지라 그러므로 내가 너희로 말미암아 기뻐하노니 너희가 선한 데 지혜롭고 악한 데 미련하기를 원하노라

이러한 사항은 갈라디아서에도 적용된다. 즉, 바울이 갈라디아 교회에 편지를 보냈을 때 거짓 교사의 도전과 그들의 가르침 때문에 자신의 사도권을 재확인할 필요가 있었다(갈 1:1을 참조하라). 그러나 갈라디아서의 목적이 바울의 사도적 권위를 재확인하기 위한 것이었다고 말할 수 없는데, 그 이유는 바울은 갈라디아서를 통해 거짓 교사와 그들의 가르침에 빠져 참 복음에서 떠난 교회 성도들을 목회하려는 분명한 의도가 있었기 때문이다(갈 5:11; 6:11-16).

한편, 로마서와 갈라디아서에 비해 바울 서신들에 관해서는 다른 문학 양식을 언급하는 경우는 거의 없다(예외가 있다면 바울의 유언으로 언급되곤 하는 디모데후서뿐이다). 그럼에도 불구하고, 오늘날 바울 서신 해석자들은 여전히 바울 서신이 편지라는 점을 충분히 고려하지 않는다. 그 이유는 아마도 바울이 하나님의 말씀을 기록했는데 편지라는 외적인 틀이 그 말씀을 담기에 너무 사소하다는 인식과 더불어 내용이 중요하지, 담는 그릇은 그리 중요하지 않다는 인식 때문인 듯하다. 그러나 바울이 영감 중에 하나님의 말씀을 편지라는 문학 장르를 통해 기

록했다는 말은 바울 서신이 하나님의 말씀이라는 사실과 대치되지도 하나님 말씀의 권위를 떨어뜨리지도 않는다. 특별히, 하나님께서 자신의 말씀을 주실 때, 인간 저자의 상황, 형편, 교육, 언어 등 모든 것을 인정하시고 영감을 통해 말씀을 기록하게 하셨다면(완전-축자영감설), 바울 서신이 편지라는 문학 장르로 기록되었다는 점을 소홀히 여겨서는 안 될 것이다.

그러나 바울은 단순히 편지만을 작성한 것이 아니었다. 바울 서신과 관련한 한 가지 합의는 바울 서신은 신학 서적이나 변증서는 물론 일상의 주제를 다루는 단순한 편지가 아니라 교회 성도를 양육하기 위해 발송된 목회를 위한 편지라는 것이다. 드실바는 바울 서신을 포함한 신약 성경 전체가 목회적 의도로 작성되었다고 주장했다. 이 견해는 일면 과장이 있지만 명백한 사실이기도 하다.[193] 맥네일(J. T. McNeill)은 "하루하루의 삶 가운데 기독교인들을 인도하는 것은 바울 및 다른 신약 서신들의 현저한 특징이다."라고 언급했다.[194] 그리고 보다 구체적으로 박형용은 "바울은 자신의 서신을 쓸 때 항상 교회를 진리로 인도하며 양육하고 잘못된 것을 교정하여 바르게 하려고" 서신들을 썼다고 정리했다.[195]

위에서 언급된 사항들은 바울 서신을 당대의 훈계 편지 전통 관점으로 연구해 볼 동기와 근거를 제공한다.[196] 그리고 이 연구는 단순히

---

193   DeSilva, *An Introduction to the New Testament: Contexts, Methods, & Ministry Formation*, 29.
194   McNeill, *A History of the Cure of Souls*, 82.
195   박형용, 『바울신학』 (수원: 합신대학원 출판부, 2013), 352.
196   대표적인 예로 Malherbe, *Paul and the Thessalonians: The Philosophic Pastoral Care*가 있다. 그의 연구들은 그의 논문집, C. R. Holladay et al. (ed.), *Hellenistic Philosophy and Early Christianity Collected Essays, 1959-2012*, by Abraham J.

서신이 작성된 정황에 따른 해석을 넘어서 문학 장르적 요소들, 훈계라는 저술 목적에 대한 저자의 언급들 등과 같은 보다 구체적인 사항들을 고려해야 할 것이다. 본 단락에서 필자는 바울 서신이 목회적 동기에서 작성되어 장르와 기능에 있어서 실제로 목회 서신이라는 점을 확인하기 위해 바울 서신의 역사적 배경(정황)과 목회 실천의 내용과 동기를 살피고 구체적으로 바울 서신에서 이점이 어떻게 나타나는지를 데살로니가전서 분석을 통해 제시해 보고자 한다.

Malherbe, Vol. 1 (Leiden / Boston: Brill, 2014)에서 볼 수 있다. 참고. 마이클 J. 고맨, 『신학적 방법을 적용한 새로운 바울 연구개론』, 소기천 외 (서울: 대한기독교서회, 2014), 109-110, 112-113; 알렌 버히, 『신약 성경 윤리』, 김경진 역 (서울: 솔로몬 1997), 219.

제1장 목회 동기: 역사적 배경

1. 고대 세계와 기독교

기독교가 역사에 등장한 주후 1세기의 시대적 상황을 설명하고 재구성하는 것은 기독교의 시작과 성장 과정을 이해하는 데 매우 중요하다. 물론, 주후 1세기에 관한 연구가 바울과 그의 서신 연구에 직접적인 해석적 배경을 제시해주는 것은 아니다. 그럼에도 불구하고, 바울 자신과 그 서신들은 분명히 주후 1세기를 살아가던, 이전에는 비-기독교인의 삶을 일반 사회에서 살다가 예수를 믿어 기독교인으로 그리스-로마 사회를 살아가야 했던 성도들에게 발송되었다. 바울 서신 서두를 보면 그들이 어느 곳에 사는 누구인지 잘 나타난다.

구분	장절	서두
1	롬 1:1, 7	1 예수 그리스도의 종 바울은... 7 **로마에서** 하나님의 사랑하심을 받고 성도로 부르심을 받은 모든 자에게
2	고전 1:1-2	1 바울과 형제 소스데네는 2 **고린도에 있는** 하나님의 교회 곧 그리스도 예수 안에서 거룩하여지고 성도라 부르심을 받은 자들과 또 각처에서 우리의 주 곧 그들과 우리의 주 되신 예수 그리스도의 이름을 부르는 모든 자들에게
3	고후 1:1	사도 된 바울과 형제 디모데는 **고린도에 있는** 하나님의 교회와 또 온 아가야에 있는 모든 성도에게
4	갈 1:1-2	1 ... 사도 된 바울은 2 함께 있는 모든 형제와 더불어 **갈라디아 여러 교회들에게**

5	엡 1:1	사도 된 바울은 **에베소에 있는** 성도들과 그리스도 예수 안에 있는 신실한 자들에게 편지하노니
6	빌 1:1	그리스도 예수의 종 바울과 디모데는 그리스도 예수 안에서 **빌립보에 사는** 모든 성도와 또한 감독들과 집사들에게 편지하노니
7	골 1:1-2	1 ... 사도 된 바울과 형제 디모데는 2 **골로새에 있는** 성도들 곧 그리스도 안에서 신실한 형제들에게 편지하노니
8	살전 1:1	바울과 실루아노와 디모데는 하나님 아버지와 주 예수 그리스도 안에 있는 **데살로니가인의 교회**에 편지하노니
9	살후 1:1	바울과 실루아노와 디모데는 하나님 우리 아버지와 주 예수 그리스도 안에 있는 **데살로니가인의 교회**에 편지하노니
10	딤전 1:1-2	1 ... 사도 된 바울은 2 믿음 안에서 참 아들 된 **디모데**에게 편지하노니 (**에베소**)
11	딤후 1:1-2	1... 사도 된 바울은 2 사랑하는 아들 **디모데**에게 편지하노니 (**에베소**)
12	딛 1:1, 4	1 ... 사도인 나 바울이... 4 같은 믿음을 따라 나의 참 아들 된 **디도**에게 편지하노니 (**그레데**)
13	몬 1:1-2	1 ... 바울과 및 형제 디모데는...우리의 사랑을 받는 자요 동역자인 **빌레몬**과 2 자매 **압비아**와 우리와 함께 병사 된 **아킵보**와 네 집에 있는 **교회**에 편지하노니 (**골로새**)

<표 17> 바울 서신 서두

위의 내용을 참조하여 바울 서신 수신지를 지도에 표시하면 아래와 같다(이해를 돕기 위해 오늘날 지도에 표기했다).

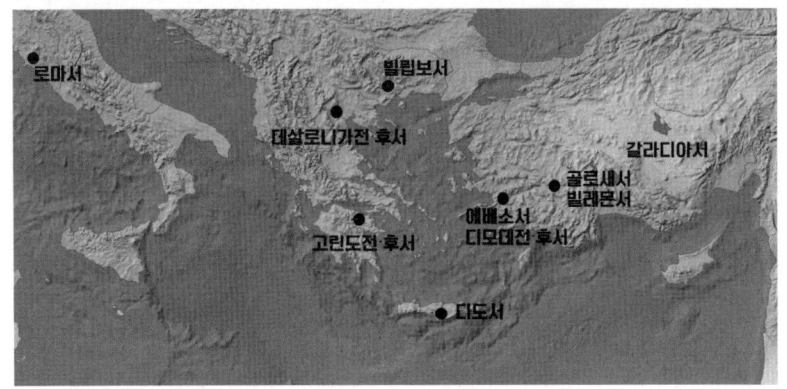

<그림 1> 바울 서신 수신지

각 서신 서두에 등장하는 편지 수신지와 인사말을 보면, 바울은 수신자가 유대인들이었건 이방인들이었건 상관없이 각 지역에서 하나님과 그리스도의 복음을 받아들여 그 믿음 안에 살고자 했던 이들에게 서신을 보냈다. 다만, 수신자 중에 바울이 직접 복음을 전해 그리스도인들이 된 이들도 있었고(예. 데살로니가 교회, 고린도 교회 등), 직접 대면하지는 않았으나 다른 사도나 전도자의 복음 전파를 통해 이미 그리스도인이 된 이후 바울의 서신을 받게 된 경우도 있었다(예. 로마 교회, 골로새 교회). 또한 지역 교회가 아닌 가정 교회나(예. 빌레몬서) 동역자이자 제자에게 보낸 서신도 있었다(예. 디모데전·후서[에베소 교회], 디도서[그레데 교회]). 여하튼, 중요한 것은 바울은 하나님의 사도요 목회자로서 자신에게 맡겨진 성도들을 온전히 양육하기 위해 "복음"이라는 한 중심을 가지고, 다양한 처지에 놓인 수신자들을 위해 다양한 방식과 다양한 내용으로 서신을 보냈다는 것이다. 따라서 주후 1세기 그리스-로마 제국에 대한 이해는 바울 서신을 이해하는 데 일단의 도움을 준다.

한편, 기독교 신앙은 구약 성경의 하나님께서 새로운 방식으로 구원의 길, 곧 하나님이 자신의 아들 예수 그리스도를 이 땅에 보내심으로 구원의 길을 여셨다는 사항에 근거를 두기에 여러 면에서 유대교와 연관된다. 그러므로 아래의 허타도의 진술은 타당하다.[197]

기독교는 하늘에서 뚝 떨어진 것이 아니고 역사 속에서 발생해 성장한 만큼 여느 역사적 현상을 다루는 것처럼 다룰 수도 있다. 기독교에는 로마 시대의 문화적 환경과 닮은 요소들이나 빚진 요소들이 있다. 유대교에서만 영향받은 것은 아니지만, 특히 유대교의 전통은 장차 '기독교'로 성장할 종교 운동의 모체 역할을 했다.

물론, 위 진술에서 나타나는 허타도의 관심은 그 두 종교의 유사성이 아니라 기독교가 갖는 독특성이다. 그럼에도 불구하고, 그 차이점 역시 시대적 배경을 간과해서는 안 된다고 잘 진술하고 있다. 따라서 그리스-로마 세계(사회-문화적 배경)는 물론 유대교(신앙적 배경)에 대해 개괄적 지식을 쌓는 것은 분명 바울 서신을 이해하는 데 추가적인 도움을 줄 것이다.

(1) 그리스-로마 세계(사회-문화적 배경)

바울은 주후 31/32년 다메섹에서 회심한 이후 사역을 감당하다가 67년에 사망(순교)했다고 알려져 있다.[198] 그는 로마 제국에서 활동했는데, 그 시기는 티베리우스(Tiberius, 주후 14~37년 통치), 칼리굴라(Caligula, 주후 37~41년 통치), 클라우디우스(Claudius, 주후 41~54년 통치), 네로(Nero, 주후 54~68년 통치)에 이르는 율리우스-클라우디우스(Julio-Claudian) 황제

---

197 래리 허타도, 『처음으로 기독교인이라 불렸던 사람들: 기독교 본연의 모습을 찾아 떠나는 여행』, 이주만 역 (고양: 이와우, 2017), 17.

198 I. H. Marshall, St. Travis and I. Paul, *Exploring the New Testament: A Guide to the Letters & Revelation*, vol. 2 (Downers Grove, Illinois: InterVarsity Press, 2002), 43을 참조하라.

가문 시대에 속하며, 이 황제 가문에 속한 황제 중 아우구스투스 시대를 제외한 전 기간에 해당한다(그러나 그는 아우구스투스 황제 시절에 태어났다!). 그의 활동 영역은 로마령 팔레스타인과 시리아로부터 로마, 그리고, 전승에 따르면(『클레멘스 1서』 5:6-7), 스페인(서바나)에 이르는 지역까지 포함한다. 그가 이 사역을 감당했던 것은 이방인의 사도로서 주어진 사명에 따른 것이지만, 그러한 여정을 효과적으로 지속할 수 있었던 이유는 이 지역 모두가 로마 통치하에 있었기에 도로와 언어 그리고 안전 등의 요소가 일부 역할을 했다. 종종, 로마 제국의 평화, 즉 "팍스 로마나"(Pax Romana)[199]가 빠르고 효과적인 복음 전파를 위한 여건을 조성했다는 표현을 접하게 되는데 이는 바울이 여행한 여정의 범위에 있어서는 부인할 수 없는 사실이다.[200]

한편, 로마 제국의 평화는 제국 내에서의 경제, 종교, 문화의 부흥을 가져왔다. 특별히, 경제는 제국이 확장됨에 따라 재화가 로마로 집중되어 여유로워졌고, 생활은 전쟁 노예들의 유입과 활용으로 로마 시민권자는 보다 자유로운 삶을 영위할 수 있었다. 이로써 로마 문화가 융성하게 되었는데 이는 문학적인 부분에서 건축 등에 이르는 거의 전 분야에서 나타났다.

그러나 외부로부터의 자원의 유입은 다른 한편으로 사회 불안의 요인이 되기도 했다. 즉, 제국의 확장은 보다 넓은 지역의 안전을 확보

---

199 심상법, 『신약 주해를 위한 신약 서론』, 126-128.
200 김병국은 자신의 신·구약 중간사의 간단한 입문서에서 전통적으로 "복음 전파를 위해 하나님이 예비하신 것들"로 알려진 4가지 사항을 제시한다: ① 이방인의 땅에 세워졌던 유대인들의 회당, ② 알렉산더 대왕을 통한 언어의 통일, ③ 히브리어 성경이 헬라어로 번역, ④ 로마 제국의 지중해 유역 통일로 인한 정치적 안정(Pax Romana). 김병국, 『신구약 중간사』 (서울: 대서, 2013), 11-57.

해야 함을 의미했기에 수많은 재원의 소비를 부추겼으며, 결국 한정된 인적·물적 재원의 고갈로 결국 이민족을 로마의 구성원으로 수용할 수밖에 없는 상황에 이르렀다. 이를 위해서 당연히 제국 내의 다양한 문화와 관습을 수용해야 했기에 결과적으로 로마 제국은 인종, 문화, 언어에 있어서 점차 혼합적인 성격을 띠게 되었다. 그리고 당연한 순서로 순수 로마인보다 비율이 높은 외국인의 존재로 지배층은 그들을 효과적으로 통치하기 위한 수단을 발전시켰다(예. 법전과 황제 숭배 사상). 후대에는 권력을 취득 및 유지하는 데 결정적인 요소로 정치나 집안이 아닌 군사 통제권이 중요시되는 현상도 나타나기 시작했다(예. 네로 황제 이후 등장한 군단장 출신의 황제, 갈바[Galba, 주후 69년 통치], 오토[Otto, 주후 69년 통치], 비텔리우스[Vitellius, 주후 69년 통치], 베스파시아누스[Vespasianus, 주후 69~79년 통치] 등).[201]

다른 한편, 로마 제국의 확장은 문화의 혼합을 부추겼다. 한 예로, 그리스 문화와의 조우로 로마 제국 내에는 헬레니즘 사상이 뿌리내렸는데, 이는 "헬라 문화와 동양 문화의 혼합을 도모하고 인종들 간의 상호 교류를 독려"하는 과정에서 양쪽 문화가 융합되어 형성된 사상이었다.[202] 게다가, 이는 "인도주의적인 민족들의 융합이라는 철학·정치적인 이념"을 포함한 사상이기도 했다.[203] 이 사상은 마케도니아의 알렉산드로스 대왕(Alexander the Great)과 그의 후계자들이 동방 정복과 정착의 결과로 시작된 정신 사조였다.[204] 그러나 행엘(M. Hengel)이 주장

201　앨버크 벨, 『신약 시대의 사회와 문화』, 오광만 역 (서울: 생명의 말씀사, 2016[2001]), 131을 참조하라.
202　이한수, 『이방인들의 구원과 삶을 위해 바울 사도가 쓴 러브레터』, 20.
203　마틴 헹엘, 『신구약 중간사』, 임진수 역 (서울: 살림, 2004), 95.
204　야거스마는 헬레니즘을 "알렉산더 이후 그 당시 알려져 있는 세계, 특히 여러 도시에서 지도적인 집단 가운데서 헬라어 및 헬라문화가 지배적인 지위

하듯, 이 사상은 마케도니아(마게도냐) 황제와 그의 후계자들의 시대에는 성취되지 못했고(그 이유를 "마케도니아 정복자들"의 특권 의식으로 제시한다) 로마 제국 시대에 이르러서 구체화 되었는데 이는 앞서 언급한 로마의 평화, 즉 "로마의 권력"이 "매우 강한 강제적 평화"를 이룬 결과 성취된 것이었다.[205] 이 사상은 로마 제국의 시대 정신이 되었다.

헬레니즘 사상이 로마 제국의 시대 정신이 되었을 때 당연히 이 사상은 바울 당대 사람들의 의식 구조에 영향을 주었다. 내쉬(R. H. Nash)는 헬레니즘 세계의 주요 특징은 세 가지, 즉 세계시민주의(정치, 법률, 언어의 하나 됨을 통한 문화의 일치), 개인주의(민족주의에서 벗어나 로마인의 의식과 종교 포용주의가 개인주의를 촉발) 및 혼합주의로 정리했다.[206] 이 중 기독교와 관련된 사항은 혼합주의를 꼽을 수 있는데, 내쉬는 헬레니즘 세계에서 종교와 철학이 "거의 끝없이 다양하게 결합된 것을 담고 있었다."라고 정의하면서 이러한 상황에서 "구원을 향한 헬레니즘적 추구"가 다시 일어났다고 언급한다.[207] 아마도. 이는 세계화와 개인화 및 혼합주의를 통해 그리스-로마 사회에서 개개인이 감당할 수 없는 복잡한 일들이 발생했고, 이에 따라 사회에 물질주의적이고 회의주의적이며 운명주의적 사고가 팽배하게 되었기 때문일 것이다.[208] 특별히, 종종 발생했던 개인의 노력을 극복할 수 없는 숙명론적 상황(예. 노예의

를 차지하게 된 결과로서 문화적 운동과 연관되어 사용되는 용어"로 규정한다. H. 야거스마, 『신약 배경사』, 배용덕 역 (서울: 솔로몬, 1994), 37.
205 헹엘, 『신구약 중간사』, 95-96, 134.
206 로날드 H. 내쉬, 『복음과 헬라문화』, 이경직과 김상엽 역 (서울: CLC, 2017), 29-30.
207 내쉬, 『복음과 헬라문화』, 30, 31.
208 이한수, 『이방인들의 구원과 삶을 위해 바울 사도가 쓴 러브레터』, 22를 참조하라.

신분, 태생과 가문 등)은 절망적 운명론을 팽배하게 만들었을 것이다. 따라서 당시의 사람들은 점성술이나 운명론적 미신 등을 따르게 되었을 것이다. 이런 운명론적 상황 중에 영은 선하고 물질은 악하다는 이원론적 사상이 그리스-로마 세계 사상의 근저에 있었다.

이 사상의 기원은 플라톤주의(Platonism)로 대표될 수 있으나 이후 이원론적 영지주의(Gnoticism) 사상으로 발전해 나갔다. 영과 물질에 대한 대립적 사상을 가운데 사람들은 육체에 대해 두 가지 반응을 보였다. 한 가지는 물질적 요소를 억제하려는 "금욕주의"이고, 다른 한 가지는 물질적 요소를 파기하려는 "도덕 폐기론" 혹은 "자유방임주의"의 경향이었다.[209] 결과적으로 로마 사회는 종종 비-철학적이고 비-도덕적 사회의 면모를 드러냈다. 그러나 모든 사람이 이러한 사조의 영향에 굴복된 것은 아니었다. 대표적으로 당대의 도덕 철학자들은 이러한 시대 정신에 맞서기도 했다. 한 예로, 스토아학파는 운명론을 넘어선 "인간의 의무와 인류의 연합을 강조하는 윤리 교훈"으로 큰 영향을 미쳤는데,[210] 이는 당시 사회에 큰 반향을 일으켰다.

(2) 유대교(신앙적 배경)

유대교는 기독교 역사와 관련해 중요한 의미를 지닌다. 그러므로 파이퍼의 다음의 진술은 왜 기독교를 이해하기 위해 유대교에 관해 공부해야 하는지를 잘 드러내 준다.[211]

기독교의 입장에서 보면 이산 유대인[즉, "디아스포라" 유대인]의

---

209 이한수, 『이방인들의 구원과 삶을 위해 바울 사도가 쓴 러브레터』, 23.
210 이한수, 『이방인들의 구원과 삶을 위해 바울 사도가 쓴 러브레터』, 21.
211 찰스, F. 파이퍼, 『신구약 중간사』, 조병수 역 (서울: 한국기독교교육연구원, 1982), 123.

유대교는 중요한 역할을 담당하였다. 성서의 그리스어 번역은 교회가 그리스어를 말하는 이방 세계와 최초의 접촉을 하는데 강력한 무기를 제공해 주었다. 유대인 공동체들은 사도 바울이 살아있는 동안에 로마 제국 방방곡곡에 복음을 전파할 수 있는 중심지였다

이와 더불어, 예수 그리스도 사건으로 성취된 구약 성경의 최초 수혜자가 유대인이었다는 점과 더불어, 최초 기독교인 중 적지 않은 수가 유대교 출신이었다는 점 역시 유대교에 대한 이해가 중요함을 드러내 준다.

그런데 유대교를 이해하는 데 있어서 한 가지 주의해야 할 사항이 있다. 즉, 위에서 인용한 파이퍼의 글에 이미 암시되어 있듯 바울이 접한 유대교가 "디아스포라" 유대인들이 따르던 유대교였다는 것이다. 다만, 이 말이 당시의 유대교가 헬라화 된 "디아스포라" 유대교와 여전히 유대 전통을 지킨 "팔레스타인" 유대교로 구분될 수 있다는 것을 말하지 않는다. 여전히 일부 논의 중이지만, 대다수 학자는 바울 시대의 유대교는 전체가 헬레니즘적 유대교(Hellenistic Judaism)라는 점에 동의하고 있다.[212] 이는 당연한 일일 것이다. 왜냐하면 당시의 유대교 역시 보다 큰 사회의 구성원으로 오랜 기간 존재했고, 특별히 헬레니즘적 유산을 계승한 그리스-로마 세계의 일부를 구성했고 그들과 교류했기 때문이다. 물론, 이 말이 유대교가 당시의 헬레니즘 사조에 완전히 동화했다는 것을 의미하지 않는다. 분명히 유대인 중에서는 헬레니즘 문화에 격렬히 반대했던 자들이 적지 않았음이 분명하다. 따라서 이 말은 유대교를 이해하고자 할 때 "디아스포라" 유대교는 헬라화

---

212   마르틴 헹엘, 『유대교와 헬레니즘 1』, 박정수 역 (파주: 나남, 2020[2012]), 359-360, 362. 이한수, 『이방인들의 구원과 삶을 위해 바울 사도가 쓴 러브레터』, 25를 참조하라.

된 반면, 팔레스타인 유대교는 순수성을 유지했다는 이원론적 접근은 타당하지 않다는 점을 고려하면서 다만 헬레니즘 문화에 대한 유대인 각 계파의 반응 정도(예. 수용, 변용, 배격)에 따라 유대교의 성격을 이해해야 한다는 것을 말한다.

바울이 활동하던 시기에 유대교 내에는 네 개의 분파가 존재했다. 이들 단체의 기원이 비록 중복되는 경우가 있더라도[213] 바울 시대에는 헬레니즘 문화에 대한 태도로 네 개 분파가 분명한 구분점을 가졌다는 점을 염두에 두어야 한다.[214] 그 분파를 헬레니즘 문화에 적대적인 정도에 따라 배열하면 열심당(the Zealots), 에세네파(the Essenes), 바리새파(the Pharisees) 및 사두개파(the Sadducees)가 있다.

첫째, 열심당은 헬레니즘 문화를 가장 강하게 거부한 이들로, 하나님께서는 행동을 요구하신다는 신념으로 활동했다. 이로써 납세를 거부하거나 암살과 투쟁도 감행했다.[215] 벨의 경우, 요세푸스가 이들을 "네 번째 철학"(the fourth philosophy)이라고 부른 점과 율법에 대한 열심을 고려하여 고유한 이름을 가진 독립 단체가 아닌 바리새파의 한 분파로 여긴다.[216] 그러나 주후 70년 유대 전쟁 당시 바리새파는 예루살렘을 떠났지만, 열심당은 예루살렘을 방어했다는 점에서 분명한 구분

---

213 예를 들어, 바리새파와 에세네파는 "하시딤"에 기원을 두고 있다. 마르틴 헹엘, 『유대교와 헬레니즘 2』, 박정수 역 (파주: 나남, 2020[2012]), 212-213; 김희성, 『신약의 배경사』 (서울: 대한기독교서회, 2013[2006]), 194.

214 James C. VanderKam, "Judaism in the Land of Israel," in *Early Judaism: A Comprehensive Overview*, ed. John J. Collins and Daniel C. Harlow (Grand Rapids, Michigan: William B. Eerdmans Publishing Company, 2012), 79-80. 참조. 야거스마, 『신약 배경사』, 153-176; 김병국, 『신구약 중간사 이야기』, 107-179.

215 W. 푀르스터, 『신구약 중간사: 포로시대부터 그리스도까지』, 문희석 역 (서울: 컨콜디아사, 1997[1975]), 224.

216 벨, 『신약 시대의 사회와 문화』, 84-85.

점이 있다.[217]

둘째, 에세네파는 열심당이 그랬듯이 극단적이지는 않았으나 동일하게 헬레니즘 문화를 강하게 거부했다. 마카비 혁명 이후 점점 헬라 제국과 타협하는 바리새파와 하스모니안 왕가(the Hasmonean dynasty)의 정치적 야심을 간파하고 그들과 결별했다. 요나단이 주전 152년에 대제사장이 되자 예루살렘 성전과 관계를 끊고 제사도 거부했다.[218] 이들은 바울 당대에 약 4,000명 정도가 있었으며 사유재산을 소유하지 않았고 결혼을 금했으며 열심히 노동했고 안식일을 매우 엄격하게 지켰다. 더불어, 공동체 입교에 오랜 과정을 요구했다.[219]

셋째, 바리새파는 마카비 전쟁 직후 유대 문화의 헬라화를 거부한 "하시딤"(경건주의자들)을 선조로 둔 이들로 헬레니즘 문화에 저항했다. 바울 당시 약 6,000명 정도 활동했던 바리새파는 중산층 평신도로 이뤄졌으며 기록된 모세 율법뿐만 아니라 구전으로 전승된 랍비들의 율법 전통도 지켰다. 하나님의 섭리 사관, 메시아 구원 사상, 부활과 내세의 삶, 영적 존재들 인정하기도 했다.[220] 그러나 그 적용이 항상 일관된 것은 아니었다. 즉, 바리새파 서기관들 사이에는 율법의 해석과 실천과 관련된 끊임없는 논쟁이 있었다. 바울의 시대 전후에 활동하던 시기에 유명한 서기관들은 힐렐(Hillel)과 샴마이(Shammai)이었다.[221] 진보적인 힐렐 학파는 율법에 대해 관대했고 이방인들에게 관용적인 태도를 가진 반면, 보수적인 샴마이 학파는 모세 율법을 엄격히 적용하고 이방인들과 타협하지 않았고 심지어 로마에 대해 대항할 것을 주장하기도

---

217   벨, 『신약 시대의 사회와 문화』, 86.
218   헹엘, 『유대교와 헬레니즘 2』, 211.
219   VanderKam, "Judaism in the Land of Israel," 83.
220   VanderKam, "Judaism in the Land of Israel," 81-82.
221   푀르스터, 『신구약 중간사: 포로시대부터 그리스도까지』, 234.

했다.[222]

넷째, 사두개파는 하스모니안 왕가의 상속자들로서 헬레니즘 문화에 더욱 개방적인 이들이었다. 비록 공동체를 이루지는 못했지만, 제사장과 권세 있는 가문들로 구성되었다.[223] 랍비들의 구두 전승을 거부하고 오직 모세 오경의 권위만 인정했으며, 예정설, 천사, 영들, 영혼 불멸, 육체 부활 등의 초월적 세계에 대해 거부했다. 바리새파와 달리 재판 과정 등에서 엄격했고 정치적 동기가 중요한 결정의 근거로 작용하기도 했다.[224]

위의 각 분파는 위에서 언급된 사항을 기초로 하여 자신 분파에 속한 이들을 지도하고 양육했다. 그 차이는 각 분파에 속한 행동 양식과 주변 세계에 대한 태도를 규정해 주기도 했다. 그러나 주후 70년 예루살렘 함락 이후 바리새파를 제외한 다른 분파는 소멸하게 되었다. 이후 유대교는 바리새파의 한 분파인 힐렐 학파 계열의 서기관들을 중심으로 보존되었으며 탈무드(Talmud) 역시 이 학파에 속한 이들을 통해 집대성되었다. 이로써 신약 성경 시대의 유대교 분파 중 바리새파의 전통만 역사 가운데 보존되었고 그것이 유대교 연구의 지배적인 관점이 되었다.

---

222 벨, 『신약 시대의 사회와 문화』, 81; 이한수, 『이방인들의 구원과 삶을 위해 바울 사도가 쓴 러브레터』, 30.
223 푀르스터, 『신구약 중간사: 포로시대부터 그리스도까지』, 222.
224 푀르스터, 『신구약 중간사: 포로시대부터 그리스도까지』, 222-223; 김희성, 『신약의 배경사』, 193.

2. 바울과 성도들의 상황

고대 그리스-로마 세계에서 그리스도인의 처지를 한마디로 요약하면 핍박이었다. 이는 삼위일체 하나님에 대한 타협 없는 고백으로 인해 야기된 것이었다.[225] 그러나 바울 서신 자체에는 당시 이방인들이 그리스도인을 직접 핍박했다는 내용이 거의 등장하지는 않는다. 사실, 그리스도인이 그 신분으로 로마 제국 내에서 살기가 쉽지 않았을지라도,[226] 그들이 당한 대다수 핍박은 이방인이 아니라 유대인에 의한 것이었다. 또한 교회 내의 거짓 지도자들 혹은 교사들에 의한 경우가 많았다. 또한 바울 서신을 보면 성도들 간의 분쟁 또는 특정 성도들의 행동 양식 등에 의해서도 고통이 야기되기도 했음을 확인할 수 있다.

바울 서신 및 신약 성경에 등장하는 최초 초대 그리스도인들이 겪은 다차원적 핍박은 아래와 같다.

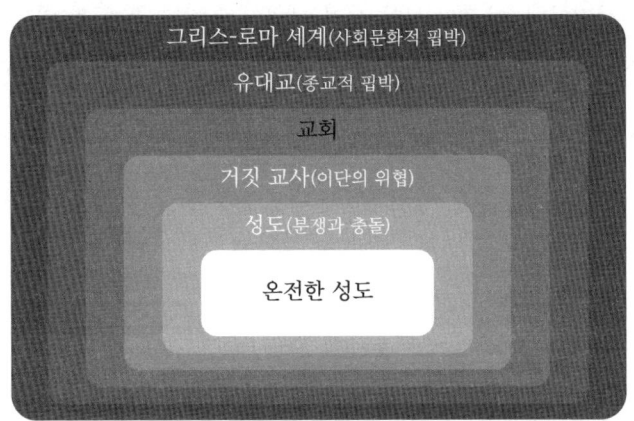

---

225 허타도, 『처음으로 기독교인이라 불렸던 사람들: 기독교 본연의 모습을 찾아 떠나는 여행』.
226 부루스 J. 말리나, 『신약의 세계』, 심상법 역 (서울: 솔로몬, 2000).

첫째, 최초 그리스도인은 그리스-로마 세계의 사회-문화적 핍박에 처해있었다. 바울과 사역자들은 복음 때문에 이방인들에 의해 핍박당했다. 한 예로, 바울과 실라는 제2차 전도 여행 중에 빌립보에서 복음을 전할 때 귀신 들린 여인을 고쳐주었는데, 이 일로 그 여인의 주인들이 자신들의 수익이 끊어진 것을 보고 그들을 관리들에게로 끌고 가서 고발했다. 사도행전 16:20-23에 따르면, 이 일로 바울과 실라는 구금되어 육체적 고통을 당했다(행 16:20-23).[227]

> 예) 행 16:20-23
> 20 상관들 앞에 데리고 가서 말하되 이 사람들이 유대인인데 우리 성을 심히 요란하게 하여 21 로마 사람인 우리가 받지도 못하고 행하지도 못할 풍속을 전한다 하거늘 22 무리가 일제히 일어나 고발하니 상관들이 옷을 찢어 벗기고 매로 치라 하여 23 많이 친 후에 옥에 가두고 간수에게 명하여 든든히 지키라 하니

한편, 슈나벨은 위와 같은 이방인들의 고발은 바울과 실라가 "새로 온 자, 이방인('페레그리니')이며 따라서 영향력('포텐사')도 찬성('그라티아')도 얻지 못한 유대인"이라고 표현함으로[228] 그들에 관한 이방인들의 핍박이 적극적이었다고 지적한다.

둘째, 최초 그리스도인은 유대교에 의한 종교적 핍박에 처해있었다. 바울이 제2차 전도 여행 중 데살로니가에서 사역을 담당했을 때 안식일에 회당에서 성경을 강론했다. 그때 바울은 그리스도의 죽음과

---

227 슈나벨은 바울과 실라가 갇힌 감옥을 "아마도 잘못을 저지른 사람에 대한 단기간의 형벌이나 재판 전의 구금"상태로 묘사한다. 에크하르트 슈나벨, 『선교사 바울』, 정옥배 (서울: 부흥과개혁사, 2014), 118.
228 슈나벨, 『선교사 바울』, 118.

부활에 대해 설교하면서 예수 그리스도를 선포했는데, 이로써 바울은 유대인들로부터 핍박받았다(살전 1:6-8). 그 핍박은 분명히 예수를 믿는 이들을 향한 것이었다. 사도행전 17:5-9에 따르면, 이 일로 바울과 성도들은 신변의 위협과 더불어 물질적 손해를 보게 되었다(행 17:5-9).

예) 행 17:5-9
5 그러나 유대인들은 시기하여 저자의 어떤 불량한 사람들을 데리고 떼를 지어 성을 소동하게 하여 야손의 집에 침입하여 그들을 백성에게 끌어내려고 찾았으나 6 발견하지 못하매 야손과 몇 형제들을 끌고 읍장들 앞에 가서 소리 질러 이르되 천하를 어지럽게 하던 이 사람들이 여기도 이르매 7 야손이 그들을 맞아 들였도다 이 사람들이 다 가이사의 명을 거역하여 말하되 다른 임금 곧 예수라 하는 이가 있다 하더이다 하니 8 무리와 읍장들이 이 말을 듣고 소동하여 9 야손과 그 나머지 사람들에게 보석금을 받고 놓아 주니라

셋째, 최초 그리스도인은 교회 내의 거짓 교사들에 의해 어려움을 겪었다. 바울이 갈라디아 교회를 떠난 후 교회에는 큰 혼란이 발생했는데, 그것은 "그리스도의 복음" 외에 "다른" 곧 이질적인 복음을 전하는 거짓 교사들의 가르침 때문이었다(갈 1:6). 이에 대해, 갈라디아서 1:7-8에서 바울은 거짓 교사들의 가르침으로 복음이 훼손되는 상황 중에 갈라디아 성도들과 거짓 교사들에게 강력한 경고를 던졌다(갈 1:7-8).[229]

---

229   Craig S. Keener, *Galatians: A Commentary* (Grand Rapids, Michigan: BakerAcademic, 2019), 58-64.

예) 갈 1:7-8

7 다른 복음은 없나니 다만 어떤 사람들이 너희를 교란하여 그리스도의 복음을 변하게 하려 함이라 8 그러나 우리나 혹은 하늘로부터 온 천사라도 우리가 너희에게 전한 복음 외에 다른 복음을 전하면 저주를 받을지어다.

넷째, 최초 그리스도인은 교회 내의 분쟁 또는 신앙 표현 양식 충돌의 문제를 겪고 있었다(롬 14-15장). 바울은 로마 교회에 보내면서 음식에 대한 관습과 견해의 차이로 인한 분쟁을 언급한다.[230] 혹자들은 모든 것을 먹을 수 있다고 말한 반면, 혹자들은 채소만을 먹는 것이 낫다고 주장했다. 이에 대해 로마서 14:1-3에서 바울은 그 모두가 하나님의 자녀이기에 서로 비판하지 말 것을 권면했다(롬 14:1-3).

예) 롬 14:1-3

1 믿음이 연약한 자를 너희가 받되 그의 의견을 비판하지 말라 2 어떤 사람은 모든 것을 먹을 만한 믿음이 있고 믿음이 연약한 자는 채소만 먹느니라 3 먹는 자는 먹지 않는 자를 업신여기지 말고 먹지 않는 자는 먹는 자를 비판하지 말라 이는 하나님이 그를 받으셨음이라

물론, 위에서 언급한 네 가지 핍박 및 혼란 사항이 모든 교회에 나타났던 것은 아니다. 그럼에도 불구하고, 당시의 교회들은 이러한 위험에 노출되어 있었고 따라서 성도들은 물론 교회 지도자 역시 이러한 상황을 대비했어야 했다.

---

230 Thomas R. Schreiner, *Romans*, 2nd (Grand Rapids, Michigan: BakerAcademic, 2018[1998]), 22-25.

제2장 목회 의도

프렌드(W. H. C. Frend)는 자신의 연구에서 목회 활동은 교회가 세워진 이후에 인위적으로 만들어진 후대의 산물이 아니라 기독교의 시작부터 기독교를 특징짓는 요소라고 규정했다.[231] 이러한 사항은 바울을 통해 증명된다. 즉, 바울은 회심 이후 바로 전도를 시작했고 이후 복음을 받은 성도들을 지속적으로 돌보기 시작했다. 이 점이 사도행전과 바울 서신을 통해 잘 드러나는데, 이는 바울의 모든 활동이 목회 의도와 연관되어 있다는 것을 보여주는 중요한 증거이다.[232] 그리고 특별히 바울의 이러한 목회 의도는 바울 서신 자체에서 자의식과 목회자로서의 그의 태도 등을 통해서도 분명히 드러난다. 바울이 목회자로서의 자의식을 근거로 자신의 사역을 감당했다면 바울 서신 역시 그러한 맥락에서 이해해야 할 것이기에 이 점을 살펴보는 것은 적절하다.

1. 바울의 의도와 자의식[233]

바울은 자신이 누구인지에 대한 자의식을 가지고 활동했다. 이 자의식은 자신이 사도로 부름을 받았음에 관한 자의식이며 바울은 자신의

---

[231] W. H. C. Frend, "Pastoral Care: History-The Early Church," in *A Dictionary of Pastoral Care*, edited by A. V. Campbell (London: SPCK, 1990), 190.

[232] 김주한, "바울의 선교 전략으로서의 '재방문' 목회-사도행전과 바울 서신을 중심으로," 「한국개혁신학」 66 (2020): 24-59를 참조하라.

[233] 이 단락은 김주한, "바울 서신에 나타난 기독교 정체성 형성의 목회적 원리

사도됨을 서신 내에서 다양한 방식으로 서술했다. 한편, 사도행전에서도 이 사항이 잘 드러난다.[234] 바울 서신에 등장하는 편지의 목회적 의도와 이렇게 목회 편지를 가능하게 한 바울의 사도로서의 자의식 구절을 제시하면 다음과 같다.

구분	편지의 목회적 의도	목회자로서의 자의식
롬	1:11-12, 13c	15:14-33을 참조하라.
고전	1:10-11; 4:4, 11-13, 17. 14:19를 참조하라.	1:1; 3:9, 10; 4:1-2; 4:14-15, 21
고후	12:19; 13:5, 10[235]	1:8-9; 4:7-10; 6:4-5, 8b-10; 7:5; 11:23-27, 32-33을 참조하라.
갈	4:19-20	6:15-16을 참조하라.
엡	1:17-19; 3:14-19; 4:1. 6:21-22를 참조하라.	3:1, 13; 6:20
빌	1:9-11, 27-28; 2:14-15; 4:1, 8-9를 참조하라.	1:12-26; 3:7-12, 17; 4:9. 2:19-24를 참조하라
골	1:9-10; 2:6-7; 3:5를 참조하라.	1:1, 23a, 24-25, 28; 2:1
살전	3:2-3a. 3:5를 참조하라.	2:1-12; 3:10

들과 적용," 73-74를 수정 및 보완한 것이다.

[234] 이방인의 사도 자의식에 관해서는 김세윤, 『바울 복음의 기원』, 개정판, 홍성희 역 (서울: 두란노, 2018[1994]), 110-124를 참조하라. 또한 최종상, 『로마서: 이방인의 사도가 전하는 복음』, 박대영 역 (서울: 이레서원, 2012), 45-110과 허철민, "영혼 돌봄의 모델로서 바울의 목회사역," 「국제신학」 16 (2014.11), 155-178도 참조하라.

[235] 참조. P. Barnett, *The Second Epistle to the Corinthians* (Grand Rapids, Michigan: William B. Eerdmans, 1997), 592.

살후	3:7b-9. 2:2, 15; 3:6, 10, 14-15를 참조하라.	1:11-12. 참조. 2:5를 참조하라.
딤전	3:14-15	1:3, 11-13; 4:10을 참조하라.
딤후	1:6-8; 2:10을 참조하라.[236]	1:11-12; 2:9-10. 3:10-12를 참조하라.
딛	1:13b-14	1:1. 1:5를 참조하라.
몬	1:8-10을 참조하라.	1:1, 13-14, 23-24를 참조하라.

위에 제시된 구절들을 고려해 볼 때, 바울 서신은 바울이 목회자의 신분에서 목회적 의도로 작성한 "목회 서신"인 것을 알 수 있다.[237] 그리고 사실 바울 서신 자체가 그러한 목회 활동의 결과물이라고 말할 수 있다. 그는 전도 여행을 통해 교회를 설립했고 그들을 재방문하여 그들을 온전히 세우고자 하는 노력을 지속했다.[238] 그러나 그가 물리적으로 그럴 수 없을 때 대리자와 편지를 보내 그들을 돌보고자 했는데, 현재의 바울 서신이 바로 그 증거이다.[239] 따라서 바울의 목회적 의도와 자의식과 관련하여 그의 활동에 대해 박형용의 말에 동의할 수 있다:[240]

---

236 사역의 마지막 시점에 바울은 디모데의 사역자로서의 소명을 확고하게 할 의도를 가지고 있었다. D. Guthrie, *New Testament Introduction* (London: Inter-Varsity Press, 1970), 623. 참조. L. T. Johnson, *The First and Second Letters to Timothy: A New Translation with Introduction and Commentary* (New York: Doubleday, 2001), 320.
237 참조. 박형용, 『바울신학』, 18-28.
238 행 14:22-23(제1차 전도여행); 15:36, 41(제2차 전도여행); 18:23(제3차 전도여행)을 참조하라.
239 김주한, "바울의 선교 전략으로서의 '재방문' 목회-사도행전과 바울 서신을 중심으로," 52.
240 박형용, 『바울신학』, 350. 한편, 바울 서신이 바울의 목회 과정 중에 등장한 대안(직접 방문, 대리인, 편지)이라는 연구에 대해서는 Funk의 "사도적 현

바울의 목회적 관심은 복음 전도를 통해 교회가 설립되었을 때 나타난다. 바울은 복음을 전하므로 자신의 사역이 모두 끝났다고 생각하지 않는다. 그는 목회자로서 설립된 교회를 보살피며 기도하는 일을 게을리하지 않았다.

2. 목회적 심정

바울의 목회적 심정을 확인하기 위해 바울 서신에 등장하는 몇 가지 사실만으로도 확인할 수 있다.

첫째, 무엇보다 바울은 교회에 대한 고민에 가득한 사역자였다. 고린도후서 11:28에서 교회를 향한 사도 바울의 목회적 심정을 확인할 수 있다(고후 11:28b)

> 예) 고후 11:28b
> 이 외의 일은 고사하고 아직도 날마다 내 속에 눌리는 일이 있으니 곧 모든 교회를 위하여 염려하는 것이라.

바울은 이 구절 직전에 자신이 복음을 위해 얼마나 많은 고난을 겪었는지를 서술한다(고후 11:16-27). 그러나 그러한 일 모두는 오직 한 가지 때문에 당한 고난이며 지금도 그 한 가지 때문에 "눌리는 일"을 경험하는데, 바로 "모든 교회" 때문이라는 것이다. 이는 바울의 마음이

존"(The Apostolic *Parousia*)에 대한 연구를 참조하라. Funk, "The Apostolic Presence: Paul," 81-102.

어디를 향하고 있는지를 분명히 드러내 준다.

둘째, 바울은 자기 자신을 성도들의 처지에 내던져 참 선생으로서의 역할을 감당한 목회자였다. 그래서 바울은 자기 자신을 아이를 담당하는 "유모"(살전 2:7) 혹은 "아버지"(살전 2:11) 등이라고 비유적으로 표현한다. "유모"는 자신이 어른(부모)임에도 불구하고 아이의 필요를 채우기 위해 헌신하는 태도를 상징하고,[241] "아버지"는 아이의 성장 과정에서의 교육과 지원 및 방향성을 훈계하는 역할을 비유한다.[242] 이러한 표현을 통해 바울은 (데살로니가 교회) 성도들에게 자신이 그들에게 어떤 사람이었는지를 설명한다.

셋째, 바울은 심지어 성도들을 향한 마음으로 자신의 사도권까지라도 기꺼이 내려놓고자 했다. 그러므로 데살로니가전서 2:7-8에서 바울은 다음과 같이 말한다(살전 2:7-8).

> 예) 살전 2:7-8
> 7 우리는 그리스도의 사도로서 마땅히 권위를 주장할 수 있으나 도리어 너희 가운데서 유순한 자가 되어 유모가 자기 자녀를 기름과 같이 하였으니 8 우리가 이같이 너희를 사모하여 **하나님의 복음뿐** 아니라 **우리의 목숨까지도 너희에게 주기를 기뻐함**은 너희가 우리의 사랑하는 자 됨이라.

교회를 향한 바울의 이러한 태도는 다른 서신에서도 등장한다(예. 고전 9:5). 이 모든 태도는 성도를 온전히 세우고자 한 바울의 선택이었음을 기억할 필요가 있다.

---

241 F. F. 브루스, 『데살로니가전후서』, 김철 역 (서울: 솔로몬, 1999), 95-96, 97-98.
242 브루스, 『데살로니가전후서』, 103을 참조하라.

넷째, 바울은 성도들이 복음 앞에 온전히 서도록 사도의 권한을 누리기는커녕 오히려 그들의 종 됨을 선언하기도 했다. 고린도후서 4:5에서 바울은 다음과 같이 고백했다(고후 4:5).

예) 고후 4:5
우리는 우리를 전파하는 것이 아니라 오직 그리스도 예수의 주되신 것과 또 **예수를 위하여 우리가 너희의 종 된 것을** 전파함이라.

물론, 복음 사역을 감당하는 데 "종"이 되었다는 것은, 마틴(Ralph P. Martin)이 주장하듯, 단순히 "노예가 되었다는 것이 아니라 특권을 받았다."라고 이해할 수 있다.[243] 그러나 그 어휘 자체("둘로스"[δοῦλος])는 주인의 명령을 따라 주인의 유일을 위하는 "노예"를 의미한다. 이러한 의미에서 볼 때, 바울은 자신은 오직 성도들을 복음 앞에 바로 세우는 일을 가장 우선시한다는 것을 이 역설적 표현으로 나타내고 있다(비교. 마 10:24-25).

다섯째, 바울은 성도들을 직접 보고 싶어 힘들어한 인간적인 지도자임과 동시에, 그 때문에 자신의 대리인과 편지를 보낸 사역자였다. 바울의 이러한 태도와 심정은 성경의 여러 부분(참고. 고전 4:16-17; 빌 2:19-24; 살전 3:2-3a)에 등장하며, 더 나아가 우리에게 전해진 바울 서신 자체가 그 증거이기도 하다.

위에 언급된 몇 가지 사항들만을 참조하는 것만으로도 바울은 단순히 신학자 혹은 위대한 사상가였을 뿐만 아니라 성도들을 돌본 목회자였다는 점이 분명히 드러난다.

---

243   랠프 P. 마틴, 『고린도후서』, 김철 역 (서울: 솔로몬, 2007), 225-226.

제3장 목회 실천: 데살로니가전서 분석

앞선 단락에서 바울이 새로운 신앙을 갖고 그리스-로마 세계에서 살아가며 여러 요인으로 어려움에 처한 성도들을 돌보기 위해 여념이 없던 사역자였음을 살펴보았다. 그 과정 가운데 바울은 교회와 개인에게 여러 통의 편지를 보냈다. 목회자인 바울이 편지를 보냈다면 바울 서신이 목회 편지일 것이라고 예상할 수 있다. 그러나 목회 편지라는 것은 다른 편지들과 구분되기 때문에 바울 서신이 목회 서신이라는 점은 바울 서신을 분석함으로써 확인할 필요가 있다. 이 단락에서는 바울 서신이 훈계 전통을 따르며 목회를 위해 보낸 편지라는 것을 문학 장르적으로 측면에서 규정해보고자 한다.[244]

1. 바울 서신과 훈계 전통[245]

바울 서신이 목회 편지 장르에 속한다는 말은, 목회라는 말이 함축하고 있듯, 편지 발신자가 편지를 통해 수신자들을 다양한 훈계 방식으로 양육하려 했고 이를 위해 특정한 방식을 선호했음을 암시한다. 바울 당대의 훈계 전통은 몇 가지 특징들을 가지고 있었고, 이 점을 이미 제3부에서 살펴보았다. 바울 서신과 훈계 전통을 살펴보는 본 단락의

---

244 심상법, 『신약 주해를 위한 신약 서론』, 243-244.
245 이 단락은 김주한, "바울 서신에 나타난 기독교 정체성 형성의 목회적 원리들과 적용," 74-77을 수정 및 보완한 것이다. 자세한 논의는, Kim, "The Pastoral Letter in Early Christianity," 80-93을 보라.

목적을 위해 그 내용을 요약하면 다음과 같다(비-문학적 요소와 문학적 요소).

첫째, 바울 당대의 훈계 문학에 속한 비-문학적 요소는 다음과 같다.

① 저자와 수신자와의 관계
② 선생으로서의 저자의 지적 노력
③ 저자의 훈계 실천의 노력(낮춤)

둘째, 바울 당대의 훈계 문학에 속한 문학적 요소는 다음과 같다.

① 우호 증진을 위한 관습적 표현
② 권위적 자료(인위적 증거["로고스," "파토스," "에토스"]와 비-인위적 증거)
③ 관습적이고 전통적인 주제("토포이")
④ 수신자가 모방할 모델 제시
⑤ 관습적 목록("미덕 및 악덕 목록," "고난 목록," "집안 규율")
⑥ 회상의 방법
⑦ 수사학적 장식("트로페"[수사어구], "쉐킴"[문채], "디아트리베" 등)
⑧ 훈계를 위한 다양한 언어적 표현

위의 내용 중 비-문학적 요소는 바울 서신의 기본적인 작성 상황과 저자의 목회자로서의 자의식 단락에서 설명되었다. 따라서 본 단락에서는 바울 서신의 문학적 장르가 목회 편지 장르라는 점을 드러내주는 문학적 특징을 살펴보고자 한다(문학적 요소). 바울 서신에서 발견되는 문학적 요소는 바울이 단지 일상의 편지를 쓴 것이 아니라 훈계 전통에 서서 목회하려는 의도를 가지고 편지를 작성했다는 결정적인 증거가 된다. 바울 서신 각 권에 등장하는 문학적 요소를 항목으로 표

시하면 아래와 같다.[246]

구분	(1) 호칭	(2) 인용	(3) "토포이"	(4) 모델	(5) 목록들 미/악덕	(5) 고난	(5) 집안	(6) 회상	(7) 장식	(8) 언어
롬	*	*	*	*	*	*	-	*	*	*
고전	*	*	*	*	-	*	-	-	*	*
고후	*	*	-	-	*	*	-	-	*	*
갈	*	*	(*)	-	*	*	-	*	*	*
엡	(*)	*	-	*	*	*	*	-	*	*
빌	*	*	*	*	-	-	-	-	*	*
골	(*)	*	-	*	*	*	*	-	*	*
살전	*	*	-	(*)	-	*	-	*	*	*
살후	*	-	-	*	-	*	-	*	(*)	*
딤전	*	*	-	-	*	-	*	*	*	*
딤후	*	*	-	*	*	-	*	*	*	*
딛	*	*	-	*	*	-	*	-	*	*
몬	*	-	-	-	-	-	-	-	*	*

위의 도표를 보면, 바울 서신 전반에서 고대 훈계 전통에서 사용되던 문학적 장치가 사용되고 있다. 물론, 모든 서신에 위에서 언급된 문학적 장치가 등장하지는 않는다. 특별히, 빌레몬서에는 지극히 제한적 요소만 나타난다. 그러나 장르를 규정함에 있어서 일반적으로 알려져 있다시피, 한 작품에는 그 작품이 속한 문학 장르의 구성 요소가 모두

---

246 각 항목의 세부 사항은 Kim, "The Pastoral Letter in Early Christianity," 109-203을 참조하라.

등장할 수는 없다.[247] 만약 그러한 예가 있다면 그것은 해당 작품의 장르를 설명하기 위해 임의로 만든 작품일 수 있다. 반면, 실제 작품에는 이 요소 모두가 등장하지 않은 경우가 대다수인데, 그 이유는 각 서신이 작성된 상황이 차이가 나고[248] 또한 장르의 문학적 구성 요소 자체가 현존하는 작품들로부터 추출한 요소들을 종합해 놓은 것이기 때문이다. 이러한 사항을 고려하면 위의 도표의 불완전함은 오히려 바울 서신의 진정성과 더불어 문학적 특성을 보여주는 증거가 된다.

2. 목회 서신으로써의 데살로니가전서[249]

고대 세계에서의 회심은 그것이 철학적 회심이든 종교적 회심이든 회심한 자들에게 어려움을 가져다주곤 했다. 이 사항은 데살로니가 교회의 성도에게도 적용된다. 즉, 그들의 개종은 "종교적 신학적 재-방향

---

247 Tolmie, *Persuading the Galatians: A Text-Centred Rhetorical Analysis of a Pauline Letter*, 26-27.

248 바울 서신 중 대표적인 예가 바로 빌레몬서이다. 빌레몬서는 그 길이로부터 내용 자체가 다른 편지들과 구분이 된다. 그럼에도 불구하고, 그 편지가 단순히 오네시모에 대한 추천 편지 혹은 노예 해방에 대한 청원서가 아니라, 집안 규율(household code) 차원에서 교회 내 성도들 간의 관계를 논의하는 구체적 목회 편지로 볼 수 있다. Kim, "The Pastoral Letter in Early Christianity up to the Early Fifth Century," 200-201. M. M. Thompson, *Colossians & Philemon* (Grand Rapids, Michigan: William B. Eerdmans, 2005), 199-200을 참조하라.

249 이 단락의 내용은 필자의 박사 논문 요약 논문인 "기독교 목회 편지 전통의 시작: 신약 편지," 「Canon&Culture」 8/1 (2021, 봄): 127-130을 수정 및 보충한 것이다.

화"를 통해 "사회적 이탈과... 그들이 자라난 사회에 의한 거부뿐 아니라 가족, 친구, 가부장적 전통(벧전 1:18을 참조하라)으로부터 고아가 된 느낌"을 가져왔다.[250] 이러한 상황은 외적으로 "비-그리스도인들로부터의 반대나 의심"과 더불어, "바울의 갑작스러운 떠남"으로 인해 더욱 심화하였다(살전 1:6; 2:14를 참조하라).[251] 이러한 상황 중에서 데살로니가 교회의 지도자인 바울은 주저함 없이 다양한 방식으로 그들을 돌보는 일에 착수했다. 이를 위해 대리인을 보내고(살전 3:1-5. 고전 4:16-17과 빌 2:19-24도 참조하라) 또한 편지(즉, 데살로니가전서)를 보냈다.[252] 그러므로 목회적 의도가 의식적이든 무의식적이든 형식과 내용과 관련하여 바울의 편지 작성에 영향을 주었음은 틀림없다. 예를 들어, 고대 편지에서 공동 저자의 주요 기능은 편지의 권위 그리고/혹은 진정성을 보증하는 것이었는데,[253] 데살로니가전서 1:1의 인사말의 공동 발신자, 즉, 바울, 실루아노 및 디모데의 등장은 데살로니가 교회 성도들을 향한 목회 실행에 영향을 주었음에 틀림없다.[254] 그러므로 우리는 목

---

250   Malherbe, "New Testament, Traditions and Theology of Care In," 789. 참조. Malherbe, *Paul and the Thessalonians: The Philosophic Tradition of Pastoral Care*, 46, 51; DeSilva, *An Introduction to the New Testament: Contexts, Methods, & Ministry Formation*, 527, 529-530.

251   Malherbe, *Paul and the Thessalonians: The Philosophic Tradition of Pastoral Care*, 51; "New Testament, Traditions and Theology of Care In," 790.

252   Malherbe, *Paul and the Thessalonians: The Philosophic Tradition of Pastoral Care*, 61이하; "Paul: Hellenistic Philosopher or Christian Pastor?," 73-74; "New Testament, Traditions and Theology of Care In," 791. Funk, "The Form and Structure of II and III John," 424-430과 "The Apostolic Presence: John the Elder," 103-110을 참조하라.

253   I. J. Elmer, "I, Tertius: Secretary or Co-author of Romans," *ABR* 56 (2008), 46-47을 참조하라.

254   Richards, *Paul and First-Century Letter Writing: Secretaries, Composition and*

회자요 목회 서신인 데살로니가전서에 대한 최종 책임자로서 바울은 서신 작성과 서신 자체를 통한 교훈 전달이라는 목적을 성취하기 위해 편지의 형식과 내용을 고려했을 것임을 상상할 수 있다.

한편, 고대 편지의 문학적 특징을 고려하자면, 데살로니가전서는 앞서 언급된 노력으로 당대의 그리스-로마 편지와 형식적으로 구별되며 또한 성도들이 읽고 이해하는 데 더욱 적절하게 기독교화되었다. 게다가, 만약 바울이 데살로니가전서를 공예배 때에 읽히도록 의도했다면(살전 5:27을 참조하라), 그러한 의도가 데살로니가전서에 반영되었을 가능성도 있다.[255]

추가로, 바울의 목회(영혼 돌봄) 의도는 그로 하여금 더욱 효과적인 목회를 위해 내용과 기능에 있어 설득의 도구들을 사용하도록 했을 것이다. 물론, 데살로니가전서를 작성하는 복잡한 편지적 정황이 어떤 설득의 방법들을 바울이 사용했고 왜 그것들을 사용했는지를 설명하는 것을 어렵게 만든다. 그러나 만약 바울이 데살로니가 교회 성도들을 목회하려는 목적이 있었다면, 바울은 분명히 성도들에게 익숙한 성경, 예수의 말씀, 신조나 찬양과 같은 권위 있는 자료들[256]과 더불어 그들을 효과적으로 설득할 수 있는 수사적 장치들을 사용했다고 예상할 수 있

      Collection, 32이하를 참조하라.

255   White, "The Greek Documentary Letter Tradition Third Century B.C.E. to Third Century C.E.," 98과 Hansen, *Abraham in Galatians: Epistolary and Rhetorical Contexts*, 29-30을 참조하라.

256   J. A. Fitzmyer, *Pauline Theology: A Brief Sketch* (Endlewood Cliffs, N.J.: Prentice-Hall, 1967), 11-13과 S. Kim, "The Jesus Tradition in 1 Thess 4.13-5.11," *NTS* 48 (2002): 225-242와 *Paul and the New Perspective: Second Thoughts on the Origin of Paul's Gospel* (Grand Rapids, Michigan / Cambridge, U.K.: William B. Eerdmans, 2002)과 C. R. Holladay, *A Critical Introduction to the New Testament: Interpreting the Message and Meaning of Jesus Christ* (Nashville: Abingdon, 2005), 272-274를 참조하라.

다.²⁵⁷ 그리고 당연히 바울이 데살로니가 교회 성도들을 목회하는 것, 즉 "자신의 진취적 신학적 이해를 표현하고 성도들의 공동체를 형성하는 것"을 위해 당대의 훈계 전통을 참조했으나 변형하여 사용했다.²⁵⁸

결과적으로, 바울의 목회에 관한 연구는 최초 기독교 영혼 돌봄의 특징들과 영혼 돌봄의 수단으로서의 기독교 영혼 돌봄 편지 유형(목회편지)의 개요를 분명히 드러내는 것으로 진행되어야 한다. 따라서 본 단락에서는 데살로니가전서에 등장하는 구조적-형식적 특징들과 영혼 돌봄의 특징들을 살펴볼 것이다.

(1) 편지적 특징

각 교회와 제자들에게 서신을 발송했을 때 바울은 당대에 사용되었던 편지 양식을 무시하지 않았다. 물론, 이 말은 바울이 당대의 편지와 완전히 동일하게 편지를 작성했다는 말은 아니다. 바울은 시대적 상황을 충분히 고려하면서도 최초 그리스도인들을 온전히 양육하기 위한 노력으로 기독교 편지 양식이라고 불릴법한 독특하고 (거의) 일관된 편지 형식을 제시했다.²⁵⁹ 예를 들어, 바울 당대 편지는 일반적으로 삼중 구

---

257 Malherbe, *Paul and the Thessalonians: The Philosophic Tradition of Pastoral Care*, 94; "New Testament, Traditions and Theology of Care In," 791. 고전 9:19; 10:31a를 참조하라.

258 Malherbe, "Paul: Hellenistic Philosopher or Christian Pastor?," 71. "신학적 이해"와 관련하여 말허비의 다음의 말을 참조할 필요가 있다: "바울이 신학자로 여겨질 때, 헬라적 요소들은 그의 사고의 중심에 놓여 있는 것이 아니라 수단들을 제공하며, 그 수단들을 사용하여 바울이 자신의 논의를 진행한다는 경우일 것이다." Malherbe, "Exhortation in 1 Thessalonians," 76-77.

259 김주한, "기독교 목회 편지 전통의 시작: 신약 편지," 137-166; White, "Saint Paul and the Apostolic Letter Tradition," 433-444. 권혁정, 『신약 전권을 한 코

조, 즉 "서론-본문-결어"로 되어 있었다. 그러나 바울은 그 기본 구조를 유지하면서도 세부적으로 삼중 구조를 "서두-감사 단락-본문 단락-훈계 단락-결어"의 오중 구조로 확대했다.[260]

한편, 바울 서신에 나타나는 확대를 구조적 확대로 볼 것인지 아니면 기능적 확대로 볼 것인지에 대한 논의가 있다. 이는 기독교 편지 전통을 인정할 것인지 아닌지에 관한 입장 차이로 발생한 것이다. 즉, 전자의 입장은 바울로부터 시작된 기독교 편지 전통이 있었다는 입장에 따르고, 후자는 바울이 새로운 시도를 했으나 이는 기능적 확대에 불과하기에 기독교 편지 전통에 따라 형성되지 않았다고 보는 입장이다. 따라서 학자들은 자신의 입장에 따라 데살로니가전서를 삼중 구조 혹은 오중 구조로 분석했다. 우선, 삼중 구조로 구분하면 다음과 같다.

① 서두(살전 1:1-10): 서두(살전 1:1)+감사 단락(살전 1:2-10)
② 본문 단락(살전 2:1-5:22): 본문 단락(살전 2:1-3:13)+훈계 단락(살전 4:1-5:22)
③ 결어(살전 5:23-28)

그러나 위의 삼중 구조를 바울 서신의 기본적 구조로 알려진 오중 구조로 제시하면 다음과 같다.

① 서두(살전 1:1)
② 감사 단락(살전 1:2-10)
③ 본문 단락(살전 2:1-3:13)

에 펴는 러브레터 매뉴얼』 (서울: 솔로몬, 2010)을 참조하라.
260 Schnider und Stenger, *Studien zum neutestamentlichen Briefformular*를 참조하라.

④ 훈계 단락(살전 4:1-5:22)
⑤ 결어(살전 5:23-28)

위의 구조를 비교해 보면 차이가 나지만, 데살로니가전서 본문의 구분을 살펴보면 사실상 일치한다. 다만, 일반적으로 바울 서신이 구조를 오중 구조로 보기 때문에 아래 분석에서는 오중 구조에 따른 설명을 제시해 보고자 한다.

(a) 서두

바울은 당대의 편지처럼 종종 "바울이... 에게"라고 표현을 사용했다.

> 예) 살전 1:1
> **바울과 실루아노와 디모데는** 하나님 아버지와 주 예수 그리스도 안에 있는 **데살로니가인의 교회에** 편지하노니 은혜와 평강이 너희에게 있을지어다.

그러나 위의 본문을 살펴보면, 데살로니가전서의 인사는 당대의 편지 서두의 인사말(예. "안타스가 파우스투스에게 깊이 문안한다")과 일부 차이를 보인다. 예를 들어, 데살로니가전서의 서두 부분(살전 1:1)은 당대의 편지 서두와 비교하여 다음의 특징을 담고 있다.

> 첫째, 데살로니가전서의 서두는 수신자와 발신자 부분("바울과 실루아노와 디모데는... 편지하노니")과 인사를 대체하는 기원문 부분("은혜와 평강이 너희에게 있을지어다")이 분리되어 있다. 반면, 바울 당대의 편지는 "A가 B에게 문안한다." 혹은 "B에게, A이가 (문안한다)."가 일반적이었다.

둘째, 데살로니가전서 서두에는 편지의 공동 발신자("바울과 실루아노와 디모데")가 등장한다. 반면, 바울 당대의 편지는 주로 단독 저자를 포함했다.

셋째, 데살로니가전서의 수·발신자가 특별한 내용으로 묘사되고 있다. 예를 들어, 성도의 신앙을 나타내는 "하나님 아버지와 주 예수 그리스도 안에 있는"이 사용되어 그들의 정체성이 설명된다. 반면, 바울 당대의 편지는 간혹 출신 지역이나 가족관계 정도만 설명한다.

(b) 감사 단락

바울이 사용한 감사 단락은 당대 편지에 등장하는 감사 혹은 기도 단락인 "프롬"과 유사하다. 특별히, 바울 서신과 당대 편지는 "감사하다"(εὐχαριστω/["유카리스또"]) 동사를 가지고 신적 존재에게 감사한다는 점에서 그렇다.

> 예) 감사 단락 비교
> ▶ 바울 서신: "우리가 너희 모두로 말미암아 항상 하나님께 감사하며."(살전 1:2).
> ▶ 일반(파피루스) 편지: "저는 주 세라삐스에게 감사합니다."(BGU 2.423).

그러나 위의 유사성에도 불구하고 바울 서신과 당대 편지를 비교해 보면 일부 차이가 나타난다. 예를 들어, 데살로니가전서의 감사 단락(살전 1:2-10)은 당대의 편지 감사 단락("프롬")과 비교하여 다음의 특징을 담고 있다.

첫째, 데살로니가전서 감사 단락의 분량이 확장되었다. 예를 들어, 데살로니가전서의 감사 단락은 약 8절(살전 1:2-10[195개의 어휘로 구성])에 이른다. 반면, 바울 당대의 감사 단락("프롬")은 그 길이가 길지 않았다(BGU 2.423, 2-6줄[25개의 어휘로 구성]).

둘째, 데살로니가전서 감사 단락의 내용은 바울 자신이 아니라 수신자가 처한 상황과 관련되어 있다("너희 모두로 말미암아"[살전 1:2]). 즉, 감사의 내용이 수신자와 관련되어 있다는 것이다. 따라서 바울은 데살로니가 교회와 관련하여 하나님께 "너희 믿음의 역사와 사랑의 수고와 우리 주 예수 그리스도에 대한 소망의 인내를," "우리의 복음이 너희에게 말로만 이른 것이 아니라 또한 능력과 성령과 큰 확신으로 된 것," "우리와 주를 본받는 자가 되었으니," "모든 믿는 자의 본이 되었느니라."라고 감사한다(살전 1:3-5, 6-10). 반면, 바울 당대 편지의 감사 단락("프롬")의 내용은 주로 발신자의 안녕과 관련되었다. 그리고 그 내용은 주로 발신자가 어려운 상황 중에서도 신의 도움으로 안전했다는 내용인데, 이를 통해 발신자는 자신의 권위를 높이기도 했다("왜냐하면 제가 바다에서 위험에 처한 후 그가 즉시로 구원해 주셨기 때문입니다."[BGU 2.423, 3-4줄]).

셋째, 데살로니가전서의 감사 단락은 편지 전체의 내용을 암시하고 있다고 알려져 있다. 반면, 바울 당대 편지의 감사 단락("프롬")은 일차적으로 편지의 내용과는 상관이 없었다.

위에서 제시된 차이들을 고려해 보면 바울은, 비록 자기 시대의 감사 구문을 완전히 배제하지는 않았을지라도, 성도들을 양육하기 위해 그 양식을 변형 및 발전시켰음을 보여준다.

(c/d) 본문 단락과 훈계 단락

우선, 본문 단락(살전 2:1-3:13)은 바울 서신의 본문이 "본문-서론, 본문-본론, 본문-결론"으로 구성되어 있다는 점에서 당대 편지의 본문 진행 방식을 따랐다. 그러나 바울 서신의 본문은 일차적으로 그 내용과 길이에 있어서 당대의 편지들과 차이를 보인다. 앞서 살펴본 내용과 길이가 사소하며 짧은 이집트 파피루스 편지와 비교해 보면 쉽사리 이 점을 알 수 있다. 물론, 이러한 차이는 편지 저자의 상황, 목적 등에 의해 결정되는 것이기에 서두의 인사 부분이나 감사 단락 그리고 후에 살펴볼 결어의 차이와는 크게 부각되지 않는다. 따라서 본문과 관련하여 우리는 그 내용과 구성에 있어서의 차이를 지적할 수 있을 뿐이다.

다음으로, 훈계 단락(살전 4:1-5:22)은 감사 단락과 함께 바울 서신 구조의 대표적 특징을 이룬다. 훈계 단락은 그 외형에 있어서 교회 공동체가 지켜야 할 여러 가지 계명 및 덕목들을 담고 있는 구별된 단락이다. 비록 일부 학자들이 이 훈계 단락을 편지 전체의 내용과 관련 없는 것으로 취급할지라도, 최근 학자들은 훈계 단락의 내용은 앞선 본문 단락의 구체적 실천과 적용의 내용을 담고 있다고 합의하고 있다. 이러한 특징을 고려해 학자들은 바울 편지의 핵심부가 "직설법(즉, 본문 단락)-명령법(즉, 훈계 단락)"의 구조로 되어 있다고 언급하기도 한다.

위에 언급된 사항을 고려하면서 데살로니가전서의 본문 단락(살전 2:1-3:13)과 훈계 단락(살전 4:1-5:22)을 당대의 본문 단락과 비교하면 다음의 특징이 나타난다.

> 첫째, 데살로니가전서의 중심부는 "본문 단락(살전 2:1-3:13)+훈계 단락(살전 4:1-5:22)"의 이중 구조로 구성되어 있으며, 각각이 전해지는 훈계의 이론적 근거와 실천 사항을 전달한다. 반면, 바울 당대의 편지의 본

문 단락은 편지의 종류를 막론하고 이론-실천의 이중 구조를 가지는 경우가 없다.

둘째, 데살로니가전서의 중심이라고 할 수 있는 "본문 단락-훈계 단락"은 그 내용이 길고 풍부하다(살전 2-5장). 반면, 바울 당대 편지의 본문 단락은 짧고 내용은 일상과 관련된 요구 혹은 정보 교환 등의 사소한 것들이 일반적이었다. 단, 문학적(literary) 편지나 외교적(diplomatic) 편지의 경우 본문이 길며 내용이 풍부하기도 했다.

셋째, 데살로니가전서의 본문 단락은 "본문-서론"(살전 2:1-12), "본문-본론"(살전 2:13-5:11), "본문-결론"(살전 5:12-22)의 삼중 구조를 가지고 있다. 반면, 바울 당대의 편지 본문은 대다수 간단했기에 이런 논리적 구성을 취하지 않았다.

위의 차이점에도 불구하고, 데살로니가전서는 당대의 편지와 여전히 맥을 같이한다. 이는 데살로니가전서의 형식과 내용은 서신이 아니기 때문이 아니라, 편지 발신자 바울과 수신자 데살로니가 교회의 상황 및 목양이라는 서신의 저술 목적과 관련된 것으로 볼 수 있다. 그러므로 데살로니가전서 본문 단락과 훈계 단락에는 당대 편지에 사용된 관용어구들이 등장하며 그 기능이 종종 당대 편지와 동일하다. 예를 들어, 드러냄을 나타내는 어구인 "너희가 친히 아나니"(살전 2:1), 정보 전달을 나타내는 어구인 "디모데가... 와서... 전하고... 한다하니"(살전 3:6), 주제 전환 혹은 답변을 나타내는 어구인 "~에 관하여는"(살전 3:4, 9, 13; 5:1), 배경으로부터 요구로의 전환을 나타내는 어구인 "그러므로"(살전 5:11)가 사용되고 있다.

(e) 결어

바울 서신 역시 당대 편지처럼 결어를 담고 있다. 그러나 각 편지의 결어를 읽어 보면 가장 눈에 띄는 특징이 존재한다.

> 예) 결어 비교
> ▶ 바울 서신: "우리 주 예수 그리스도의 은혜가 너희에게 있을지어다"(살전 5:28).
> ▶ 일반(파피루스) 편지: "안녕."(P.Oxy. 742)

바울 서신은 당대 편지들의 "안녕"이라는 결어 대신, 거의 모든 경우에 축복문("너희에게 있을지어다.")으로 끝난다. 이는 바울로부터 시작하여 향후 기독교 편지에 종종 나타나는 양식이다. 게다가, 당대 편지들의 단순하지만 바울 서신의 결어는 일단의 구조를 가지고 있는 것으로 알려져 있다. 와이마는 바울 서신의 결어가 대체로 아래와 같은 구주로 되어 있다고 제안했다.[261]

> ① 평화 기원문(the peace benediction)
> ② 마지막 훈계
> ③ (상호 혹은 제2/3자) 인사
> ④ 자필 서명
> ⑤ 은혜 축복문(the grace benediction)

와이마는 이러한 요소를 데살로니가전서에서도 발견했는데, 데살로

---

[261] Weima, *Paul 'the' Ancient Letter Writer: An Introduction to Epistolary Analysis*, 166. Weima, *Neglected Endings: The Significance of the Pauline Letter Closings*를 참조하라.

데살로니가전서 5:23-28을 위에서 제시된 항목에 따라 구분하면 다음과 같다.

① 평화 기원문(살전 5:23-24)
"평강의 하나님이 친히 너희를 온전히 거룩하게 하시고 또 너희의 온 영과 혼과 몸이 우리 주 예수 그리스도께서 강림하실 때에 흠 없게 보전되기를 원하노라. 너희를 부르시는 이는 미쁘시니 그가 또한 이루시리라."

② 기도 요청(살전 5:25)
"형제들아 우리를 위하여 기도하라."

③ (상호 혹은 제2/3자) 인사(살전 5:26)
"거룩하게 입맞춤으로 모든 형제에게 문안하라."

④ 마지막 훈계(살전 5:27)
"내가 주를 힘입어 너희를 명하노니 모든 형제에게 이 편지를 읽어 주라."

⑤ 은혜 축복문(살전 5:28)
"우리 주 예수 그리스도의 은혜가 너희에게 있을지어다."

데살로니가전서의 예를 보면 바울이 편지를 마무리하면서 특정한 구조를 가진 결어를 제시하려고 했음을 확인할 수 있다(일부 변형 존재). 이를 당대의 편지 결어와 비교해 볼 때 확장되고 구체화 되었다는 것을 볼 수 있으며, 이를 통해 바울 서신 작성의 목적을 보충하도록 기능하게 했음을 확인할 수 있다.

(f) 부차적 요소들

비록 데살로니가전서에는 구체적으로 나타나지 않지만 바울 서신에 종종 대필자 및 편지 전달자의 이름이 등장하는 것은 당대의 편지들과 유사하다.

① 대필자

더디오(롬 16:22)

② 편지 전달자(추측)

두기고(엡 6:21-22; 골 4:7-9), 에브브로디도(빌 2:25), 오네시모(몬 10-13), 스데바나, 브드나도, 아가이고(고전 16:15-18), 디도와 형제(고후 8:16-24), 세나와 아볼로(딛 3:13), 뵈뵈(롬 16:1-2).

그러나 바울 서신은 당대 편지들과 차이점이 있었다. 즉, 당대의 편지, 특별히 (파피루스) 일상 편지의 경우, 종종 그 대필자가 발신자와는 상관없는 전문 필사자였다는 점과 편지 전달자는 대부분 편지 발신자와는 개인적 관계가 없는 여행자였다는 점이다. 따라서 실명이 거론되지 않곤 했다(물론, 외교 편지의 경우 명확히 거론되기도 했다). 이에 반해 바울 서신의 대필자 및 편지 전달자는 바울의 동역자들이었다.[262]

한편, 당대 편지들은 편지 작성일과 편지 수신지(편지 바깥쪽에 표기)를 포함하는 경우가 많았다. 그러나 바울 서신에는 이 사항이 전혀 존재하지 않는다(단, 편지 서두를 통해 수신지를 알 수는 있다). 이는 몇 가지 추측을 일으키는데, 예를 들어, 바울이 원래 편지에 날짜를 기록하지 않았을 경우와 바울 서신의 최초의 수신자들이 바울 편지의 영속적 가치가 있는 하나님의 말씀으로 판단하여 날짜를 필사하지 않았을 수도 있다고 추측해 보는 것이다. 바울은 당대의 편지 작성 관습을 무시하지 않았기에 날짜가 표기되었을 수도 있겠으나 필사자들이 편지 날짜

---

[262] Head, "Named Letter-Carriers among the Oxyrhynchus Papyri," 297-300을 참조하라.

를 삭제했을 이유가 없기에 원래 없었다고 보는 것이 더 적절할 것이다. 만약 바울이 서신 발송 날짜를 표기했고 그것이 보존되었더라면 바울의 생애를 재구성하고 서신 내용을 이해하는데 더욱 용이함이 있었을 것이다.

위의 사항을 고려해 데살로니가전서에 나타나는 부차적 요소들과 당대 일상 편지들의 부차적 요소를 비교하면 다음과 같다.

첫째, 데살로니가전서에는 언급되어 있지 않지만, 다른 바울 서신에는 대필자의 이름이 언급 혹은 암시된다. 그리고 그 대필자는 바울의 동역자였다. 반면, 당대 편지에도 대필자가 언급되기는 했지만, 그들은 직업적 대필자였지 동역자는 아니었다(특별히, 공식문서의 경우 이름이 언급된다).

둘째, 데살로니가전서에는 언급되어 있지 않지만(혹시 디모데?), 다른 바울 서신에는 편지 전달자들이 언급된다. 그리고 그들은 바울의 동역자로서 편지 전달자 이상의 역할을 했다. 반면, 바울 당대의 편지 관습에 따르면 편지 전달자의 이름은 언급되지 않는 것이 일반적이었다. 그 이유는 편지 전달자는 특별한 역할이나 관계가 없었기 때문이다.

셋째, 데살로니가전서를 비롯한 바울 서신 모두에는 편지 작성일 및 외부에 기록된 주소가 없다. 반면, 바울 당대의 편지들에는 대다수 작성일과 주소가 남아있다. 단, 문학적 편지나 문학적 가치로 보존된 편지들에서는 삭제되곤 했다.

(2) 목회적 특징

앞서 언급한 고대 훈계 전통의 관점에서 데살로니가전서에 드러나는 바울의 목회(영혼 돌봄)를 정리해 보면 다음과 같다.

(a) 훈계 장르적 특징: 비-문학적 요소

바울은 지도자요 목회자로서 데살로니가 교회 성도들을 적절히 목회하기 위한 노력을 했다. 이를 위해 일차적으로 자신과 훈계를 받는 성도와의 관계를 적절하게 설정하고자 했다.

첫째, 바울은 당대의 "선생-제자"의 관계와 유사하게 영적 스승이요 사도로서 데살로니가 교회 성도들보다 우월한 위치에서 그들을 지도하고 양육했다(살전 1:6; 2:6; 4:8; 5:12-12a). 이러한 바울의 모습은 가르침을 받는 이들로 하여금 그 가르침의 권위를 느끼도록 이끌었다.

둘째, 바울은 당대의 모범이 된 선생들과 유사하게 복음을 위해 고난을 극복한 경험을 언급함으로써 데살로니가 교회 성도들에게 자신의 신실성을 증명했다(살전 2:1-2, 9, 10). 이러한 바울의 노력은 가르침을 전하는 자와 가르쳐진 내용이 구분될 수 없다는 전제로 인한 것이었다. 이러한 사항은 가르침을 전하는 자가 고난에도 불구하고 자신의 가르침 대로 살아가려는 노력을 끝까지 놓지 않음으로 그 가르침이 절대적일 뿐만 아니라, 그 가르침을 전하는 자신 역시 고귀한 일을 감당하고 있음을 드러내 주었다.

셋째, 데살로니가전서의 공동 발신자(바울, 실루아노, 디모데)의 등장은 초대 교회에 권위 있는 지도자들이 존재했음을 암시한다(살전 1:1). 이는 데살로니가전서 5:12-13a의 훈계와도 관련되며. 또한 데살로니가전서 3:1-2에 등장하는 디모데도 이 사실을 보여준다. 지도자는 주님과 함께 그리스도인의 삶의 모델로 제시되기도 했다(살전 1:6; 4:1).

넷째, 바울은 우월한 위치에 있었음에도 데살로니가 교회 성도들과 친근하며, 심지어 동등한 관계를 취하고자 했다. 이는 바울이 목회를 위해 자신을 적응시켰음을 보여준다(고전 3:5; 9:19; 고후 4:5; 6:3-4; 8:4, 19, 20; 11:8을 참조하라). 그 과정 가운데 심지어 사도의 권위까지도 내려

놓았다(살전 2:6-7). 이러한 관계 중심의 목회 태도에서 바울은 자신을 "유모"(2:7) 및 "아버지"(2:11)로 표현하기도 하고, 또한 성도들을 보고 싶은 자신의 열망을 감추지 않았다(살전 3:6, 10). 또한 성도들을 다른 표현이 아닌 "형제"라고 부르며 관계 중심적 태도를 보여준다(살전 1:4; 2:1, 9, 13, 17; 3:7; 4:1, 10, 13; 5:1, 4, 12, 25, 26, 27). 바울 당대의 선생은 자신을 낮추는 행위를 시행하지 않았기 때문에 이러한 바울의 태도는 매우 독특한 것이라고 말할 수 있다.

(b) 훈계 장르적 특징: 문학적 요소

데살로니가전서는 목회 서신으로 그 안에는 적절한 훈계와 더불어 온전한 결과를 위한 문학적 노력이 반영되어 있다.

첫째, 바울은 모방할 모델들을 제시했다(살전 2:9-10; 2:14-15a). 모델은 눈에 보이는 훈계라는 점에서 매우 효과적인 훈계 방식이었다.

둘째, 바울은 설득을 위해 잘 알려진 자료(살전 5:1-7[예수님 말씀: 마 24:43?])나 수신자가 이미 알고 있는 사실을 회상시키려 시도했다(살전 1:5; 2:1, 2, 5, 11; 3:3, 4; 4:2; 5:2[앎]; 2:9; 3:6[기억]; 4:1, 10; 5:11[지속]).

셋째, 바울은 대조법(antithesis)을 사용하여 메시지의 내용을 구체화하여 훈계를 효과적으로 진행하려고 노력했다(살전 2:1-8).

넷째, 바울은 유사-"고난 목록"을 사용하여 자신의 신실성 증명을 통한 복음의 내용을 확증한다(살전 2:1-2, 9).

다섯째, 바울은 데살로니가 교회 성도들을 양육하기 위해 다양한 훈계 용어들을 사용했다(살전 2:3, 12, 13; 3:2, 7; 4:1, 2, 6, 10, 11, 18; 5:11, 12, 14). 또한 동사의 명령형(살전 4:18; 5:11, 13)이나 권고의 가정법형(살전 5:1)을 통해 권면을 전하기도 했다.

(C) 기독교 목회 원리의 적용

비록 바울은 자신이 속한 시대의 훈계 전통을 무시하지 않았을지라도, 바울은 다른 어떤 이들이 아닌 예수 복음을 통해 새롭게 설립된 교회 성도들 향해 목회를 시행했다. 따라서 내용은 당대에 유행했던 사조나 사상과 배타적이었다. 그 배타적인 측면이 바로 그리스도인의 정체성 형성과 발전과 관련된 사항을 구성한다. 데살로니가전서를 통해 그 사항을 살펴보면 다음과 같다.

첫째, 바울은 모든 일이 하나님의 주권 하에 있다고 여겼다("하나님 주도 사상"[God's initiative]). 즉, 자신의 인격적 혹은 학문적 능력에서 시작된 것이 아니라, 하나님께서 먼저 행하시고 인도하시고 보존하신 결과라고 보았다. 물론, 바울이 선생으로서 자신의 역할을 소홀히 하지 않았다. 그는 기꺼이 고난당했고 사명을 위해 수고했다. 그러나 모든 사역은 여전히 하나님의 지도하심에서 가능한 것으로 선포했다(살전 5:23-24).

둘째, 바울은 사역의 목표를 성도들이 하나님께 합당한 삶을 살도록 하는데 두었다("하나님께 합당한 삶"). 즉, 바울은 단순히 성도들의 덕성이나 행복한 삶을 위해 목회하지 않았다. 그의 목적은 성도들이 하나님 앞에서의 온전한 삶을 살도록 하는 것이었다(살전 4:1).

셋째, 바울은 훈계를 제시함에 있어 단순히 자신의 견해를 제공한 것이 아니라, 모든 훈계를 예수 그리스도 중심적으로 해석하여 적용했다("그리스도 중심 사상")(살전 4:1-2).

넷째, 바울은 데살로니가 교회 성도들을 향한 권면을 시도했다("교회 중심적 경향"). 이는 권면의 대상이 단순히 복수라는 것을 넘어서서 문제 해결의 방향이 공동체 곧 교회를 세우고 유지하는 측면에서 진행되었다는 것을 말한다(예. 살전 4:3-6).

위에서 제시된 몇 가지 요소들은 데살로니가전서에 등장하는 기독교적 특징들을 이룬다. 이는 바울 서신이 무엇보다 지도자 바울에 의해서 신생 단체인 기독교 교회를 그리스-로마라는 거대 사회 내에서 바로 성장시키고 인도하기 위해(목회) 특정 원리들에 기초하여 작성되었음을 보여준다.

제4장 결론적 요약

본 단락에서 목회 서신으로서의 바울 서신에 관해 살펴보았다. 이를 통해 바울 서신은 단순한 친교의 편지나 관공서 편지가 아닌, 예수님을 믿어 그리스도인들이 된 성도들이 복음 위에 굳건히 서서 하나님의 자녀로 이 땅을 살아갈 수 있도록 훈계한 편지라는 것이 드러났다. 바울 서신의 이러한 목회적 특징(영혼 돌봄의 목적)에 대해 다음과 같이 요약할 수 있다.

첫째, 학자들은 일부 차이를 보이지만 바울 서신을 훈계 전통에 속하는 것으로 이해해 왔다. 예를 들어, 데살로니가전서와[263] 골로새서

---

263 Stowers, *Letter Writing in Greco-Roman Antiquity*, 96; Malherbe, *Paul and the Thessalonians: The Philosophical Tradition of Pastoral Care*, 78; J. Starr, "Was Paraenesis for Beginners?," in *Early Christian Paraenesis in Context*, edited by J. Starr and T. Engberg-Pedersen (Berlin / New York: Walter de Gruyter, 2004), 93; Klauck, *Ancient Letters and the New Testament: A Guide to Context and Exegesis*, 384-386.

는²⁶⁴ "파라이네틱" 편지(교훈 편지)로,²⁶⁵ 고린도전서를 친근한 훈계적 비난 편지²⁶⁶나 복잡한 교훈-충고 편지²⁶⁷로 이해한다. 또한 로마서를 "프로트렙틱" 편지(전향을 촉구하는 편지)로 본다.²⁶⁸ 그러므로 바울 서신이 그리스-로마 훈계 편지 전통과 연관된 훈계 스타일로 기록되었다는 것은 의심의 여지가 없다.²⁶⁹ 이 점과 관련해 스토어스는 "훈계는 빌레몬서를 제외한 바울 서신과 바울에게 속한 편지들에서 중요한 역할을 한다. 또한 히브리서, 야고보서, 베드로전서, 요한이서에서도 마

---

264 W. T. Wilson, *The Hope of Glory: Education and Exhortation in the Epistle to the Colossians* (Leiden: Brill, 1997), 225; M. E. Gordley, *The Colossian Hymn in Context: An Exegesis in Light of Jewish and Greco-Roman Hymnic and Epistolary Conventions* (Tübingen: Mohr Siebeck, 2007), 242이하.

265 베드로전서를 "파라네틱" 편지로 설명한 글에 관해서는 Dryden, *Theology and Ethics in 1 Peter: Paraenetic Strategies for Christian Character Formation*, 6을 보라.

266 Glad, *Paul and Philodemus: Adaptability in Epicurean and Early Christian Psychagogy*, 244, 305.

267 Stowers, *Letter Writing in Greco-Roman Antiquity*, 96.

268 Stowers, *Letter Writing in Greco-Roman Antiquity*, 114; D. E. Aune, "Romans as a Logos Protreptikos in the Context of Ancient Religious and Philosophical Propaganda," in *Paulus und das antike Judentum*, edited by M. Hengel and U. Heckel (Tübingen: J. C. B. Mohr [Paul Siebeck], 1992), 119-120.

269 G. Sterling, "Hellenistic Philosophy and the New Testament," in *Handbook to Exegesis of the New Testament*, edited by S. E. Porter (Leiden / New York / Köln: E. J. Brill, 1997), 323; Aune, *The Westminster Dictionary of New Testament and Early Christian Literature and Rhetoric*, 334; Gordley, *The Colossian Hymn in Context: An Exegesis in Light of Jewish and Greco-Roman Hymnic and Epistolary Conventions.*, 245이하. Bailey and Broek, *Literary Forms in the New Testament: A Handbook*, 62와 T. Engberg-Pedersen, "The Concept of Paraenesis," in *Early Christian Paraenesis in Condext*, ed. by J. Starr and T. Engberg-Pedersen (Berlin / New York: Walter de Gruyter, 2004), 47-72를 참조하라.

찬가지다."라고 언급했는데,[270] 이는 바울 서신을 포함한 신약 성경 내의 편지의 특징을 적절히 묘사한 것이다. 고린도전서에 지대한 관심을 가진 글래드(Glad) 역시 유사한 견해를 표명했다.[271]

바울은 편지는 훈계 전통이 유동적일 때 기록되었다. 그리고 조직화하려는 시도들은 유아기적 단계에 머물러 있었다. 그의 편지들은 고대 세계의 훈계 전통과 연속선상에 있었고 훈계 기술들이 그의 편지를 통해 두드러지게 나타난다.

---

270 Stowers, *Letter Writing in Greco-Roman Antiquity*, 96

271 Glad, *Paul and Philodemus: Adaptability in Epicurean and Early Christian Psychagogy*, 224. W. T. Wilson, *Love without Pretense: Romans 12.9-21 and Hellenistic-Jewish Wisdom Literature* (Tübingen: J.C.B. Mohr [Paul Siebeck], 1991)(롬)와 *The Hope of Glory: Education and Exhortation in the Epistle to the Colossians*(골)과 E. Mouton, *Reading a New Testament Document Ethically* (Atlanta: Society of Biblical Literature, 2002)(엡)와 Gordley, *The Colossian Hymn in Context: An Exegesis in Light of Jewish and Greco-Roman Hymnic and Epistolary Conventions*, 242-255(골)와 J. E. Ellis, *Paul and Ancient Views of Sexual Desire: Paul's Sexual Ethics in 1 Thessalonians 4, 1 Corinthians 7 and Romans 1* (New York: T & T Clark International, 2007)(살전, 고전, 롬에서의 성 윤리)와 Fiore, *The Function of Personal Example in the Socratic and Pastoral Epistles*(딤전·후, 딛)와 Harding, *Tradition and Rhetoric in the Pastoral Epistles*(딤전·후, 딛)과 Malherbe, "'In Season and Out of Season': 2 Timothy 4:2," 137-145(딤후)와 "Paraenesis in the Epistle to Titus," 297-317(딛)과 "Godliness, Self-Sufficiency, Greed, and the Enjoyment of Wealth: 1 Timothy 6:3-19 Part I," 376-405와 "Godliness, Self-Sufficiency, Greed, and the Enjoyment of Wealth: 1 Timothy 6:3-19 Part II," 76-96(딤전)과 W. R. Baker, *Personal Speech - Ethics in the Epistle of James* (Tübingen: J.C.B. Mohr [Paul Siebeck], 1995)(약)와 Dryden, *Theology and Ethics in 1 Peter: Paraenetic Strategies for Christian Character Formation*(벧전)과 J. D. Charles, *Virtue amidst Vice: The Catalog of Virtues in 2 Peter 1* (Sheffield: Sheffield Academic Press, 1997)(벧후)를 참조하라.

이러한 사항은 바울 서신이 그리스-로마 훈계 전통과 어느 정도 연관되어 있음을 말해준다. 이 점이 중요한데, 왜냐하면 그것은 (비록 내용에는 어떤 영향을 미치지 않았지만) 바울 서신의 작성 방법과 기술 등에서 발견되는 일반적인 특징들에 대해 말해주기 때문이다.

둘째, 바울 서신의 목회적 특징들에 대해 포괄적으로 연구한 말허비는[272] 특별히, 데살로니가전서에 관한 연구에서 데살로니가전서의 목회적 특징과 기능에 관해 다음과 같이 기술했다.[273]

> 편지[[즉, 데살로니가전서]]는 이 믿음[[즉, 복음에 관한 믿음]] 안에 있는 독자들을 양육하는 것을 목적으로 한다. 편지의 교훈적 특징들은 우리가 목회적이라고 부를 수 있는 것들을 실행한다... 최근 개종자들의 특성들이 편지의 교훈적 특징을 통해 잘 목회된다.

그러고 나서 바울이 그러한 훈계 전통을 참조하여 성도들을 양육한 수용의 자세를 "바울의 위대한 성취이며" "바울에 의한 독특한 공헌이다"라고 평가했다.[274]

---

[272] Malherbe, *Paul and the Thessalonians: The Philosophic Tradition of Pastoral Care*; "Paul: Hellenistic Philosopher or Christian Pastor?," 67-77; "'Pastoral Care' in the Thessalonian Church," 375-391; *The Letters to the Thessalonians: A New Translation with Introduction and Commentary*, 85-86; "New Testament, Traditions and Theology of Care In," 787-792. E. Best, *Paul and His Converts* (Edinburgh: T & T Clark, 1988)를 참조하라.

[273] Malherbe, *The Letters to the Thessalonians: A New Translation with Introduction and Commentary*, 85.

[274] Malherbe, *Paul and the Thessalonians: The Philosophic Tradition of Pastoral Care.*, 78.

[보록 2]
고대 편지 양식에 따른 신약 성경 편지 양식 연구
"신약 서신 서두 번역에 대한 제안"[1]

§1. 서론

편지는 초대 교회에 있어 가장 사랑받았던 문학 장르이다.[2] 그러나 최초 기독교 편지 저자들이 교회를 위한 편지를 쓰기 위해 특별한 편지 쓰기

---

1   김주한, "신약 성경 편지 서두 번역에 대한 제안," 「신약연구」 11/4 (2012.12): 855-889에 제출된 논문을 학회의 허락하에 출판했으며 내용은 일부를 수정했다.

2   W. G. Doty, *Letters in Primitive Christianity* (Philadelphia: Fortress, 1973), 19. 신약 성경 총 27권 중 21권이 편지이거나 편지로 알려져 왔다. 또한 적어도 신약 성경의 한 권, 즉 요한 계시록은 편지 양식에 담겨져 전해져 내려온다(H. -J. Klauck, *Ancient Letters and the New Testament: A Guide to Context and Exegesis* [Waco, Texas: Baylor University Press, 2006], 350-351을 참조하라). 그리고 사도행전에는 두 개의 편지를 포함하고 있다(행 15:23-29; 23:26-30). 초대 교회에서 편지가 사랑을 받던 여러 이유 중 하나는 편지가 가지고 있는 고유한 특성, 즉 떨어져 있는 이들 간의 소통, 발·수신자의 상황에 따라 사용할 수 있는 즉각성 및 작성 시 특별한 문학적 구속을 받지 않는 융통성 등에서 기인한 것이다(D. E. Aune, *The New Testament in Its Literary Environment* [Philadelphia: Westminster, 1987], 159. W. M. Ramsay, *The Letters to the Seven Churches* [Peabody, Massachusetts: Hendrickson, 1994], 17을 참조하라). 특별히 초대 교회 성도들이 순회 전도자들에 의해 세워졌고 그 세워진 교회들이 그 믿음으로 인해 그리고 교회 내부에 여러 가지 일들로 인해 어려움에 자주 처했는데 이를 해결하기 위해 교회의 설립자 혹

방법을 고안한 것은 아니다. 거시적 측면에서 보면 이들은 특별히 수신자들에게 익숙한 방식인 그리스-로마의 편지 작성법을 따랐다. 이는 유대인 그리스도인들에게 보낸 편지들에서도 예외가 아니었다. 그럼에도 불구하고, 이들이 쓴 편지는 독특한 면을 가지고 있었다. 이는 편지의 내용에서뿐만 아니라 관용어구의 사용에 있어서도 그랬다. 이 중 특별히 신약 대다수의 편지들의 서두는 당시의 편지 전통들과 달랐다. 특별히 이러한 현상은 사도 바울의 편지에서 강하게 나타났고, 동시대 혹은 다소 후대의 정경 편지들에서도 그랬다.[3] 이러한 사항은 신약 성경 편지의 서두를 그리스-로마 편지 전통의 일반적 관점에서뿐만 아니라 독특한 기독교 편지 서두 양식의 측면에서도 바라볼 필요가 있음을 요구한다.

특별히, 이러한 특징은 문학적 장르를 고려한 번역을 중요시하는 현대 성경 번역에서도 주의를 기울일 사항이다.[4] 이는 한글 번역에서도 예외가 아니다. 왜냐하면 편지 서두 같은 경우는 고유한 형식을 지니고 있기에 이러한 문학적 특성을 고려한 보다 정확한 번역이 가능한 몇 안 되는 영역이기 때문이다. 그러나 현재 사용되고 있는 대표적인

은 지도자들이 성도들을 위로하고 훈계하기 위해 편지를 자주 사용했다(H. R. Drobner, 『교부학』[Lehrbuch der Patrologie], 하성수 역, 왜관: 분도출판사, 2001], 266-268).

3   P. Wendland, *Die urchristlichen Literaturformen, Vol. 1.3, Handbuch zum Neuen Testament* (Tübingen: J.C.B. Mohr [Siebeck], 1912), 367; J. L. White, "Ancient Greek Letters", in D.E. Aune (ed.), *Greco-Roman Literature and the New Testament: Selected Forms and Genres* (Atlanta: Scholars Press, 1988), 100-101. J. L. White, "Saint Paul and the Apostolic Letter Tradition", *CBQ* 45 (1983), 444와 S. K. Stowers, *Letter Writing in Greco-Roman Antiquity* (Philadelphia: Westminster, 1986), 41을 참조하라

4   L. Zogbo and E. R. Wendland, *Hebrew Poetry in the Bible: A Guide for Understanding and for Translating* (New York: United Bible Society, 2000), 7.

한글 번역본들[5]의 경우 신약 성경 편지의 서두에 대해 다소 일관되지 못한 번역 경향을 보인다. 게다가 분명히 그리스-로마 편지 서두와는 다른 형식으로 구성되어있는 신약 성경 편지 서두의 특징들을 잘 반영하지 못하고 있다. 그러므로 무엇보다 신약 성경 편지 서두들이 갖는 독특성을 드러내는 데 실패했을 뿐 아니라, 번역에 있어 원문의 의미를 부분적으로 잘 전달하지 못하는 결과를 가져왔다(아래 4장을 참조하라).[6] 이러한 현실은 무엇보다 번역에 앞서 신약 성경 편지 서두들에 대한 문학적 특성에 대한 이해를 요구한다.

이 글에서 필자는 앞서 제기된 요구를 충족시키기 위해 신약 성경 편지 서두에 대한 분석을 시도하고자 한다. 이를 위해, §2에서는 신약 성경 편지 서두들의 문학적 배경이 되는 그리스-로마 편지 서두를 살펴본다. §3에서는 신약 성경 편지 서두의 문학적 특징을 살펴본다. §4에서는 『성경전서 개역개정판』(1998)의 번역 상태를 분석 및 평가한다. §5에서는 앞선 장들의 내용을 근거로 해 편지 서두 번역을 위한 제안을 한다. §6에서는 전체 논의를 정리하고 향후 연구방향을 제안한다.

---

5   예. 『성경전서 개역개정판』(1998)과 『공동번역 성서 개정판』(1999) 및 『성경전서 표준 새번역 개정판』(2001).
6   이러한 데에는 여러 가지 이유들이 있을 것이다. 예를 들어, 원본 번역 방식의 차이가 원문의 문자적 특징을 전달하는 데 영향을 미쳤을 것이다. 만약 문자적 번역을 한다면 편지 서두의 문학적 양식이 그대로 반영될 수 있을 것이다. 반면 역동적 번역을 한다면 의미를 전달하는 데 초점을 두게 되어 서두의 문학적 양식을 전달하는 데 한계를 드러낼 수 있을 것이다. 그러나 이러한 번역 방식이 특정 본문의 문자적 특징을 전달하는 데 영향을 주는 것은 사실이나, 필사의 견해로는 번역 방식이 편지 서두 번역에 있어서 그리 큰 영향을 준다고 보지는 않는다. 왜냐하면 편지 서두는, 종종 여러 가지 부가적인 요소로 확장되기는 하지만, 너무 분명하고 일관적인 구조를 가지고 있기 때문이다. 게다가 서두의 문학적 구조는 너무나 단순해 번역 방식으로 인한 의미의 차이가 크게 나지는 않을 것이다.

§2. 고대 그리스-로마 편지의 서두

신약 서신 서두는 그것의 저자들이 유대인들이었기에 유대 편지의 특징을 일부 반영하고 있으나 전체적인 특징은 그리스-로마 편지 양식을 따르고 있다. 예를 들어, 스토어스는 기독교는 유대교에서 시작되었으나 편지 작성법에 있어서 유대적 전통은 초기 기독교 편지에 크게 영향을 주지 못했다고 여긴다. 그 영향은 편지 작성에 있어 주로 유대적 개념들, 상징들, 언어 및 초기 기독교의 윤리적인 측면에 제한된다고 본다.[7] 이러한 상황에 대한 가장 적절한 설명은 신약 서신 저자들이 인종과 상관없이 그리스-로마 문화권에 살던 수신자들에게 익숙하며 쉽게 이해 될 수 있는 편지 양식을 선호했다는 것이다. 따라서 본 단락에서는 필요한 경우를 제외하고 그리스-로마 편지 양식에 초점을 맞추고자 한다.

한 가지 언급할 점은 그리스-로마 편지의 종류는 일반적으로 3가지, 곧 비-문학적 편지(documentary letters), 관공서 편지(diplomatic letters) 및 문학적 편지(literary letters)로 분류된다는 것이다.[8] 학자들은 신약 서

---

[7] Stowers, "Letters: Greek and Latin Letters," 292-293. 예외적으로 Vielhauer는 신약 서신 서두에 반복적으로 등장하는 χάρις와 εἰρήνη가 유대인 편지 서두에 등장하는 "mercy and health"에서 그 기원을 갖는 것으로 본다. P. Vielhauer, *Geschichte der urchristlichen Literatur: Einleitung in das Neue Testament, die Apokryphen und die Apostolischen Väter* (Berlin / New York: Walter de Gruyter, 1975), 65.

[8] 이 외에도 편지의 내용이나 종류에 따라 편지를 분류하는 방식이 있지만 앞서 언급한 편지의 속성에 따른 삼중 분류가 가장 일반적으로 받아드려지고 있다. Aune, *The New Testament*, 162; Klauck, *Ancient Letters*, 68. Doty, *Letters in Primitive Christianity*, 6-7을 참조하라.

신이 이 종류 중 하나에 속한다는 견해를 다양한 방식으로 제공했다. 예를 들어, 스타이어왈트(M. L. Stirewalt)는 신약 서신들이 발·수신자의 관계나 그 구조적인 면에 있어 관공서 편지 혹은 공공기관의 편지에 속한다고 제안했다.⁹ 또한 다른 학자들은 신약 서신들의 본문의 문학성을 근거로 해 소극적으로는 신약 서신들을 비-문학적 편지와 문학적 편지 중간의 성격을 지닌 복합적 성격의 편지로 이해하거나,¹⁰ 적극적으로는 신약 서신들은 실제로 편지가 아니라 편지 구조 내에 담겨 있는 연설문 혹은 수사학 작품으로 이해했다.¹¹ 그러나 이집트 파피루스의 발견 및 다이스만(A. Deissmann)의 연구 이후 편지 양식 분석이 진행되면서 신약 서신들의 문학적 양식이 (적어도 서두와 종결부에 있어서는) 그리스-로마 비-문학적 편지 양식과 유사하다는 점이 분명히 드러났다. 따라서 신약 서신 서두를 연구하기 위해 그리스-로마 편지의 종류 중 비-문학적 편지 서두의 문학적 특징에 초점을 둘 필요가 있다.

§2.1. 편지 서두의 종류

비-문학적 이집트 파피루스 편지 서두에 대한 연구는 현재 거의 연구가 마무리된 상태다.¹² 그렇기에 우리는 그리스-로마 시대의 비-문학적

---

9   Stirewalt, *Paul, the Letter Writer*. Longenecker, "On the Form, Function and Authority of the New Testament Letters," 103을 참조하라.
10 Deissmann, "Epistolary Literature," 1324를 참조하라.
11 예. Betz, "The Literary Composition and Function of Paul's Letter to the Galatians," 353-379. O'Brien, Letters, "Letter Forms," 553을 참조하라.
12 이는 F. Ziemann 및 F. X. J. Exler로부터 시작하여 J. L. White, C.-H. Kim(김찬희) 및 R. Buzón에 이른다. 한편 최근 C. Kim(김진옥)이 주후 4-5세기에 속한 기

편지의 서두에 대해 그 어떤 다른 영역보다 분명하게 설명할 수 있다. 그리스-로마 비-문학적 편지 서두는 아래 <도표 1>의 두 가지 양식으로 요약될 수 있다.[13]

> Ia: ὁ δεῖνα τῶι δεῖνι χαίρειν.
> A가 B에게 문안한다.
>
> Ib: τῶι δεῖνι ὁ δεῖνα (χαίρειν) 혹은 τῶι δεῖνι ἀπὸ παρὰ τοῦ δεῖνος (χαίρειν).
> B에게 A가 (문안한다) 혹은 B에게 A로부터 (문안한다).

<도표 1>

<도표 1>의 첫 번째 양식(Ia)은 가장 일반적인 양식이다. 이 양식은 친교를 위한 편지, 추천 편지 및 간단한 소식을 전하는 일반 편지 등의 대부분 종류의 편지들에서 사용되었다.[14]

독교 파피루스 편지들에 대한 연구물을 내놓았다. 필자의 판단으로는 이 영역이 파피루스 편지들에 대한 지난 세기의 연구가 관심 갖지 않았던 마지막 부분이었다(C. Kim[김진옥], "'Grüße in Gott, dem Herrn!': Studien zum Stil und zur Struktur der griechischen christlichen Privatbriefe aus Ägypten"(unpublished Ph.D. Thesis, Trier: Trier Universität, 2011]). 필자의 견해로는 C. Kim(김진옥)의 연구로 현재까지 발견된 파피루스 편지 양식에 대한 연구는 거의 모든 시대를 포괄하며 이에 일차적으로는 완결된 상태로 보인다. 필자의 견해로는 아직 옥시린쿠스 파피루스들에 대한 연구가 진행되고 있고 많은 파피루스 편지들이 미연구 상태로 남아있지만 향후 제시될 자료들이 비-문학적 편지들의 서두 양식에 대한 획기적인 지식을 제공하지는 않을 것이다.

13   J. L. White, "Epistolary Formulas and Clichés in Greek Papyrus Letters", *SBLSP* 14 (1978), 290; *Light from Ancient Letters* (Philadelphia: Fortress, 1986).
14   F. X. J. Exler, *The Form of the Ancient Greek Letter: A Study in Greek Epistolography* (Washington: Catholic University of America, 1923), 62; J. L. White, "The Greek Documentary Letter Tradition Third Century B.C.E. to Third

⟨예 1⟩ P.Mich. 1.16(주전 257년; 추천 편지)

Σώστρατος Ζήνωνι χαίρειν.
소스뜨라또스가 제논에게 문안합니다(사역).

반면 <도표 1>의 두 번째 양식(Ib)은 청원 편지에서와 같은 공적 편지에서 제한적으로 사용되었다.[15]

⟨예 2⟩ P.Oxy. 487(주후 156년; 청원 편지)

Στατιλίῳ Μαξίμῳ τῳ κρατίστῳ ἐπιστρατήγῳ παρὰ Νικίου Ἁρπάλου ἀπ' Ὀξυρ[ύγχ]ων πόλεως.
존귀한 행정관인 스따띨리우스 막시무스께, 옥시링쿠스시 출신인 하르팔로스의 아들 니키아스로부터(사역).

그런데 이 두 양식 중 우리가 주의를 기울여야 할 양식은 첫 번째 양식(Ia)이다. 왜냐하면 신약 성경 편지들은 목양을 위해 보낸 일종의 사적 편지이기 때문이다.

Century C.E.", *Semeia* 22 (1982), 93-94; "New Testament Epistolary Literature in the Framework of Ancient Epistolography", in W. Haase (ed.), *Aufstieg und Niedergang der römischen Welt II: Principat* (Vol. 25.2, Berlin / New York: Walter de Gruyter, 1984), 1734; R. Buzón, "Die Briefe der Ptolemaerzeit: Ihre Struktur und ihre Formeln"(unpublished Ph.D. Thesis, Heidelberg: Ruprechte-Karl-Universität zu Heidelberg, 1984), 239-40; J. A. D. Weima, "Greco-Roman Letters.", in C. A. Evans and S.E. Porter (ed.), *Dictionary of New Testament Background* (Downers Grove, Ill.: InterVarsity Press, 2000), 642; Klauck, Ancient Letters, 17-21.

15 J. L. White, *The Form and Structure of the Official Petition: A Study in Greek Epistolography* (Missoula, Montana: Scholars Press, 1972), 13-14; "New Testament Epistolary Literature", 1734; Weima 2000:642; Klauck, Ancient Letters, 18.

§2.2. χαίρειν의 기원

그리스-로마 편지 서두의 문안 동사와 관련하여 한 가지 주의를 기울여야 할 사항은, 우리가 한글로 "문안하다"라고 번역한 헬라어 동사가 직설법 형태가 아니라 부정사 형태라는 점이다. 그리고 이 형태는 신약 서신이 기록될 당시까지 거의 완벽히 일관되게 사용되었다. 그렇다면 왜 문안 동사의 형태가 직설법 형태가 아닌 부정사 형태로 되어 있을까. 비록 이는 관습적인 것이기에 질문할 필요가 없을지라도,[16] 번역을 위한 참조 자료가 될 수 있기에 살펴볼 가치가 있다.

우선, 문법적 설명을 할 수 있다. 즉, 부정사 형태가 직설법 혹은 감탄문을 대신한다고 보는 해석이다. 그렇다면 χαίρειν은 부정사의 독립적 용법 중 절대 부정사 용법에 속한다.[17] 이 용법과 관련하여, 우리는 χαίρειν 동사가 편지 서두에서 비-부정사 형태를 취한 예를 가지고 있다. 주로 대략 주후 2-3세기 편지의 서두에서 이 동사가 수신자의 호격과 더불어 종종 명령형 형태(χαῖρε 또는 χαίρετε) 혹은 희구법 형태(χαίροις)로 사용되었다.[18]

---

16   Weima는 편지 서두의 이러한 전형성은 서두가 편지 발신자와 수신자의 개인적인 관계만을 드러내주는 역할을 하기 때문에 나타나게 된 것이라 본다. Weima, "Greco-Roman Letters," 642.

17   B. D. Wallace, *Greek Grammar beyond the Basic: An Exegetical Syntax of the New Testament with Scripture, Subject, and Greek Word Indexes* (Grand Rapids, Michigan: Zondervan Publishing House, 1996), 608-609.

18   Exler, *The Form of the Ancient*, 35; S. R. Llewelyn, *A Review of the Greek Inscriptions and Papyri published 1984-85* (Grand Rapids, Michigan / Cambridge, U.K.: William B. Eerdmans Publishing Company, 1998), 123-124, 126. 그러나 이러한 형식이 후대에도 사용된 예들이 나온다(예. P.Oxy. 2193[주후 4-5세기]) C. Kim[김진옥], "'Grüße in Gott, dem Herrn!'," 129-130.

〈예 3〉 P.Oxy. 1156(주후 3세기)

> Χαῖρε κύριέ μου ʼΑντᾶ παρὰ ʼΑνουβίωνος.
> 안녕하십니까, 나의 주 안따스여. 아누비온으로부터(사역).

그러나 이러한 설명은 이 동사의 명령법 혹은 희구법 형태가 제한된 시기에만 등장한다는 점과 더불어 설명이 이해하는 도움이 되더라도 동사의 문법적 형태의 기원을 설명할 수 없다는 한계점이 있다.[19]

다른 한편, χαίρειν 형태의 기원에 대해 우리는 한 편지의 예에서 힌트를 얻을 수 있다. 현재 남아있는 가장 오래된 파피루스 편지 중 하나인 SIG³ 3.1259는 다음의 서두를 가지고 있다.[20]

〈예 4〉 SIG³ 3.1259(주전 5세기)

> Μνησίεργος ἐπέστειλε τοῖς οἴκοι χαίρεν καὶ ὑγιαίνεν.
> 므네시에르구스는 집에 있는 자들에게 문안과 건강의 바람을 보낸다
> (사역).

이 편지를 보면 문안을 나타내는 동사의 부정사형(χαίρεν) 앞에 ἐπέστειλε의 동사를 가지고 있다. 이를 참조해 보면 문안을 나타내는 동사의 부정형은 관습적으로 사용된 것이 아니라 ἐπιστέλλω 동사 뒤

---

19 Exler, *The Form of the Ancient*, 67-68.
20 Deissmann, *Light from the Ancient East: The New Testament Illustrated by Recently Discovered Texts of the Graeco-Roman World. New and Completely Revised Edition with Eighty-Five Illustrations from the Latest German Edition*, 149; M. Trapp ed., *Greek and Latin Letters: An Anthology, with Translation* (Cambridge: Cambridge University Press, 2003), 50; Klauck, *Ancient Letters*, 19.

에서 보충적으로 사용된 부정사 형태임을 보게 된다.²¹ 물론, 우리는 이러한 예로 이 편지 한 통(SIG³ 3.1259)만을 가지고 있기 때문에, 이를 근거로 어느 시점에 ἐπιστέλλω 동사가 생략되고 관습적으로 발신자 주격과 수신자 여격 뒤에 부정사 χαίρειν/χαίρεν 만이 남게 되었다고 단정할 수는 없다. 다만, SIG³ 3.1259의 고대성과 더불어 문맥 내에서 ἐπιστέλλω 동사 뒤에 문안을 나타내는 동사의 부정사가 등장하는 것이 자연스럽다는 점, 그리고 이미 쉽게 유추될 수 있는 요소들은 생략되는 언어의 습관들을 통해 볼 때 우리는 편지 서두 유형에 ἐπιστέλλω 동사가 암시되어 있는 것으로 보아도 무방할 것이다.

이와 유사한 해결 방안을 클라우크(H-J. Klauck)가 제안했는데, 그에 의하면 편지 서두의 원-형태는 보다 오래된 구두 메시지 형식인 "τάδε λέγει A το B"라는 것이다. 이 견해는 편지 전달자가 편지를 직접 낭독해 주었다는 고대의 관습에 근거해 편지 자체에는 생략되어 있으나 전달자가 편지를 낭독할 때 τάδε λέγει를 말하며 편지를 읽었기에 동사의 부정사형(χαίρειν)은 동사 λέγει를 보충하는 것이라는 견해다.²² 비록 필자는 이 견해에 동의하지 않지만 이 역시 χαίρειν의 형태의 기원에 대한 한 가지 제안이 될 수 있다.

---

21   Klauck, *Ancient Letters*, 19를 참조하라.
22   Klauck, *Ancient Letters*, 18.

§2.3. χαίρειν의 보충

서두와 관련하여 추가로 한 가지 고려해야 할 사항이 있다. 즉, 이 유형과 관련하여 만약 서두에 χαίρειν이 생략된 형태, 즉 발신자의 주격과 수신자의 여격만이 등장하는 경우에는 어떻게 이해해야 할 것인가 하는 점이다. 만약 편지가 문학적 편지거나 한 작품에 포함되어 있는 편지라면, 이는 필사상 생략된 것, 즉 편의를 위한 생략으로 볼 수 있다.[23] 그러나 만약 그것이 우발적으로 보존된 파피루스 편지에서 발견된다면 어떻게 해석해야 할 것인가. 이 경우 특별한 보충적 요소가 존재하지 않는다면, 우선적으로 문안의 동사의 부정형인 χαίρειν이 암시되어 있다고 보는 것이 옳다. 따라서 번역할 경우 앞서 언급한 ἐπιστέλλω 동사 혹은 τάδε λέγει 절이 아니라 χαίρειν을 고려하여 해석해야 한다.

§3. 신약 서신 서두[24]

신약 성경 편지들이 그리스-로마 편지 전통에서 작성되었다고 널리 인정되지만, 그것이 맹목적 복사가 아니라 필요에 따라 각 부분을 변형했다는 점에서는 이론이 없다.[25] 그리고 그 변형 부분이 신약 서신들의

---

23   Klauck, *Ancient Letters*, 20-21을 참조하라.
24   특별한 언급이 없으면 향후 나오는 신약 성경 헬라어 본문은 NA[27]을, 한글 번역은 『개역개정』을 사용한다.
25   Stowers, "Letters: Greek and Latin Letters," 291; O'Brien, "Letters, Letter

독특성을 이루는데 서두의 양식 및 사용된 표현들 역시 그 예에 속한다. 그중 대표적 특징은 그리스-로마 편지들의 경우 서두가 하나의 문장으로 이루어져 있는 반면,[26] 몇몇 편지들을 제외하고 대부분의 신약 서신들의 서두는 발·수신자 부분과 인사 부분으로 나눠 있다는 점이다.[27] 그리스-로마 편지의 서두와 데살로니가전서의 서두를 비교해 보면 다음과 같다.

⟨예 5⟩

| P.Mich. 1.16 | Σώστρατος Ζήνωνι χαίρειν. |
| 살전 1:1a
1:1b | Παῦλος καὶ Σιλουανὸς καὶ Τιμόθεος τῇ ἐκκλησίᾳ Θεσσαλονικέων...
χάρις ὑμῖν καὶ εἰρήνη. |

위의 <예 5>를 보면 P.Mich. 1.16의 서두의 경우 "주격 형태의 발신자(Σώστρατος)+여격 형태의 수신자(Ζήνωνι)+부정사의 동사로 표현된 문

Forms," 550-551.

26 Doty, *Letters in Primitive Christianity*, 17-18; Strecker, *History of New Testament Literature*, 51, [보록 1] 각주 29; Klauck, *Ancient Letters*, 18.

27 White는 바울이 χαίρειν을 분리하고 완전한 인사인 "Grace to you and peace"로 대체함으로 안쪽 인사(즉, salutation)의 관습적인 표현인 "A- to B- χαίρειν"으로부터 떠났다고 지적한다. White, "New Testament Epistolary Literature," 1740. O'Brien, "Letters, Letter Forms," 551과 T. R. Schreiner, *Interpreting the Pauline Epistles* (Grand Rapids, Michigan: Baker Book House, 1990), 27을 참조하라. Lohmeyer는 이것이 address와 salutation을 구분하는 동양적 관습과 상응한다고 지적한다. E. Lohmeyer, "Probleme paulinischer Theologie: I. Briefliche Grußüberschriften," ZNW 26 (1927): 158이하. Vielhauer, *Geschichte der urchristlichen Literatur*, 65도 참조하라.

안(χαίρειν)"으로 된 하나의 문장으로 이루어져 있는 반면, 데살로니가전서 1:1a의 경우, 문안을 나타내는 동사 없이 "주격 형태의 발신자(Παῦλος καὶ Σιλουανὸς καὶ Τιμόθεος)+여격 형태의 수신자(τῇ ἐκκλησίᾳ Θεσσαλονικέων)" 형태로 발·수신자의 명시가 마무리되고, 계속되는 서두에서(살전 1:1b) 독립적인 형태로 인사를 대신하는 "주격 명사(χάρις... καὶ εἰρήνη)+수신자를 가리키는 여격 대명사(ὑμῖν)"의 또 다른 문장으로 지속된다. 전통적으로 한 문장으로 구성된 그리스-로마 편지 서두를 두 문장으로 분리한 신약 서신 서두는 형식적인 측면에 있어 신약 서신을 그리스-로마 편지들과 구분해주는 가장 현저한 특징 중 하나이다. 아래에서는 신약 서신의 이 독특한 형식과 더불어 그리스-로마 편지 서두 전통을 따르는 예들을 분석해 보고자 한다. 이 분석은 §4의 『개역개정』에 대한 논의의 근거가 될 뿐 아니라 번역 제안의 근거를 제공할 것이다.

§3.1. 발·수신자 부분과 인사 부분을 나눈 편지들

§3.1.1. 발·수신자 부분: "주격 발신자+여격 수신자"

이 항목에 해당하는 모든 신약 서신 서두들은 일괄적으로 발신자가 주격 형태로 첫 자리에, 수신자가 여격 형태로 둘째 자리에 등장한다(<예 5>를 보라).

번호	내용
IIa	주격 형태의 발신자(들) 이름/신분(종종 수식어구 동반)
IIb	여격 형태의 수신자(들) 이름/신분(종종 수식어구 동반)

<도표 2>

<도표 2>에 제시된 형식은 그리스-로마 편지 서두 전통에서 가장 일반적으로 사용되던 "A to B"의 발·수신자 표현 방식이다. 발·수신자를 한정하는 많은 요소는 부차적인 정보를 제공할 뿐이다.

§3.1.2. 인사 부분: "문안의 주격 명사+대명사 여격(+첨가요소)"

위의 <예 5>의 데살로니가전서 1:1b에서 본 바와 같이 이 형식의 인사 부분은 사도 바울의 대부분의 편지들[28]과 동사 πληθυνθείη를 포함한 약간 변형된 형태로 일부 공동 서신들[29]에서 나타난다. 요한이서 3의 경우 인칭 대명사 여격 대신 "μετά-속격"(μεθ' ἡμῶν) 구문이 등장한다.[30] 앞서 언급한 변형 형태를 고려하면서 이를 도표화하면 다음과 같다.[31]

---

28   롬 1:7; 고전 1:8; 고후 1:2; 갈 1:8; 엡 1:2; 빌 1:2; 골 1:2; 살전 1:1; 살후 1:2; 몬 8.
29   벧전 1:2; 벧후 1:2; 유 2.
30   요한이서의 또 다른 특징은 εἰμί 동사(ἔσται)가 인사 첫 자리에 위치한다는 점이다. 사실 부분적으로 발·수신자와 분리된 인사 부분에서 요이 3절의 εἰμί 동사의 등장은 바울 서신들의 인사 부분에서 동사의 생략과 관련하여 해석 시에 어떤 어휘를 보충해야 하는지에 대한 힌트를 줄 수 있다. 만약 그렇다면 수신자를 나타내는 ὑμῖν은 εἰμί 동사와 함께 소유를 나타내는 셈어적 용법을 반영한다고 볼 수 있다. 그러나 편지의 서두에서 이러한 예가 거의 없기에 이는 추측에 불과하다.
31   이 형식에 대해 학자들은 이는 바울의 고안물이며 다른 신약 서신 저자들이 그를 모방했다고 정리한다. White, "New Testament Epistolary Literature," 1752. Wendland, *Die urchristlichen Literaturformen*, 367을 참조하라.

번호	내용
IIIa	χάρις 등의 주격 명사(의 나열)로 시작되는 문안의 내용
IIIb	(일반적으로 두 번째 위치에 놓인) 수신자를 나타내는 대명사 여격(혹은 간혹 전치사 μετά+속격)
IIIc	전치사 ἀπό(또는 간혹 παρά[요이 3]) 시작하는 χάρις 등의 단어들의 내용의 출처(혹은 생략[살전 1:1; 벧전 1:2; 유 2. 골 1:2를 참조하라] 또는 다른 추가 어구[갈 1:5; 벧후 1:2; 요이 3])
IIIc1	성부에 대한 칭호
IIIc2	성부와 관계를 나타내는 대명사 속격
IIIc3	접속사 καί
IIIc4	성자에 대한 칭호
IIId	문미 동사 생략(혹은 동사 πληθυνθείη 사용)

<도표 3>

아래 <예 6>의 로마서 1:7은 위의 <도표 3>의 특성을 잘 반영하고 있다. 앞서 언급했듯이 이는 그리스-로마 편지 서두의 전형을 벗어난 독립적인 한 문장을 이루는 대표적인 기독교 편지의 서두 인사의 특징을 드러내 준다.[32]

---

[32] 소위, "목회 서신"이라 불리는 디모데전·후서 및 디도서 서두에서의 인사 부분에서의 수혜자 항목(IIIb)의 생략에 관련된 사항은 §5 번역 제안 부분에서 다룬다.

⟨예 6⟩ 롬 1:7

IIIa	IIIb	IIIc	IIId
χάρις... καὶ εἰρήνη	ὑμῖν	ἀπὸ θεοῦ πατρὸς ἡμῶν καὶ κυρίου Ἰησοῦ Χριστοῦ	생략
은혜와 평화가	너희에게	우리 아버지 하나님과 주 예수 그리스도로부터(사역)	

§3.2. 발·수신자와 인사가 한 문장을 이룬 편지들

비록 대다수의 신약 서신들이 독특한 서론을 가지고 있으나, 몇몇 편지들은 전통적인 그리스-로마 편지 서두를 가지고 있는 편지들이 있다. 야고보서 서두(1:1)와 문안 동사가 생략되어있는 요한삼서의 서두(1)가 이에 속한다. 특별히 야고보서의 서두는 기독교적 표현을 확장된 내용, 즉 아래 <예 7>의 대괄호 부분을 제외하고는 구조에 있어 비-문학적 파피루스 편지 서두의 구조와 동일하다.

⟨예 7⟩

본문	발신자	수신자	동사
P.Mich. 1.16	Σώστρατος	Ζήνωνι	χαίρειν
약 1:1	Ἰάκωβος [θεοῦ καὶ κυρίου Ἰησοῦ Χριστοῦ δοῦλος]	ταῖς δώδεκα φυλαῖς [ταῖς ἐν τῇ διασπορᾷ]	χαίρειν

§4. 『개역개정』의 번역 분석과 평가

3장에서 언급했듯이 신약 서신의 서두는 크게 2가지 종류로 구분된다: 발·수신 부분과 인사 부분이 각각 독립된 단락을 이루는 구조(§3.1) 및 전통적인 그리스-로마 편지 서두처럼 한 문장으로 된 구조(§3.2). 계속되는 부분에서 이 구분에 따라 신약 서신 서두의 『개역개정』 번역을 살펴보고자 한다.

§4.1. <§3.1>의 발·수신자 부분과 인사 부분을 나눈 편지들

이 항목에 속하는 편지들의 서두를 수식어구 등을 최대한 배제하고 발·수신자와 인사만 요약해 제시하면 다음과 같다.

본문	항목	내용	비고

Va (바울서신: 목회서신 제외)

본문	항목	내용	비고
1. 롬 1:1-7	II	바울은(IIa)… 모든 자에게(IIb)	
	III	하나님 우리 아버지와 주 예수 그리스도로부터(IIIc) 은혜와 평강이(IIIa) 있기를 원하노라(IIId)	IIIb 생략 IIId 추가
2. 고전 1:1-3	II	바울과… 소스데네는(IIa)… 모든 자들에게(IIb)	
	III	하나님 우리 아버지와 주 예수 그리스도로부터(IIIc) 은혜와 평강이(IIIa) 있기를 원하노라(IIId)	IIIb 생략 IIId 추가

본문	항목	내용	비고
3. 고후 1:1-2	II	바울과... 디모데는(IIa)... 모든 성도들에게(IIb)	
	III	하나님 우리 아버지와 주 예수 그리스도로부터(IIIc) 은혜와 평강이(IIIa) 있기를 원하노라(IIId)	IIIb 생략 IIId 추가
4. 갈 1:1-5	II	바울은(IIa)... 갈라디아 여러 교회들에게(IIb)	
	III	우리 하나님 아버지와 주 예수 그리스도로부터(IIIc) 은혜와 평강이(IIIa) 있기를 원하노라(IIId)	IIIb 생략 IIId 추가
5. 엡 1:1-2	II	바울은(IIa)... 에베소에 있는 성도들과... 신실한 자들에게(IIb) 편지하노니	편지하노라 추가
	III	하나님 우리 아버지와 주 예수 그리스도로부터(IIIc) 은혜와 평강이(IIIa) 너희에게(IIIb) 있을지어다(IIId)	IIId 추가
6. 빌 1:1-2	II	바울과 디모데는(IIa)... 빌립보에 사는 모든 성도와 또한 감독들과 집사들에게(IIb) 편지하노니	편지하노라 추가
	III	하나님 우리 아버지와 주 예수 그리스도로부터(IIIc) 은혜와 평강이(IIIa) 너희에게(IIIb) 있을지어다(IIId)	IIId 추가
7. 골 1:1-2	II	바울과... 디모데는(IIa)... 신실한 형제들에게(IIb) 편지하노니	편지하노라 추가
	III	우리 아버지 하나님으로부터(IIIc) 은혜와 평강이(IIIa) 너희에게(IIIb) 있을지어다(IIId)	IIId 추가

본문	항목	내용	비고
8. 살전 1:1	II	바울과 실루아노와 디모데는(IIa)... 데살로니가인의 교회에(IIb) 편지하노니	편지하노라 추가
	III	은혜와 평강이(IIIa) 너희에게(IIIb) 있을지어다(IIId)	IIId 추가
9. 살후 1:1-2	II	바울과 실루아노와 디모데는(IIa)... 데살로니가인의 교회에(IIb) 편지하노니	편지하노라 추가
	III	하나님 아버지와 주 예수 그리스도로부터(IIIc) 은혜와 평강이(IIIa) 너희에게(IIIb) 있을지어다(IIId)	IIId 추가
10. 몬 1-3	II	바울과... 디모데는(IIa)... 빌레몬과 압비아와... 아킵보와 네 집에 있는 교회에(IIb) 편지하노니	편지하노라 추가
	III	하나님 우리 아버지와 주 예수 그리스도로부터(IIIc) 은혜와 평강이(IIIa) 너희에게(IIIb) 있을지어다(IIId)	IIId 추가

Vb (공동서신 1)

본문	항목	내용	비고
1. 벧전 1:1-2	II	베드로는(IIa)... 택하심을 받은 자들에게(IIb) 편지하노니	편지하노라 추가
	III	은혜와 평강이(IIIa) 너희에게(IIIb) 더욱 많을 지어다(IIId)	
2. 벧후 1:1-2	II	시몬 베드로는(IIa)... 보배로운 믿음을 우리와 함께 받은 자들에게(IIb) 편지하노니	편지하노라 추가
	III	하나님과 우리 주 예수를 앎으로(IIIc?) 은혜와 평강이(IIIa) 너희에게(IIIb) 더욱 많을 지어다(IIId)	

본문	항목	내용	비고
3. 유 1-2	II	유다는(IIa)... 지키심을 받은 자들에게(IIb) 편지하노라	편지하노라 추가
	III	긍휼과 평강과 사랑이(IIIa) 너희에게(IIIb) 더욱 많을 지어다(IIId)	

Vc (공동서신 2)

본문	항목	내용	비고
1. 요이 1-3	II	장로인 나는(IIa)... 부녀와 그의 자녀들에게(IIb) 편지하노니	편지하노니 추가
	III	은혜와 긍휼과 평강이(IIIa) 하나님 아버지와 아버지의 아들 예수 그리스도께로부터(IIIc) 진리와 사랑 가운데서(IIIc?) 우리와 함께(IIIb) 있으리라(IIId)	

Vd (목회서신: 바울서신)

본문	항목	내용	비고
1. 딤전 1:1-2	II	바울은(IIa)... 디모데에게(IIb) 편지하노니	편지하노니 추가
	III	하나님 아버지와 그리스도 예수 우리 주께로부터(IIIc) 은혜와 긍휼과 평강이(IIIa) 네게(IIIb) 있을지어다(IIId)	IIIb 추가 IIId 추가
2. 딤후 1:1-2	II	바울은(IIa)... 디모데에게(IIb) 편지하노니	편지하노니 추가
	III	하나님 아버지와 그리스도 예수 우리 주께로부터(IIIc) 은혜와 긍휼과 평강이(IIIa) 네게(IIIb) 있을지어다(IIId)	IIIb 추가 IIId 추가
3. 딛 1:1-4	II	나 바울이(IIa??)... 디도에게(IIb) 편지하노니	IIa 모호(삭제) 편지하노라 추가
	III	하나님 아버지와 그리스도 예수 우리 구주로부터(IIIc) 은혜와 평강이(IIIa) 네게(IIIb) 있을지어다(IIId)	IIIb 추가 IIId 추가

<도표 4>

§4.1.1. 발·수신자 부분의 문제점과 대안

<도표 4>의 <비고>란은 원문과 관련하여 해당 항목이 있는데 삭제되거나 추가된 경우를 보여준다.[33] 이 삭제 및 추가의 문제는 무엇보다 신약 서신 서두에 대한 그릇된 인상을 준다. 또한 그 문학적 양식이 전달하는 의미를 바로 전달하는 데도 장애가 된다. 따라서 『개역개정』을 분석하여 문제점을 지적하고 더 나은 번역을 위한 대안을 제시하는 것은 유익할 것이다.

첫째. 발·수신자 항목(II)에서 존재하지 않는 동사를 추가함에 있어 상이함이 존재한다. 첫 번째 상이점은 일부 편지 발·수신자 부분(Va1-4)에 동사가 추가·번역되어 있지 않은 반면, 대부분의 경우(Va5-10; Vbcd)는 동사를 추가해 번역한 것이다. 이때 추측하여 제시된 번역어는 "편지하다"라는 동사의 활용형이다. 그런데 그 번역에 있어 한 편지를 제외하고[34] 모든 번역(Va5-10; Vb1-2; Vcd)은 "편지하노니"라고 향후 문장을 고려하여 번역했다. 비록 표현상의 한계가 있으나, "편지하다"를 사용해 발·수신자를 번역한 예들은 발·수신자 부분과 인사 부분을 두 개의 독립된 문장으로 이해했다는 점에 있어서 신약 성경 서두의 독특성을 고스란히 반영해 주고 있다고 평가할 수 있다. 그럼에도 불구하고 필자는, 만약 우리가 "편지하다" 동사를 받아들인다고 한다면, 발·수신자가 독립된 단락을 이루기 때문에 대부분의 번역에서처럼 "편지

---

33   이 두 문제 외에 반복적으로 드러나는 문제는 <IIIc>의 번역 문제이다. 그러나 <IIIc>는 일괄되게 등장하지 않는 부차적인 요소로 간주할 수 있기에, 또한 헬라어 단어의 나열시 번역 어순의 문제는 독립된 연구가 필요하기에 여기서는 따로 다루지 않는다. 다만 문제를 직시하기 위해 Va 항목의 예를 들어 번역적 문제(IIIa 항목이 일치하게 등장하는 경우)를 간단하게 표현하자면 다음과 같다: Va1-3, 6, 10 ≠ Va5 ≠ Va7.

34   <Vb3>: "편지하노라"라고 문장의 완결형으로 추가 및 번역함.

하노니"라는 연결형보다는 <Vb3>에서 시도했듯이 "편지하노라"라고 완결형으로 번역하는 것이 편지 서두의 특성을 더 잘 반영한 것으로 본다.35 그러나 보다 더 근본적인 문제는 과연 "편지하다" 동사가 추가되는 것이 알맞은가 하는 것이다. 이와 관련해 필자는 이미 <§2.2> 단락에서 논의 했듯이 이 자리에 "편지하다" 동사가 아니라 "문안하

---

35   물론 이 제안은 번역의 묘미와 관련된 것일 수 있기에 필자의 선호도와 관련될 수 있다. 다만, 이와 관련하여 언급해야 할 사항은 NA[27] 등의 헬라어 본문의 구두점에 근거한 논의, 즉 NA[27]의 해당 본문에 마침표가 있느냐 아니면 다른 종류의 구두점이 있느냐를 따지는 것의 타당성이다. 그 이유는 두 가지다. 첫째로, 비록 필자가 NA[27]의 구두점의 전통성을 받아들이더라도, 이 구두점은 후대에 본문에 첨가 된 것이라는 점이다. 필자는 본문 안의 구두점들은 본문 편집자들의 주의 깊은 해석의 결과로 본다. 둘째로, 발·수신자 부분과 인사 부분이 분리되어 있는 경우의 예들을 살펴 볼 때 그 구두점이 일관성이 없다는 점이다. 예를 들어, <Va>와 관련하여, 동일한 양식을 가지고 있음에도 불구하고, <Va1, 3-10>은 발·수신자 부분과 인사 부분 사이에 쉼표를 가지고 있는 반면(Vd1-3도 해당), <Va2>는 윗점(·)을 갖는다. 또한 <Vb>와 관련하여, 이 서두들은 인사 부분에 모두 동일한 동사를 가지고 있는데, <Vb1-2>의 경우는 발·수신자 부분과 인사 부분 사이에 쉼표를 갖고 있는 반면, <Vb3>은 윗점(·)을 가지고 있다. 한편, 조금 다른 양식이기는 하지만 인사 부분에 동사를 가지고 있는 <Vc1>의 경우 발·수신자 부분과 인사 부분 사이에 마침표를 가지고 있다. 이러한 사항들은 NA[27]의 구두점에 대한 호소를 함에 있어 주의를 기울일 필요가 있음을 보여준다. 추가적으로 『성경전서 개역개정판』의 번역이 NA[27]의 구두점을 깊이 고려하지 않았다는 증거로는 <Vc1>과 <Vb3>이 있다. 전자의 경우, 발·수신자 부분과 인사 부분 사이에 마침표가 있음에도 불구하고 연결형인 "편지하노니"가 사용되었다. 반면 후자의 경우, NA[27]에는 발·수신자 부분과 인사 부분 사이에 쉼표가 있음에도 불구하고 완결형인 "편지하노라"가 사용되었다. 이 사항을 고려해 볼 때, 비록 발·수신자 부분 뒤에 동사의 연결형을 사용할 것인지 아니면 완결형을 사용할 것인지의 선택은 번역의 묘미의 문제와 관련 있다고 볼 수 있지만, 이는 『성경전서 개역개정판』의 번역에는 일차적으로 해당되지 않는 것으로 결론지을 수 있다.

다" 동사가 추가되어야 한다고 본다.[36]

둘째. 또 다른 문제가 <Va1-4>의 경우처럼 동사를 추가하지 않은 경우에서 발생한다. 이와 관련하여 번역에 있어 동사가 꼭 삽입될 필요가 없다는 점을 미리 밝혀야 한다. 즉, 만약 문자적 번역을 추구한다면 동사를 추가하여 번역하는 것 역시 부차적인 작업이다. 이렇게 보자면 <Va1-4>의 발·수신자 번역이 더욱 원문에 가깝다고 말할 수 있을 것이다.[37] 그러나 문제는 <Va1-4>의 발·수신자 부분 번역 자체에서 기인하는 것이 아니다. 문제는 <Va1-4>의 『개역개정』의 번역 상태와 인사 부분의 연관성 속에서 발생한다. 즉, "편지하다"라는 동사를 추가하여 발·수신자 부분을 번역한 편지들(Va5-10; Vbcd)은 발·수신 부분을 하나의 독립된 단락으로 번역했기에 (후에 기원문 혹은 소원문으로 밝혀질) 인사 부분에서 인칭 대명사의 여격(혹은 전치사+인칭 대명사) 형태의 인사의 수혜자(IIIb)를 모두 번역하고 있다. 반면, <Va1-4>의 경우 발·수신자를 종료하지 않은 상태로 보이기에[38] 인사 부분과 직접 연결되

---

36   비록 몇몇 학자들이 χάρις 및 εἰρήνη가 속한 인사 부분이 전통적인 χαίρειν을 대신한다고는 지적하여 번역자로 하여금 인사 부분을 문안으로 번역하도록 강요하지만 이는 바울의 서두의 특징을 설명하기 위해 제시된 것이지 꼭 χάρις가 χαίρειν을 대신하는 것으로 해석되어야 함을 말하지 않는다. 만약 이러한 입장을 견지한다면 번역자는 "문안" 동사를 사용할 수 없기에 "편지하다" 등의 기술하는 동사를 삽입할 수밖에 없게 된다. 그러나 신약 성경 시대에 그리스-로마 편지 양식에서 이러한 동사가 서두에 사용된 이 예가 없다. 갈라디아서와 관련해 생략된 동사를 χαίρειν으로 사용할 것을 제안한 것에 대해서 김충연, "갈라디아서 1:1-2:10의 한국어 번역 연구-형식 일치 번역을 지향할 때의 문제 구절들을 중심으로," 『성경원문연구』 29 (2011.10): 111-112를 참조하라. 그러나 아쉽게도 김충연은 자신의 제안 근거를 분명하게 제시하지는 않는다.
37   NIV 및 NRSV는 이러한 방식으로 번역했다.
38   그 자체로 종료되었다고 볼 수 있으나 인사 부분과 관련하여 그렇지 않음

어있는 형태로 번역되고, 이에 따라 <IIIb>의 수혜자를 번역할 필요성이 제거되었다. 따라서 이 <Va1-4>의 인사 부분 번역에서는 인사의 수혜자(IIIb)가 일괄적으로 번역되지 않았다. 이와 관련해 필자는 다른 번역들처럼 동사를 추가해 번역함으로써 <IIIb> 항목을 살펴 번역하거나 혹은 발·수신자 부분의 동사 없는 『개역개정』 번역을 유지할 경우, 발·수신자 이후에 마침표를 찍음으로 발·수신자 부분을 종결하고 인사 부분에서는 <IIIb>를 반영하여 완전한 문장으로 번역해야 한다고 본다.

셋째, <Vd>의 경우는 두 번째 문제점과 대조적으로 인사 부분에서 인사의 수혜자(IIIb) 자체가 언급되어 있지 않다. 그러나 발·수신자 부분(Vd3)에서 "편지하다" 동사를 사용하여 문장을 일단락하는 형태로 번역하여 아래 <도표 5>에서 보듯이 인사 부분에서 원문에는 존재하지는 않는 인사의 수혜자(IIIb)가 추가되었다. 디도서 1:4의 예를 보자.

딛 1:4

IIIa	IIIb	IIIc	IIId
χάρις καὶ εἰρήνη	없음	ἀπὸ θεοῦ πατρὸς καὶ Χριστοῦ Ἰησοῦ τοῦ σωτῆρος ἡμῶν	생략
은혜와 평강이	네게	하나님 아버지와 그리스도 예수 우리 구주로부터	있을지어다

<도표 5>

이와 관련해 필자는 『개역개정』의 <IIIb> 항목을 삽입한 번역이 합당하다고 본다. 그 이유는 목회 서신들의 발·수신자 부분은 다른 편지들처럼 독립적 단락인 것은 분명하기 때문이다. 즉, 이미 발신자가 주격으로

이 드러난다.

표현되어있는 상황에서 인사 부분에서 또 등장하는 주격 명사들은 설명할 수 없기 때문이다. 다시 말해, 이 두 단락은 함께 읽힐 수 없기 때문에 각각 독립된 단락으로 보아야 한다. 그렇기 때문에 우리는 <IIId> 항목이 쉽게 추론할 수 있기 때문에 종종 생략되었듯이 목회 서신에서도 쉽게 유추 가능한 <IIIb> 항목이 생략된 것으로 볼 수 있다. 그러나 여전히 <도표 3>을 따르는 비-목회 서신들에서는 전혀 이러한 현상(즉, 수혜자가 생략되는 현상)이 일어나지 않는 반면, 목회 서신 모두에서는 이러한 현상이 일어난다는 점을 충분히 설명할 수 없다는 한계가 있다. 단지, 다른 편지들과 달리 목회 서신들은 개인을 수신자로 할 뿐 아니라 목회자를 수신자로 한 전문적인 개인 편지지만 저자가 이 편지들이 후에 이차 독자들에게도 읽힐 것을 전제로 하여 <IIIb>에서 특정 개인을 지시하는 대명사를 의도적으로 생략한 것이 아닐까 추측해 볼 수 있다. 그렇다면 인사 항목의 내용이 특정인이 아닌 보다 넓은 독자를 향한 것으로 볼 수 있기 때문이다.[39] 사실 목회 서신의 종결부의 "χάρις 축복문"을 참조해 보면[40] 그

---

[39] P. H. Towner, 1-2 Timothy & Titus (Downers Grove, Illinois: InterVarsity Press, 1994), 20.

[40] 신약 서신의 종결부의 양식적 특징에 대해서는 White, "The Greek Documentary Letter Tradition," 97, 98-99; Schreiner, *Interpreting the Pauline Epistles*, 29-30; O'Brien, "Letters, Letter Forms," 552; Aune, *The Westminster Dictionary of New Testament and Early Christian Literature and Rhetoric*, 268, 269-270을 참조하라. 특별히 Weima의 연구는 신약 서신의 종결부의 구조("εἰρήνη 축복문-훈계 단락-다양한 형식의 인사들-χάρις 축복문")를 조직적으로 제시해 주었다. Weima, *Neglected Endings: The Significance of the Pauline Letter Closings*, 45. 필자는 Weima의 연구에 경의를 표하면서도 그가 분명한 문학 형식적 차이를 드러내는 소위 "εἰρήνη 축복문" 구문과 "χάρις 축복문" 구문에 대해 용어적 구분을 시도하지 않고 일관되게 "축복문"이라는 표현을 사용한 점에 대해서는 아쉬움이 있다. 신약 서신들에는 소위 "축복문" 형식으로 번역되는 다양한 문학적 양식들이 존재하는데 앞서 언급한 "χάρις 축복문"과

축복의 대상이 복수(ὑμῶν)로 나타나 있다.

⟨예 8⟩

딤전 6:21	Ἡ χάρις μεθ᾽ ὑμῶν.
딤후 6:22	Ἡ χάρις μεθ᾽ ὑμῶν.
딛 3:15	Ἡ χάρις μετὰ πάντων ὑμῶν.

⟨예 8⟩은 목회 서신이 단순히 수신자 개인만을 고려한 것은 아니라 명시된 수신자 이외의 독자가 암시되어 있음을 말해준다.[41] 그러나

"εἰρήνη 축복문" 외에 편지 서두의 인사 부분과 영광송에 이에 속한다. "χάρις 축복문"을 제외한 나머지 세 양식들은 "χάρις 축복문"과 분명한 차이를 보이면서 서로 동일한 형식을 가지고 있기에 비-"χάρις 축복문" 형식으로 묶을 수 있으며, 필자는 내용에 근거해 이를 기원문 혹은 소원문으로 구분한다. 따라서 필자는 "εἰρήνη 축복문"라는 표현보다 "εἰρήνη 기원문"이라는 표현이 더 정확하다고 보인다. 그러나 이 표현이 Weima에게서 시작되었기에 필자는 그의 원-표현을 유지하고자 한다. 그러나 주의를 요하기 위해 둥근 괄호를 사용해 필자의 표현을 삽입하고자 한다(예. "εἰρήνη 축복문[기원문]").

41 이와 관련해 요한삼서도 고려할 필요가 있다. 요삼 1에 의하면 수신자가 가이오로 명명되어 있다. 이 가이오는 아마도 수신자 지역의 교회의 대표였던 것으로 보인다. 이러한 맥락에서 이 편지는 목회 서신들과 유사한 특징이 있다고 여길 수 있다. 그러나 차이점이 있다. 즉 요한 삼서는 철저하게 2인칭 단수를 사용하여 편지의 내용이 가이오에게 보내진 방식으로 기록되었다. 이는 편지 종결부의 "εἰρήνη 축복문(기원문)"에서 2인칭 복수 대명사(ὑμῖν)가 아닌 2인칭 단수 대명사(σοι)가 등장하는 것을 통해서도 확인된다. 목회 서신들의 경우 서두는 단수 수신자로 되어있으나 종결부의 "χάρις 축복문"의 경우에는 복수 대명사가 등장하는 것을 볼 수 있다. 다른 한편 내용에서도 차이를 보인다. 즉 비록 목회 서신들과 요한삼서 모두가 교회의 지도자들에게 발송되었으나 전자는 직접적으로 목회자의 역할

목회 서신의 수혜자 없는 인사 부분은 여전히 난제로 남는다. 앞서 언급했지만, 필자는-비록 이 문제를 해결할 수는 없지만, 그럼에도 불구하고-발·수신자 단락과 인사 단락은 구분되어 이해되고 번역되어야 한다고 본다.

위의 세 가지 문제점들은 『개역개정』이 신약 서신 서두의 구조와 번역의 미묘한 문제에 큰 관심을 두지 않았음을 보여준다.

§4.1.2. 인사 부분의 문제점과 대안

한편, <도표 4>에서 <도표 3>의 <IIId>의 인사 부분의 동사에 대해 독립된 동사를 가지고 있는 <Vbc>를 제외한 <Vad>의 경우 "인사 명사+여격 수혜자(+수식어)"로 끝나는 신약 서신 서두의 인사 부분에 동사를 추가했다. 이 부분과 관련하여 추측되어 추가된 동사는 "있기를 원하노라."(Va1-4) 혹은 "있을지어다."(Va5-10; Vd)의 축복 선언 형식의 표현이다. 그러나 의문점은 과연 이곳에 추가되어야 할 동사가 "있기를 원하노라." 혹은 "있을지어다."라는 전통적인 축복 선언문인가 하는 점이다. 그 이유는, 비록 이 부분을 내용상 축복문으로 이해할 수 있으나, 형식적인 측면에서는 특별히 와이마가 신약 서신 종결부의 요소로서 "χάρις 축복문"이라 규정한 형식과 약간의 차이를 보이기 때문이다. 예를 들어, 편지 인사 부분의 거의 모든 χάρις 인사 부분은 "주격 형태의 χάρις+명사의 여격" 구문 형태인 반면, 와이마가 하나의 양식으로

과 사실에 대해 논의하면서 일부 교회의 현안을 다루는 반면, 후자는 교회의 현안만을 다루며 그 내용을 수신자에게 지도하는 방식으로 서술되어 있다. 게다가 요한삼서는 서두가 전형적인 그리스-로마 편지 서두를 따르기에 목회 서신들의 경우와 같은 문제점이 발생하지도 않는다. 따라서 필자는 요한 삼서는 따로 취급하지 않았다.

규정한 편지 종결부의 거의 모든 "χάρις 축복문"은 "주격 형태의 χάρις+ʹμετά-속격 인칭 대명사ʹ" 구문 형태이기 때문이다.⁴² 이에 반해, 와이마가 제안한, 종결부에 동일하게 사용되는 "χάρις 축복문"과 성격상 유사하나 다른 형식을 가진 "εἰρήνη 축복문(기원문)"⁴³의 경우 "주격 형태의 εἰρήνη+여격 인칭 대명사"의 형태를 가지고 있다는 점에 주목할 필요가 있다.⁴⁴ 에베소서는 이 두 가지 형식들을 포함하고 있으며 앞서 언급한 구문 형식을 잘 보여주고 있다(필자 강조).

⟨예 9⟩

εἰρήνη 축복문(기원문) (엡 6:23)	εἰρήνη τοῖς ἀδελφοῖς καὶ ἀγάπη μετὰ πίστεως ἀπὸ θεοῦ πατρὸς καὶ κυρίου Ἰησοῦ Χριστοῦ.
χάρις 축복문 (엡 6:24)	ἡ χάρις μετὰ πάντων τῶν ἀγαπώντων τὸν κύριον ἡμῶν Ἰησοῦν Χριστὸν ἐν ἀφθαρσίᾳ.
인사 부분 (엡 1:2)	χάρις ὑμῖν καὶ εἰρήνη ἀπὸ θεοῦ πατρὸς ἡμῶν καὶ κυρίου Ἰησοῦ Χριστοῦ.

⟨예 9⟩를 살펴보면 에베소서 1:2의 인사 부분은 형태상 "χάρις 축복문"(엡 6:24)이 아니라 "εἰρήνη 축복문(기원문)"(엡 6:23)과 형식적으로 일치한다. 만약 그렇다면, 우리는 편지 인사 부분을 축복 선언 형태로 번역해 온 관행에 대해 재고가 필요하다. 왜냐하면 인사 부분은 형식적 측면에서 비-축복문일 가능성이 더 크기 때문이다.

---

42 롬 16:20; 고전 16:23; 고후 13:13; 갈 6:18; 엡 6:24; 빌 4:23; 골 4:18; 살전 5:28; 살후 3:18; 딤전 6:21; 딤후 4:22; 딛 3:15; 몬 25; 히 13:25.
43 이 표현에 대해서는 각주 37번을 참조하라.
44 엡 6:23; 벧전 5:14; 요삼 15. 살전 5:23-24; 살후 3:16을 참조하라.

이 사실은 기독교 편지의 다른 양식인 영광송을 통해서도 확인된다.[45] 에베소서 3:21에 영광송이 나오는데 이를 위의 양식들과 비교해 보면 에베소서의 인사 부분이 다시 한번 "χάρις 축복문" 형식을 따르고 있지 않음을 발견하기 때문이다(필자 강조).

〈예 10〉

인사 부분(엡 1:2)	χάρις ὑμῖν καὶ εἰρήνη ἀπὸ θεοῦ πατρὸς ἡμῶν καὶ κυρίου Ἰησοῦ Χριστοῦ.
영광송(엡 3:21)	αὐτῷ ἡ δόξα ἐν τῇ ἐκκλησίᾳ καὶ ἐν Χριστῷ Ἰησοῦ εἰς πάσας τὰς γενεὰς τοῦ αἰῶνος τῶν αἰώνων, ἀμήν.
εἰρήνη 축복문(기원문) (엡 6:23)	εἰρήνη τοῖς ἀδελφοῖς καὶ ἀγάπη μετὰ πίστεως ἀπὸ θεοῦ πατρὸς καὶ κυρίου Ἰησοῦ Χριστοῦ.
χάρις 축복문(엡 6:24)	ἡ χάρις μετὰ πάντων τῶν ἀγαπώντων τὸν κύριον ἡμῶν Ἰησοῦν Χριστὸν ἐν ἀφθαρσίᾳ.

〈예 10〉을 통해 우리는 "주격 명사+수혜자 여격"의 형식은 축복문의 형식이 아님을 볼 수 있다. 오히려 이 형식은 "εἰρήνη 축복문(기원문)"과 영광송을 고려할 때 바람을 나타내는 기원문 혹은 소원문으로 보아야 한다. 특별히 신적 존재에게 돌려지는 영광송을 고려할 경우 이 구문은 축복문보다 기원문 혹은 소원문으로 보아야 할 것이다.[46]

---

45   J. H. Neyrey, *2 Peter, Jude: A New Translation with Introduction and Commentary* (New York: Doubleday, 1993), 95. 신약 성경에서 위와 같은 형식의 영광송의 예로는 갈 1:5; 롬 11:36; 16:27; 빌 4:20; 벧전 4:11; 벧후 3:18; 유 25가 있다.

46   P. T. O'Brien, "Benediction, Blessing, Doxology, Thanksgiving," in *Dictionary of Paul and His Letters*, ed. by G. F. Hawthorne and R. P. Martin (Downers Grove, Ill.: InterVarsity Press, 1997), 69; Weima, *Neglected Endings*, 135-136.

이러한 관점에서 보면 비-축복문 형식을 축복 선언에 적합하며 사용된 "있기를 원하노라." 혹은 "있을지어다."의 표현을 사용해 번역하는 것은 본문의 의미를 충분히 살리지 못하는 것이라 지적할 수 있다.[47] 그러나 문제는 <예 11>에서 볼 수 있듯이 『개역개정』은 이 두 가지 양식을 번역함에 있어 동사의 번역에 전혀 차이를 두지 않는다는 것이다(필자 강조).

<예 11>

인사 부분(엡 1:2)	하나님 우리 아버지와 주 예수 그리스도로부터 은혜와 평강이 너희에게 **있을지어다**.
영광송(엡 3:20-21)	… 이에게 교회 안에서와 그리스도 예수 안에서 영광이 대대로 영원무궁하기를 **원하노라**. 아멘.
εἰρήνη 축복문(기원문) (엡 6:23)	아버지 하나님과 주 예수 그리스도께로부터 평안과 믿음을 겸한 사랑이 형제들에게 **있을지어다**.
χάρις 축복문(엡 6:24)	우리 주 예수 그리스도를 변함없이 사랑하는 모든 자에게 은혜가 있을지어다.

<예 11>에서 영광송의 번역은 사실 다른 세 가지 번역들과 차이가 있다. 그러나 이는 다른 번역이 아니라 단순히 <도표 4>의 <Va1-4>에 나타나는 "있기를 원하노라"라는 축복문 번역의 부정확한 번역의 예일 뿐이다. 이러한 번역의 부정확함은 시간 부사구인 εἰς πάσας τὰς γενεὰς τοῦ αἰῶνος τῶν αἰώνων을 동사처럼 번역했기 때문에 나온

---

47 사실, 이 표현은 축복문과 기원문 모두에 사용된다. 그러나 일반적으로 축도나 축복시에 사용되기에 필자는 이 표현을 축복을 나타내는 것으로 보고, 기원을 위해서는 대안적인 표현이 제안되어야 된다고 본다.

것이다. 오히려 신약 서신에 등장하는 영광송 번역의 전형은 갈라디아서 1:5에 등장한다(필자 강조):

⟨예 12⟩

| 영광송(갈 1:5) | ᾧ ἡ δόξα εἰς τοὺς αἰῶνας τῶν αἰώνων, ἀμήν. |
| 『개역개정』 | 영광이 그에게 세세토록 있을지어다. 아멘. |

⟨예 12⟩의 번역까지 고려한다면 우리는 『개역개정』에서는 "χάρις 축복문"과 비-축복문 형식의 "εἰρήνη 축복문(기원문)"과 영광송 및 인사 부분의 구별되는 문학적 양식에 대해 번역이 구별되지 않고 있음을 보게 된다. 즉, 모든 양식에 "있다" 동사가 생략되어있는 것으로 본다.[48]

한편, "χάρις 축복문" 형태에 "있다" 동사가 암시되어 있다는 것은 요한이서 3을 통해 확인된다(필자 강조).

⟨예 13⟩

| 요이 3 | ἔσται μεθ' ἡμῶν χάρις ἔλεος εἰρήνη παρὰ θεοῦ πατρὸς καὶ παρὰ Ἰησοῦ Χριστοῦ τοῦ υἱοῦ τοῦ πατρὸς ἐν ἀληθείᾳ καὶ ἀγάπῃ. |
| χάρις 축복문 (엡 6:24) | ἡ χάρις μετὰ πάντων τῶν ἀγαπώντων τὸν κύριον ἡμῶν Ἰησοῦν Χριστὸν ἐν ἀφθαρσίᾳ. |

---

48 김충연, "갈라디아서 1:1-2:10," 112-113을 참조하라. 이곳에서 김충연은 G. Kittel을 의존해 갈 1:3과 5의 인사 부분 및 영광송 부분에 εἰμί 동사의 활용형인 ἐστιν(현재, 직설법, 능동태, 단수, 3인칭 형) 혹은 εἴη(현재, 희구법, 능동태, 단수, 3인칭 형)가 보충되어 번역될 것을 제안한다. 그러나 필자는 계속되는 논의에서 드러나듯 이러한 제안에 동의하지 않는다.

<예 13>를 보면 두 구절에서 "주격 명사+'μετά-속격 인칭 대명사'" 구문이 동일하게 등장하는데 요한이서 3에는 에베소서 6:24에는 등장하지 않는 본동사(ἔσται)가 등장한다. ἔσται는 εἰμί 동사의 미래, 직설법, 능동태, 단수, 3인칭 형인데 "있다/이다"의 의미를 가진다. 이로부터 "χάρις 축복문"에서 암시되어있는 동사가 εἰμί 동사인 것을 확인할 수 있다.

그러나 과연 이 동사가 『개역개정』에서처럼 비-축복문 형식인 "εἰρήνη 축복문(기원문)"과 영광송 및 인사 단락에도 암시되어있는 것일까? 예를 통해 보건대, 그렇지 않다. 대신 우리는 다른 동사들을 제안할 수 있다. 우선, 우리는 이 구문에 πληθύνω 동사가 암시되어 있다고 볼 수 있다. 아래 <예 14>는 이에 대한 예를 제공해 준다(필자 강조).

〈예 14〉

벧전 1:2	χάρις ὑμῖν καὶ εἰρήνη πληθυνθείη.
벧후 1:2	χάρις ὑμῖν καὶ εἰρήνη πληθυνθείη ἐν ἐπιγνώσει τοῦ θεοῦ καὶ Ἰησοῦ τοῦ κυρίου ἡμῶν.
유 2	ἔλεος ὑμῖν καὶ εἰρήνη καὶ ἀγάπη πληθυνθείη.

<예 14>를 보면 "주격 명사+인칭 대명사 여격" 형식에 동사 πληθυνθείη (πληθύνω 동사의 부정과거, 희구법, 수동태, 단수, 3인칭형)가 발견된다. 이 어휘는 "번창하다" 혹은 "많아지다" 등의 의미를 지니며, 수동태 형태로 『개역개정』에서는 "더욱 많을지어다."로 일괄되게 번역되었다. 이 동사 사용의 기원에 대해 학자들은 이것이 고대 근동 왕 편지(royal letter)의 서두에서 기인한 것으로 본다.[49] 그러나 그 기원이 어쨌든 간에 이 표현이 기독교

---

49   White, "New Testament Epistolary Literature," 1752; J. B. Bauer, *Die*

편지 혹은 편지 형식에 담긴 작품 내에서 일정 기간 사용되었다. 예를 들면 아래 <예 15>와 같다(필자 강조).

<예 15>

『클리멘트 1서』, 서두	χάρις ὑμῖν καὶ εἰρήνη ἀπὸ παντοκράτορος θεοῦ διὰ Ἰησοῦ Χριστοῦ πληθυνθείη.
폴리캅, 『빌립보인들에게』, 서두	ἔλεος ὑμῖν καὶ εἰρήνη παρὰ θεοῦ παντοκράτορος καὶ Ἰησοῦ Χριστοῦ τοῦ σωτῆρος ἡμῶν πληθυνθείη.
『폴리캅의 순교사화』, 서두	ἔλεος, εἰρήνη καὶ ἀγάπη θεοῦ πατρὸς καὶ κυρίου ἡμῶν Ἰησου Χριστοῦ πληθυνθείη.

위의 <예 14>와 <예 15>를 통해 볼 때 인사 부분에 생략된 동사의 한 예로 πληθύνω 동사를 제안할 수 있다.[50]

다른 한편, 우리는 이 구문에 합당할 만한 동사로 δίδωμι 동사를 제안할 수 있다. 이는 "εἰρήνη 축복문(기원문)"과 관련하여 유추한 것이다. 데살로니가후서 3:16의 "εἰρήνη 축복문(기원문)"은 아래 <예 16>과 같다.

<예 16>

| 살후 3:16 | Αὐτὸς δὲ ὁ κύριος τῆς εἰρήνης δῴη ὑμῖν τὴν εἰρήνην διὰ παντὸς ἐν παντὶ τρόπῳ. 평강의 주께서 친히 때마다 일마다 너희에게 평강을 주시고... |

  Polykarpbriefe (Göttingen: Vandenhoeck & Ruprecht, 1995), 36.

50   『폴리캅의 순교사화』, 서두의 인칭 대명사 여격 형태의 생략은 중요한 요소가 아니기에 따로 언급하지 않는다.

〈참조〉	
엡 6:23	εἰρήνη τοῖς ἀδελφοῖς...
벧전 5:14	εἰρήνη ὑμῖν...
요삼 15	εἰρήνη σοι...

〈예 16〉의 데살로니가후서 3:16의 "εἰρήνη 축복문(기원문)"은 다른 본문들에서 발견되는 형식과는 일부 차이를 보인다. 즉, 다른 본문들에서는 "εἰρήνη 축복문(기원문)"의 주어 εἰρήνη가 인칭 대명사 여격 형태의 수혜자와 등장하면서도 그것의 수여자가 누구인지 그리고 어떤 동사가 암시되어 있는지가 등장하지 않는 반면,[51] 데살로니가후서 3:16의 경우 그 요소들이 모두 등장한다.[52] 그 수여자는 αὐτός... ὁ κύριος τῆς εἰρήνης("평강의 주께서 친히")이고, 사용된 동사는 δῴη("주시고")이며, 수혜자는 ὑμῖν("너희에게")이고, 그들이 수혜 받는 내용은 "εἰρήνη 축복문(기원문)"의 핵심인 τὴν εἰρήνην("평강을")이다. 그런데 우리는 성경 헬라어에서 종종 신적 수여자가 생략되어 형성되는 소위 "신적 수동태 구문"을 만나게 되는데[53] 데살로니가후서 3:16의 문장이 수동태로 전환

---

51 〈예 16〉의 〈참조〉 부분, 즉 엡 6:23; 벧전 5:14; 요삼 15.
52 위에서 언급한 사항 외에 축복의 수여자가 하나님(ὁ θεὸς τῆς εἰρήνης)이 아니라 주(ὁ κύριος τῆς εἰρήνης), 곧 예수라는 점에서도 차이가 난다(롬 15:33; 16:20; 고후 13:22; 빌 4:9; 살전 5:23을 참조하라). 그러나 이는 편지의 정황에서 생긴 차이일 뿐, 이 둘은 바울에게 있어 거의 동등한 의미를 가졌다고 여겨진다. D. E. Hiebert, *1 & 2 Thessalonians* (Chicago: Moody Press, 1992), 383-384.
53 그러나 문법적 영역에서 소위 "신적 수동태 구문" 용법을 인정해야 할지 말아야 할지에 대한 이견이 분분하다. Wallace, *Greek Grammar beyond the Basic: An Exegetical Syntax of the New Testament with Scripture, Subject, and Greek Word Indexes*, 437-438. 한편, 신약 성경에 등장하는 "신적 수동태 구문"의 용례들에 대한 분석과 평가에 대해서는 장동수, "신적 수동태 구절 소고," 「성경원문연구」 7 (2000.8): 117-148을 참조하라.

될 경우가 이에 해당한다. 이 경우 문장의 목적어인 τὴν εἰρήνην("평강을")이 주어가 되고 그 수여자인 αὐτός... ὁ κύριος τῆς εἰρήνης("평강의 주께서 친히")는 전치사 구문으로 표현되어 제시되거나, 그 수여자가 신적 존재일 경우 생략되기도 한다. 수혜자(ὑμῖν)는 그대로 존속하며, 동사 δῴη는 수동태 형태로 표현되거나 아니면 생략된다.[54] 그렇다면 남게 되는 것은 신약 성경의 다른 "εἰρήνη 축복문(기원문)"처럼 εἰρήνη ὑμῖν뿐이다(비교. 벧전 5:14). 만약 이러한 문장 전환이 타당한 것으로 여겨진다면,[55] 우리는 "εἰρήνη 축복문(기원문)"에서 암시된 동사가 εἰμί("있다/이다")가 아니라 δίδωμι("주다") 동사의 수동태 형태임을 제안할 수 있다. 따라서 "εἰρήνη 축복문(기원문)"과 동일한 구문론적 특성을 지닌 인사 부분의 암시된 동사가 δίδωμι 동사일 수도 있는 것이다. 위의 내용을 요약하자면 암시된 동사가 πληθύνω 동사이든 δίδωμι 동사이든 간에 상관없이, 중요한 사항은 암시된 동사가 적어도 축복문 형식에서 사용되는 εἰμί 동사는 아닐 가능성이 크다는 점이다.

§4.2. <§3.2>의 발·수신자와 인사가 한 문장을 이룬 편지들

이 항목에 해당하는 신약 서신 서두는 야고보서 1:1과 요한삼서 1의 경우뿐이다. 야고보서 1:1의 경우 그 형태가 파피루스에 보존된 그리스-

---

54 δίδωμι 동사가 신적 수동태에서 사용된 예로는 장동수, "신직 수동태 구절 소고," 127-129를 참조하라.

55 "수동태 전환"(the passive shift)에 대해서는 R. A. Young, *Intermediate New Testament Greek: A Linguistic and Exegetical Approach* (Nashville, Tennessee: Broadman & Holman Publishers, 1994), 213-214를 참조하라.

로마의 비문학적 편지의 그것과 완전히 일치하기 때문에 따로 논의할 필요가 없다. 다만 요한삼서 1의 경우 발·수신자만 표시되어 있을 뿐이다. 이러한 경우, 일반적으로 χαίρειν 동사가 생략되어 있는 것으로 본다(2.다). 그러나 이 문제를 간략하게 논의할 필요가 있는데, 그 이유는 대표적인 국역 성경들이 다른 어휘로 번역했기 때문이다(필자 강조).

〈예 17〉

요삼 1	ὁ πρεσβύτερος Γαΐῳ τῷ ἀγαπητῷ...
『개역개정』	장로인 나는 사랑하는 가이오[에게]... **편지하노라.**
『공동개정』	원로인 나는 친애하는 가이오에게 **이 편지를 씁니다.**
『표준개정』	장로인 나는 사랑하는 가이오에게 **이 글을 씁니다.**

<예 17>을 통해 볼 때 대표적인 국역 성경들은 요한삼서 1에 생략된 동사를 "편지하다" 혹은 "글을 쓰다"로 추론했다(§2.2를 참조하라). 그러나 요한삼서의 서두가 형식적인 측면에서 고대 그리스-로마 편지와 가까운 것으로 인정되는 상황에서 그 서두에 생략된 동사를 χαίρειν 동사로 보는 것은 자연스럽다(§2.3을 참조하라). 따라서 국역 성경들의 번역어들("편지하다" 혹은 "글을 쓰다"[56])은 "문안하다" 동사로 변경하는 것이 낫다.

---

56   "글을 쓰다"라는 표현은 잘 사용되지 않는다. 신약의 예로는 계 2:1, 8, 12, 18; 3:1, 7, 14에서 γράψον이라는 표현이 있다. 그러나 계 2-3장의 "일곱 편지들"은 진정한 편지가 아니다. J. R. Michaels, Revelation (Downer Grove, Illinois: InterVarsity Press, 1997), 64와 G. K. Beale, The Book of Revelation: A Commentary on the Greek Text (Grand Rapids, Michigan: William B. Eerdmans Publishing House, 1999), 224-225를 참조하라. 한편, 행 15:23-29의 편지와 관련해서 γράψαντες라는 표현이 등장하는데(23a) 이는 누가의 편지 삽입 장치이지 편지 서두에 속한 부분은 아니다. 이는 행 23:26-30의 편지를 도입하는 25절에서도 발견

§5. 편지 서두 번역을 위한 제안

앞선 장들에서 필자는 신약 서신 서두의 구조와 『개역개정』의 번역 상태를 비교했다. 특별히 4장에서는 문제점과 대안을 제공하도록 시도했다. 따라서 그러한 논의를 다시 할 필요는 없다. 다만 이 장에서는 앞선 사항을 근거로 해 편지 서두 번역을 위한 제안을 요약적으로 제시해 보고자 한다.

첫째. 신약 서신 서두를 번역함에 있어 전통적인 그리스-로마 서두를 가지고 있는 야고보서(1:1)와 요한삼서(1)를 한 문장으로 번역할 것을 제외하고는 발·수신자 부분과 인사 부분을 두 문장으로 구분하여 번역할 것을 제안한다(§4.1을 참조하라).

둘째. 발·수신자 부분을 번역할 때는 존재하지 않는 동사를 생략하여 "A가 B에게" 형식으로 번역하거나 동사를 삽입해 번역할 시에는 전통적인 서두에서 사용되는 인사법인 "문안하다"(χαίρειν) 동사를 사용할 것을 제안한다. 이는 요한삼서에도 해당된다(§2.3과 §4.1.1 및 §4.2를 참조하라).

셋째. 인사 부분에 등장하는 인칭 대명사의 여격과 관련하여, "은혜와 평강" 등의 수혜자를 분명하게 번역하기 위해 무엇보다 발·수신자 부분에 동사를 삽입하여 완전한 문장으로 번역하거나 아니면 발·수신자만을 표시한 후 마침표를 찍음으로 인사 부분과 분명히 구분해야 한다. 다만, 목회 서신의 경우 문맥을 고려해 인칭 대명사 여격을 삽입하여 번역할 것을 제안한다(§4.1.1을 참조하라).

넷째. 인사 부분과 관련하여, 비록 이 부분을 인사 부분으로 언급

된다(γράψας).

했지만, 이는 형식을 고려하자면 단순한 인사도 축복문도 아닌 기원문 혹은 소원문이라는 점을 기억할 필요가 있다. 특별히, 기원문 혹은 소원문이라는 점에서 이 부분에 동사를 첨가할 경우 축복문에서 사용되는 "있다/이다"(εἰμί) 동사보다는 다른 동사, 예를 들어 인사 부분과 동일한 형식을 지니고 있는 "εἰρήνη 축복문(기원문)" 혹은 베드로전·후서 및 유다서에서 제시된 동사들, 즉 "주다"(δίδωμι) 동사 혹은 "풍성해지다"(πληθύνω) 동사의 수동태 의미를 사용해 번역할 것을 제안한다(§4.1.1을 참조하라).

위의 제안을 고려한 신약 서신 서두 번역의 예시는 아래 <도표 6>과 같다.

> VIa(두 부분으로 나눠진 예): 살전 1:1
> 바울과 실루아노와 디모데는... 데살로니가인의 교회에 문안합니다.
> 은혜와 평화가 여러분에게 주어지길 기원합니다(혹은 더욱 많을지어다).
>
> VIb(한 문장으로 이뤄진 예): 요삼 1
> 장로는... 가이오... 에게 문안합니다.
>
> <도표 6>

§6. 결론

필자는 이 글을 통해 신약 서신 서두의 번역 문제를 다뤘다. 필자가 이 글을 쓰게 된 이유는 한국 기독교가 훌륭한 번역 성경을 가지고 있음에도 불구하고, 신약 성경의 대부분을 차지하는 편지 문학의 독특성을 고려하지 못한 번역과 일관되지 못한 번역으로 편지 서두의 번역이 본의를 정확히 전달하지 못하는 아쉬운 점을 발견했기 때문이다. 혹자는 신약 서신의 서두 번역이 뭐 그리 중요한가 라고 반문할 수 있을 것이다. 맞다. 사실 편지 서두는 편지의 다른 부분들, 특별히 편지의 목적을 수행하는 본문보다 중요하지 않을 수 있다. 그러나 편지를 편지 되도록 해주는 가장 큰 특징이 편지의 서두와 종결부의 양식이라는 점을 고려해 본다면,[57] 편지 서두 번역에 대한 논의의 의미를 적으나마 찾을 수 있을 것이다. 또한 성경 번역이 원어의 의미를 정확히 전달하는 데 초점을 두며, 또한 최근에는 문학적 장르가 그 작품의 의미를 결정하는 데 도움을 준다는 점이 충분히 동의되는 상황 중에 이런 글의 시도는 필연적이라 할 수 있다.

한편, 신약 서신은 서두뿐 아니라 본론부 및 종결부에서도 그리스-로마 편지 전통과의 공통점과 더불어 독특성도 가지고 있다. 또한 무엇보다 편지로서의 문학적 특성을 담고 있다. 따라서 향후 연구에서는 이러한 부분들에 등장하는 특정 편지학적 요소들의 의미와 기능을 잘 반영하는 번역을 위한 시도가 필요하다. 이를 위해 편지학에 대한 보다 깊은 연구와 더불어 편지 번역을 위한 독립된 노력도 추가적으로 요구된다.

---

57   White, "The Greek Documentary Letter Tradition," 92.

제5부
바울의 목회 원리:
정체성 형성의 목회적 원리들과 적용*

앞선 제 4부까지의 내용을 통해, 바울 서신은 단순한 편지가 아니라 사도요 스승인 바울이 목회의 의도를 가지고 최초 그리스도인을 복음으로 온전히 목회하기 위해 보낸 목회 편지라는 것이 확인됐다. 바울은 효과적인 목회를 위해 당대의 편지 형식을 고려하면서도 그것을 목적에 따라 변경했고, 또한 목회 곧 "영혼 돌봄"을 위해 당대 그리스-로마 훈계 전통의 일부 사항을 참조하여 기독교 복음에 따른 훈계를 성도들에게 적절하게 전달했다. 이를 통해, 바울은 자신의 편지를 가지고 "그리스도인"이라는 새로운 공동체를 그 가르침에 따라 온전히 세우고자 노력했다고 결론지을 수 있다. 바울의 이러한 사역의 결과물로 13통의 바울 서신이 현재까지 전해지고 있다. 그리고 각 편지에는 앞서 언급한 바울의 목회적 수고가 고스란히 반영되어 있다.

그렇다면 바울은 각 교회 성도들을 온전히 세우고자 편지를 발송했을 때, 어떤 일단의 원리를 가지고 훈계했는가 아니면 상황에 따른 답변을 제공한 것인가? 바울 서신 각각이 기록된 정황이 다르기에 이 사항을 질문할 수밖에 없다. 결론적으로 말하자면, 바울은 각 교회에 성도들을 목회하면서, 비록 그들이 처했던 정황을 무시하지는 못했지만, 분명히 성도들이 특정 교회나 정황에 국한되지 않고 온전한 그리스도인이라면 어떤 정체성과 삶의 방향성을 가지고 살아야 하는지를 염두에 두고 그들을 지도했다. 이는 특정 공동체가 일반 사회에서 자신의 정체성과 삶의 방식을 유지하기 위해 노력했던 수고의 근본 원리와 같은 것이라고 말할 수 있다. 따라서 앞선 제 4부에서 바울 서신이

---

* 본 단락은 2015년 4월 25일, 서울신학대학교에서 개최된 제65차 한국 복음주의 신학회에서 "기독교 정체성 재확립 교육을 통한 교회회복-바울 서신에 나타난 기독교 정체성 형성의 원리들과 적용"이라는 제목하에 발표한 글을 수정 및 보완한 것이다.

목회를 위한 편지였다는 점을 살펴보는 과정 중에 데살로니가전서를 분석하면서 그 안에서 나타난 훈계의 배타성("기독교 목회 원리의 적용")을 간단히 살펴보았는데, 바로 그 요소가 그리스도인의 정체성 형성의 목회적 원리들이라고 말할 수 있다.

 본 단락에서는 이러한 앞선 연구를 염두에 두면서, 바울이 목회 편지를 보내면서 항상 염두에 두었던 원리들이 무엇이었는지, 그들의 특성과 기능을 살펴보고자 한다.

제1장 "칭의 공동체"로서의 교회

1. "칭의 공동체"의 시작: 오직 믿음

신약 성경에 등장하는 사도들은 초대 교회 성도들과 관련해 다음과 같이 말한다(롬 5:8; 고후 5:21; 벧전 1:3-4).

> 예) 성도들의 신분 구절
> - ▶ 롬 5:8: 우리가 아직 죄인 되었을 때에 그리스도께서 우리를 위하여 죽으심으로 하나님께서 우리에 대한 자기의 사랑을 확증하셨느니라.
> - ▶ 고후 5:21: 하나님이 죄를 알지도 못하신 이[[즉, 예수님]]를 우리를 대신하여 죄로 삼으신 것은 우리로 하여금 그 안에서 하나님의 의가 되게 하려 하심이라.
> - ▶ 벧전 1:3-4: 3 우리 주 예수 그리스도의 아버지 하나님을 찬송하리로다 그의 많으신 긍휼대로 예수 그리스도를 죽은 자 가운데서 부활하게 하심으로 말미암아 우리를 거듭나게 하사 산 소망이 있게 하시며 4 썩지 않고 더럽지 않고 쇠하지 아니한 유업을 잇게 하시나니 곧 너희를 위하여 하늘에 간직하신 것이라.

다양한 표현이 등장하지만, 사도들이 전하는 가르침은 하나이다. 곧, 성도들은 세상의 죄악 중에 있었으나 오직 예수 그리스도의 십자가 사역을 통해 그를 믿어 의롭다 인정받은 새롭게 창조 또는 회복된 존재들이라는 것이다. 그러나 더 나아가 의롭다고 인정받기도 했다고 말한다. 곧, "칭의"를 통해 구원받은 성도들이 한 개인으로 세상 가운데 던져져 있는 것이 아니라, 하나님의 "백성"으로 부름을 받아 다른 성도들과 함께 칭의 공동체를 이루고 이 땅에 살아간다는 점도 말한다. 그러므로 성도들이 "칭의"로 새롭게 되었고 또한 "칭의 공동체"로 살아간다는 말은 이 땅을 사는 성도들 모두가 하나님 나라의 시민으로 살아가고 있음을 말해준다(빌 3:20["우리의 시민권은 하늘에 있는지라."]).

물론, 이 땅을 살아갈 때 모든 성도가 한자리에 모일 수는 없을 것이다. 아무리 큰 교회라도 수백 수천만의 성도들을 한자리에 모을 수 없다. 이러한 일은 마지막 날에 주님께서 부르실 때만 가능할 것이다(계 20-21장). 따라서 성도들은 로마 교회, 고린도 교회, 데살로니가 교회 등에서 신앙 생활했던 최초 그리스도인은 물론, 역사 가운데 하나님의 백성으로 살았던 믿음의 선배들처럼 현재 오늘날 성도는 그들이 속한 지역의 한 교회의 성도로 살아갈 것이다. 따라서 성도 개인이 경험하는 일차적인 "칭의 공동체"는 성도 개인이 속한 교회를 가리킨다.

그러나 보다 본질적으로는 "칭의 공동체"는 개 교회를 넘어서 하나님께서 예수 그리스도를 통해 주시고자 하신 생명을 미리 받아 누리는 자들 총체를 가리키는 것으로 시간과 공간을 초월하는 개념이다. 시공(時空)을 초월한다는 것은 특별한 의미가 있다. 왜냐하면 이 은혜를 받아 누린 이들이 오늘날에만 제한되는 것이 아니라, 이전과 오늘날에도 그리고 앞으로도 존재할 것임을 가리키기 때문이다. 또한 문화적으로 다양한 신앙 양태를 가질 수 있다는 것도 말해주기 때문이다. 비록 서로 다른 언어로 말씀을 읽고 찬양하며, 서로 다른 예배 형태 가운데서 하나님께 예배를 드릴지라도, 성도들 모두는 "칭의 공동체"에 속한 자들이다.

하지만 이러한 다양성에도 불구하고 모든 성도는 한 가지 공통점을 가지고 있다. 앞서 언급된바, 고립된 개인이 아닌 "칭의 공동체"의 구성원으로 존재한다는 것이다. "칭의"는 하나님께서 마지막 심판대에서 예수 그리스도를 믿은 자들에게 그들을 의롭다고 선언한 구원의 사건을 말한다. 이 마지막 심판은 하나님의 계획안에서 이미 (성도의 시간으로는) 미래에 이뤄져 있는 사건이다. 만약 오늘을 사는 이들이 오직 예수 그리스도를 고백한다면, 그 사람은 마지막 심판 때에 이미 선언된 그 의롭다고 하심의 은혜를 하나님께서 부르신 현재 삶의 자리에서 선제적으로 누리는 것이다! 이미 선언된 구원의 은혜를 소유한 신분을 가지고 이 땅을 살아가는 이들이 바로 성도들이다.

따라서 하나님께서 베푸신 은혜를 미리 누리는 "칭의 공동체" 구성원들은 다양성에도 불구하고 "칭의 공동체"의 일원으로 누리는 그 은혜에 따른 삶을 요구받는다. 우선, 개인적 차원의 삶에 적용될 수 있을 것이다. 그러나 궁극적으로 그 개인적 부르심이 지향하는 하나님 곧 "하나님의 나라"에 속한 자의 삶을 함께 살아내는 것이 더욱 중요함을 잊지 말아야 한다. 이는 다양성을 인정하지만, 오직 하나님의 전적인 행동하심으로 이뤄진 사건에 대한 온전한 반응으로 이해해야 한다. 그러므로 바울은 갈라디아서 6:15-16과 로마서 3:30에서 다음과 같이 선포했다(갈 6:15-16; 롬 3:30).

예) 하나님의 전적인 행동
- ▶ 갈 6:15-16: 15 할례나 무할례가 아무 것도 아니로되 오직 새로 지으심을 받는 것만이 중요하니라 16 무릇 이 규례를 행하는 자에게와 하나님의 이스라엘에게 평강과 긍휼이 있을지어다.
- ▶ 롬 3:30: 할례자도 믿음으로 말미암아 또한 무할례자도 믿음으로 말미암아 의롭다 하실 하나님은 한 분이시니라.

바울은 "할례"나 "무할례"가 아무것도 아니라고 말한다. 이는 예수 그리스도의 복음에 대하여 첫 언약의 증표나 그것을 인정하지 않는 태도 모두가 부차적이며 관습적인 것이라고 말하는 충격적인 선언이다. 바울의 이러한 선언은 오로지 중요한 것은 "믿음으로 말미"암은

"새로 지으심을 받는 것"이라는 진리 때문이다. 그러므로 고린도후서 5:17에서 바울은 다음과 같이 말했다(고후 5:17).

예) 고후 5:17
그런즉 누구든지 그리스도 안에 있으면 새로운 피조물이라 이전 것은 지나갔으니 보라 새 것이 되었도다.

이 말씀을 통해 바울은 "칭의 공동체"로 부름받은 성도들에게 "할례나 무할례"와 같은 "이전 것"을 따지지 않고(이전의 구원 방식이나 종교적 행위에 대한 논의) "새로 지으심 받은 것," "새로운 피조물," "새 것"임을 인지하고 살 것을 권면하고 있는 것이다. 그러므로 바울은 구체적으로 성도들이 가지게 된 새로운 "규례"를 따라 사는 사람들에게 평강과 긍휼을 선포하며(갈 6:16) 또한 "화목하게 하는 직분"을 온전히 감당할 것을 권면했다(고후 5:18-19). 다시 말해, 바울은 "칭의 공동체"로 부름을 받아 회복을 경험한 성도들에게 그 "회복"에 따른 삶이 있기에 그 삶에 충실할 것을 권면하는 것이다. 그러므로 바울은 고린도후서 6:1에서 다음과 같이 말했다(고후 6:1).

예) 고후 6:1
우리가 하나님과 함께 일하는 자로서 너희를 권하노니 하나님의 은혜를 헛되이 받지 말라.

은혜는 값없이 주어지는 것임을 바울은 분명히 말한다. 여기에는 인간의 공로나 노력이 들어갈 공간이 전혀 없다(롬 3:24). 그러나 이 은혜를 값없이 받아 그에 따르는 은혜의 삶은 "도리어 율법을 굳게 세"

우는 삶을 살아야 한다고 바울은 말한다(롬 3:31). 그러므로 하나님의 전적 은혜로 예수 그리스도의 사역을 통해 의롭다고 하심을 받은 우리 성도들은 "칭의 공동체"의 구성원으로서 그에 합당한 회복의 삶을 살아야 할 것이다. 그리고 그 "회복"은 단순히 개인의 신앙생활 차원이 아니라 "칭의 공동체"의 차원에서 이뤄져야 한다.

2. "칭의 공동체"의 삶: 말씀을 통한 회복

이 세상에서 "칭의 공동체"는 지역 교회를 형성한다. 이는 칭의 받은 성도들의 삶은 오늘 각자가 속한 교회 내에서 지속됨을 말한다. 그렇다면 이 땅에서의 "칭의 공동체"의 일차 과제는 무엇일까? 마태복음 28:18-20에서 예수께서 분명히 명령하신바 복음을 이 땅에 전하는 일이다. 하지만 복음이 전해졌을 때, 그 복음을 듣고 이전의 삶에서 새로운 삶으로 돌아선 이들의 온전한 삶, 곧 하나님께 합당한 삶을 지속할 수 있도록 훈계하고 양육하는 것 역시 동일하게 중요한 일이다. 그러므로 바울은 전도 여행 후 재차 선교지를 방문하여 성도들을 굳건히 세우기를 반복했다(예. 행 15:36, 41; 18:22-23; 20:17-35).[275] 즉, 바울은 사명을 추상적으로만 생각하지 않고 실제로 복음을 전하고 그들을 온전히 양육하는 일로 여겼다. 사실, 예수님의 지상 대명령 역시 제자를 삼는 일("마테튜사떼"[μαθητεύσατε])을 중심으로 진술되는데(마 28:19), 제자가 된다는 것은 단순한 선언이 아닌 제자의 삶 곧 제자도를 따르는 삶이

---

275   김주한, "바울의 선교 전략으로서의 '재방문' 목회-사도행전과 바울 서신을 중심으로," 52.

라는 점에서 일맥상통한다.²⁷⁶ 그러므로 예수께서는 자기 제자 됨에 대해 "누구든지 나를 따라오려거든 자기를 부인하고 자기 십자가를 지고 나를 따를 것이니라."(마 16:24)라고 말씀하셨다. 그렇다면 "칭의 공동체"의 삶은 이전의 삶의 모양을 버리고 부르심 받은 그 말씀에로의 회복의 삶을 말한다.

그렇다면 "회복"이란 무엇일까? 인터넷 포털에 따르면 "회복"이란 "원래의 상태로 돌이키거나 원래의 상태를 되찾음."을 의미한다.²⁷⁷ 이 단어는 어떠한 어휘들과 함께 사용되던지 일반적으로 외적 차원 및 내적 차원의 두 가지 차원에서 이해될 수 있다. 예를 들어, 건강과 관련하여 회복을 말할 때 그것은 외관의 복원을 가리킨다. 그러나 내적인 치유를 말할 수도 있다. 그렇다면 "칭의 공동체"의 회복되는 삶은 어떤 "회복"의 차원에 속하는 것일까? 모두가 "칭의 공동체"의 회복은 공동체의 내적인 부분과 관련되었다고 말할 것이다. 그렇다면 성도들과 관련된 내적 회복의 핵심은 무엇일까? 그것은 선포되는 말씀에 반응하여 이전 삶을 버리고 새로운 존재로 사는 삶을 살아가는 성도들의 변화된 삶을 말한다. 따라서 "칭의 공동체"의 회복은 성경 말씀과 성도의 관계 속에서 생각되어야 한다. 특별히, 말씀 측면이라고 할 때는 교회가 가르치고 선포하는 바를 분명하게 하는 것이고, 성도 측면이라고 할 때는 가르쳐지고 선포된 말씀과 관련한 성도들의 정체성이나 존재 양태의 문제 곧 정체성²⁷⁸과 관련된다고 할 수 있다. 한편, 성

---

276 도날드 해그너, 『마태복음 14-28』, 채천석 역 (서울: 솔로몬, 2000), 1318.
277 https://ko.dict.naver.com/#/entry/koko/d6ab4580ac804ff8a5e8128053d000f6 [접속일: 2019-2-5]
278 최근 그리스도인의 정체성과 신앙의 회복을 다룬 글로는 이승구, "한국 그리스도인의 신앙 정체성 회복을 위하여," 「신앙세계」 통권 560호 (2015.3), 42-45를 참조하라. 이승구는 이 글에서 현재 한국 교회의 문제는 그리스도

도들의 회복이 단순한 성도 각자의 심신의 회복이 아니라 성경 말씀을 통한 회복이요 "칭의 공동체"의 구성원으로서의 회복이라는 점을 고려할 때 결국 그것은 성경 말씀 교육을 통한 교회의 회복이라고 말할 수 있을 것이다.

따라서 회복이 성경 말씀 교육을 통한다면 과연 교육의 내용이 어떠해야 할지도 고려해야 한다. 당연히 그것은 성경의 내용에 근거한 말씀 교육을 통한 회복일 것이다. 특별히, 회복이 처음 상태로 돌아가는 것을 의미한다고 할 때, 사도들(특별히, 바울)이 예수 그리스도의 복음 위에 교회를 온전히 세우려고 노력했던 그 말씀과 실천에 따른 가르침으로 돌아가는 것을 말한다. 사도들은 최초 성도들이 복음을 위해 온전히 세워지기 위해, 무엇보다 그들의 삶이 이전의 삶과 구별될 수 있는 기준을 제시했다. 즉, 이전 사람이 아닌 새로운 사람, 할례와 무할례의 사람이 아닌 새로운 피조물로서의 사람의 정체성이 무엇인지를 가르치고 그에 따른 삶을 살도록 권면했다. 따라서 교회의 회복을 말할 때 필연적으로 사도들이 성도들이 갖춰야 할 새로운 피조물로서의 정체성이 무엇인지를 강조한 사항을 아는 것이 중요하다.

인들의 정체성 상실로부터 야기된 것으로 전제하면서 글을 전개해 나간다. 그리고 정체성의 상실이란 믿는 내용들에 대한 부확실함(성경에 대한 태도, 사도신경의 고백, 이신칭의의 믿음)과 신앙의 실천 부족을 통해 분명해진다고 진단한다. 이에 대해 이승구는 현재 그리스도인들이 스스로 부족하였음을 인정하고 하나님께 회개하며 나아야 할 것을 제안한다. 그리고 회개의 열매로 바른 성경적 가르침을 향해 나갈 것을 제안한다. 이승구의 글은 칼럼으로 작성된 것이기에 너무 간단하다는 점이 아쉽지만 한국 교회의 문제를 정체성의 문제와 관련하여 환기시켰다는 점에서 참고할 만하다.

제2장 바울의 목회 원리: 최초 그리스도인 정체성 정립하기

바울 서신에서 그리스도인의 정체성의 주제들을 살펴볼 수 있는 것은 바울 서신의 목회적 특성 때문이다. 바울 서신은 최초 그리스도인들에게 발송됐다. 그리고 그 내용은 예수를 이미 믿은 자들이 어떻게 그리스도인들로 살아갈 것인지에 대해 교훈하고 있다(물론, 새로 예수를 믿는 자들에게도 예수 복음의 핵심을 선포한다). 그렇다면 이 서신의 수신자들이 최초 그리스도인들이라는 점에서 서신에서 제시된 삶의 모습은 필연적으로 그들이 어떻게 다른 사람들(예. 유대인, 당대의 철학 학파들 등)과 구분되는지에 대한 주제를 내포할 수 있다고 말할 수 있다. 즉, 그리스도인의 삶(기독교 전통)이 이제 막 형성되어 가던 시점, 그리고 여전히 유대교 및 주변의 문화와 상황들로부터 자신의 정체성을 확립해 나가려는 꾸준한 노력 중에 있던 시점에 바울(즉, 교회 지도자)에 의해 작성된 서신에서 그리스도인의 정체성을 규정하는 신앙의 기준들이 무엇인지 발견할 것을 기대하는 것은 당연한 것이다.[279] 그러나 이에 앞서 목회 정황과 정체성 확립의 필요성을 살펴보는 것이 중요하다. 사실, 이 점은 제 4부 초반부에서 다루었는데, 이 부분에서 다시 한번 언급하고자 한다. 이후 바울 서신에 등장하는 정체성 확립을 위한 원리들을 살펴보고자 한다.

---

279 박형용, 『바울신학』, 349. W. A. Meeks, *The Origins of Christian Morality: The First Two Centuries* (New Haven and London: Yale University, 1993), 18-36을 참조하라.

1. 목회 정황과 정체성 확립의 필요성

바울이 사역하던 고대 그리스-로마 세계에서 그리스도인이 된다는 것은 내적으로는 개인의 정체성이 바뀌는 것을 의미하고, 외적으로 한 개인의 소속이 변경되는 것을 의미했다. 고대 세계에서 정체성 및 소속의 변화는 그 당사자 곧 회심자로 하여금 그 사람이 새로 가입한 단체의 삶의 방식을 따른다는 것을 의미했다. 그리고 그 사람이 따르고자 하는 특정한 삶의 방식은 다른 이들의 삶의 방식과 (완전히 배타적이지는 않았을지라도) 구별되었다. 그러한 특정한 삶의 방식은 그 당대의 주변 사회 가치와 다른 가치를 추구하는 경우가 많았기에 종종 그 사람과 타인들과의 단절을 가져왔으며, 심하게는 핍박의 원인이 되기도 했다. 고대 그리스-로마 세계에서 회심자가 당면했을 법한 이러한 상황을 한 고대 작가의 글에서 살펴볼 수 있다. 주후 2세기 사람인 사모사타의 루시안(Lucian of Samosata, 주후 약 125~180년 이후)은 회심자의 심리 상태를 다음과 같이 묘사했다(*Nigrinus*, 3-5).[280]

> [그 철학 선생은] 계속해서 철학과 그것이 주는 자유를 찬양했다… 나는 그의 모든 말을 열린 마음과 뜨거운 열정을 받아들였다. 그러나 그 순간에는 내게 무엇이 닥쳐올지 상상하지 못했다. 곧 나는 완전히 혼란에 빠졌다. 나는 무엇보다 나에게 가장 소중한 것들-부와 돈, 그리고 평판-이 비난받는 것을 보고 깊은 상처를 받았다. 나는 그것들이 추락하는 것을 보고 소리 내어 울 수밖에 없었다.

---

280   드실바, 『신약개론』, 715에서 재인용했다.

사모사타의 루시안이 전하는 고백의 내용은 간단하다. 즉, 그는 "철학"이 주는 자유를 기대하며 그 "철학"의 제자가 되었는데, 이 전환으로 인한 주변의 "비난"으로 인해 모든 것을 잃어버리게 되었고, 더 나은 이전의 삶보다 오히려 "추락"을 경험하게 되었다는 것이다.

위와 같은 상황은 사모사타의 루시안의 언급에서 등장하는 "철학"(삶의 방식)을 추구하던 자들이든지 예수를 믿어 최초 그리스도인이 되기 위해 결단한 자들에게든지 큰 어려움을 가져다주었다. 그들 모두가 새로운 삶의 방식을 선택했기 때문이다. 따라서 결단의 종류와 강도에 따라 (직접적인 핍박과 문화적인) 핍박 속에서 견디는 자도 있었겠지만, 응당 자신이 갖게 된 새로운 신분을 포기하는 자도 속출했다.[281] 이 모든 경험은 회심자들이 새롭게 가지게 된(가지게 될) (내적으로는) 정체성과 (외적으로는) 신분에 의한 것이었다.[282]

최초 그리스도인의 삶의 모습을 심도 있게 연구한 말허비는 혹자가 기독교로 개종한 일이 그리스도인에게 종교적이고 신학적 재-방향화를 야기했고, 이에 따라 가족, 친구, 가부장적 전통들로부터 단절과 더불어 그들이 깊이 관여했던 사회로부터의 거부로 인해 사회적 이탈과 정신적 트라우마(trauma)를 유발했을 것이라고 단정한다.[283] 최초 그리스도인들은 무엇보다 유대교의 심한 간섭하에 그리스-로마 세계에서 살아야 하는 이중적 삶의 고통 가운데 놓여 있었다.[284] 최초 그리스도인들은 본래 그리스도인들이 아니었기 때문에 기독교 신앙에 따

281　Malherbe, "Hellenistic Moralists and the New Testament," 302; Stowers, *Letter Writing in Greco-Roman Antiquity*, 37; Perdue, "The Social Character of Paraenesis and Paraenetic Literature," 13; 드실바,『신약개론』, 150-152, 716.
282　드실바,『신약개론』, 42-45를 참조하라.
283　Malherbe, "New Testament, Traditions and Theology of Care In," 789.
284　허타도,『처음 기독교인이라 불렸던 사람들』, 12를 참조하라.

른 정체성과 삶의 방식을 취하지 않았는데, 바울(과 교회 지도자)에 의해 회심하여 예수를 주라 고백하고 그리스도인이 된 사람들이었다. 그들의 회심은 최근의 일이었기에, 비록 그들은 열정이 있었을지라도, 분명 여전히 옛 습관들 때문에 그 입과 마음으로 예수를 주라고 고백한 사실 자체(이는 제의적일 수 있다)를 제외하고는 다른 의미(특별히, 정체성과 주변과의 관계[삶의 모습])에서 그들이 어떻게 그리스도인이었는지 판단하기가 쉽지 않았을 것이다.

게다가, 최초 그리스도인들이 접하고 만나야 하는 상황들은 복잡했고, 특별히 각 민족이나 계층에 따라 문화나 관습이 차이가 있었기에 (다양함을 인정한다고 할지라도) 어떤 외적 모양이 그리스도인의 정체성을 드러내는 것인지 판단하기 쉽지 않은 상황이었다. 또한 기독교 외에도 다른 종교(예. 유대교)나 철학 모임(예. 스토아주의, 에피쿠로스주의, 피타고라스주의)에서 고양된 삶의 가치를 제시하기도 했는데,[285] 그들이 내세우는 가치들이 기독교의 가치와 유사한 모습을 갖고 있었을 때 (예. 부모 공경, 사랑 등) 현재 혹자가 그리스도인으로 취하는 행동이 어떻게 그들과 구별되는지에 관해 행위자 각자가 분명한 이해와 신념을 갖고 행동할 필요가 있었다.[286]

하지만 기독교의 가치를 구별해 내고, 행위에 대한 이해와 신념을

---

285 J. Evans, *Philosophy for Life and Other Dangerous Situations* (London: Rider, 2012), 78-99; 드실바, 『신약개론』, 136-142; W. A. Meeks, *The Moral World of the First Christians* (Philadelphia: Westminster, 1986), 40-64.

286 정체성과 관련하여 간단히 읽을 수 있는 책으로는 탁석산, 『한국의 정체성』 (서울: 책세상, 2004)을 들 수 있다. 저자는 본 책을 다음의 질문으로 시작하는데, 그 질문은 그리스도인의 정체성과 관련하여 유비적으로 읽을 수 있는 여지를 제공한다: "청바지를 입고 코카콜라를 마시며 침대에서 자는 우리(sc. 한국인)를 어떤 의미 혹은 어떤 기준에서 한국인이라고 부를 수 있을까?"(17쪽).

갖게 하는 작업은 그리 간단한 일이 아니었다. 그렇기에 바울을 비롯한 교회 지도자들은 혹자의 회심 이후에도 그 사람이 최초 그리스도인으로 이러한 복잡한 상황 가운데서 그리스도인으로서의 정체성을 가지고 삶을 살아갈 수 있도록 만들기 위해 지속으로 그들을 온전히 양육해야 했다. 그러한 상황 중에 그들이 복음을 선포해 제자 된 자들과 함께 할 수 없는 상황 중에서 그들을 바로 세우기 위해 서신들을 발송한 것이다. 그렇다면 바울 서신은 최근에 그리스도인이 되어 이전의 삶과 전혀 새로운 상황 가운데 놓인 성도들에게 그들이 어떠한 존재이며 그렇기에 주어진 상황 가운데 어떠한 방식으로 살아야 할 것인지에 대한 직·간접적인 질문들에 대한 답변들이기도 하다.[287]

이 답변들은 새로운 믿음과 그에 따른 생활 방식 때문에 어려운 처지에 놓인 성도들을 양육함에 있어 하나님의 영감을 받은 바울과 초대 교회 지도자들의 순종과 진지함 속에서 기인했고, 무엇보다 그 내용은 기독교의 본질을 다루면서 동시에 기독교의 배타적 정체성 특성들과 관련된 것이었다. 예를 들어, 바울과 교회 지도자들의 목회는 특별히 그 내용(과 일부 실천)에 있어서 분명히 스토아주의와 에피쿠로스주의(행 17:22-25를 참조하라) 혹은 피타고라스주의 등이 자기 제자들을 자신 학파의 설립 취지에 따라 양육했던 내용과 구별이 되었다.[288] 그 이유 간단하다. 서로 다른 목적에 따라 각각의 종파 및 철학 학파가 존립했기 때문이다. 따라서 각 종파 및 철학 학파의 양육 내용과 원

---

287   드실바, 『신약개론』, 43과 R. N. 롱에네커, 『바울의 사역과 메시지』, 김진영 역 (서울: 크리스챤 다이제스트, 1997), 91을 참조하라.

288   Thom, *The Pythagorean Golden Verses with Introduction and Commentary*, 77; Glad, *Paul and Philodemus: Adaptability in Epicurean and Early Christian Psychagogy*, 17-23. Evans, *Philosophy for Life and other Dangerous Situations*을 참조하라.

리는 그 안에 속한 이들의 정체성과 삶을 방향 지워주는 가장 기본적인 사항이었다. 최초 그리스도인과 관련하여서는, 하나님께서 계시하신바 그 양육의 적극적인 결과물들이 바로 바울 서신이요 신약 성경의 다른 서신들이었다.[289] 따라서 바울 서신으로부터 최초 그리스도인들을 온전히 세우고 양육하기 위한 기본 원리들을 발견하는 것은 당연한 일이다.

2. 정체성을 확립하는 다섯 가지 목회 원리

바울이 최초 그리스도인들을 바로 세우기 위해 제시한 양육의 내용은 무엇이며 그것들로부터 우리는 어떠한 원리들을 발견할 수 있을까? 이 질문은 최초 그리스도인들을 다른 이들과 구분 짓는 원리를 묻는 말이라는 점에서 최초 그리스도인들에게뿐만 아니라 오늘날 예수를 믿어 기독교 신앙을 지닌 현재의 그리스도인들에게 가장 근본적인 질

---

[289] 최근에 몇몇 학자들은 신약 성경 전체가 목회적 의도로 작성된 것이라고 주장한다. 예를 들어, 드실바는 다음과 같이 말한다: "각 문서[[즉, 신약 성경 27권]]는 몇몇 특정한 목회적 필요성을 충족시키기 위하여 또는 교회 생활에서 일어나는 일련의 중요한 문제들을 해결하기 위해 기록된 것이다... 그리스도인들은 같은 혹은 새로운 도전에 직면할 때마다 이들 문서에 있는 사도들의 증언으로부터 또 궁극적으로는 예수로부터 적절한 지침을 찾아내었다." 드실바, 『신약개론』, 41. 만약 드실바가 여기서 말한 목회적 필요성에 따른 해결이라는 것이 신약 성경 자체가 가지고 있는 전체적인 방향을 언급하는 것이라면 무리 없이 동의할 수 있다. 다만, 바울 서신을 포함한 신약 서신들의 경우 그 문학 장르의 독특성, 즉 직접성/현장성 때문에 초대 교회의 목회를 살펴보기 위한 가장 적극적인 자료라는 측면에서 다른 말씀들 보다 높은 비중을 두어야 할 것이다.

문이 된다. 이러한 관점으로 바울 서신을 살펴보면, 비록 13통의 서신들에서 다양한 내용들과 표현들이 등장하지만, 그 가운데서 바울이 최초 그리스도인들을 온전히 세우기 위해 가지고 있었던 몇 가지 목회적 원리들이 발견된다. 이러한 관심에서 박형용은 "바울 사도는 서신을 쓸 때마다 교회를 의식하고 썼기 때문에 각 서신에는 바울의 목회 원리가 풍부히 담겨있다."다고 평가하면서,[290] 그 항목을 다음의 11가지로 제시하기도 했다.[291]

① "권한 위임의 목회"(데살로니가전서)
② "권면과 권고의 목회"(데살로니가전서)
③ "시련 극복의 목회"(데살로니가후서)
④ "진리 고수의 목회"(갈라디아서)
⑤ "사랑의 목회"(고린도전서)
⑥ "인내의 목회"(고린도후서)
⑦ "비전의 목회"(로마서)
⑧ "이단적 사상에 대한 단호한 목회"(골로새서)
⑨ "한 심령의 중요성을 아는 목회"(빌립보서)
⑩ "후배 양성과 교회 조직 강화의 목회"(디모데전서, 디도서)
⑪ "순교하기까지 교회를 사랑하는 목회"(디모데후서)

비록 위에 언급된 박형용의 제안이 아래서 제시할 정체성 형성의 원리들과 차이가 있을지라도, 박형용의 제안은 바울 서신이 목회를 위해 작성되었다는 기본적인 인식을 공유한다는 점에서 중요한 제안으로 평가할 수 있다. 한편, 비록 바울 서신에서 정체성 형성의 원리가 고루 발

---

290   박형용, 『바울신학』, 354.
291   박형용, 『바울신학』, 353-381

견된다고 하더라도, 이 말이 모든 원리가 각각의 편지에서 모두 동일하게 드러난다는 말은 아니다. 또한 그것들이 그렇게 드러난다고 할지라도 발견된 사항이 바울 사상 모두를 반영한다고 볼 수도 없다.²⁹² 그럼에도 불구하고, 이러한 원리들은 바울 서신과 그 외의 신약 서신들에서 반복적으로 등장한다는 점에서 바울과 교회 지도자들에게 인정되었던 그리스도인의 정체성 형성 원리들로 볼 수 있기에 자세히 살펴볼 필요가 있다. 이 가능성에 롱에네커는 다음과 같이 말했다.²⁹³

역사적 상황 안에서 나타나고 있는 바울의 메시지를 주의 깊게 살펴보는 그리스도인이라면 바울이 말하는 교리들과 구체적인 상황에서 그러한 권면을 하는 바울이 가지고 있던 중심 원리들을 발견할 것이다.

롱에네커는 "중심 원리들"이 무엇인지 명확히 제시하지는 않는다. 하지만 이 원리들은 분명히 존재하는데, 바울 서신을 목회 편지 관점에서 분석해 보면 그 원리는 약 다섯 가지 정도로 정리된다.²⁹⁴ 이 원리

---

292 롱에네커, 『바울의 사역과 메시지』, 91-92. 제임스 D. G. 던, 『바울신학』, 박문제 역 (서울: 크리스챤 다이제스트, 2003), 56를 참조하라. "필자 스스로 제시할 수밖에 없는 대답은 바울 신학은 개별적인 각 서신들의 신학을 합쳐 놓은 것 이상일 수가 없고, 그러면서도 서신서들의 신학들이 총체 이상이어야 한다."

293 롱에네커, 『바울의 사역과 메시지』, 92.

294 학자들마다 다른 목록을 제시할 수 있을 것이다. 사실, 필자도 다른 연구에서 바울 서신서에서 반복적으로 등장하는 요소들이 더 많다는 점을 언급했다. 그럼에도 불구하고, 이를 다섯 항목으로 정리한 것은 각 요소에서 일단의 그룹으로 묶어 취급할 수 있는 공통된 요소들이 발견되기 때문이다. 참고로, 필자가 다른 연구에서 제시한 서신서에서 발견되는 목양과 관련된 기독교적 특성들은 다음의 11가지이다. (1) 하나님 주도 사상, (2) 그리스도 중심 사상, (3) 하나님께 합당한 삶, (4) 상호 권면에 대한 호소, (5) 상호 기도에 대한 요청이나 권면, (6) 처음부터 수신자들에게 전달된 건전한 가르침에 대한 강조, (7) (6)의 항목과 관련하여 이단 교사들이나 가르침들에 대한 논

들은 바울(과 초대 교회 지도자들)이 최초 그리스도인들을 바로 세우기 위해 보낸 서신들(바울서신과 공동서신)에서 공통적으로 발견되는 원리들이며, 단순히 실천 훈계가 아니라 상황에 따른 훈계들의 원리들로서 작동한다는 특징을 가지고 있다. 이러한 면에서 형식적으로는 전통으로 바울 신학이라고 불리는 저술들과 형식이 유사하나 그와는 다르게 이 원리들은 신학함과 목회함의 원리라는 점에서 특별히 내용보다 행동의 지침을 드러내 준다는 측면에서 그러한 바울 신학과 구별된다. 그러나 만약 바울 신학의 범주에 넣고자 한다면 "바울의 목회 신학"이라고 부르는 것이 적절할 듯하다. 여하튼, 바울이 목양을 위해 사용한 목회 원리들을 제시하면 다음과 같다.

① 근본 원리: 하나님께서 주도하신다!(하나님 주도 사상)
② 목표: 하나님께 합당하게 살아라!(하나님께 합당한 삶)
③ 해석 기반: 모든 것의 중심은 그리스도다!(그리스도 중심 사상)
④ 지속성 기초: 예수의 재림의 소망 중에 기뻐하고 인내하라!(예수의 재림)
⑤ 방향: 성도들은 "칭의 공동체"(교회) 구성으로 존재한다!(교회 중심 사상)

위의 다섯 가지 원리는 바울이 최초 그리스도인들의 정체성을 형성하고 새로 형성된 정체성에 따른 삶의 모습이 어떠해야 하는지 그러한 삶의 방식 기저에는 어떤 원리가 있어야 하는지를 제시해 준다는 점에서 체계적인 구조로 이해할 필요가 있다. 아래에서 각각의 항목에 대한 근거들과 그 적용의 예들을 살펴보고자 하는데, 이는 단순한 원

쟁적 요소들, (8) 교회 중심적 경향, (9) 훈계와 가르침의 기초로서 기능하는 예수님의 재림("파루시아")에 대한 종말론적 가르침, (10) 지도자들의 축복문과 기도, (11) 하나님과 예수님에 대한 영광송. Kim, "The Pastoral Letter in Early Christianity," 233.

리의 근거를 찾는 것이 아니라 바울이 자신의 목회 편지들에서 이 원리들을 어떻게 적용하고 있는지도 알게 해줄 것이다.

(1) 권면의 근본 원리: 하나님 주도하신다!

〈관련 성경 구절들〉

> 롬 1:1, 5, 12:3; 13:1; 14:1-3; 15:5, 15b-16; 고전 1:1-2, 8-9, 10, 17; 3:6-10, 21-23; 6:19; 7:17; 8:2-6; 12:27, 28; 15:10, 57; 고후 1:3-4, 12, 21; 2:14; 3:5-6; 4:1, 14; 5:18-21; 7:10-11; 9:7-8; 10:4; 13:4; 갈 1:1, 6, 15; 2:8; 4:3-7; 5:8; 엡 1:1, 11; 2:8-10; 3:2, 7, 20; 4:11-13; 6:10-13a, 14-17; 빌 1:6; 2:13; 4:6-7; 골 1:13-14, 21-23a; 2:20; 3:1, 12-13; 살전 1:5; 2:2-3; 3:11-13; 5:23-24; 살후 1:11-12; 2:13-14, 16-17; 3:3, 5, 16; 딤후 1:7b, 9, 14; 2:7b; 3:15; 4:1; 딛 3:3-6.
>
> 〈참조〉
> 롬 8:31-33; 고전 7:25; 8:11; 고후 1:9; 6:1; 7:1; 8:1, 16; 11:2, 31; 13:7; 갈 1:13; 3:8, 17-18, 26; 엡 4:7; 살후 2:11-12; 딤전 1:1, 12; 4:10; 딤후 1:1; 3:11; 딛 2:11-13.

바울이 서신을 통해 목회를 실행한 첫 번째 원리는 권면의 근본과 관련한 것이다. 이 원리는 인간적 수고보다는-비록 인간적 수고가 포함되었더라도-그 모든 일들의 과정과 결과를 하나님[295]께서 주관하신다는 "하나님 주도 사상"(God's initiative)의 원리다.[296] 그렇지만 주의할 점

---

295   그리고/혹은 삼위일체의 다른 위격들(즉, 성자 예수 및 성령)의 주도 사상이 그 저변에 깔려있다.

296   토마스 R. 슈라이너, 『바울신학: 그리스도 안에 있는 하나님의 영과의 사도』, 엄성옥 역 (서울: 은성, 2005), 47. "바울의 삶의 열정, 그의 이상의 기초와 절정, 그리고 그의 사명에 활기를 부여해 주는 동기는 주 예수 그리스도 안에, 그리고 그로 말미암은 하나님의 주권이었다."

은 이 "하나님 주도 사상"은 단순히 신학적 개념이 아니라는 점이다. 오히려, 바울(과 신약 서신 저자들)은 성도들을 바로 세우기 위해 그(들) 스스로가 많은 수고를 했는데, 이 원리는 일차적으로 이러한 경험을 통해 더욱 분명히 드러난다는 점에서 고백적이라고 말할 수 있다. 따라서 바울 서신에 등장하는 바울의 경험과 고백을 살펴보는 것이 도움이 된다. 한 예로 바울은 데살로니가전서 2장에서 다음과 같이 고백했다(살전 2:1-2, 5-6).

> 예) 살전 2:1-2, 5-6
> 1 형제들아 우리가 너희 가운데 들어간 것이 헛되지 않은 줄을 너희가 친히 아나니 2 너희가 아는 바와 같이 우리가 먼저 **빌립보에서 고난과 능욕을 당하였으나**(προπαθόντες καὶ ὑβρισθέντες) 우리 하나님을 힘입어 **많은 싸움 중에**(ἐν πολλῷ ἀγῶνι) 하나님의 복음을 너희에게 전하였노라... 5 너희도 알거니와 우리가 아무 때에도 아첨하는 말이나 탐심의 탈을 쓰지 아니한 것(οὔτε... ἐν λόγῳ κολακείας ἐγενήθημεν... οὔτε ἐν προφάσει πλεονεξίας,)을 하나님이 증언하시느니라 6 또한 우리는 너희에게서든지 다른 이에게서든지 사람에게서는 영광을 구하지 아니하였노라 (οὔτε ζητοῦντες ἐξ ἀνθρώπων).

위의 고백은 바울이 사역에 있어서 얼마나 신실했었는지를 반영해 준다.[297] 무엇보다 이 점은 "고난"과 "능욕" 및 "많은 싸움" 중에서도 자신의 사역을 끝까지 완수했을 뿐만 아니라(1-2절), 그 과정 가운데서 아첨하거나 탐심을 갖지 않고(5절) 또한 어느 사람에게든지 사람의 영광을 구하지 않았다는 점에서 잘 드러난다(6절). 한편, 바울의 이러한

---

297 브루스, 『데살로니가전후서』, 89-90. J. A. D. Weima, *1-2 Thessalonians* (Grand Rapids, Michigan: Baker Academic, 2014), 139-141을 참조하라.

헌신적 사역은 사역 초기뿐만 아니라 사역 중·후기에 발송한 고린도후서에서도 발견된다는 점에서 그가 어떠한 사역자였는지를 가늠해 볼 수 있기도 하다(고후 11:23-27).

> 예) 고후 11:23-27
> 23 그들이 그리스도의 일꾼이냐 정신 없는 말을 하거니와 나는 더욱 그러하도다 내가 수고를 넘치도록 하고 옥에 갇히기도 더 많이 하고 매도 수없이 맞고 여러 번 죽을 뻔하였으니 24 유대인들에게 사십에서 하나 감한 매를 다섯 번 맞았으며 25 세 번 태장으로 맞고 한 번 돌로 맞고 세 번 파선하고 일 주야를 깊은 바다에서 지냈으며 26 여러 번 여행하면서 강의 위험과 강도의 위험과 동족의 위험과 이방인의 위험과 시내의 위험과 광야의 위험과 바다의 위험과 거짓 형제 중의 위험을 당하고 27 또 수고하며 애쓰고 여러 번 자지 못하고 주리며 목마르고 여러 번 굶고 춥고 헐벗었노라.

이러한 고백적 진술들을 통해 성도들은 바울이 어떠한 처지에서 어떠한 태도로 하나님의 일을 담당하기 위해 수고했는지 분명히 알 수 있었다. 그 모습은 한 인간이 경험할 수 있는 모든 어려움 가운데서도 굳건히 사역을 감당했음을 명백히 드러내 준다.[298] 그럼에도 불구하

---

[298] 학자들은 이러한 내용들로부터 훈계 문학 등에서 종종 사용되는 "고난 목록"(the list of hardships)이라는 고대 장치를 떠올린다. 이 목록은 단순히 바울이 자신의 과거의 영광을 드러내려는 기능을 하지 않는다는 점에 주의를 기울일 필요가 있다. 초점은 이런 어려운 상황 중에서도 사역을 온전히 감당했음에 놓이는데, 그 경우 이 목록의 당사자는 그의 신실성(integrity)을 검증받게 된다. 이 신실성은 고대 도덕 철학자들 및 지도자들에게 있어서 가장 우선적으로 요구되는 자질이었다는 점에서 "고난 목록"의 언급은 굉장한 설득의 기능을 한다(즉, 저자의 진술/글에 신빙성을 더함으로 설득력을 갖게 된

고, 바울은 이러한 고난들조차 아무것도 아니라고 말한다. 오히려, 고린도전서 11:23-27의 말씀을 마치면서 다음과 같이 말한다(고전 11:28).

> 예) 고후 11:28
> 이 외의 일은 고사하고 날마다 내 속에 눌리는 일(ἡ ἐπίστασίς μοι ἡ καθ' ἡμέραν)이 있으니 곧 모든 교회를 위하여 염려하는 것(ἡ μέριμνα πασῶν τῶν ἐκκλησιῶν)이라.

바울은 고린도전서 11:23-27에서 말하기 힘든 고난을 "교회를 위해" 당했다고 고백한다. 마틴은 "이 환란 목록의 절정을 이런 식으로 설정한 것은 바울이 진정한 사도직을 지니고 있을 보여주는 하나의 증거"라고 단언한다.[299] 그러나 그 모든 사항을 언급한 이후 "이 외의 일을 고사하고"라는 표현으로 시작된 고린도후서 11:28은 바울이 "날마다" 눌리는 일이 있는데 그것이 다름 아닌 "모든 교회를 위하여 염려하는 것"이라고 진술하는데, 이는 그가 사역자로서의 사명을 감당하는 데 있어 얼마나 최선을 다했는지를 잘 보여주는 예라고 할 수 있다.

바울은 그 스스로가 최선을 다한 모범적인 그리고 불세출의 사역자였음이 틀림없다. 그 앞에서 자랑할 수 있는 사람은 몇 없을 것이다. 그럼에도 불구하고, 바울은 이러한 헌신 중에서 자신이 감당했던 모든 일들은 하나님의 지도하심에 의해서만 가능했던 것이라고 고백한다. 그러므로 고린도전서에서 바울은 자신의 최선은 자신의 노력이 아니요, 최선을 다할 수 있었던 것 자체가 은혜요 감사의 제목이라고 말한

다). 마틴, 『고린도후서』, 709-710을 참조하라.
[299] 마틴, 『고린도후서』, 730. "이 환란 목록의 절정을 이런 식으로 설정한 것은 바울이 진정한 사도직을 지니고 있을 보여주는 하나의 증거로서…"

것이다(고전 15:9-10):

예) 고전 15:9-10
9 나는 사도 중에 가장 작은 자라 나는 하나님의 교회를 박해하였으므로 사도라 칭함 받기를 감당하지 못할 자니라 10 그러나 내가 나 된 것은 하나님의 은혜로(χάριτι... θεοῦ εἰμι) 된 것이니 내게 주신 그의 은혜가(ἡ χάρις αὐτοῦ ἡ εἰς ἐμέ) 헛되지 아니하여 내가 모든 사도보다 더 많이 수고하였으나 내가 한 것이 아니요 오직 나와 함께 하신 하나님의 은혜로라(ἡ χάρις τοῦ θεοῦ [ἡ] σὺν ἐμοί).

바울이 이 고백에서 핵심을 이루고 있는 단어는 하나님의 "은혜"(χάρις)이다. 관심 가져야 할 점은 바울이 이 단어를 자신과 밀접하게 사용하면서(예. [χάριτι...] εἰμί ἡ εἰς ἐμέ [ἡ] σὺν ἐμοί) 자신과 자신으로 인한 모든 일들이 다 하나님의 전적 간섭하심에 의한 것이라고 이해하고 있음을 잘 보여주고 있다는 점이다.[300]

더 나아가, 바울은, 비록 자신이 하나님 앞에서 결단한 바가 있으나 그 일을 실행하지 못했고 그래서 비난과 고민에 깊이 빠졌을 때일지라도, 그 가운데서 하나님의 주도하심을 인정하며 자신에게 주어진 길을 걷기도 했다. 이러한 기사는 바울 서신에 언급되지 않지만 사도행전 16:6-10을 통해 살펴볼 살펴볼 수 있다(행 16:6-10).

예) 행 16:6-10
6 성령이(ὑπὸ τοῦ ἁγίου πνεύματος) 아시아에서 말씀을 전하지 못하

300　앤토니 C. 티슬턴, 『고린도전서: 해석학적 & 목회적으로 바라본 실용주의 주석』, 권연경 역 (서울: SFC, 2011), 462-463을 참조하라.

게 하시거늘 그들이 브루기아와 갈라디아 땅으로 다녀가 7 무시아 앞에 이르러 비두니아로 가고자 애쓰되 예수의 영(τὸ πνεῦμα Ἰησοῦ)이 허락하지 아니하시는지라 8 무시아를 지나 드로아로 내려갔는데 9 밤에 환상이 바울에게 보이니 마게도냐 사람 하나가 서서 그에게 청하여 이르되 마게도냐로 건너와서 우리를 도우라 하거늘 10 바울이 그 환상을 보았을 때 우리가 곧 마게도냐로 떠나기를 힘쓰니 이는 하나님(ὁ θεός)이 저 사람들에게 복음을 전하라고 우리를 부르신 줄로 인정함이러라.

이 기사를 보면 바울은 아시아에서 복음을 전하기 원했다(6-7절). 그러나 바울은 성령님의 지시(즉, 하나님의 주도하심)에 따라 마게도냐로 향할 것을 결정한다. 추측건대, 바울은 이 일과 관련하여 처음에는 주변으로부터 부정적인 평가를 받았을 것이다. 그 이유는 바울은 이전에 자신의 후원자들, 동료들, 성도들에게 아시아에서 복음을 전하는 비전과 포부를 밝혔을 것임이 틀림없고,[301] 따라서 많은 이들이 이 헌신된 사역자의 아시아 선교 사역에 동의했을 것이며 함께 헌신하고 있었을 것이기 때문이다. 그런데 말씀을 통해 보니 바울이 자기 사역의 방향을 갑자기 아시아에서 그리스 지역(유럽)으로 변경했다. 물론 "하나님이 저 사람들에게 복음을 전하라고 우리를 부르신 줄로 인정함"(10절)의 표현을 통해 볼 때 어느 정도 합의가 이뤄졌을 것은 예상할 수 있다. 슈나벨 교수는 특별히 "인정함"에 해당하는 헬라어 단어 "쉼비바존떼스"(συμβιβάζοντες)를 언급하면서 이 동사는 "합리적 묵상과 추론을 의미"한다고 말하면서 "동사의 주어가 복수 형태인 것은 다른 사람

---

[301] 참고로 롬 15:22-23에서 바울은 서바나(오늘날의 스페인) 선교의 포부를 밝힌다. 이는 바울이 자신이 사역 계획을 세울 때 처음부터 치밀하고 공개적으로 준비했었을 가능성을 보여준다.

들이 결정에 참여했음을 시사한다."라고 말하면서, "바울은 분명히 자신이 본 환상의 내용을 동역자들에게 이야기했으며 그들은 함께 이 환상이 하나님의 인도하심을 대변한다는 결론에 이른다."라고 정리한다.[302] 슈나벨 교수의 이러한 설명은 적절하다. 그럼에도 불구하고, 지금까지 바울을 따르던 동역자들 곧 후원자들, 동료들, 성도들은 바울의 행보에 의구심 있었을 것이며, 반대자들로부터의 공격 역시 감당했어야 했을 것이다.

그러나 (본문의 증언을 통해 볼 때) 바울은 이런 상황 속에서 침묵했고, 향후 사도행전과 그의 편지를 통해 보듯이 묵묵히 십수 년 동안 자신의 사역을 감당함으로 자신의 길이 그 자신의 선택이 아닌 하나님의 주도하심에 순종한 것임을 삶으로 증명했다. 또한 하나님이 인도하신 그 길을 감에 있어 엄청난 부정적 상황들이 발생했음에도 불구하고[303] 바울은 묵묵한 발걸음으로 하나님의 주도하심을 삶을 통해 인정한 것이다. 바울의 이러한 태도는 무엇보다 자신의 사역과 목회의 근저에 "하나님 주도 사상"이 깔려있었기 때문이었다.[304] 어떠한 역경 가운데서도 하나님께서 주도하신다는 사상을 가지고 싸워간 바울은 위의 문제 역시 인내하며 주님의 손에 모든 것을 맡기는 태도를 보인 것이었다.

이러한 자신의 태도에 따라 바울은 성도들에게 역시 어떠한 상황에 처해 있더라도 하나님께서 모든 일을 친히 인도하여 선한 길로 이

---

302 에크하르트 J. 슈나벨, 『강해로 푸는 사도행전』, 정현 역 (서울: 도서출판 디모데, 2018), 704-705.

303 마게도냐 지역으로 가서 그는 감옥에 갇혔고, 아시아에서 당한 고난보다 수많은 고난을 당하기도 했다. 사실 그러한 고난은 하나님의 주도하심에 순종한 결과들이었다.

304 E. 헨헨, 『사도행전 (II)』, 박경이 역 (서울: 한국신학연구소, 1989), 142, 145를 참조하라.

끄실 것이라고 선포하고 그들을 양육할 수 있었던 것이다. 한 예로, 바울은 고난 가운데 있었던 데살로니가 교회 성도들을 위해 다음과 같이 축복 기도를 드렸다(살전 5:23-24).

> 예) 살전 5:23-24
> 23 평강의 하나님이 친히(αὐτὸς δὲ ὁ θεὸς τῆς εἰρήνης) 너희를 온전히 거룩하게 하시고 또 너희의 온 영과 혼과 몸이 우리 주 예수 그리스도께서 강림하실 때에 흠 없게 보전되기를 원하노라 24 너희를 부르시는 이는 미쁘시니 그가 또한 이루시리라(ὁ καλῶν ὑμᾶς, ὃς καὶ ποιήσει).

새로운 신앙과 삶의 모습 때문에 이미 많은 고난을 겪고 있던 데살로니가 교회 성도들에 대해 바울은 위의 축복 기도 가운데 고백한 확신이 있었고,[305] 그들에게도 이 확신을 심어주어 그들이 어떠한 태도로 신앙의 삶을 살아가야 할지를 지도해 준 것이다.

한편, 그 적용의 범위는 단순히 심령의 문제나 소원의 문제를 넘어 구체적인 행위와 실천, 그리고 성도의 최종적 삶의 순간에까지 확장되었다(살전 3:11-13).

> 예) 살전 3:11-13
> 11 하나님 우리 아버지와 우리 주 예수는 우리 길을 너희에게로 갈 수 있게 하시오며(κατευθύναι τὴν ὁδὸν ἡμῶν πρὸς ὑμᾶς) 12 또 주께서 우리가 너희를 사랑함과 같이 너희도 피차간과 모든 사람에 대한 사랑이 더욱 많아 넘치게 하사(πλεονάσαι καὶ περισσεύσαι τῇ ἀγάπῃ) 13 너희 마음을 굳건하게 하시고(εἰς τὸ στηρίξαι) 우리 주 예수께서

---

[305] 바울 서신 결어 부분에서 사용된 평화 축복문에 대해서는 Weima, 1-2 Thessalonians, 416-423을 참조하라.

그의 모든 성도와 함께 강림하실 때에 하나님 우리 아버지 앞에서 거룩함에 흠이 없게 하시기를 원하노라.

그러나 이런 진술들은 단지 바울에게만 한정되어 있었던 것은 아니었다. 비록 본서의 일차적인 관심사는 아니지만, 이는 베드로의 기도문에서도 발견된다(벧전 5:10).

예) 벧전 5:10
모든 은혜의 하나님 곧 그리스도 안에서 너희를 부르사 자기의 영원한 영광에 들어가게 하신 이가 잠깐 고난을 당한 너희를(ὀλίγον παθόντας) 친히(αὐτός) 온전하게 하시며 굳건하게 하시며 강하게 하시며 터를 견고하게 하시리라(καταρτίσει, στηρίξει, σθενώσει, θεμελιώσει).

이 기도를 통해 베드로 역시 목회자로서 역경 가운데 있는 성도들(ὀλίγον παθόντας)의 직접적인 보호자가 누구인지를 분명히 드러내 준다.[306]

물론, 이러한 가르침은 단순하게 하나님께 무엇인가를 떠맡기고 각자의 생각대로 산다는 것이 아니다. 앞선 구절들은 바울의 수고와 헌신을 언급하는데, 자세히 살펴보면 그 구절들은 나태하게 무엇인가

---

[306] 램지 마이클스, 『베드로전서』, 박문재 역 (서울: 솔로몬, 2014), 590을 참조하라. 참고로 채영삼은 10b절에 제시된 4개의 동사들이 모두 미래형이라는 점을 염두에 두면서 다음과 같은 진술을 하는데 (일부 동의할 수 없는 점이 있더라도) 타당성이 있다: "하나님의 은혜의 역사들을 가리키는 이 표현들은 모두 미래형으로 되어 있는데, 그것은 과거에 한 번 결정적으로 우리를 '부르신 분'(ὁ καλέσας)께서 그 이후에 그 부르심의 목적을 이루시기 위해 반드시 하실 당위적인 사역이라는 의미를 포함한다." 채영삼, 『공동서신의 신학: '세상 속의 교회', 그 위기와 해법』 (고양: 이레서원, 2017), 385.

를 맡기고 사는 무책임한 삶을 그려내지 않는다. 오히려, 바울은 시대의 책임을 진 많은 역사 속의 인물들처럼 자신에게 주어진 삶을 사명 속에 살아갔다. 그러나 그는 그것마저 하나님께서 이루셨다고 인정했다. 이러한 이유로 바울은 종종 하나님께 집중하며 감사할 것을 언급하기도 했다(살전 1:2-4).

예) 살전 1:2-4
2 우리가 너희 모두로 말미암아 항상 하나님께 감사하며(εὐχαριστοῦμεν τῷ θεῷ πάντοτε) 기도할 때에 너희를 기억함은 3 너희의 믿음의 역사와 사랑의 수고와 우리 주 예수 그리스도에 대한 소망의 인내를 우리 하나님 아버지 앞에서 끊임없이 기억함이니 4 하나님의 사랑하심을 받은 형제들아 너희를 택하심을 아노라.

위에서 언급한 사항들을 고려할 때 "하나님 주도 사상"은 바울과 성도들 모두에게 있어 실천의 근본 원리가 됨을 볼 수 있다. 다만, 오해를 피하려고 "하나님 주도 사상"은 고백을 통한 본질적 차원과 헌신과 수고의 원동력 차원의 이중적 차원에서 이해해야 할 필요가 있다.

(2) 권면의 목표: 하나님께 합당한 삶을 살아라!

〈관련 성경 구절들〉

> 롬 12:1-2; 14:18; 고전 7:17, 19b; 고후 7:1, 12; 갈 5:16; 엡 1:12; 4:15-16; 5:10, 15-17, 21; 6:13b; 빌 1:10b, 27-28a; 4:1, 9; 골 1:10; 3:12-14; 살전 4:1; 딤전 2:1-3; 딤후 4:1.
>
> 〈참조〉
> 롬 14:7-8; 고전 1:8b; 7:24; 고후 5:9, 20; 13:5a; 갈 5:22-26; 6:7-10; 골 1:28[그리스도 안에서 완전한 삶]; 3:1; 살후 1:11; 딤전 6:1, 11; 딤후 2:14; 딛 2:14-15; 몬 16.

바울이 서신을 통해 목회를 실행할 때 전제한 두 번째 원리는 권면의 목표와 관련된다. 하나님께서 모든 것을 주관하시기에, 결국 성도들은 그 인도하심에 따라야 하는데 그 인도하심을 인정한다면 그 목표를 따라야 할 것이다. 바울은 그리스도인들은 하나님 혹은 삼위일체의 다른 위격들에게 합당한 삶의 방식에 초점을 맞춰야 한다는 원리를 가르쳤다. 여기서 말하는 "하나님"은 철학자들이 말하는 대자연의 원리 따위를 의미하지 않는다. 바울 서신에서 "하나님"은 무엇보다 성경이 증언하는 성부 하나님을 가리키며, 다른 위격들은 성자 예수님, 성령님을 가리킨다. 바울은 서신에서 그리스도인들의 현존재(Dasein)나 처지 등을 일차적으로 고려한다. 그럼에도 불구하고, 바울은 그들을 격려할 때 끊임없이 그리스도인들의 삶의 근본적인 목적을 언급한다. 즉, 그리스도인들이 내·외적 환경으로 인해 어려움을 당하거나 혼란을 겪을 때, 바울은 그들에게 그리스도인으로 살아간다는 것은 무엇인지 그 삶의 목표를 "하나님께 합당한 삶"으로 정확하게 제시함으로써 문제 해결의 초석을 놓으려고 시도했다.

이러한 사실이 바울 서신에서 다양하게 드러난다. 그리고 이 목표는 성도들에게만 제한되지 않고 직접 목회 사역을 감당한 바울 자신에게도 적용되었다. 왜냐하면 목회자나 성도들 모두 그리스도인들이었기 때문이다. 그러므로 바울은 자기 자신의 고난의 경험을 고백적으로 진술한 이후(살전 2:1-3) 그가 그 일을 감당한 이유를 데살로니가전서에서 다음과 같이 진술했다(살전 2:4).

예) 살전 2:4
오직 하나님께 옳게 여기심을 입어 복음을 위탁 받았으니 우리가 이와 같이 말함은 사람을 기쁘게 하려 함이 아니요 오직 우리 마음을 감찰하시는 **하나님을 기쁘시게 하려 함**(ἀρέσκοντες... θεῷ)이라.

데살로니가전서 2:4는 사도 바울이 어떠한 자세로 사역을 감당했으며 그 사역의 목적이 무엇인지를 분명히 드러내 준다. 즉, 바울은 다른 그 어떤 목표보다 "하나님을 기쁘시게"(ἀρέσκοντες... θεῷ) 하는 것이 모든 사역과 선택의 최종 목적이라고 말한다.[307] 이 구절에서 "기쁘시게"라는 말로 번역된 헬라어 표현은 "아레스꼬"(ἀρέσκω)이다. 이 표현은 일차적으로 동료 시민들을 섬기는 일에 사용되고 했으며, 그 안에는 섬김과 복종의 의미가 포함된 어휘다.[308] 그러므로 바울은 "하나님을 기쁘시게" 함에 앞서 "사람을 기쁘게 하려 함"이라는 표현을 사용하여 자신의 사역이 온전히 하나님을 기쁘게 하는 것임을 강조하기까지 한다. 만약 바울이 "그리스도의 십자가로 말미암아 박해를 면"하려고

---

307   브루스, 『데살로니가전후서』, 88-89.
308   C. L. Rogers Jr., and C. L. Rogers III, *The New Linguistic and Exegetical Key to the Greek New Testament* (Grand Rapids, Michigan: ZondervanPublishingHouse, 1998), 473.

했다면(갈 6:12b) 사람을 기쁘게 하는 일을 선택했으면 되었을 것이고 그가 데살로니가전서 2:2에서 언급한 "고난"과 "능욕"을 당할 필요가 없었을 것이다. 그러나 그는 오직 하나님만을 기쁘게 하길 원했다.

한편, 바울은 자신의 사역을 통해 자신이 무엇을 가르쳤는지도 분명히 언급한다(살전 4:1).

예) 살전 4:1
그러므로 형제들아 우리가 끝으로 주 예수 안에서 너희에게 구하고 권면하노니 너희가 마땅히 어떻게 행하며 하나님을 기쁘시게 할 수 있는지(τὸ πῶς δεῖ ὑμᾶς περιπατεῖν καὶ ἀρέσκειν θεῷ)를 우리에게 배웠으니(καθὼς παρελάβετε παρ' ἡμῶν) 곧 너희가 행하는 바라 더욱 많이 힘쓰라.

이 구절에서 바울이 "어떻게 행하며"(πῶς... περιπατεῖν) 및 "하나님을 기쁘시게" 한다(ἀρέσκειν θεῷ)는 표현과 함께 "마땅히"(δεῖ)라는 표현을 사용하고 있다는 점에 주의해야 한다. 우선, "마땅히"라는 표현은 당위를 나타낸다. 그리고 그 당위에 해당하는 내용으로 "어떻게 행하며"와 "하나님을 기쁘시게 할 수" 있는 것을 연결한다. "행하며"로 번역된 헬라어 단어 "뻬리빠떼오"(περιπατέω)는 어휘는 종종 윤리적 혹은 기준에 따르는 삶을 가리키는데 사용된다(예. 살전 2:12; 4:12; 살후 3:6, 11).[309] 그렇다면 바울의 관심은 그리스도인들이 "마땅히" 어떻게 살아야 할 것인지에 대해 말하려 했음을 지시한다. 그런데 이 표현 뒤에 "하나님을 기쁘시게" 해야 한다는 말이 부가된다. 행함과 기쁘게 함의 동사는 모두 부정사 형태로 "마땅히"라는 표현에 연결되기에, 이

---

309   브루스, 『데살로니가전후서』, 104.

두 표현을 하나로 이해할 수 있다. 예를 들어, 브루스는 이 표현을 중언법으로 보고 "하나님을 기쁘시게 하기 위해 행하는 것"을 의미한다고 제안한다.[310] 이러한 설명은 적절하다. 그러나 이 둘을 하나의 개념을 전달하는 것이 아닌, 연속된 행위로 볼 수도 있다. 즉, 성도들이 "어떻게 행해서 그 결과 하나님을 기쁘시게 할 것"으로 이해하는 것입니다. 중요한 것은 바울의 관심은 성도들이 삶의 방식이 하나님을 기쁘시게 하는 것과 밀접하게 연관된다고 생각하고 있었다는 점이다.

더욱 중요한 것은 그가 이 일을 자신의 사역("우리들"[παρ' ἡμῶν])에게 너희가 "배웠다"(παρελάβετε[문. "넘겨받았다"])[311]는 말로 규정하고 있음에 집중할 필요가 있다. 왜냐하면 이 표현이 바울의 사역 목적의식과 더불어 그의 목회의 실천을 잘 드러내 주기 때문이다.[312] 그렇다면 바울은 데살로니가전서 2:4에서 자신의 모든 사역이 오직 "하나님을 기쁘시게 하려 함"이라고 말했고, 그 목양의 내용 역시 성도들이 "하나님을 기쁘시게" 하려면 "마땅히 어떻게 행해야" 하는지를 가르쳤다는 점에서 하나님을 기쁘시게 한다는 것이 그의 사역의 시작이요 마지막임을 알 수 있다. 그리고 "하나님께 합당한 삶"의 의미에 대해, 바울은 그것이 하나님의 속성이나 본성에 벗어나지 않는 삶을 말하는 것이라는 의미에서 "너희의 거룩함"(ὁ ἁγιασμὸς ὑμῶν[살전 4:3])이라고 다시 진술하기도 했음에도 주의를 기울여야 한다.[313] 이와 더불어 "너희가 행하는 바라."라는 표현은

---

310 브루스, 『데살로니가전후서』, 159.
311 바울은 본 어휘를 "사도적 전승"(the apostolic *paradosis*)에 대한 전문적 용어로 사용했다. 특별히 살전 4:1의 경우 강조점이 가르쳐진 내용의 가치에 있다. H. Balz and G. Schneider, ed., *Exegetical Dictionary of the New Testament*, 3 vols., Vol. 3 (Grand Rapids, Michigan; William B. Eerdmans, 1993), s.v. παραλαμβάνω, 3.c.
312 브루스, 『데살로니가전후서』, 158-159.
313 이러한 사실은 다른 신약 서신들에서도 확인된다(벧전 1:14-16. 레 11:44; 19:2;

바울이 데살로니가 교회 성도들과 함께 있었을 때 무엇을 가르쳤는지를 단적으로 보여준다. 그때 역시 그들의 삶이 하나님께 합당해야 한다고 가르쳤기에 바울은 자신이 현재 가르치는 바를 그들이 이미 행하고 있고, 그 일을 지속할 것을 권면하신 것이다.

바울에게 그리스도인들의 삶은 하나님을 기쁘시게 하는 삶이 되어야 한다는 생각은 일관된 것이었다. 따라서 바울의 삶의 후반기에 기록된 디모데전서에서도 이러한 사항이 분명히 등장한다. 바울은 디모데에게 편지를 보내면서 그 목적을 다음과 같이 기록했다(딤전 3:14-15).[314]

> 예) 딤전 3:14-15
> 내가 속히 네게 가기를 바라나 이것(ταῦτα)을 네게 쓰는 것은, 만일 내가 지체하면 너로 하여금 하나님의 집에서(ἐν οἴκῳ θεοῦ) 어떻게 행하여야 할지(πῶς δεῖ... ἀναστρέφεσθαι)를 알게 하려(ἵνα εἰδῇς) 함이니 이 집은 살아 계신 하나님의 교회요 진리의 기둥과 터니라.

디모데전서는 바울이 사역의 후계자인 디모데에게 일단의 양육과 지침을 주는 서신이다. 특별히, 디모데전서 3:14-15는 디모데전서의 목적을 드러내 주는 부분으로서, 이곳에서 바울은 자신이 디모데전서를 보낸 이유가 디모데에게 무엇보다 교회와 관련하여 그가 어떻게 행해

20:7를 참조하라). "너희가 순종하는 자식처럼 전에 알지 못할 때에 따르던 너희 사욕을 본받지 말고 15 오직 너희를 부르신 거룩한 이처럼 너희도 모든 행실에 거룩한 자가 되라 기록되었으되 내가 거룩하니 너희도 거룩할지어다 하셨느니라."

314 G. W. Knight, *The Pastoral Epistles: A Commentary on the Greek Text* (Grand Rapids, Michigan: William B. Eerdmans, 1992), 178을 참조하라.

야 할지를 알게 하기 위한 것이라고 언급한다.³¹⁵ 이 구절에서 "행하여"라고 번역된 헬라어 어휘 "아나스뜨레페스타이"(ἀναστρέφεσθαι)가 시선을 끄는데, 이 단어는 단순히 어떤 행위와 관련된 것이 아니라, 어떤 원리들을 실천하거나³¹⁶ 삶을 영위하는 것을 가리키는 데 사용되는 어휘이다.³¹⁷ 따라서 바울은 그 삶의 자리를 하나님의 집(ἐν οἴκῳ θεοῦ)이라는 표현과 연관 지음으로 사역자 디모데의 삶의 태도를 하나님께 합당한 태도와 연관시킨다.³¹⁸

위에서 살펴본 몇 가지 예들은 바울에게 있어서 목회의 일차적 관심이 바로 그리스도인들이 어떻게 살아야 할 것인가에 있었고, 그 내용은 다른 어떤 생활 방식이 아닌 "하나님께 합당한 삶"이라고 제시했음을 확인할 수 있다. 바울은 삶의 목표를 하나님께 합당한 삶이란 기준을 두고, 각각의 정황에 놓인 성도들의 처지에 따라 그들의 삶이 어떻게 하나님께 합당하게 될 수 있는가를 서신을 통해 제시했던 것이다.

---

315   윌리암 D. 마운스, 『목회서신』, 채천석과 이덕신 역 (서울: 솔로몬, 2009), 526, 532.

316   Rogers and Rogers, *The New Linguistic and Exegetical Key to the Greek New Testament*, 493.

317   마운스, 『목회서신』, 533-534; BDAG, s.v. ἀναστρέφω, 3.

318   마운스, 『목회서신』, 534-536.

(3) 권면의 해석 기반: 모든 것의 중심은 그리스도다!

〈관련 성경 구절들〉

> 롬 1:1-6, 9; 3:21-26; 5:15-21; 8:1-4, 6-11; 9:32-10:13; 12:3-5; 14:8-9, 15; 15:1-9, 16, 30; 고전 1-3장; 6:12-17; 11:1; 고후 1:5; 4:5, 10-11; 5:10, 14-19, 21; 8:9; 10:4-5; 13:4, 5; 갈 1:4, 6-7, 12; 2:4, 16, 20; 3:13-14, 22, 23-29; 4:4-5, 19; 5:1, 24; 6:14, 17, 18; 엡 1:1-2. 5. 20-22; 2:5-10, 11-22; 3:6, 9, 11-12; 4:11-16, 20-21, 32b; 5:2, 23, 25, 29; 6:5-6, 23, 24; 빌 1:1, 8, 10-11, 21, 27, 29; 2:5-11; 3:7-14; 4:1, 4, 7, 19, 23; 골 1:9-20, 26-27; 2:1-15; 2:20-3:4; 3:4, 11, 13-17, 18, 20, 22-24; 살전 4:1, 2; 살후 3:6, 12; 딤후 1:13; 2:1, 8; 딛 3:6-7.
>
> 〈참조〉
> 롬 8:31-37; 14:22; 고후 11:3-4; 갈 1:22; 3:21; 3:1; 5:6; 딤전 5:21; 6:13; 딤후 1:9-10; 3:12; 딛 1:4; 2:13; 몬 1, 8, 9.

바울이 서신들을 통해 목회를 실행한 세 번째 원리는 어떠한 주제나 상황을 해석함에 있어서 예수 그리스도를 그리스도인의 삶의 기준이요 해석의 원리로서 제시했다는 것이다("그리스도 중심 사상"). 이 원리의 적용은 그리스도인들의 구원 문제에만 제한되는 것이 아니라,[319] 예수 그리스도는 삶의 현장에서 직접 따라야 하는 모범이 된다는 것까지 포함한다.[320] 이는 그리스도인이 된다는 것은 하나님께서 계획하신바 유일한 길이 예수 그리스도를 주로 믿고 삶으로 따른다는 것을 의미함을 말한다.[321] 이 사실은 매우 중요하다. 왜냐하면 혹자가 예수를 그리

---

319 롱에네커, 『바울의 사역과 메시지』, 102-103.
320 김주한, "기독교 정체성의 아이콘, 모델: 신약 편지들을 중심으로," 「성경과 신학」 67 (2013.10), 301-307.
321 롱에네커, 『바울의 사역과 메시지』, 94, 106, 109.

스도(요 20:31을 참조하라)로 인정하지 않고 하나님의 뜻만 구한다면 그를 그리스도인이라 단정할 수 없기 때문이다. 더 나아가, 2천 년 전 사역하시던 예수를 통해 하나님께서 자신의 모든 일을 완성하셨다는 사실[322] 자체를 망각한다면, 그리스도인들은 또 다른 예수를 주장하는 이단 사설들에 넘어갈 수 있다(고후 11:4를 참조하라). 그러나 반대로, 예수를 믿는 이유가 오직 구원 자체만을 위한 것이라는 지극히 단순화된 개념(도식)만 주장할 경우, 그 사람은 예수의 지상 생애 자체에 관심은 무시하고 다만 그의 구속적인 행위와 그 결과만을 고려하여 구원파적인 경향을 가질 수밖에 없게 된다. 물론, 예수를 믿으면 구원받는다는 복음은 결단코 바뀔 수 없지만, 이 개념(도식) 자체만큼 중요한 것은 예수께서 "왜"("어떻게"가 아니라!) 이 땅에서 그렇게 행했는지의 원인을 아는 것인데 그것은 하나님께서 그 방법을 통해 자신의 뜻을 이루기를 원하셨기 때문이라는 점을 인식하는 것이 중요하다.

위에서 언급한 사항들을 정리해 보면, 하나님께서는 (예수 이전까지 다양하게 드러내신) 자신의 뜻을 예수 그리스도를 통해 완성하길 원하셨다는 것이다(요 3:16). 그렇기에 예수 그리스도를 통해 완성되기 이전의 모든 하나님의 뜻 그리고 예수 그리스도 이후에 이뤄지는 하나님의 모든 역사가 다 예수 그리스도를 통해 이해되어야 함을 가르친다. 다른 말로 하면, 그리스도인들에게 있어서 성경, 삶 등의 모든 일에 대한 이해가 예수 그리스도를 통해야 한다는 것이다.[323] 이 점은 바울을 비롯한 당시의 교회 지도자들에게 자명한 사실이었다. 그러므로 "그리스도

---

[322] 슈라이너, 『바울신학: 그리스도 안에 있는 하나님의 영과의 사도』, 217. 229-232; 던, 『바울신학』, 446-448.

[323] 참고. 에드먼드 클라우니, 『구약에 나타난 그리스도』, 편집부 역 (서울: 네비게이토 출판사, 2002).

중심 사상"이라는 원리를 가진 바울은 자신 권면의 중심에서 예수 그리스도를 언급하는 것을 주저하지 않았다. 한 예로, 바울은 성도들의 삶을 칭찬하면서 그들의 그리스도에 대한 소망의 인내를 언급했다(살전 1:3).

예) 살전 1:3
너희의(ὑμῶν) 믿음의 역사와 사랑의 수고와 우리 주 예수 그리스도에 대한(τοῦ κυρίου ἡμῶν Ἰησοῦ Χριστοῦ) 소망의 인내를 우리 하나님 아버지 앞에서 끊임없이 기억함이니.

이 구절은, 비록 『개역개정』에서는 명확히 드러나지 않지만, 원어를 통해 볼 때 언어 배열의 특이점이 나타난다. 즉 "믿음의 역사," "사랑의 수고," "소망의 인내"라는 표현들이 "너희의"(ὑμῶν) 및 "우리 주 예수 그리스도에 대한"(τοῦ κυρίου ἡμῶν Ἰησοῦ Χριστοῦ)이라는 속격 형태(genitive case)의 표현으로 감싸져 있다. 즉, 소유자들을 양쪽으로 분리한 후 중요한 개념을 중간에 위치시킴으로 바울은 일단의 강조를 두고자 했음이 틀림없다.

또한 죽음과 부활의 문제로 어려움에 빠져있던 데살로니가 교회 성도들을 훈계하면서 그 훈계의 핵심에 예수 그리스도를 놓았다(살전 4:14).

예) 살전 4:14
우리가 예수께서 죽으셨다가 다시 살아나심을 믿을진대 이와 같이 예수 안에서 자는 자들도 하나님이 그와 함께 데리고 오시리라.

이 구절은 데살로니가 교회 성도들이 그리스도인 된 이후 얼마 되지 않아 동료 그리스도인들이 사망하는 일이 발생한 사건과 관련이 있다.[324] 이 일에 대해 바울은 성도들을 위로하고자 했다. 그러나 바울은 이때 다른 말을 하지 않고 죽음의 해결자('Ἰησοῦς ἀπέθανεν καὶ ἀνέστη)로서의 예수와 그와 관계된 이들(τοὺς κοιμηθέντας διὰ τοῦ 'Ἰησοῦ.을 밀접하게 연관시킨다. 이는 바울이 죽음과 관련된 사항에 대해서조차 예수 중심 사상을 가지고 접근하고 있음을 보여준다.

물론, 혹자는 예수 그리스도가 하신 그 일 역시 하나님이 주관하셨다는 "하나님 주도 사상"에 포함될 수 있다고 주장할 것이다.[325] 그러나 바울은 예수 그리스도 그 자신의 모습이나 그분의 사역의 효력을 구분하여 기술했다. 더 나아가, 예수 그리스도께서 그리스도인의 생각과 판단과 실천의 기준이요 원리 되심을 인정했다. 그러므로 바울의 목회적 행위나 신앙적 행위의 기준은 바로 예수 그리스도 자체이거나 그로부터 얻은 승인에 근거한 것이라고 고백 된다(살전 2:7; 4:2; 고후 5:20).

예) 승인 구절들

▶ 살전 2:7: 우리는 그리스도의 사도로서(ὡς Χριστοῦ ἀπόστολοι) 마땅히 권위를 주장할 수 있으나 도리어 너희 가운데서 유순한 자가 되어 유모가 자기 자녀를 기름과 같이 하였으니.
▶ 살전 4:2: 우리가 주 예수로 말미암아(διὰ τοῦ κυρίου 'Ἰησοῦ) 너희에게 무슨 명령으로 준 것을 너희가 아느니라.
▶ 고후 5:20: 그러므로 우리가 그리스도를 대신하여(ὑπέρ Χριστοῦ) 사신이 되어 하나님이 우리를 통하여 너희를 권면하시는 것 같이 그리스도를 대신하여(ὑπέρ Χριστοῦ) 간청하노니 너희는 하나님과 화목하라.

---

324   브루스, 『데살로니가전후서』, 187.
325   예. 슈라이너, 『바울신학: 그리스도 안에 있는 하나님의 영과의 사도』, 21-27, 40-47.

위의 예들은 바울이 어떠한 근거(διὰ τοῦ κυρίου Ἰησοῦ)와 자격 (ὡς Χριστοῦ ἀπόστολοι)으로 또한 어떠한 태도(ὑπέρ Χριστοῦ)로 자신의 사역을 감당했는지를 분명히 드러내 준다. 이는 바울의 모든 사고와 행동의 기준이 예수 그리스도에게 있음을 말해주며, 동시에 성도들에게 있어서 이 원리가 근본적임을 분명히 드러내 준다. 바울의 이러한 의식은 분명 그가 다메섹 도상에서 현현하신 예수 그리스도를 만난 것에서 기인한 것이다. 따라서 바울의 사명과 실천에 있어서 예수 그리스도가 중심에 놓여 있었을 것임은 의심할 여지가 없다.[326]

한편, 위의 사항들을 고려면서 한 가지 추가될 사항이 있다. 그것은 예수에 대한 바울의 해석의 두 가지 독특성이다. 바울은 비록 다메섹에서 천상의 예수님을 만나 회심했지만, 그의 전 생애를 통해 예수님의 지상의 삶이 자기 삶의 모델이 되었다는 점이다. 이는 바울이 예수를 어떻게 해석하고 삶에 적용했는지를 잘 드러내 준다.

첫째, 바울은 예수를 구원의 문제와 관련하여서는 역사 가운데 오신 그 예수를 통해 하나님께서 자신의 계시를 완성했다는 측면으로 접근한다.

둘째, 바울은 예수의 지상의 삶에 관해 관심을 갖고 있었다. 그러나 바울(과 초대 교회 지도자들)은 예수의 지상의 삶의 문제를 그리스도인들의 삶의 문제와 연관 지을 때, (복음서를 주로 참조하는 오늘날의 그리스도인들이 생각하듯) 예수의 삶 자체를 모방하는 것만을 제시하지 않고, 그것을 넘어 엄격한 의미에서 예수의 지상의 삶을 해석하고 요약하여 이해된 예수의 삶을 성도들의 삶의 기준으로 제시했다.[327] 즉, 바울(과 초대 교회 지도자들)은 성도들이 모방해야 할 예수의 지상에서의 삶의 모

---

326   김세윤, 『바울 복음의 기원』, 97-98을 참조하라.
327   김주한, "기독교 정체성의 아이콘, 모델," 307.

습은 특별히 예수의 하나님에 대한 순종과 고난을 감내한 예를 따라 성도들 역시 자신들이 처한 상황 중에서 하나님의 뜻에 순종하고 고난을 감내하는 것이라고 제시한다.

순종과 고난의 감내, 바로 이것이 성도의 삶의 영역과 관련하여 신약 성경 저자들이 제시한 예수 중심의 삶의 원리였다.[328] 따라서 바울은 예수의 지상의 어떤 구체적인 행동의 방식보다 순종과 고난의 측면에서 성도들을 권면한다(롬 15:1-9a).[329]

예) 롬 15:1-9a
1 믿음이 강한 우리는 마땅히 믿음이 약한 자의 약점을 담당하고 자기를 기쁘게 하지 아니할 것이라(βαστάζειν καὶ μὴ ἑαυτοῖς ἀρέσκειν)... 3 그리스도께서도 자기를 기쁘게 하지 아니하셨나니(ὁ Χριστὸς οὐχ ἑαυτῷ ἤρεσεν) 기록된 바 주를 비방하는 자들의 비방이 내게 미쳤나이다 함과 같으니라 4 무엇이든지 전에 기록된 바는 우리의 교훈을 위하여(εἰς τὴν ἡμετέραν διδασκαλίαν) 기록된 것이니 우리로 하여금 인내로 또는 성경의 위로로(διὰ τῆς ὑπομονῆς καὶ διὰ τῆς παρακλήσεως τῶν γραφῶν) 소망을 가지게 함이니라 5 이제 인내와 위로의 하나님이 너희로 그리스도 예수를 본받아(κατὰ Χριστὸν Ἰησοῦν) 서로 뜻이 같게 하여 주사 6 한마음과 한 입으로 하나님 곧 우리 주 예수 그리스도의 아버지께 영광을 돌리게 하려 하노라 7 그러

---

328 김주한, "기독교 정체성의 아이콘, 모델," 308. 315.
329 고전 10:31-11:1. "31 그런즉 너희가 먹든지 마시든지 무엇을 하든지 다 하나님의 영광을 위하여 하라 32 유대인에게나 헬라인에게나 하나님의 교회에나 거치는 자가 되지 말고 33 나와 같이 모든 일에 모든 사람을 기쁘게 하여 자신의 유익을 구하지 아니하고 많은 사람의 유익을 구하여 그들로 구원을 받게 하라 11:1 내가 그리스도를 본받는 자가 된 것 같이 너희는 나를 본받는 자가 되라."

므로 그리스도께서 우리를 받아 하나님께 영광을 돌리심과 같이 너희도 서로 받으라 8 내가 말하노니 그리스도께서 하나님의 진실하심을 위하여 할례의 추종자가 되셨으니(Χριστὸν διάκονον γεγενῆσθαι περιτομῆς ὑπὲρ ἀληθείας θεοῦ) 이는 조상들에게 주신 약속들을 견고하게 하시고 9 이방인들도 그 긍휼하심으로 말미암아 하나님께 영광을 돌리게 하려 하심이라.

위의 본문은 교회 내의 갈등을 겪고 있는 로마 교회 성도들에게 권면하는 내용이다(1절).[330] 이 부분에서 바울은 "서로 받으라."(7b절)라고 권면하는데, 이를 위해 예수 그리스도의 고난을 재차 제시한다(3, 5, 7a절). 심지어 무할례의 복음(τὸ εὐαγγέλιον τῆς ἀκροβυστίας)을 담당했던 바울임에도 불구하고(갈 2:7), 예수의 할례 순종을 언급하면서까지 그가 하나님의 순종했음을 예를 들면서 로마 교회 성도들에게 예수를 순종의 모범으로 삼을 것으로 제시하고 있다.[331]

한편 이러한 사항은 바울에게만 제한된 것은 아니었다. 베드로 역시 이러한 특징을 보인다.[332] 따라서 베드로는 성도들을 권면하며 다음과 같이 진술했다(벧전 4:1-3).

예) 벧전 4:1-3
1 그리스도께서 이미 육체의 고난을 받으셨으니(Χριστοῦ... παθόντος σαρκί) 너희도 같은 마음으로 갑옷을 삼으라(τὴν αὐτὴν ἔννοιαν

---

330   제임스 D. G. 던, 『로마서 9-16』, 김철과 채천석 역 (서울: 솔로몬, 2005), 533-536.
331   던, 『로마서 9-16』, 528, 536, 539-540.
332   부이스트 M. 페닝, 『공동 서신 신학』, 류근상 역 (고양: 크리스챤 출판사, 2011), 129-138을 참조하라.

ὁπλίσασθε) 이는 육체의 고난을 받은 자는 죄를 그쳤음이니 2 그 후로는 다시 사람의 정욕을 따르지 않고 하나님의 뜻을 따라 육체의 남은 때를 살게 하려 함이라(εἰς τὸ... θελήματι θεοῦ... ἐν σαρκὶ βιῶσαι) 3 너희가 음란과 정욕과 술취함과 방탕과 향락과 무법한 우상 숭배를 하여 이방인의 뜻을 따라 행한 것은 지나간 때로 족하도다.

이 말씀에서 베드로는 예수의 육체적 고난을 언급하면서 성도들이 "같은 마음"(τὴν αὐτὴν ἔννοιαν)을 가질 것을 권면한다. 이러한 관점에서 보면 베드로가 언급하는 예수의 육체적 고난은 구속사적 측면이 아니라 하나님의 뜻에 따라 걸어간 예수의 순종과 헌신의 모습을 말한다고 볼 수 있다.[333] 이러한 관점을 가지고 베드로는 성도들 역시 이 땅을 살아갈 때 예수의 순종과 헌신의 모습처럼 "같은 마음"으로 살아갈 것을 권면하고 있다(여기서 "마음"으로 번역된 어휘는 "생각" 혹은 "의도"이다.[334]).[335] 그리고 베드로는 이를 위해 특별히 "갑옷"을 입으라(ὁπλίσασθε)는 표현을 사용하기도 한다. "갑옷을 삼으라."라고 번역된 어휘는 원어로 "전쟁을 위한 무장을 하라."라는 뜻이기도 하다.[336] 그렇다면, 이 표현의 의미는 예수께서 어떤 유혹과 충동을 잠재우고 하나님의 길을 순종과 헌신으로 걸어가신 것처럼 성도들은 예수와 동일한 "생각" 혹은 "의도"(ἔννοια)를 가지고 무장하여(ὁπλίζομαι) 삶 가운데 주어진 유혹과 충동을 쳐내고 온전히 순종과 헌신의 길을 가라고

---

333 김주한, "기독교 정체성의 아이콘, 모델," 301, 307-308. 마이클스는 이를 "그리스도께서 그 위기의 순간까지 지니고 계셨던 마음의 태도"와 관련 있는 것으로 본다. 마이클스, 『베드로전서』, 466.

334 BDAG, s.v. ἔννοια.

335 페닝, 『공동 서신 신학』, 131.

336 마이클스, 『베드로전서』, 465. BDAG, s.v. ὁπλίζομαι.

말하는 것을 지시하는 것이다.[337] 그리고 2-3절의 내용들은 그 갑옷을 입고 싸워나가야 할 최종 목적("다시 사람의 정욕을 따르지 않고 하나님의 뜻을 따라 육체의 남은 때를 살게 하려 함"[θελήματι θεοῦ... βιῶσαι])과 관련된 사항들(음란, 정욕, 술취함, 방탕, 향락, 무법한 우상 숭배. 즉, 이방인의 뜻을 따라 행한 것[τὸ βούλημα τῶν ἐθνῶν κατειργάσθαι])을 제시해 주는 것이다.[338]

위의 관점은 그리스도인 사환들(노예들)을 권면하는 부분에서 혹자가 감당할 필요가 없는 죄의 짐을 지게 되었을 때 어떤 경우에는 그리스도의 본을 따라야 기꺼이 그 짐을 질 수 있어야 한다고 언급하는 베드로의 권면에서도 등장한다(벧전 2:18-21).[339]

예) 벧전 2:18-21
18 사환들아 범사에 두려워함으로 주인들에게 순종하되 선하고 관용하는 자들에게만 아니라 또한 까다로운 자들에게도 그리하라... 21 이를 위하여 너희가 부르심을 받았으니 그리스도도 너희를 위하여 고난을 받으사(ὅτι καὶ Χριστὸς ἔπαθεν ὑπὲρ ὑμῶν) 너희에게 본을 끼쳐(ὑμῖν ὑπολιμπάνων ὑπογραμμόν) 그 자취를 따라오게 하려 하셨느니라.

또한 이러한 방향성은 요한일서에서도 발견된다(요일 3:15-16).[340]

---

337 마이클스, 『베드로전서』, 491.
338 마이클스, 『베드로전서』, 464, 471-477을 참조하라.
339 페닝, 『공동 서신 신학』, 130. 김주한, "기독교 정체성의 아이콘, 모델," 306; 마이클스, 『베드로전서』, 334-335를 참조하라.
340 김주한, "기독교 정체성의 아이콘, 모델," 306-307과 스테핀, S. 스몰리, 『요한 1, 2, 3서』, 조호진 역 (서울: 솔로몬, 2005), 339, 341, 344-345를 참조하라.

예) 요일 3:15-16

15 그 형제를 미워하는 자마다 살인하는 자니 살인하는 자마다 영생이 그 속에 거하지 아니하는 것을 너희가 아는 바라 16 그가 우리를 위하여 목숨을 버리셨으니(ὅτι ἐκεῖνος ὑπὲρ ἡμῶν τὴν ψυχὴν αὐτοῦ ἔθηκεν) 우리가 이로써 사랑을 알고 우리도 형제들을 위하여 목숨을 버리는 것이 마땅하니라.

바울과 교회 지도자들의 이러한 가르침을 고려해 볼 때, 예수의 본을 따라간다는 것은 무엇보다 그의 고난과 순종의 길을 따라간다는 것을 의미함을 기억할 필요가 있다.

모든 사안에 대해 예수를 중심에 놓고 해석해 나가는 것과 더불어, 구체적 실천에 있어 예수께서 지상에서 보여주신 본을 따르도록 권면한 바울과 여타 사도들의 태도는 그들이 "예수 중심적 해석"의 원리를 가르침으로 그리스도인들의 정체성을 형성해 나가려고 시도했음을 잘 드러내 준다.

(4) 권면의 지속성 기초: 예수 재림의 소망 중에 기뻐하고 인내하라!

〈관련 성경 구절들〉

> 롬 13:11-14; 고후 5:10; 빌 1:10; 3:20; 4:5; 골 3:4; 살후 1:6-10; 딤전 6:14-15.
>
> 〈참조〉
> 딤후 4:1-2, 8

바울이 서신을 통해 목회를 실행한 네 번째 원리는 성도들로 하여금 예수의 재림에 소망을 두게 하는 것이었다. 일반적으로 사용되는 "파루시아"(παρουσία) 대신 재림이라는 표현을 사용한 것은 "파루시아"라는 용어가 특정 서신들에 제한적으로 등장하는 반면(예. 고전 15:23; 살전 2:19; 3:13; 4:15; 5:23; 살후 2:1, 8), 이 용어가 등장하지는 않지만 예수의 재림을 암시하는 성경 구절들이 (앞에서도 제시했듯이) 존재하기 때문이다.[341] 성도들은 예수 재림의 소망 가운데 지상에서의 삶을 하나님께 합당하게 살아가게 될 원동력을 갖게 된다.

흔히 재림하면, 격변적인 묵시적 종말을 암시하는 것으로 이해된다.[342] 그러나 바울(과 교회 지도자들)은 예수의 재림을 성도의 삶의 문맥에서 미래에 있게 될 위로와 격려를 바라보며 이 땅에서의 삶을 온전히 살아갈 것의 기초로 제시된다. 따라서 재림은 그리스도인들이 세상에서 고난 가운데 버티다가 마지막에 속 시원하게 그들의 적대자들을 한순간 제거해주는 급진적 요소들이 아니라, 오히려 이는 그리스도인들의 하나님 앞에서의 삶을 온전하게 수행할 수 있도록 해주는 위로와 격려가 된다. 이러한 사실을 염두에 둘 때, 바울이 기대하듯이, 그리

---

341   던, 『바울신학』, 433-436.
342   단, 이는 종말의 영상을 일반화한 결과이다. 그러나 던은 십자가 및 부활과 달리 파루시아 소망은 바울의 기독론에서 확고한 위치를 자치하지 못했을 뿐만 아니라 그 소망의 구체적인 내용들과 통일성 역시 제시되지 않고 있다고 지적한다. 특별히 이 소망은 "으스스한 묵시론적 색채들"로 표현될 수 있었겠지만 그 색채들이 이 소망의 중심이나 핵심을 이루지는 않는다고 평가한다. 게다가 던은 바울이 이 소망이 특별한 방식과 일정 가운데 성취될 것으로 제시하지 않 않았을 뿐만 아니라, 죽기 전에 이 소망이 실현되지 않을 가능성에 대해 "고민한 적도 없었다."고 진술한다. 던, 『바울신학』, 444. 던의 이러한 평가는 우선 바울의 종말론에 대한 선입견을 내려놓고 재고할 필요성을 제시한다. 다만 아쉬운 점은 던은 여전히 신학을 평가하는 데만 관심이 있지, 그렇다면 재림의 소망이 바울 서신에서 어떻게 기능하고 있는지에 대해 언급하고 있지 않다는 데 있다.

스도인들은 이 땅에서 무엇인가 주장하지 않으며 살 수 있게 되는 것이다. 그리고 그러한 마음과 행동을 가지고 인내할 수 있게 되는 것이다. 이와 관련하여, (비록 정확히 일치하지는 않지만) 바울이 때때로 하늘에 소망을 두는 삶의 자세가 이 땅에서 하나님께 합당한 삶을 사는 것의 근거가 된다고 가르친 교훈이 나타난다(골 3:1-5; 빌 3:17-21. 살전 5:23을 참조하라).

예) 그리스도인의 삶의 근거로서의 하늘의 소망

▶ 골 3:1-5: 1 그러므로 너희가 그리스도와 함께 다시 살리심을 받았으면 위의 것을 찾으라(τὰ ἄνω ζητεῖτε) 거기는 그리스도께서 하나님 우편에 앉아 계시느니라(ἐν δεξιᾷ τοῦ θεοῦ καθήμενος) 2 위의 것(ta. a;nw)을 생각하고 땅의 것(τὰ ἐπὶ τῆς γῆς)을 생각하지 말라... 4 우리 생명이신 그리스도께서 나타나실 그 때에(ὅταν ὁ Χριστὸς φανερωθῇ) 너희도 그와 함께 영광 중에 나타나리라 5 그러므로 땅에 있는 지체(τὰ μέλη τὰ ἐπὶ τῆς γῆς)를 죽이라 곧 음란과 부정과 사욕과 악한 정욕과 탐심이니 탐심은 우상 숭배니라.

▶ 빌 3:17-21: 17 형제들아 너희는 함께 나를 본받으라 그리고 너희가 우리를 본받은 것처럼 그와 같이 행하는 자들을 눈여겨 보라 18 내가 여러 번 너희에게 말하였거니와 이제도 눈물을 흘리며 말하노니 여러 사람들이 그리스도의 십자가의 원수로 행하느니라... 20 그러나 우리의 시민권은 하늘에 있는지라(ἡμῶν... τὸ πολίτευμα ἐν οὐρανοῖς) 거기로부터 구원하는 자 곧 주 예수 그리스도를 기다리노니(ἐξ οὗ[οὐρανοῦ] καὶ σωτῆρα ἀπεκδεχόμεθα κύριον Ἰησοῦν Χριστόν) 21 그는 만물을 자기에게 복종하게 하실 수 있는 자의 역사로 우리의 낮은 몸을 자기 영광의 몸의 형체와 같이 변하게 하시리라.

위의 두 본문은 그리스도인의 생활 태도와 관련된 권면들이다. 예를 들어, 골로새서 3:1-5의 경우 "땅의 것을 생각하지 말라."(2b절) 혹은

"땅에 있는 지체를 죽이라."(5a절)라고 명령하고, 빌립보서 3:17-21의 경우 "너희는 함께 나를 본받으라."(17a절)라고 권면한다. 그런데 이러한 권면의 근거로 각각의 본문은 "위의 것"(골 3:1, 2)과 하늘의 "시민권"(빌 3:20)을 전제한다. 이는 바울이 성도들이 바라보는 곳이 어느 곳인지에 관한 관심에서 윤리적 근거를 제시하는 예들로 볼 수 있다.[343] 그리고 이러한 특징은 로마서 13:11-14와 빌립보서 4:5에서 더 분명히 등장한다(롬 13:11-14; 빌 4:5).

예) 그리스도인의 윤리의 근거로서의 하늘의 소망

▶ 롬 13:11-14: 11 또한 너희가 이 시기를 알거니와 자다가 깰 때가 벌써 되었으니 이는 이제 우리의 구원이 처음 믿을 때보다 가까웠음이라(νῦν γὰρ ἐγγύτερον ἡμῶν ἡ σωτηρία ἢ ὅτε ἐπιστεύσαμεν) 12 밤이 깊고 낮이 가까웠으니 그러므로 우리가 어둠의 일을 벗고 빛의 갑옷을 입자 13 낮에와 같이 단정히 행하고 방탕하거나 술 취하지 말며 음란하거나 호색하지 말며 다투거나 시기하지 말고 14 오직 주 예수 그리스도로 옷 입고 정욕을 위하여 육신의 일을 도모하지 말라.
▶ 빌 4:5: 너희 관용을 모든 사람에게 알게 하라 주께서 가까우시니라(ὁ κύριος ἐγγύς).

위의 두 본문은 가까운 종말에 관해 이야기하는 것처럼 보인다. 그러나 그 내용과 밀접하게 관련된 표현을 보면(예. "육신의 일을 도모하지 말라."[롬 13:14b]; "너희 관용을 모든 사람에게"[빌 4:5]) 그 핵심은 종말의 급박함에 놓여 있지 않고 주의 재림이 가까울수록 더욱 그리스도인으

---

343 Thompson, *Colossians & Philemon*, 72와 R. M. Wilson, *A Critical and Exegetical Commentary on Colossians and Philemon* (London / New York: T&T Clark International, 2005), 240을 참조하라.

로서 온전히 행할 것을 강조한다.[344]

한편, 예수의 재림과 관련된 사항은 다른 방식으로 표현되기도 했다. 즉, 마지막 때의 심판대에서 행위에 대한 평가하는 방식으로 제시된 경우가 있다(고후 5:10).

예) 고후 5:10
이는 우리가 다 반드시 그리스도의 심판대 앞에 나타나게(ἔμπροσθεν τοῦ βήματος τοῦ Χριστοῦ) 되어 각각 선악간에 그 몸으로 행한 것을 따라 받으려 함이라.

게다가, 바울은 예수의 재림 개념을 보복과 관련된 표현으로 제시하기도 했다(살후 1:6-10).

예) 살후 1:6-10
6 너희로 환난을 받게 하는 자들에게는 환난으로 갚으시고 7 환난을 받는 너희에게는 우리와 함께 안식으로 갚으시는 것이 하나님의 공의시니 주 예수께서 자기의 능력의 천사들과 함께 하늘로부터 불꽃 가운데에 나타나실 때에(ἐν τῇ ἀποκαλύψει τοῦ κυρίου Ἰησοῦ) 8 하나님을 모르는 자들과 우리 주 예수의 복음에 복종하지 않는 자들에게 형벌을 내리시리니 9 이런 자들은 주의 얼굴과 그의 힘의 영광을 떠나 영원한 멸망의 형벌을 받으리로다 10 그 날에 그가 강림하사(ὅταν ἔλθῃ... ἐν τῇ ἡμέρᾳ ἐκείνῃ.) 그의 성도들에게서 영광을 받으시고 모든 믿는 자들에게서 놀랍게 여김을 얻으시리니 이는 (우리의 증거가 너희

---

344 S. Kim, "Paul's Common Paraenesis (1 Thess 4-5; Phil 2-4; and Rom 12-13): The Correspondence between Romans 1:18-32 and 12:1-2, and the Unity of Romans 12-13," *TynB* 62/1 (2011): 110, 111, 115, 117.

에게 믿어졌음이라).

위의 예들은 바울의 종말과 관련된 표현 중에서 가장 묵시적 특징들이 있는 본문들이다. 그러나 이러한 표현들보다 중요한 것은 왜 바울이 이러한 급진적 종말의 영상을 사용하고 있는지를 묻는 것이다. 학자들은 이 부분에서 바울은 급진론적인 종말론을 주장하고 행위에 따른 심판을 언급하기 보다는 이를 통해 성도들로 하여금 지금 이 땅에서의 온전한 삶의 중요성을 권면하고 있다고 해석한다.[345] 그렇다면 이 구절들은 앞서 살펴본 골로새서 3:1-5 및 빌립보서 3:17-21과 함께 예수의 재림이 윤리적 근거로써 사용되는 예들로 보기에 충분하다고 평가할 수 있다.

한편, 이러한 사항은 베드로와 요한에 의해서도 언급된다. 예를 들어, 베드로는 다음과 같이 권면한다(벧전 1:13-15; 5:1-4. 벧후 3:8-16을 참조하라).

예) 사도 베드로의 예들

▶ 벧전 1:13-15: 13 그러므로 너희 마음의 허리를 동이고 근신하여 예수 그리스도께서 나타나실 때에(ἐν ἀποκαλύψει Ἰησοῦ Χριστοῦ) 너희에게 가져다 주실 은혜를 온전히 바랄지어다 14 너희가 순종하는 자식처럼 전에 알지 못할 때에 따르던 너희 사욕을 본받지 말고 15 오직 너희를 부르신 거룩한 이처럼 너희도 모든 행실에 거룩한 자가 되라.

▶ 벧전 5:1-4: 1 너희 중 장로들에게 권하노니 나는 함께 장로 된 자요 그리스도의 고난의 증인이요 나타날 영광에 참여할 자니라 2 너희 중에 있는 하나님의 양 무리를 치되 억지로 하지 말고 하나님의 뜻

---

345   참고. 마틴, 『고린도후서』, 286, 287(고후 5:10); 브루스, 『데살로니가전후서』, 261(살후 1:6-10).

을 따라 자원함으로 하며 더러운 이득을 위하여 하지 말고 기꺼이 하며 3 맡은 자들에게 주장하는 자세를 하지 말고 양 무리의 본이 되라 4 그리하면 목자장이 나타나실 때에 시들지(φανερωθέντος τοῦ ἀρχιποίμενος) 아니하는 영광의 관을 얻으리라.

위에서 언급된 베드로전서의 두 본문은 분명 성도의 삶과 예수님의 재림에 대한 기대가 실천과 그 동기 및 근거로서 역할하고 있음을 보여준다.346 또한 이러한 접근은 요한일서에서도 발견된다(요일 3:2-3).

예) 요일 3:2-3
2 사랑하는 자들아 우리가 지금은 하나님의 자녀라 장래에 어떻게 될 지는 아직 나타나지 아니하였으나 그가 나타나시면(ἐὰν φανερωθῇ) 우리가 그와 같을 줄을 아는 것은 그의 참모습 그대로 볼 것이기 때문 이니 3 주를 향하여 이 소망을 가진 자마다(πᾶς ὁ ἔχων τὴν ἐλπίδα ταύτην ἐπ' αὐτῷ) 그의 깨끗하심과 같이 자기를 깨끗하게 하느니라.

요한일서의 본 구절의 가르침 역시 예수 그리스도의 나타나심을 기다리며, 주를 향해 소망을 갖고 온전한 행실로 행할 것을 권면한다.347
위의 진술들을 고려해 볼 때, 바울(과 교회 지도자들)은 예수의 재림 개념을 목회자로서 성도들을 격려하고 바로 세우려는 원리로 사용했

---

346 페닝, 『공동 서신 신학』, 159를 참조하라. 그러나 페닝은 성도의 측면에서의 기대와 바라봄이 아니라, 벧전 4:19에 의존하여 "임박한 심판"과 관련하여 하나님의 신실하심을 믿고 지금의 고난을 이겨나갈 것이라는 측면을 강조 한다. 그러나 과연 이러한 보복적 이미지를 주는 심판이 성도들에게 위로 는 되었을지 모르지만 페닝이 언급한 바 "의로운 행실"을 계속하는 일에 얼마만큼 도움을 주었는지는 의문이다. 이점이 바로 베드로후서에서 언급된 주제이기도 하다.

347 스몰리, 『요한 1, 2, 3서』, 270, 271, 272, 274-275.

다고 말할 수 있을 뿐만 아니라, 이는 바울을 포함한 초대 교회 지도자들에게 공통으로 발견되는 가르침이라고 말할 수 있다.

(5) 권면의 방향: 성도들은 "칭의 공동체"(교회)의 구성원으로 존재한다!

바울이 서신을 통해 목회를 실행한 다섯 번째 원리는 개인 중심주의가 아니라 공동체의 원리였다.[348] 공동체성을 강조한 권면은 다양하게 표현되고 있기에 한마디로 요약하기는 어렵다. 그러나 그 다양함 속에서 공동체성의 강조가 반복되고 있다는 점에서 중요한 원리임에는 틀림없다. 이 원리에는 다음과 같은 특성들이 포함되어 있다.

> 첫째, "교회 중심적 경향"이란 전체적인 측면에서 공동체의 일치를 말하면서도, 내부적으로는 공동체 구성원 간의 상호 권면이나 세움, 기도 등의 역동적인 사항들을 가리킨다.
>
> 둘째, 교회에 권면할 때 종종 이미 잘하고 있는 일들, 이전에 배운 일들을 기억하며 지속하라고 혹은 새롭게 하라고 하는 표현들이 종종 등장하는데, 이는 배움과 실천의 연속성 및 공동체의 전통의 가치를 드러내는 것으로 볼 수 있다.
>
> 셋째, 추가적인 요소로서 몇몇 성경 본문들에서 외부인들에 대한 훈계들이 반복되는데, 그 훈계들의 자세한 내용들을 살펴보면 그 다양성에도 불구하고 그 핵심은 공동체와 외부 세계와의 원만한 관계 유지에 초점이 맞춰져 있다. 그러나 그 관계는 공동체의 승리를 위한 것이 아니라 단순히 공동체의 존립 혹은 유지를 위한 것이라는 특성이 있다.

위에서 언급된 사항을 항목별로 살펴보면 아래와 같다.

348　박형용, 『바울신학』, 24.

(a) 서로 권면하라!(상호 권면)

⟨관련 성경 구절들⟩

> 롬 1:11-12; 12:10, 16, 18; 13:8-10; 14:19; 15:2, 7, 30-31; 16:20; 갈 5:13b-14; 6:1-2; 엡 5:21; 6:19-20; 빌 2:1-4; 골 4:2-4; 살전 4:3-6; 4:18; 5:11; 살후 1:11-12; 2:16-17; 3:1-2a, 16; 딤후 1:2, 3[, 18]; 2:1-4; 4:22; 딛 2:3-5.
>
> ⟨참조⟩
> 롬 15:5-6, 14, 32, 33[; 16:24]; 고전 8:11-13; 14:3-6, 12, 19, 26; 고후 1:2, 11; 11:12; 13:13; 엡 1:15; 4:3; 골 3:13, 16; 살후 1:2, 3b; 3:15, 18; 딤후 2:22; 몬 20.

바울은 권면함에 있어서 공동체 구성원의 상호 권면이나 세움 등의 역동성에도 초점을 맞췄다. 권면은 교회 내에 분쟁이 있는 경우 서로 조심할 것을 부탁하는 것으로부터 시작하여 공동체가 온전히 유지되고 있으나 발생할 수 있는 문제에 이르기까지 서로를 섬기고 세우기 위해 노력하라는 방식으로 이뤄져 있다. 전자의 예는 다른 곳보다 갈라디아서에서 잘 드러나는데, 이곳에서 바울은 잘못된 행위가 드러난 동료들에 대해 상호 권면하고 자신 역시 공동체를 위해 준비될 것을 권면한다(갈 6:1-2).

예) 갈 6:1-2

1 형제들아 사람이(ἄνθρωπος ἕν) 만일 무슨 범죄한 일이 드러나거든 신령한 너희는 온유한 심령으로 그러한 자를 바로잡고(καταρτίζετε τὸν τοιοῦτον) 너 자신을 살펴보아 너도 시험을 받을까 두려워하라 2 너희가 짐을 서로 지라(ἀλλήλων τὰ βάρη βαστάζετε) 그리하여 그리스도의 법을 성취하라.

비록 갈라디아서가 교회 내의 잘못된 가르침에 문제로 인해 기록되었다고 하더라도, 바울은 그 문제를 이겨낼 또 다른 방도로써 성도 간에 서로를 돌아볼 것을 명령한 것이다.[349] 다시 말해, 바울은 신앙의 문제는 한 개인의 선택과 결정에 따라 모든 것이 결정되는 것이 아니라, 각각의 성도들은 칭의 공동체를 중심으로 한 바른 신앙을 추구할 것을 제시해야 한다고 지도한 것이다.

한편, 후자의 예로는 데살로니가전서가 있다. 데살로니가 교회는 외적 핍박 가운데서도 온전히 서 있던 교회였고 내부적으로는 별문제가 없는 교회였다(살전 1장). 그럼에도 불구하고, 그리스도인의 삶의 양태에 있어 몇몇 문제가 발생했다. 이러한 문제들 직면했을 때 바울은 성도들이 서로를 돌아보아 온전히 지낼 것을 권면했다. 이는 죽음을 직면한 성도들에 대한 위로로부터 시작하여(살전 4:18), 종말과 같은 이론적 문제(살전 5:11) 및 지극히 윤리적인 문제까지 적용했다(살전 4:3-6). 한 예로, 데살로니가 교회 내에서 발생한 성(性) 문제에 대해 바울은 지극히 개인적인 일로 취급할 수 있는 사안에 대해 이 문제를 공동체와 연관 지어 해석함을 볼 수 있다(살전 4:3-6).

예) 살전 4:3-6
3 하나님의 뜻은 이것이니 너희의 거룩함이라 곧 음란을 버리고 4 각각 거룩함과 존귀함으로 자기의 아내 대할 줄을 알고 5 하나님을 모르는 이방인과 같이 색욕을 따르지 말고 6 이 일에 분수를 넘어서 형제를 해하지 말라(τὸ μὴ ὑπερβαίνειν καὶ πλεονεκτεῖν ἐν τῷ πράγματι τὸν ἀδελφὸν αὐτοῦ) 이는 우리가 너희에게 미리 말하고 증

---

349   H. D. 벳츠, 『갈라디아서』, 번역실 역 (서울: 한국신학연구소, 1987), 596-597을 참조하라.

언한 것과 같이 이 모든 일에 주께서 신원하여 주심이라.

위의 본문에서 특별히 "이 일에 분수를 넘어서 형제를 해하지 말라."의 구절에 대한 해석의 이견(異見)이 존재하지만,[350] 이 본문이 성(性)의 문제와 관련하여 공동체적인 관점에서 다루고 있다는 데 합의가 있다.[351] 그리고 그 목적은 본문이 드러내는 대로 "너희의 거룩함"(ὁ ἁγιασμὸς ὑμῶν[3절])에 있다. 이 목적에도 주의해야 할 표현이 등장하는데, 다름 아닌 한 개인의 거룩함이 아니라 "너희의" 거룩함이라는 표현이다. 바울은 교회 내의 성(性)의 문제를 단순히 개인의 문제로 본 것이 아니고 공동체의 문제로 보았으며, 그 일을 교회 공동체의 보존(保存)과 관련하여 생각하고 있었다는 것이다.

위에서 언급한 사항들을 고려하면 이렇게 공동체를 중심으로 한 바울의 상호 권면은 그가 성도들을 양육하는데 기본적으로 가지고 있었던 원리였음을 알 수 있다.

(b) 믿음의 선배들을 기억하라!(전통과 연속성)

⟨관련 성경 구절들⟩

고후 11:3-4; 엡 5:6-7; 살전 4:9; 5:1-2.

⟨참조⟩
엡 6:10-11.

---

350 브루스, 『데살로니가전후서』, 167.
351 브루스, 『데살로니가전후서』, 168-169를 참조하라.

바울은 목회적 답변을 제시하면서 종종 이미 잘하고 있는 일들에 대해서 더욱 매진하라고 권면하거나 이전에 배운 일들을 기억하며 지속하라고 혹은 새롭게 하라고 권면하기도 했다. 예를 들어, 데살로니가전서 4:9 및 5:1-2에서 바울은 다음과 같이 말했다(살전 4:9; 5:1-2).

예) 회상의 기법이 사용

- ▶ 살전 4:9: 형제 사랑에 관하여는 너희에게 쓸 것이 없음은 너희들 자신이 하나님의 가르치심을 받아(αὐτοὶ... ὑμεῖς θεοδίδακτοί ἐστε) 서로 사랑함이라.
- ▶ 살전 5:1-2: 1 형제들아 때와 시기에 관하여는 너희에게 쓸 것이 없음은 2 주의 날이 밤에 도둑 같이 이를 줄을 너희 자신이 자세히 알기 때문이라(αὐτοὶ... ἀκριβῶς οἴδατε ὅτι...).

위의 본문들에서 바울이 편지에서 쓸 필요가 없다고 말한 이유는 바울이 보기에 권면을 받고 있는 자들이 이미 그 권면의 내용들을 행하며 잘 알고 있기 때문이었다. 이 구절들은 데살로니가 교회 성도들이 가르침 안에서 온전히 살아가고 있음을 보여줌과 동시에, 바울과 성도들 간의 관계를 보여주고 또한 신생 기독교의 가르침에 일단의 공유된 사항(전통)이 존재했음을 보여준다. 우선, 그 가르침은 바울과 여타 교회 지도자들에 따른 것이었다. 그러나 그들이 그 복음을 믿고 그리스도인이 되었을 때, 복음은 그들의 삶의 원리와 본질이 되었고 교회의 여러 상황 중에서 바울과 지도자들이 서신들을 발송해야 했을 때 새로운 가르침이 아니라 이미 배우고 확신한 일을 기억하는 것으로 충분하게 되었음을 말해준다.

이러한 특징은 분쟁의 문맥에서도 종종 드러난다. 비록 부정적인 표현이지만, 바울은 자신이 전한 복음에서 벗어나려는 고린도 교회 성도들을 강하게 질책하면서 성도들을 이전에 전해진 것으로 머물게 하려는 시도를 했다(고후 11:4).

> 예) 고후 11:4
> 만일 누가 가서 우리가 전파하지 아니한 다른 예수(ἄλλον Ἰησοῦν... ὃν οὐκ ἐκηρύξαμεν)를 전파하거나 혹은 너희가 받지 아니한 다른 영(πνεῦμα ἕτερον... ὃ οὐκ ἐλάβετε)을 받게 하거나 혹은 너희가 받지 아니한 다른 복음(εὐαγγέλιον ἕτερον ὃ οὐκ ἐδέξασθε)을 받게 할 때에는 너희가 잘 용납하는구나.

바울의 이 한탄은 고린도 교회 성도들이 거짓 교사들에 의해 온전한 가르침으로부터 단절되고 있음을 드러내 준다. 바울의 관점에서 이는 진리로부터의 이탈을 의미할 뿐만 아니라, 교회의 전통으로부터의 단절을 의미하기도 했다. 그 결과는 분명하다. 곧 기독교의 진리로부터 떠나게 되고 또한 칭의 공동체의 공동체성을 상실하게 되게 되는 것이다. 따라서 바울은 이 점을 바로 잡기 위해 목양의 심정으로 고린도후서를 발송했던 것이다.[352]

앞서 살펴본 사항들은 공동체 내에서 배움과 실천의 연속성 및 공동체의 전통의 중요성을 잘 보여준다.

352　Glad는 바울의 목회에 있어서 "양육과 교정"이 "상호 연관성 있는 두 양상"임을 지적한다. Glad, *Paul and Philodemus: Adaptability in Epicurean and Early Christian Psychagogy*, 190.

(C) 선을 행하라!(외부/세상과의 관계)

〈관련 성경 구절들〉

롬 12:17-18, 20-21; 딤전 2:1-2.

〈참조〉
롬 13:1-8.

특정 목적으로 모인 모임은 항상 외부와의 관계 설정에 주의를 기울이게 된다. 예를 들어, 유대교인들은 외부 세계와 자신들을 철저히 구분했음에도 불구하고 정치·경제적으로는 개방적 태도를 취했고, 스토아주의자들은 정치 참여에 적극적 참여하기도 했다(예. 세네카). 한편, 에피쿠로스주의자들은 자신들만의 공동체를 실현하기 위해 외부 세계와의 단절을 추구했다. 외부 세계에 대한 각각의 태도는 각자가 믿고 추구하는 바에 따른 것이었다.

    복음을 전하고 교회를 세웠던 바울 역시 교회의 형성과 유지에 깊은 관심이 있었다. 따라서 피하지 못할 권면 중 하나는 교회가 외부 세계에 대해 어떤 태도를 취할 것인지에 대한 것이었다. 그리고 바울은 교회가 외부 세계와 좋은 관계를 유지해야 한다고 권면했다. 물론, 바울이 가르친 좋은 관계는 결코 세상과 타협하라는 것은 아니었다. 바울은 교회와 세상은 사실상 병립할 수 없는 것임을 분명히 했다. 오히려 좋은 관계를 유지하라고 권면한 이유는 이 세상 속에서 존재하는 교회 공동체를 유지하기 위한 것이었다.[353] 그러므로 바울은 교회 공동체에 해(害)를 가하는 외부인들에 대해 다음의 태도를 취할 것을 권면

---

353   던, 『바울신학』, 932.

한다(롬 12:17-18, 20-21).

> 예) 롬 12:17-18, 20-21
> 17 아무에게도(μηδενί) 악을 악으로 갚지 말고 모든 사람 앞에서 선한 일(καλὰ ἐνώπιον πάντων ἀνθρώπων)을 도모하라 18 할 수 있거든 너희로서는 모든 사람과 더불어 화목하라(μετὰ πάντων ἀνθρώπων εἰρηνεύοντες)… 20 네 원수가(ὁ ἐχθρός σου) 주리거든 먹이고 목마르거든 마시게 하라 그리함으로 네가 숯불을 그 머리에 쌓아 놓으리라 21 악에게 지지 말고 선으로 악을 이기라.

로마서 12장의 구절들은 사실 교회 내의 성도들을 가리키는 것일 수도 있고 외부인을 지칭하는 것일 수도 있다. 그러나 문맥상 외부인들을 가리키는 것으로 보이는데, 이들과 관련된 훈계의 내용들로써 악으로 갚지 말 것, 선한 일을 도모할 것, 화목할 것, 먹이고 마시게 할 것이 훈계 되고 있는 것이다. 이러한 교훈은 분명히 그리스도인들이 주변의 사람들과 어떤 관계를 맺어야 되는지를 잘 보여준다. 한편, 이러한 언급은 최초 그리스도인들의 삶의 현실을 드러내 주는 동시에 교회의 존립을 위해 사도 바울이 어떠한 노력을 아끼지 않았는지를 잘 보여주기도 한다.[354] 그리고 교회의 보존을 위한 노력은 단순히 근접한 이웃들과의 관계에만 제한되지 않고, 디모데전서 2장에 등장하듯이 정치적 사항까지 확장되어 적용되었다(딤전 2:1-2a).

354　던, 『바울신학』, 884.

예) 딤전 2:1-2a
1 그러므로 내가 첫째로 권하노니 모든 사람을 위하여(ὑπὲρ πάντων ἀνθρώπων) 간구와 기도와 도고와 감사를 하되 2 임금들과 높은 지위에 있는 모든 사람을 위하여 하라(ὑπὲρ βασιλέων καὶ πάντων τῶν ἐν ὑπεροχῇ ὄντων).

그러나 바울이 특별히 "임금들과 높은 지위에 있는 모든 사람"(2절)을 위해 기도하라고 했을 때, 그 이유는 단 하나 교회의 보전을 위한 것이라고 못 박는다. 그러므로 이어지는 구절에서 바울은 다음과 같이 그 목적을 드러낸다(딤전 2:2b).

예) 딤전 2:2b
이는 우리가 모든 경건과 단정함으로 고요하고 평안한 생활을 하려 함(ἵνα ἤρεμον καὶ ἡσύχιον βίον διάγωμεν)이라.

이 구절에서 바울은 외부인들을 위한 기도의 일차적 목적이 분명히 "우리" 곧 그리스도인들이 "고요하고 평안한 생활" 즉 삶(βίον)을 살기 위한 것이라고 밝힌다.[355] 이러한 사항들은 바울이 지상을 살아가고 있는 그리스도인들의 보존(保存)의 문제를 얼마나 신중하게 다루고 있는지를 잘 드러내 준다(롬 13:1-8을 참조하라).[356]

---

355 물론, 공동체 유지의 일차적 목적은 그들이 연합하여 하나님에 뜻에 합당하게 살아가는 것임이 분명하기에 다른 이유가 제시될 필요는 없을 것이다.

356 필자는 8절("피차 사랑의 빚 외에는 아무에게든지 아무 빚도 지지 말라 남을 사랑하는 자는 율법을 다 이루었느니라")을 1-7절과 관련하여 읽어야 된다고 제안한다. 이는 성도가 세상 가운데 살아갈 때에 모든 의무는 감당하되 사랑으로 행할 것을 명하는 것으로 볼 수 있다.

한편, 외부인들에 대한 이러한 자세는 비단 바울 개인의 입장만이 아니었음을 지적할 필요가 있다. 즉, 베드로 역시 외부인에 대한 유사한 태도를 취할 것을 다음과 같이 명령했다(벧전 2:12).

예) 벧전 2:12
너희가 이방인 중에서 행실을 선하게 가져(τὴν ἀναστροφὴν ὑμῶν ἐν τοῖς ἔθνεσιν ἔχοντες καλήν) 너희를 악행한다고 비방하는 자들로 하여금 너희 선한 일을 보고 오시는 날에 하나님께 영광을 돌리게 하려 함이라.

그리고 이 명령은 바울이 언급한 것처럼 세상의 권세에도 그대로 적용되기도 했다(벧전 2:13-15).

예) 벧전 2:13-15
13 인간의 모든 제도를 주를 위하여 순종하되 혹은 위에 있는 왕(εἴτε βασιλεῖ)이나 14 혹은 그가 악행하는 자를 징벌하고 선행하는 자를 포상하기 위하여 보낸 총독(εἴτε ἡγεμόσιν)에게 하라 15 곧 선행으로 어리석은 사람들의 무식한 말을 막으시는 것이라.

그러나 베드로의 이 가르침들도 세상 권력자를 위하거나 그들의 비호(庇護)를 받으려는 적극적인 태도에서 나온 것이 아니었다. 바울의 경우처럼, 베드로 역시 세상 권력 하에서의 그리스도인의 삶(자유/하나님의 종)의 문제를 다루기 위해 위와 같은 훈계를 전한 것이었다. 그러므로 계속해서 베드로는 "하나님의 종과 같이" 분별하여 행동할 것을 권면한다(벧전 2:16).

예) 벧전 2:16

너희는 자유가 있으나 그 자유로 악을 가리는 데 쓰지 말고 오직 하나님의 종과 같이(ἀλλ' ὡς θεοῦ δοῦλοι) 하라.

외부인들과 세상 권력에 대한 이러한 태도는 당시 사회에서 비주류였던 그리스도인들의 생존을 위한 자구책이었을지도 모른다. 그러나 그리스도인들은 부활의 소망을 지닌 자들로 단순히 현재의 생명을 유지하기 위해 이러한 태도를 취한 것은 아니었다. 오히려 사도 바울이 빌립보서 1:22-25에서 언급한바, "세상을 떠나서 그리스도와 함께 있는 것이 훨씬 더 좋은 일"일지라도(빌 1:23) 사명자로서 복음 전파와 성도들의 유익을 위해 그럴 수 없는 상황에서 간구하는 기도요 권면이라 말할 수 있을 것이다.

이러한 태도가 정체성을 형성해 가고 있는 최초 그리스도인들에게 초대 교회 지도자들이 보낸 목양 편지에서 일관되게 나타난다는 것은 단지 이 교훈이 시대적인 것이 아니라 기독교의 근본적인 태도가 되어야 함을 지시해 준다.

제3장 결론적 요약

그리스도인이 된다는 것은 새로운 피조물이 되는 것(갈 6:15; 고후 5:17)으로 그 새로운 존재에게 부여된 삶의 방식을 따르는 것을 말한다. 그러나 이는 단지 추상적인 개념이 아니라 복음이 처음 전해졌던 시기에 그리스도인이 되기 이전의 상태였던 유대인(할례)과 헬라인(무할례)의 정체성에서 벗어나 "그리스도인"이라는 새로운 존재의 삶의 사는 것이기에 구체적인 정체성의 원리와 삶의 지침이 제시될 수밖에 없었다. 특별히, 사도들이 "그리스도를 대신하여"(고후 5:20) 발송한 서신들에는 세계 역사상 그리스도 예수에 대한 복음을 처음 접한 자들, 곧 기독교 문화나 전통을 전혀 알지 못했던 자들에게 그리스도인 되어 가기가 무엇인지를 설명해주는 내용이 들어있다. 따라서 그리스도인들의 정체성에 대한 사도들의 가르침에 초점을 맞추는 것은 오늘날 교회가 원하는 바 초대 교회로 돌아가는 회복의 메시지에 초점을 맞추는 것임을 염두에 두어야 한다.

본 장에서 필자는 바울 서신들에서 발견되는 그리스도인의 정체성 확립을 위한 원리들을 찾아보고자 시도했다. 이러한 시도를 한 것은 교회 회복은 무엇보다 교회에 속한 이들이 바른 정체성을 가지고 살도록 노력할 때 온전히 이뤄질 수 있기 때문이라 보기 때문이었다. 특별히 기독교의 정체성은 그 시원으로부터 비-기독교 세계와 구별되었는데, 현대의 교회들은 기독교의 정체성에 대한 문제는 단순히 지식이나 전통(예. 예전)의 범주에 묶어 놓고, 교회의 문화나 성도들의 삶의 문제는 보다 개방적인 자세를 취하다 보니 가장 먼저 그리스도인들의 정체성에 혼란이 야기되어 (부흥은 했으나) 위기를 맞이하고 있기 때문이다. 이러한 점을 고려하면서 필자는 바울 서신들로부터 발견되는 정체성 확립의 원리들을 제시했다. 이 원리들을 재확인하고 그것들을 교육하는 것이 그리스도인들을 온전히 세우는 일이며 교회 회복의 초석이 되리라고 본다.

한편, 이러한 원리들을 찾는 작업이 가능했던 것은 첫째, 바울 서신들이 최초 그리스도인들을 세우고 유지하기 위해 보내진 것이고, 둘째, 바울 서신들은 기능, 목적, 문학적 특성에 있어서 목회 편지이며, 마지막으로 바울 서신들로부터 직·간접적으로 발견되는 원리들이 각 편지의 정황에 적용되고 있다는 사실 때문이었다. 그리고 이러한 특징들을 담고 있던 서신으로부터 발견되는 공통된 특징들을 정체성 확립의 다섯 가지 원리였다.

① 근본 원리: 하나님께서 주도하신다!(하나님 주도 사상)
② 목표: 하나님께 합당하게 살아라!(하나님께 합당한 삶)
③ 해석 기반: 모든 것이 중심은 그리스도다!(그리스도 중심 사상)
④ 지속성 기초: 예수의 재림의 소망 중에 기뻐하고 인내하라!(예수의 재림)
⑤ 방향: 성도들은 "칭의 공동체"(교회) 구성으로 존재한다!(교회 중심 사상)

정체성 확립을 위한 이 다섯 가지 원리들이 오늘날의 교회 회복을 위해 어떻게 적용될 수 있을지에 대해서는 성도들 각자가 바울 서신을 보고 삶에 적용하면서 찾아가야 할 것이다. 또한 이 시대의 선생들은 그것들을 발견하여 제시해 줄 의무도 있다. 그러나 이러한 모든 일은 바울의 태도를 본받는 가운데 진행되어야 할 것이다(고전 11:1). 바울은 사도요 스승으로서의 자신의 태도에 대해 고린도전서 9:19에서 "내가 모든 사람에게서 자유로우나 스스로 모든 사람에게 종이 된 것은 더 많은 사람을 얻고자 함이라."라고 말하며, 그 목적은 단 하나 "복음을 위하여 모든 것을 행함은 복음에 참여하고자 함"(고전 9:23)이라고 밝혔다. 복음의 진리를 위해서라면 그 어떤 수고와 노력과 모습을 취하겠노라고 선언한 바울의 모범을 따라 바울 서신의 가르침과 위에서 제시된 다섯 가지의 원리를 가지고 성장해 나가야 할 것이다.

[보록 3]
고대 훈계 전통에 따른 신약성경 서신의 훈계 방식 연구

"기독교 정체성의 아이콘, 모델: 신약 서신을 중심으로"[1]

§1. 서론

서양 고대 인물들 중 강인함과 관련된 인물들을 꼽자면, 헤라클레스, 삼손, 골리앗 등이 있을 것이다. 동양에서는 장비나 관우 등이 있다. 이 인물들은 강인함을 표현하고자 할 때 사용된다. 예를 들어, 한 기관이 탱크를 만들고 그 이름을 헤라클레스나 골리앗이라는 이름을 붙인다고 하자. 그렇다면 그 이름을 듣는 사람은 탱크를 자세히 살펴보지 않더라도 그 탱크가 강력하다는 인상을 갖게 될 것이다. 이러한 맥락에서, 혹자가 강인함과 관련하여 설교할 때 다른 장황한 설명보다 이들의 이름과 행적을 언급하는 것만으로도 그의 의도가 충분히 전달 될 수 있다. 한편, 같은 강인함이라고 할지라도, 이 이름들을 절망 앞에서의 강인함, 불치병이나 난치병 앞에서의 강인함 등을 설명할 때 사용하는 것은 부적절한 것으로 여겨질 것이다. 그러한 예의 사용은 청자

---

[1] 본 글은 김주한, "기독교 정체성의 아이콘, 모델: 신약 편지들을 중심으로," 「성경과 신학」 67 (2013.10): 291-322로 출판된 글로 허락하에 일부를 수정하여 수록했다.

로 하여금 오해를 갖게 하기도 하며 때로는 설교 전달 내용에 의심을 갖게 만들게 할 것이다. 이러한 사실들은 화자가 자신의 가르침 속에서 내용이나 개념을 효과적으로 전달하려는 의도로 모델을 사용할 때 그 모델의 예가 문맥과 적합하면 부연 설명 없이도 전달하고자 하는 말들이 청자에게 효과적으로 전달될 것이라는 것을 암시한다. 반면 그 선택과 사용이 부적절할 경우 이미 전한 말들까지 모두 무효화가 되는 것 같은 커다란 손실을 가지올 수 있음을 시사한다. 따라서 화자는 자신의 가르침을 극대화하고 손실을 줄이기 위해 모델로 사용하고자 하는 대상에 대한 정보, 자신이 말하고자 하는 내용, 청중들의 상태(지적상태, 감정적 상태 등) 및 정황 등을 철저히 고려했다(혹은 해야 한다). 이러한 노력이 신약 성경 편지 저자들에게서도 발견된다. 알려져 있다시피, 신약 성경 편지들은 목양을 위해 기록되었는데 그 가운데 각각의 저자들은 효과적인 설득이나 논의를 위해 모델들이 사용되었다.

　이러한 상황은 현재 한국 교회의 강단과도 유비될 수 있다. 즉, 설교는 설득이나 논의를 위해 설교자에 의해 작성되고, 설교자들은 극대의 효과를 위해 무엇보다 예화, 특별히 귀감이 되는 모델들을 사용한다.[2] 적절한 모델 선택으로 설교의 효과를 높이기도 하지만 때때로 엄밀하지 못한 모델의 선택으로 인해 전해진 설교의 논점이 흐려지거나 전혀 다른 방향으로 이해되는 경우도 발생한다. 죄악의 결과로서 종종 신앙의 정체성이 위협받기도 한다. 이러한 실패는 무엇보다 모델 선택의 기준에 대한 분명한 기준 없기 때문이다. 한편, 기준이 있더라도 선택된 모델들은 대다수의 경우 기독교 신앙의 정수와 거리가 있는 것들

2 　정창균, "성경 인물 설교의 당위성과 한계성," 「신학정론」 26/2 (2008): 167을 참조하라. 그러나 정창균의 인물 설교는 도덕 설교나 모범 설교 차원의 문제점을 논의하고 있다는 점에서 필자의 관심과는 직접적인 연관이 없다.

이다. 예를 들어, 오늘날 강단에서 언급되는 일단의 모델들은 기독교 신앙과는 전혀 상관없는 영웅적 인물들인 경우가 많은데, 이러한 모델들이 제시됨으로 청중들은 종종 기독교인으로서의 정체성의 혼란을 겪게 된다. 이러한 사실은 설교 시 모델의 선택은 신중해야되며, 무엇보다 신약이 제시하는 기독교인의 정체성 이해의 관점에서 이루어져야 한다는 점을 지적한다. 한편, 이러한 예들은 세상적인 예들을 무분별하게 사용함으로서도 발생한다.

그렇다면 교훈과 훈계(예. 설교)에 있어 어떤 모델을 어떻게 선택 및 사용해야 하는가? 필자는 그 대답은 일차적으로 그것이 기독교의 기본 원리와 그로 인해 기독교인의 정체성이 형성 및 확립되는데 기여하는 것이어야 한다고 제안한다.[3] 그리고 그 대답은 구체적으로 신약 성경의 선례들을 살펴봄으로 얻어질 수 있을 것이다. 이에 필자는 우선 신약 성경 편지들이 속한 시대의 모델의 가치와 그 선택의 근거가 무엇인지를 살펴보고자 한다(§2). 이는 신약 성경 편지들에 사용된 모델들을 이해함에 있어 일반적인 배경을 제공할 것이다. 다음으로, 신약 성경 편지들에 등장하는 모델들을 (선별해) 분석할 것이다(§3). 분석된 모델들은 주로 훈계와 관련 있는 것들이다. 왜냐하면 훈계 전통에서 모델이 가장 많이 사용될 뿐만 아니라 모델 사용의 목적을 가장 잘 드러내 주기 때문이다. 필자는, 비록 신약 편지 저자들의 모델 사용의 방식이 성경 말씀 그 자체처럼 영감 된 그 무엇은 아닐지라도, 기독교 신앙 안에 있는 이들을 양육하기 위해 사도들이 모델을 사용한 원리를 드러내 준다는 점에서 현대의 설교자들에게 중요한 지침을 제공하리라 본다. 결론에서는 글 전체를 요약하고자 한다(§4).

---

3   이상홍, "믿음의 공동체를 세우는 설교," 「성경과 신학」 56 (2010): 44, 58-59를 참조하라.

§2. 고대(그리스-로마) 세계에서의 모델

§2.1. 모델 사용의 목적

고대 세계에서 모델의 사용은 설득의 기법의 하나로 특별히 훈계를 위한 연설이나 글 등에서 많이 등장한다.[4] 모델을 가리키는 일반적인 용어는 헬라어로 παράδειγμα("빠라데이그마")인데 "패턴"이나 "모양"(구체적으로 건물의 모형이나 법에 있어 판례 따위)을 의미한다. 이것은 또한 그 기능을 고려하여 예시를 통한 논증 등으로도 이해된다.[5] 신약 성경 서신과 관련하여 염두에 두어야 할 사항은, 이 기법이 다른 문학 작품들보다 직접적 상황을 전제하는 교훈 편지에도 종종 사용되었다는 점이다. 이와 관련하여 아브라함 말허비(A. J. Malherbe)는 개인 모델이나 예들의 권고적 혹은 반-권고적 기능은 "권고 편지의 핵심"(the heart of paraenetic letter)이라고 지적하기도 했다.[6] 말허비의 이 말은 훈계 작품들

---

[4] A. J. Malherbe, *Moral Exhortations: A Greco-Roman Sourcebook* (Philadelphia: Westminster, 1986), 135; *Paul and the Popular Philosophers* (Minneapolis: Fortress, 1989a), 51. D. E. Aune, *The New Testament in Its Literary Environment* (Philadelphia: Westminster, 1987), 191과 L G. Perdue, "The Social Character of Paraenesis and Paraenetic Literature," *Semeia* 50 (1990), 16-17과 M. E. Gordley, *The Colossian Hymn in Context: An Exegesis in Light of Jewish and Greco-Roman Hymnic and Epistolary Conventions* (Tübingen: Mohr Siebeck, 2007), 250을 참조하라.

[5] LSJ, s.v. παράδειγμα (H. G. Liddell, R. Scott and H. S. Jones, A Greek-English Lexicon with a Revised Supplement [Oxford, Clarendon Press, 1996]).

[6] A. J. Malherbe, "Paraenesis in the Epistle to Titus," in *Early Christian Paraenesis in Context*, ed. J. Starr and T. Engberg-Pedersen (Berlin / New York: Walter de

(특별히 편지)에서 적절한 모델의 제시가 백 마디 말보다 큰 설득적 효과를 드러냄을 말해준다.[7]

§2.2. 모델의 기능

그렇다면 어떻게 모델이 설득 혹은 훈계라는 정황 속(예. 권고 편지)에서 그러한 기능을 담당할 수 있었는가. 사실, 이 질문의 답은 쉽지 않다. 우리는 단순히 예로 제시된 모델이 '좋았다'라고 말할 수 있다. 그렇지만 과연 제시된 모델이 모두가 흠모할 만한 인물이라고 하더라도 단지 좋은 모델이기에 그러한 평가를 받는 것일까. 아니다. 왜냐하면 그리스-로마 및 유대 훈계 문헌들과 신약 성경 서신들에서 나쁜 사람들의 예도 종종 발견되기 때문이다.[8] 어떤 경우, 이 나쁜 모델들은 좋은 모델들보다 더욱 분명한 훈계의 효과를 가져오기도 한다.

만약 모델의 선택이 그 모델 당사자의 사람됨이 좋고 나쁘고 한 문제가 아니라면 어떠한 기준이 있는가. 이러한 기준을 살펴보는 것은 중요한데, 이를 통해 저자가 특정한 모델을 사용함으로 추구하는 근본적인 입장이 무엇인지 유추할 수 있기 때문이다. 모델은 특별히 아래의 두 가지 중요 기능을 가지고 있다.

    Gruyter, 2004). 301.

7   B. Fiore, "Paul, Exemplification, and Imitation," in *Paul in the Greco-Roman World: A Handbook*, ed. J. P. Sampley (Harrisburg: Trinity Press International, 2003), 230.

8   Perdue, "The Social Character," 16. 대표적으로 그리스인들에게 있어서 크세르크스 왕, 이스라엘 민족에게 있어서는 아합 왕 등이 이에 속한다. 신약 서신 요일 3:12의 가인이나 계 2:14의 발람 및 2:20의 이세벨이 이에 속한다.

§2.2.1. 일반적 기능: 전통의 유지와 혁신

모델은 주로 훈계 전통(예. "파라네이시스"[paraenesis] 전통)에서 사용되기에 모델의 특성도 훈계 전통의 특성을 공유한다.[9] 따라서 훈계 전통에서 일반적으로 그렇듯이 사용된 모델 인물들은 저자뿐 아니라 청자에게 익숙하며[10] 그 모델들의 언행이나 삶의 방식의 유용성 또는 해학성에 대한 보편적인 합의가 있는 것들이다. 한편, 그 응용성과 해학성은 선정된 모델의 행동을 통해 드러나는 덕에 근거한다.[11] 그 결과 훈계 전통(문학들)에서는 이미 사용되었던 검증된 모델들이 반복적으로 등장하곤 했다. 그러나 시간이 흐르면서 지도를 받아야 할 사람들의 상황도 바뀐다. 따라서 제자들의 현안을 지도하려고 지속해서 시도한 지도자들은 훈계의 실효를 위해 전통적 모델들을 자신이 속한 시대의 정황에 따라 새롭게 해석되고 설명하여 제시했다.[12] 이러한 해석적 요소는 종종 저자의 특수한 상황을 암시하는 요소가 된다. 더 나아가 적절한 모델을 발견할 수 없을 때에는 필요에 의해 저자에 의해 새로운 모델들이 제시되기도 했으나 이는 흔하지 않았다.

---

9   J. de Waal Dryden, *Theology and Ethics in 1 Peter: Paraenetic Strategies for Christian Character Formation* (Tübingen: Mohr Siebeck, 2006), 163.
10 Fiore, "Paul, Exemplification, and Imitation," 229; Gordley, *The Colossian Hymn*, 250.
11 Dryden, *Theology and Ethics*, 170-171.
12 J. Kim(졸고), "The Pastoral Letter in Early Christianity up to the Early Fifth Century C.E.", (unpublished Ph.D. Dissertation; Stellenbosch: Stellenbosch University, 2012), 86-87. Seneca, *Ep.* 64.7-8을 참조하라.

§2.2.2. 특별한 기능: 정체성 성립(이상향)

저자는 모델 인물들을 선택 및 사용함에 있어 자신이나 청중이 속한 단체의 이념이나 이상향을 단체에 속한 이들의 삶 가운데서 구체화하고 현실화할 뿐 아니라, 그 모델들을 통해 청중을 그 사회가 제시하는 이념이나 이상향으로 교정 되도록 의도한다. 따라서 선택된 모델 인물들은 종종 화자 및 청중이 속한 단체 (혹은 보다 넓게는 사회 또는 시대)가 추구하는 모범, 즉 정신을 반영해 준다. 이러한 실천 가운데 나타나는 특징 중 하나는 그 모델들이 꼭 선한 인물이 아닐 수도 있다는 점이다. 다시 말해, 저자는 사회가 추천하는 덕행의 대표를 제시하여 그를 모델로 삼기도 하지만 악행을 일삼는 인물을 제시하여 사람들로 하여금 그러한 삶을 따르지 말 것을 권고하기도 한다. 이 경우 여기서 언급된 선행과 악행은 그 사회가 추구하는 바를 각각 긍정적으로 혹은 부정적으로 가리킨다.[13]

§2.3. 모델의 종류

그렇다면 모델로 사용될 수 있는 것들이 무엇이 있는가? 고대 훈계 전통에 등장하는 모델들은 크게 인격적 모델들과 비-인격적 모델들로 대분할 수 있다. 비록 인격적 모델들과 비-인격적 모델들의 근본적인 기능에는 차이가 없으나, 그 종류에 따라 독특성이 있기에 이 둘을 구

---

13 Perdue, "The Social Character," 17, 27. Fiore, "Paul, Exemplification, and Imitation," 234; Stowers, *Letter Writing in Greco-Roman Antiquity*, 136을 참조하라.

분해서 설명해 보고자 한다.

§2.3.1. 인격적 모델

일반적으로 영웅적 인물들이 좋은 모델로 여겨진다.[14] 그러나 종종 가족이나, 친구, 선생님 등의 모델이 가장 추천할 만한 것으로 생각되기도 했다.[15] 한편, 때때로 청자와 공통된 경험 등으로 위치를 확보한 화자가 함께한 과거를 회상하며 자기 자신을 모델로 제시한 경우들도 있었다(예. Plutarch, *Demetri.* 1.4-6; Ps.-Isocrates, *To Demon.* 9-15; Pliny, *Ep.* 8.13). 이 마지막의 경우에 있어, 비록 화자는 자기 자신을 예로 제시한다는 점에서 자기 자랑이라는 위험성에 노출되기도 했지만, 화자와 청자의 공통된 경험이 이러한 위험성을 제어하는 기능을 했기에 종종 사용되곤 했다. 이러한 점에서 인격적 모델은 한편으로 일반적이면서도(예. 영웅적 인물들), 다른 한편으로는 친밀하고 경험적이며, 심지어 주관적인 특징이 있다고 볼 수 있다(예. 가족, 친구, 선생님, 화자 자신).

§2.3.2. 비-인격적 모델

모델들로는 인격적 모델들뿐만 아니라 비-인격적 모델들도 사용되었다(예. Dio Chrysostom, *Or.* 48.14-16; Maximus of Tyre, Dissertationes 36). 비-인격적 모델들의 사용은 모델을 제시하는 저자의 의도가 단순히 인격적 모

---

14 예를 들어, Plutarch(서기 46-120년)는 선별된 인물의 전기적 작품들을 통해 예를 통해 미덕과 악덕의 모델들을 제시했다(Fiore, "Paul, Exemplification, and Imitation," 235).

15 Perdue, "The Social Character," 16, 27; Fiore, "Paul, Exemplification, and Imitation," 234.

델들의 경우에서처럼 한 인물의 인생을 모방할 것을 권면하는 것이 아님을 보여준다. 사실, 화자의 모델 사용의 기준은 자신이 현재 논의하고 있는 내용과 관련하여 선별된 모델을 통해 자신이 전달하고자 하는 말의 요점(즉, 훈계)과 관련된 특정한 강조점과 깊은 관련이 있다. 비-인격적 모델들은 모델들의 사용이 그러한 화자의 의도와 밀접한 관련성이 있음을 보여주는 예가 된다. 한편, 비-인격적 모델들은 화자 및 청자의 합의로 인정된 것들 혹은 화자에 의해 제안된 것들(그렇다 치더라도 이는 해석적 문제지 완전히 새로운 제안은 아님)이 주를 이룬다는 점에서 인격적 모델들과 다른 특징을 갖는다.

§2.4. 요약

모델 인물들의 사용은 (비록 일부 변형, 확대 및 재해석이 가능하지만) 전통적이고 합의된 사항에 근거한다. 그 모델들은 그 사회 혹은 공동체 또는 시대의 가치나 질서를 반영해 준다. 따라서 설득에 있어 모델들의 사용은 효과적인 장치일 뿐만 아니라, 특정 모델의 선택은 설득하고 설득당하는 이들이 무엇을 추구하는가를 반영하고 있다는 점을 기억할 필요가 있다. 따라서 모델의 기능은 "주어진 논점 하에서 보다 넓은 사회적 질서의 미덕들 혹은 악덕들을 구체화하는 것으로써 그려질 수 있는 삶과 행동을 보여주는 가치 있는 사람"(혹은 그 무엇)을 언급함으로 화자가 설득하고자 하는 바를 효과적으로 전달하는 기능을 하는 것이다.[16] 그러므로 선생들이 모델들을 통해 성취하고자 했던 일차적

---

16   Perdue, "The Social Character," 16.

인 목적은 학생들로 하여금 그들의 정체성을 확고히 하는데 있었다.

§3. 신약 서신의 모델 사용과 기독교 정체성

§2에서 살펴보았듯이 고대 세계에서 모델들은 훈계 전통에서 사용되었다. 이 점은 신약 편지의 모델 사용과 관련해 중요한 의미를 지닌다. 즉, 신약 편지들이 당시의 성도들에 대한 목회적 관심(즉, 훈계 전통)에서 작성되었다는 점[17]과 더불어 편지 저자들이 효과적인 목회를 위해 고대 훈계 전통의 장치들을 사용하고 있다는 점[18]에서 고대 세계의 모델 사용의 방식에 대한 이해가 신약 편지들의 모델 사용과 그 의미와 기능에 대해 이해하는 데 도움이 될 수 있다. 따라서 §2의 내용을 고려하면서 신약 편지 모델 사용에 대해 살펴볼 필요가 있다.

신약 편지들을 살펴볼 때 편지 저자들은 모델들을 사용했고, 그들이 자신들의 목회적 논지에서 모델들을 사용했을 때 그것들은 자신들이 전달하고자 하는바, 곧 기독교의 가치와 질서를 가르치고 유지하

---

17 Kim(졸고), "The Pastoral Letter," 104-108, 231-231. 참고. D. A. DeSilva, *An Introduction to the New Testament: Contexts, Methods, & Ministry Formation* (Downers Grove, Illinois: InterVarsity Press, 2004), 29; R. N. Longenecker, "On the Form, Function and Authority of the New Testament Letters," in *Scripture and Truth*, ed. D. A. Carson and J. D. Woodbridge (Leicester: InterVarsity Press, 1983), 104; J. W. Thompson, 『바울처럼 설교하라』, 이우제 역 (서울: 크리스챤출판사, 2008), 93.

18 Fiore, "Paul, Exemplification, and Imitation," 237을 참조하라.

고 발전시키는 데 도움을 주도록 했다는 점은 분명하다. 이 사실은 신약 편지 저자들에 의해 사용된 모델들은 기독교인의 정체성을 확립시키기 위한 장치였다고 바꿔 말해질 수 있다. 물론, 이 말은 제시된 모델들 자체가 기독교의 정체성의 화신(化身)이라는 것은 아니다. 단지, 훈계라는 특정한 상황 중에 저자가 수신자들을 기독교인의 삶에 합당한 길로 인도하려는 시도에 있어서 제시된 모델의 (해석된 혹은 적용된) 일면이 그렇다는 것이다(§2.3.2를 참조하라). 저자는 자신과 수신자가 이미 동의한 가치를 지지하거나 반대하는 모델의 일면을 드러냄으로 훈계를 효과적으로 전달하고자 한다.[19] 이때 모델이 제공된 상황과 모델로부터 강조된 측면, 바로 그것이 정체성 형성의 자극제가 된다. 이러한 사실을 주지하면서, 이 단락에서 우리는 신약 성경 편지 저자들이 어떤 모델들 및 어떤 방식으로 혹은 무엇을 지도하기 위해 그것들을 사용했는지를 살펴봄으로써 모델들을 통해 제안된 기독교 정체성이 무엇인지 살펴보고자 한다.

§3.1. 서문

신약 성경에서는 모델을 지시하는 어휘는 ὑπόδειγμα("휘포데이그마"[예. 약 5:10. 요 13:15; 히 14:11; 벧후 2:6을 참조하라]), τύπος("뛰뽀스" [예. 빌 3:17]) 및 ὑπογραμμός("휘포그람모스"[예. 벧전 2:21])이다.[20] 그러나 모델들이 등

---

19   Fiore, "Paul, Exemplification, and Imitation", 244.
20   J. P. Louw and E. A. Nida, *Greek-English Lexicon of the New Testament based on Semantic Domains*, 2nd ed. 2 vols., Vol. 2 (New York: United Bible Societies, 1989), 592(§ 58.59); H. Schlier, "δείκνυμι κτλ" in *TDNT*, ed. G. Kittel, trans. G. W.

장하는 모든 부분에서 이 어휘가 발견되는 것은 아니다. 몇몇 경우 καθώς("카토스"[예. 롬 15:7{;고전 11:1;} 골 3:13b; 요일 3:12]) 및 μιμητής 혹은 συμμιμητής("미메떼스"[예. 고전 11:1; 살전 1:6] 혹은 "숨미메떼스"[예. 빌 3:17]) 라는 어휘로 제시되기도 한다. 이러한 사실을 고려해서 우리는 모델들은 각 저술의 문맥의 흐름 내에 등장하여 논지를 강화해 주는 기능을 한다고 표현해야 한다. 따라서 아래의 선별된 예들에서는 꼭 이 용어들이 등장하지는 않는다. 따라서 필자는 앞서 제시된 어휘들과 상관없이 성경 본문의 내용에 근거해 선택된 모델들을 제시하고자 한다.

§3.2. 신약 성경 서신에서의 모델들[21]

신약 성경에 사용된 모델들은 주로 인물들이다. 이 인물들은 신약과 관련된 인물들과 구약 인물들로 대분할 수 있으나 아래에서는 그러한 구분보다는 중요한 인물들의 순서로 살펴보고자 한다.

Bromiley, 10 vols., Vol. 2 (Grand Rapids, Michigan: Wm. B. Eerdmans Publishing Company, 1995), 33.

21 특별한 언급이 없을 경우, 헬라어 성경 본문은 NA[27]을, 사용한다. 그리고 한글 성경 본문은 『성경전서 개역개정판』(1998)을 사용한다. 필자가 최근에 출간된 NA[28](2012)을 사용하지 않는 것은 해당 판본이 공동 서신들에서 NA[27]과 다른 본문 읽기를 제시하는데 그 변경들에 대한 학계의 평가가 정확히 이뤄지지 않은 상황 가운데서 이미 용인되어 사용되고 있는 판본을 사용하는 것이 더 합당하다고 판단했기 때문이다.

§3.2.1. 예수

기독교인들에게 예수는 신앙의 대상, 즉 "구세주"다. 그러나 성경 저자들은 예수의 모습은 구속사적 의미 외에 다른 의미로도 언급된다. 즉, 예수는 모방되어야 할(혹은 이미 그렇게 된) 모델로 제시한다(롬 15:1-9[3, 5, 7]; 고전 10:23-11:1[11:1]; 빌 2:1-8[5]; 골 3:12-13[13]; 살전 1:6; 벧전 2:18-24[21]; 요일 3:15-16[16]. 롬 15:2-3; 고후 8:9; 엡 5:2, 25, 29; 빌 3:10; 히 12:2-3; 13:12-13; 벧전 4:1-2; 요일 4:17-21[17, 19]; 요일 3:2-3[3]을 참조하라).[22] 신약 성경 저자들은 훈계 상황 중에서 예수를 모델로 사용한 것이다.[23] 아래의 예들은 그들이 어떻게 예수를 훈계의 모델로 제시하고 있는지를 보여준다.

§3.2.1.1. 본문 설명

<예 1> 롬 15:1-9 (특별히, 3, 5, 7)

1 믿음이 강한 우리는 마땅히 믿음이 약한 자의 약점을 담당하고 자기를 기쁘게 하지 아니할 것이라(ὀφείλομεν δὲ ἡμεῖς... βαστάζειν καὶ μὴ ἑαυτοὺς ἀρέσκειν) 2 우리 각 사람이 이웃을 기쁘게 하되 선을 이루고 덕을 세우도록 할지니라(ἕκαστος ἡμῶν τῷ πλησίον ἀρεσκέτω) 3 그리스도께서도 자기를 기쁘게 하지 아니하셨나니(καὶ γὰρ ὁ Χριστὸς οὐχ ἑαυτῷ ἤρεσεν) 기록된 바 주를 비방하는 자들의 비방이 내게 미쳤나이다 함과 같으니라 4 무엇이든지 전에 기록

---

22 추가적으로 언급해야 할 구절은 요일 4:11이다. 이례적으로 이곳에서는 하나님의 한 측면이 모델로 제시된다("사랑하는 자들아 하나님이 이같이 우리를 사랑하셨은즉[εἰ οὕτως ὁ θεὸς ἠγάπησεν ἡμᾶς] 우리도 서로 사랑하는 것이 마땅하도다[καὶ ἡμεῖς... ὀφείλομεν... ἀγαπᾶν]").

23 Dryden, *Theology and Ethics*, 172.

된 바는 우리의 교훈을 위하여 기록된 것이니 우리로 하여금 인내로 또는 성경의 위로로 소망을 가지게 함이니라 5 이제 인내와 위로의 하나님이 너희로 그리스도 예수를 본받아(κατὰ Χριστὸν Ἰησοῦν) 서로 뜻이 같게 하여 주사 6 한마음과 한 입으로 하나님 곧 우리 주 예수 그리스도의 아버지께 영광을 돌리게 하려 하노라... 7 그러므로 그리스도께서 우리를 받아 하나님께 영광을 돌리심과 같이 (καθὼς καὶ ὁ Χριστὸς προσελάβετο ὑμᾶς) 너희도 서로 받으라 (προσλαμβάνεσθε ἀλλήλους) 8 내가 말하노니 그리스도께서 하나님의 진실하심을 위하여 할례의 추종자가 되셨으니 이는 조상들에게 주신 약속을 견고하게 하시고 9 이방인들도 그 긍휼하심으로 말미암아 하나님께 영광을 돌리게 하려 하심이라 기록된바 그러므로 내가 열방 중에서 주께 감사하고 주의 이름을 찬송하리로다 함과 같으니

로마서 15:1-9(특별히, 3, 5, 7절)이 포함된 큰 단락(롬 14:1-15:13)은 로마 교회의 성도들 간(유대인 기독교인들과 이방인 기독교인들)의 대립 상황을 해결하기 위해 훈계하는 부분이다("서로 받으라."[7절]를 참조하라).[24] 이 본문은 공동체 구성원들 간에 서로 용납해야 하는 교훈 정황 가운데 기록되었다(1-2절). 여기서 바울은 예수 모델을 서로 용납의 모델로 제시한다. 바울은 예수께서는 자신을 기쁘게 하지 않고 오히려 용납할 수 없는 우리를 용납함으로 하나님께서 용납하신 일을 강조한다(7절 [καθὼς καὶ ὁ Χριστὸς προσελάβετο ὑμᾶς]. 3절을 참조하라).[25] 물론 그 모습은 그의 십자가의 길을 암시한다.[26] 예수님의 용납의 자세한 사항

---

24 J. Dunn, 『로마서 9-16』, 김철과 채천석 역 (서울: 솔로몬, 2005), 539; 홍인규, 『로마서: 어떻게 읽을 것인가』 (서울: 한국성서유니온선교회, 2001), 177-179.

25 Dunn, 『로마서 9-16』, 534-535, 540.

26 Dunn, 『로마서 9-16』, 528, 549; 홍인규, 『로마서』, 187.

은 8절 이하에서 논의되는데, 그는 하나님의 진실하심을 위해 할례의 "추종자"(διάκονον... περιτομῆς)가 되시기까지 하셨다. 바울은 서로 용납의 주제에서 이미 예수의 구속 사역으로 구원받은 성도들에게 "하나님의 영광을" 돌리려는(εἰς δόξαν τοῦ θεοῦ[7절]) 예수의 지상에서의 순종의 모습을 모델로 하여 권면한다.

<예 2> 고전 10:23-11:1(특별히, 11:1)

10:23 모든 것이 가하나 모든 것이 유익한 것은 아니요 모든 것이 가하나 모든 것이 덕을 세우는 것은 아니니 24 누구든지 자기의 유익을 구하지 말고 남의 유익을 구하라 25 무릇 시장에서 파는 것은 양심을 위하여 묻지 말고 먹으라 26 이는 땅과 거기 충만한 것이 주의 것임이라 27 불신자 중 누가 너희를 청할 때 너희가 가고자 하거든 너희 앞에 차려 놓은 것은 무엇이든지 양심을 위하여 묻지 말고 먹으라 28 누가 너희에게 이것이 제물이라 말하거든 알게 한 자와 그 양심을 위하여 먹지 말라 29 내가 말한 양심은 너희의 것이 아니요 남의 것이니 어찌하여 내 자유가 남의 양심으로 말미암아 판단을 받으리요 30 만일 내가 감사함으로 참여하면 어찌하여 내가 감사하는 것에 대하여 비방을 받으리요 31 그런즉 너희가 먹든지 마시든지 무엇을 하든지 다 하나님의 영광을 위하여 하라 32 유대인에게나 헬라인에게나 하나님의 교회에나 거치는 자가 되지 말고 33 나와 같이 모든 일에 모든 사람을 기쁘게 하여 자신의 유익을 구하지 아니하고 많은 사람의 유익을 구하여 그들로 구원을 받게 하라 11:1 내가 그리스도를 본받는 자 된 것 같이 (καθὼς κἀγὼ [[ἐγένομαι μιμητὴς]] Χριστοῦ)너희는 나를 본받는 자가 되라

고린도전서 10:23-11:1(특별히, 11:1)은 고린도 교회에서 우상 제물과 음식과 관계된 분쟁의 정황 중에 문제를 해결하기 위한 바울의 훈계를

담고 있다.[27] 이 문제를 바울은 교리적 해결이 아닌 용납의 실천적 권면으로 접근한다(23-30절).[28] 이 주제와 관련하여 바울은 모든 일을 다 하나님의 "영광"을 위하여 하라(πάντα εἰς δόξαν θεοῦ ποιεῖτε)는 결론적 권고를 준다(31절).[29] 바울은 자신의 권고의 강력한 근거로 자기 자신의 예를 제공하는데(32-33절), 더 중요한 사실은 자신이 그러한 행동을 취하게 된 근거가 자신이 그리스도를 본을 따랐기 때문이라고 말하는 것이다(고전 11:1[καθὼς κἀγὼ [[ἐγενόμην μιμητὴς]] Χριστοῦ]).[30] 비록 예수에 대한 호소는 일차적으로 그의 구속 사역과 관련됨을 부인할 수는 없을지라도, 현 훈계의 문맥에서 "본받는 자"(μιμητής)라는 표현은 구속 사역 자체 보다는 바울 자신이 취한 행동의 근거, 즉 예수의 역사적 행위와 관련된다.[31] 바울이 본받은 예수는 하나님의 영광을 위해 모든 일에 자신의 유익을 구하지 않고 타인의 유익을 위해 행동하신 분이시다(고전 10:33을 참조하라).[32] 그 행위는 예수께서 십자가를 지신 사건을 가리킨다.[33] 그러나 예수께서는 순종으로 고난을 감내하심으로 믿는 자들을 유익하게 하셨다. 바울은 이 모델을 따라 평생을 살아왔고, 이제 분쟁 속에 있는 이들에게 예수와 자신의 모델을 따라 서로의 유익을 구할 것을 권한다.

27　C. K. Barrett, 『고린도전서』, 번역실 역 (서울: 한국 신학 연구소, 1985), 280.
28　Barrett, 『고린도전서』, 280.
29　Barrett, 『고린도전서』, 286.
30　B. Dodd, *Paul's Paradigmatic 'I': Personal Examples as Literary Strategy* (Sheffield: Sheffield Academic Press, 1999), 187.
31　Barrett, 『고린도전서』, 288-289.
32　Fiore, "Paul, Exemplification, and Imitation," 242.
33　Fiore, "Paul, Exemplification, and Imitation," 242를 참조하라.

<예 3> 빌 2:1-8(특별히, 5절)

1 그러므로 그리스도 안에 무슨 권면이나 사랑의 무슨 위로나 성령의 무슨 교제나 긍휼이나 자비가 있거든 2 마음을 같이하여 같은 사랑을 가지고 뜻을 합하며 한마음을 품어 3 아무 일에든지 다툼이나 허영으로 하지 말고 오직 겸손한 마음으로 각각 자기보다 남을 낫게 여기고 4 각각 자기 일을 돌볼뿐더러 또한 각각 다른 사람들의 일을 돌보아 나의 기쁨을 충만하게 하라 5 너희 안에 이 마음을 품으라 곧 그리스도 예수의 마음이니(τοῦτο φρονεῖτε ἐν ὑμῖν ὃ καὶ ἐν Χριστῷ Ἰησοῦ) 6 그는 근본 하나님의 본체시나 하나님과 동등됨을 취할 것으로 여기지 아니하시고 7 오히려 자기를 비워 종의 형체를 가지사 사람들과 같이 되셨고 8 사람의 모양으로 나타나사 자기를 낮추시고 죽기까지 복종하셨으니 곧 십자가에 죽으심이라

빌립보서 2:1-8(특별히, 5절)은 성도들이 서로를 대할 때 존중하는 자세로 다가갈 것을 권면한다(1-3절).[34] 이와 더불어 각자의 일에 충실하여 목회자인 바울을 기쁘게 해 줄 것을 권면한다(4절). 이 권면의 배경은 그리스도의 복음에 합당한 삶을 살게 하기 위한 것이다(빌 1:27[μόνον ἀξίως τοῦ εὐαγγελίου τοῦ Χριστοῦ πολιτεύεσθε]).[35] 이 권면의 강한 근거로 바울은 예수께서 드러내신 마음을 모델로 제시한다: "너희 안에 이 마음을 품으라(φρονεῖτε) 곧 그리스도 예수의 마음 (ὃ καὶ ἐν Χριστῷ Ἰησοῦ)이니"(5절). 이러한 의미에서 이 본문의 예는 일종의 비-인격적인 예로도 볼 수 도 있다. 어쨌든, 이 예수 모델은 권면을 듣는 자들에게 강한 동기가 되었을 것이다. 그렇다면 그들이 서

---

34 P. T. O'Brien, *The Epistle to the Philippians: A Commentary on the Greek Text* (Grand Rapids, Michigan: Wm. B. Eerdmans Publishing, 1991), 164-166, 169.

35 Dodd, *Paul's Paradigmatic 'I'*, 191.

로 존중함에 있어 근거를 삼아야 할 "예수의 마음"(ὃ καὶ ἐν Χριστῷ Ἰησοῦ)은 무엇을 가리키는가? 그것은 6-11절에 기술된바, 예수께서 자신을 내려놓은 겸손 혹은 비움이다.[36] 바울은 이 구속사적 성육신 사건을 낮춤 혹은 비움이라는 윤리적 개념으로 변경하여 성도들의 삶의 근거로 제시하고 있다.[37] 성도들에게 있어 예수 모델은 단지 구속사적 의미를 지니고 있을 뿐만 아니라, 교회 내에서 함께 살아가는 성도들의 삶의 모델이 되는 것이다.

<예 4> 골 3:12-13(특별히, 13절)
12 그러므로 너희는 하나님이 택하사 거룩하고 사랑 받는 자처럼 긍휼과 자비와 겸손과 온유와 오래 참음을 옷 입고 13a 누가 누구에게 불만이 있거든 서로 용납하여 피차 용서하되 13b 주께서 너희를 용서하신 것 같이(καθὼς καὶ ὁ κύριος ἐχαρίσατο ὑμῖν) 너희도 그리하고 (οὕτως καὶ ὑμεῖς)

골로새서 3:12-13(특별히, 13절)은 성도들 간의 용서와 용납의 주제를 다룬다(13a절). 이를 위해 바울은 긍휼, 자비, 겸손, 온유, 오래 참음의 덕목으로 옷 입을 것을 권면한다(12절).[38] 그러면서 이러한 권면의 근거로서 예수의 용서 행위를 모델로 제시한다(13b절["주께서 너희를 용서

---

36 M. Silva, *Philippians*, 2nd ed. (Grand Rapids, Michigan: Baker Academic, 1992), 98; O'Brien, *The Epistle to the Philippians*, 205.

37 O'Brien, *The Epistle to the Philippians*, 205; Fiore, "Paul, Exemplification, and Imitation", 240; Dryden, *Theology and Ethics*, 172-173. Dodd, *Paul's Paradigmatic 'I'*, 191-192를 참조하라.

38 P. T. O'Brien, 『골로새서·빌레몬서』, 정일오 역 (서울: 솔로몬, 2008), 361-366.

하신 것 같이{καθώς...} 너희도 그리하고{οὕτως...}]).³⁹ "주께서 너희를 용서"했다(καθὼς καὶ ὁ κύριος ἐχαρίσατο ὑμῖν)는 말은 그의 구속사적 행위를 의미하는 것으로도 볼 수 있다.⁴⁰ 그러나 성도들 간의 용서 행위는 구속사적 개념만으로는 쉽게 설명되지 않는다. 여기서 제시된 예수 모델은 용서의 내용보다는 용서하는 행위의 측면에 강조점이 있다고 볼 수 있다. 예수의 용서(즉, 죄사함)는 초월적 역사지만, 그가 그 일을 성취는 시간 중에 고난과 역경의 과정을 통해 이뤄졌다. 고난과 역경, 그것들이 아무리 하나님의 뜻을 따르는 일이었다고 하지만 분명 육신으로 담당하기는 어려운 일이었음에 틀림없다(마 26:36-46을 참조하라). 그러나 예수께서는 모든 일을 친히 감내하시고 그들을 용서하신 것이다. 그렇다면 용서를 받은 이들 역시 그러한 용서의 모방자가 되어야 하는 것 아닌가! 예수가 감내한 모든 인간적 과정들을 인정하고 그 가운데서 서로를 용납하기 위해 노력해야 하는 것은 아닌가! 바울은 성도들 간의 용서와 용납의 근거가 바로 이곳에 있다고 제안한다.

<예 5> 살전 1:6
또 너희는 많은 환난 가운데서 성령의 기쁨으로 말씀을 받아 우리와 주를 본받은 자가 되었으니(ὑμεῖς μιμηταί... ἐγενήθητε καὶ τοῦ κυρίου)

데살로니가전서 1:6은 데살로니가인들이 어떻게 바울과 주를 본받는 자가 되었는지(ὑμεῖς μιμηταί... ἐγενήθητε καὶ τοῦ κυρίου)를 설명해주는 구절이다. 특별히, 동사가 부정과거형으로 등장한다는 것("되

---

39 O'Brien, 『골로새서·빌레몬서』, 366.
40 O'Brien, 『골로새서·빌레몬서』, 368.

었으니"[ἐγενήθητε])은 이것은 이미 역사적 사실이요 전 과정을 그들이 충실히 감내했음을 말해준다.[41] 바울이 말한 그들의 짐은 환란이었다.[42] 데살로니가인들은 그것과 싸워가며 성령이 공급하시는 기쁨으로 말씀을 받아 지금까지 이르게 된 것이다. 바울은 (이미 그리하라고 명령했겠지만) 성도들이라면 누구나("우리") 겪어야 하며[43] 심지어 "말씀"(즉, 복음)을 완성하시기 위해 동일한 환란을 겪은 주님을 따라 데살로니가인들이 환란을 잘 감당해 내어 자기 자신(혹은 선교팀)과 주를 본받은 자가 되었다고 칭찬한다.[44] 이는 복음의 길이 단순히 초월적 능력이 아닌, 역사 가운데 주어진 과정 가운데서 고난을 끝까지 감당하는 것을 통해서만 성취될 수 있음을 암시한다. 그것이 바로 육신 가운데 나타난 예수의 모습이 아닌가! 그것은 결코 십자가의 길을 배제하지 않는다. 그것을 바울(혹은 선교팀)과 주 예수 모델을 언급함으로써 강조한다.

<예 6> 벧전 2:18-24(특별히, 21절)
18 사환들아 범사에 두려워함으로 주인들에게 순종하되 선하고 관용하는 자들에게만 아니라 또한 까다로운 자들에게도 그리하라 19 부당하게 고난을 받아도 하나님을 생각함으로 슬픔을 참으면 이는 아름다우나 20 죄가 있어 매를 맞고 참으면 무슨 칭찬이 있으리요 그러나 선을 행함으로 고난을 받고 참으면 이는 하나님 앞에 아름다우니라

---

[41] B. Witherington, *1 and 2 Thessalonians: A Socio-Rhetorical Commentary* (Grand Rapids, Michigan, 2006), 72; Fiore, "Paul, Exemplification, and Imitation", 239.

[42] "환란은 그리스도인들이 믿음과 증거 때문에 참아야 하는 다양한 종류의 고난에 적용될 수 있는 용어다"(F. F. Bruce, 『데살로니가전·후서』, 김철 역 [서울: 솔로몬, 2000], 74).

[43] Bruce, 『데살로니가전·후서』, 73,

[44] Bruce, 『데살로니가전·후서』, 81,

21 이를 위하여 너희가 부르심을 받았으니 그리스도도 너희를 위하여 고난을 받으사 너희에게 본을 끼쳐(καὶ Χριστὸς ἔπαθεν ὑπὲρ ὑμῶν ὑμῖν ὑπολιπάνων ὑπογραμμόν) 그 자취를 따라오게 하려 하셨느니라 22 그는 죄를 범하지 아니하시고 그 입에 거짓도 없으시며 23 욕을 당하시되 맞대어 욕하지 아니하시고 고난을 받으시되 위협하지 아니하시고 오직 공의로 심판하시는 이에게 부탁하시며 24 친히 나무에 달려 그 몸으로 우리 죄를 담당하셨으니 이는 우리로 죄에 대하여 죽고 의에 대하여 살게 하려 하심이라 그가 채찍에 맞음으로 너희는 나음을 얻었나니

베드로전서 2:18-24(특별히, 21절)는 교회 내에 사환들이 타인들(특별히, 주인들)과의 관계 속에서 발생하는 문제들에 대한 태도를 교훈한다. 이 권면은 부당한 고난에 초점이 맞춰져 있는데, 이 일에 대해 베드로는 그들이 하나님을 생각하고 그 앞에 아름다운 방식으로 반응할 것을 권한다(18-20절). 이 권면에 있어 베드로는 이 어려운 일을 잘 감당하게 하기 위해 강한 모델을 제시하는데, 바로 고난을 당하신 예수 모델이다(21절[καὶ Χριστὸς ἔπαθεν ὑπὲρ ὑμῶν ὑμῖν ὑπολιμπάνων ὑπογραμμόν]).[45] 바울은 예수께서도 부당하게 고난을 받으셨으나 그것을 통해 하나님의 뜻을 온전히 이루었다고 진술한다(21-24절). 이 말은 일차적으로 죽음을 통한 예수의 구속 사역을 암시한다. 그러나 바울은 예수의 고난을 단지 죽음의 대속 사건으로 제시하지 않고 그 과정 즉, 고난당함에 초점을 맞춤으로써 예수의 경험을 지금 억울한 일을 당하는 수신자들(즉, 사환들)에게 적용한다.[46] 다시 말해, 현 문맥에서 바울이 제시하는 예수의 고난은 초월적인 방법으로 수신자의 억울함을 해소시키는 구속의 능력이 아니라 "본

---

45   Dryden, *Theology and Ethics*, 163, 175, 188.
46   Dryden, *Theology and Ethics*, 177-178, 181, 185를 참조하라.

을 끼치기"(ὑπολιμπάνων ὑπογραμμόν) 위한 모델이다.⁴⁷ 그렇다면 예수가 당한 부당한 고난을 통해 유익을 얻은 사환들은 어떻게 해야 하는가? 바울은 수신자들에게 예수의 고난과 그것을 감내한 사실(즉, 인내)을 기억하면서 기독교인들로서 당면한 고난을 이겨 나갈 것을 권면한다.

<예 7> 요일 3:15-16(특별히, 16절)
15 그 형제를 미워하는 자마다 살인하는 자니 살인하는 자마다 영생이 그 속에 거하지 아니하는 것을 너희가 아는 바라 16 그가 우리를 위하여 목숨을 버리셨으니(ἐκεῖνος ὑπὲρ ἡμῶν τὴν ψυχὴν αὐτοῦ ἔθηκεν) 우리가(καὶ ἡμεῖς) 이로써 사랑을 알고 우리도 형제들을 위하여 목숨을 버리는 것이 마땅하니라(ὀφείλομεν ὑπὲρ τῶν ἀδελφῶν τὰς ψυχὰς θεῖναι)

요한일서 3장 15-16절(특별히, 16절)은 성도들 간의 사랑의 주제를 다루고 있다(15절). 이미 형제 사랑에 대해 요한일서 3장 12절에서 가인의 모델을 제시한 요한은(<예 13>을 참조하라) 이제 형제 사랑에 있어 기꺼이 자신의 목숨까지도 내놓을 수 있어야 한다고 권면한다(16b절["우리도 형제들을 위하여 목숨을 버리는 것이 마땅하니라"]).⁴⁸ 그러나 그러한 결심과 행동은 추상적 개념으로 주어지지 않는다. 오히려 성도들이 구체적으로 따라야 할 모델이 제시되는데, 그것은 성도들("우리")을 위해 기꺼이 목숨을 버리신 예수다("그[=예수]가 우리를 위하여 목숨을 버리셨으니 [ἐκεῖνος ὑπὲρ ἡμῶν τὴν ψυχὴν αὐτοῦ ἔθηκεν] 우리가[καὶ ἡμεῖς...])(16a

---

47   Dryden, *Theology and Ethics*, 186.
48   R. W. Yarbrough, *1-3 John* (Grand Rapids, Michigan: Baker Academic, 2008), 201. R. B. Edwards, 『요한서신』, 김병국 역 (서울: 이레서원, 2000), 18와 J. Painter, *1, 2, and 3 John* (Collegeville, Minnesota: The Liturgical Press, 2002), 100-102를 참조하라.

절).⁴⁹ 물론 예수가 목숨을 버린 사건은 구속의 사건이므로, 그 구속의 은혜를 입은 자가 타인을 위해 생명을 내어놓는 것은 당연한 일일 것이다.⁵⁰ 그러나 본문은 그러한 구속의 은혜 개념보다 예수께서 행하신 행위 자체에 초점을 맞추고 있다.⁵¹ 특별히, 15절에 "미워하는"(ὁ μισῶν)라는 표현은 예수께서 목숨을 버리신 것이 단순히 교리적인 개념만은 아님을 암시한다. 그렇다면 이 구절의 핵심은 예수께서 목숨을 버리신 행위(즉, 과정)에 있다. 바로 그 행위가 성도들이 "형제들을 위하여 목숨을 버리는" 결단의 근거가 된다.⁵²

§3.2.1.2. 요약

위의 제시된 일곱 개의 예들은 성도들이 처한 상황 중에 신약 성경 저자들이 그들을 훈계함에 있어 자신들의 훈계 근거로 예수를 모델로 제시한 경우들이다. 기독교인의 일상의 삶과 관련해 훈계의 모델을 제공해 준다. 예수를 구세주일 뿐만 아니라 지상의 삶의 모델로 제시한 것은 신약 성경 저자들의 주도면밀함을 반영한다. 예수의 (우주적) 구속 사역으로 구원을 받은 이들의 삶 역시 (지상의) 구속 사역과 함께 고려되어야 한다는 것이다. 여기서 제기되는 질문은, 과연 위의 예들이 보여주는 상황들이 예수의 삶의 일면에 대한 구체적인 제공을 통해서만 해결이 될 수 있었는가 하는 점이다. 즉, 예수의 인내와 먼저 헌신함 등의 인간적 요소가 아니라 하나님 우편에 앉아 계신 예수의 초월적

---

49 Yarbrough, *1-3 John*, 202. S. S. Smalley, *1, 2, 3 John* (Waco, Texas: Word Books Publisher, 1984), 192.
50 Edwards, 『요한서신』, 134; Smalley, *1, 2, 3 John*, 193.
51 Yarbrough, *1-3 John*, 202-203.
52 Dryden, Theology and Ethics, 191; Smalley, *1, 2, 3 John*, 194-195.

능력으로 해결을 받을 수 없었냐는 것이다. 가능하다. 그러나 위에서 살펴본 일곱 개의 본문들은 초기 기독교인들이 그렇지 않았음을 보여준다. 특별히, 그들은 성도의 삶의 문제에 있어 예수께서 보여주신 모범을 좇아 주어진 상황 가운데 반응하도록(양육 받도록) 훈계받은 것이다. 그리고 예수께서 보이신 모범의 핵심은 바로 하나님의 영광을 위한 혹은 약속의 성취를 위한 용서와 인내였다.

§3.2.2. 바울

바울은 권면을 함에 있어 자신의 주장을 확고하게 하고 설명을 위해 때때로 자기 자신을 모델로 제시한다(고전 11:1; 빌 3:17; 살전 1:6; 살후 3:6-9[7, 9]. 고전 4:16; 7:7-8; 살전 3:12-13; 4:1; 빌 4:9; 딤후 3:10-11을 참조하라).[53] 바울이 자신을 모델로 제시할 경우 자기 자신이 수신자들과 함께 있었을 때에 보였던 자세에 근거한다. 즉, 자신이 그리스도를 위해 당한 일들이나 경험 등에서 보여준 모습들을 모델로 제공한다. 함께 공유된 경험에 근거한 이러한 모델의 제시는 그 어떤 모델보다도 강한 인상을 심어준다.[54] 아래의 예들은 바울의 자기 모델 사용의 예들을 보여준다.

---

[53] Dodd, *Paul's Paradigmatic 'I'*, 32. "바울로는 자신이 단지 교회들의 교사와 설교자에 지나지 않는 사람이 아니라 행동을 본받아야 할 사람이라고 여러 번 표현한다. 그의 사도로써의 역할은 부분적으로 그리스도교적 생활양식을 특별 명백히 하는데서 드러났다"(Barrett, 『고린도전서』, 287).

[54] 고대 훈계 전통에서 훈계 받는 이들과 가까운 이들을 모델로 제공하는 것은 매우 효과적인 방법으로 인정받았다(Perdue, "The Social Character", 16, 27; Fiore, "Paul, Exemplification, and Imitation", 234).

§3.2.2.1. 본문 설명

<예 8> 고전 11:1

내가 그리스도를 본받는 자 된 것 같이(καθὼς κἀγὼ [[ἐγένομαι μιμητὴς]] Χριστοῦ) 너희는 나를 본받는 자가 되라(μιμηταί μου γίνεσθε)

고린도전서 11:1에 대해서는 이미 위의 <예 2>에서 예수 모델의 측면에서 살펴보았다. 그곳에서도 잠시 언급했듯이, 이 구절에서 바울은 설득의 효과를 높이기 위해 자기 자신을 모델로 제시한다(μιμηταί μου γίνεσθε).[55] 한편, 이곳에서 자신이 모델이 될 수 있는 근거는 자신이 예수의 예를 충실히 따랐다는데 있다(καθὼς κἀγὼ [[ἐγένομαι μιμητὴς]] Χριστοῦ). 그러한 모습을 고린도 교회 성도들과 함께 있을 때 보였다(고전 10:23-33. <예 1>을 참조하라). 바울은 예수를 따라 하나님의 영광을 위한 일이라면 어떠한 고난을 동반하는 일이라도 기꺼이 감내했다.[56] 본 권면이 주어진 배경은 고린도 교회 내에 음식과 관련된 이견으로 인한 분쟁의 야기이다. 이러한 상황 중에 교회 구성원 상호 간에 요구되는 자세는 무엇인가? 그것은 예수 및 바울이 모델들로 보여준 것처럼 하나님의 영광을 위해 자신의 주장과 고집을 내려놓고 서로를 세워가는 것이다. 이 문제의 해결은 이러한 노력을 통해서만이 가능한 것이다. 이 권면에 있어 끝까지 참아내며 성도들을 주님께로 이끈 바울의 모습은 그들이 마땅히 본받을 모델이 된다.

---

55 Barrett, 『고린도전서』, 287; Dodd, *Paul's Paradigmatic 'I'*, 111.
56 Dodd, *Paul's Paradigmatic 'I'*, 188-190.

<예 9> 빌 3:17

형제들아 너희는 함께 나를 본받으라(συμμιμηταί μου γίνεσθε) 그리고 너희가 우리를 본받은 것처럼(καθὼς ἔχετε τύπον ἡμᾶς) 그와 같이 행하는 자들을 눈여겨 보라(σκοπεῖτε τοὺς οὕτω περιπατοῦντας)

빌립보서 3:17은 거짓 교사들(특별히, 할례파)로 인해 어려움을 당하고 있는 빌립보 교인들에게 바울이 자신의 예를 들어 그들의 주장을 무마한 이후(빌 3:1-16), 자기 자신(συμμιμηταί μου)과 자신과 같은 사람들을 따라 행동할 것(σκοπεῖτε τοὺς οὕτω περιπατοῦντας καθὼς ἔχετε τύπον ἡμᾶς)을 권면하는 내용이다.[57] 거짓 교사에게 유혹을 받아 자신을 나타내려고 하는 이들에게 바울은 육체의 자랑(빌 3:2-6)은 아무것도 아니요, 오직 그리스도를 위하는 일만이 가치 있는 것임을 강조한다(빌 3:7-9). 또한 그것은 이미 완성된 것이 아니요 여전히 성취되어야 할 목표이기에 바울 자신은 여전히 그것을 향해 달리고 있음도 언급한다(빌 3:12-14). 이 권면을 보다 효과적으로 하기 위해 바울은 자신과 자신처럼 행하는 자들을 모델로 제시한다.[58] 그렇다면 바울의 어떠한 측면이 수신자의 문제 해결에 있어 모델이 될 만한가? 그것은 그리스도의 예를 따라 복음을 위해 자신의 자랑을 모두 내어버린 바울의 모습,[59] 선생(사도)이 된 이후에도 끊임없이 경주하는 모습일 것이다.[60] 이

---

57   Silva, *Philippians*, 179; Dodd, *Paul's Paradigmatic 'I'*, 181-182, 194.

58   Silva, *Philippians*, 179; O'Brien, *The Epistle to the Philippians*, 447; Fiore, "Paul, Exemplification, and Imitation", 240.

59   최승락, "바울의 덕 사상과 철학의 접점 찾기," 「성경과 신학」 59 (2011): 49-50.

60   Dodd, *Paul's Paradigmatic 'I'*, 183-186, 195.

는 포기와 인내의 모델로 제시되기에 합당하며,[61] 빌립보 교인들에게 있어 자신들의 목회자의 이러한 모습은 그들의 결단에 결정적인 역할을 했을 것임을 의심할 수 없다.

<예 10> 살전 1:6
또 너희는 많은 환난 가운데서 성령의 기쁨으로 말씀을 받아 우리와 주를 본받은 자가 되었으니(ὑμεῖς μιμηταί ἡμῶν ἐγενήθητε...)

데살로니가전서 1:6은 <예 5>에서 이미 살펴보았다. 그곳에서 지적했듯이 "우리"(즉, 바울 혹은 선교팀) 모델은 어려움을 이겨내는 인내의 모델이며, 그것이 추구해야 될 사항으로 제시되고 있다.[62]

<예 11> 살후 3:6-9(특별히 7, 9절)
6 형제들아 우리 주 예수 그리스도의 이름으로 너희를 명하노니 게으르게 행하고 우리에게서 받은 전통대로 행하지 아니하는 모든 형제에게서 떠나라 7 어떻게 우리를 본받아야 할지를(πῶς δεῖ μιμεῖσθαι ἡμᾶς) 너희가 스스로 아나니 우리가 너희 가운데서 무질서하게 행하지 아니하며 8 누구에게서든지 음식을 값없이 먹지 않고 오직 수고하고 애써 주야로 일함은 너희 아무에게도 폐를 끼치지 아니하려 함이니 9 우리에게 권리가 없는 것이 아니요 오직 스스로 너희에게 본을 보여 우리를 본받게 하려 함이니라(ἵνα ἑαυτοὺς τύπον δῶμεν ὑμῖν εἰς τὸ μιμεῖσθαι ἡμᾶς)

---

61   Fiore, "Paul, Exemplification, and Imitation", 241을 참조하라.
62   "선교사들은 자신의 설교에 대한 기억과 친히 보인 모범으로 인한 강화가 회심자들로 하여금 견고히 설 수 있도록 하는데 도움을 주리라고 기대할 수 있었다."(Bruce, 『데살로니가전·후서』, 81).

데살로니가후서 3:6-9(특별히, 7, 9절)는 게으른 자(혹은 무질서를 초래하는 자)와 관련된 훈계이다.[63] 게으름의 주제는 데살로니가 교회에서 중요하게 다뤄졌다. 혹자들이 마지막 날과 관련하여 단정하지 못한 삶을 보인 것으로 여겨진다. 이러한 자들과 관련하여 바울은 성도들에게 이들과 결별할 것을 권면한다(6절["게으르게 행하고 우리에게서 받은 전통대로 행하지 아니하는 모든 형제에게서 떠나라"]). 왜냐하면 그것은 기독교인의 삶의 모습이 아니기 때문이다. 물론, 바울의 의도는 이러한 강한 권면으로 게으른 자들을 돌이키고 흔들리는 성도들을 바로 잡으려는 것이었을 것이다. 여하튼 성도들의 바른 삶의 자세를 권면함에 있어 바울은 자기 모델을 사용한다. 그 근거는 자신이 사역의 대가로 "음식"을 받을 수 있으나 폐를 끼치지 않기 위해 열심히 일을 했다는 점이다(7절). 바울이 그렇게 행동한 것은 성도들로 하여금 본받을 만한 모델을 제시하기 위한 것이었다(7절[πῶς δεῖ μιμεῖσθαι ἡμᾶς] 및 9절[ἵνα ἑαυτοὺς τύπον δῶμεν ὑμῖν εἰς τὸ μιμεῖσθαι ἡμᾶς]).[64] 교회의 목회자(즉, 복음의 선생)가 게으르지 않았다면 마땅히 성도들(즉, 복음 안에서의 제자들)도 이에 합당한 태도가 요구되지 않겠는가? 권한이나 무상(공급)이 아닌 스스로의 수고와 헌신, 그것이 기독교인의 근본적인 원리인 것이다.

---

63   Witherington, *1 and 2 Thessalonians*, 271; V. P. Furnish, *1 & 2 Thessalonians* (Nashville, TN: Abingdon Press, 2007), 173-174, 177.

64   Witherington, *1 and 2 Thessalonians*, 251.

§3.2.2.2. 요약

위에서 언급된 바울의 자기 모델은 인내, 내려놓음, 게으르지 않음(즉, 질서)의 권면을 확증하기 위해 제시되었다. 바울의 자기 모델 사용은 바울이 수신자들과 함께 역사적으로 공유했던 경험을 바탕으로 하고 있다는 점에서 더욱 효력을 발휘했다.[65] 바울의 이러한 자기 모델의 예들로부터 우리는 기독교인들이 처한 각각의 상황에 어떠한 태도를 보여야 하는지를 알 수 있으며, 그것이 지상에서의 기독교인들의 정체성을 형성하는 근간이 된다.

§3.2.3. 구약 인물 모델

신약 편지 저자들은 오늘날의 구약 성경을 그들의 유일한 성경으로 가지고 있었기에 신앙의 지도를 위해 모델을 찾을 경우 구약 성경의 인물들을 배제할 수는 없었을 것이다. 예를 들어, 히브리서 기자는 11장에서 믿음의 사람의 예를 구약 성경의 인물들로 가득 채웠다. 그러나 그들은 믿음으로 말미암아 증거를 받았으나 약속된 것을 받지 못했다는 점이 부각된다(히 11:39). 따라서 이들은 훌륭한 믿음 생활을 보여주었으나 그들은 본받아야 할 모델로 제시되고 있지는 않다. 단지, 현재 히브리서의 수신자들이 얼마만큼 큰 은혜의 자리에 있는지를 설명하기 위한 논증의 예로 사용된다. 이 외에도 성경 도처에서 구약의

---

65 바울이 철저하고 준비된 목회자였다는 점은 수신자들과 함께 있을 당시 자신의 사역 기간에 온전한 모범을 보여줌으로써 후에 이별해 있는 상태에서의 목회(권면, 훈계, 지도 등)의 도구를 준비했다는 사항에서 유추해 볼 수도 있다.

인물들이 비록 모델은 아니지만 예로서 등장하는 경우가 많다.[66] 그럼에도 불구하고, 교훈의 문맥에서 놀랍게도 구약 성경의 인물이 모방되어야 할 모델로 사용된 경우가 그리 많지는 않다.[67] 신약 편지에서 모델과 관련되어 언급된 구약 인물이 등장하는 예는 야고보서 5장 7-11절(특별히, 10, 11절) 및 요한일서 3장 10-12절(특별히, 12절) 뿐이다(딤후 3:8; 약 5:17-18을 참조하라).

§3.2.3.1. 본문 설명과 요약

<예 12> 약 5:7-11(특별히, 10, 11절)
7 그러므로 형제들아 주께서 강림하시기까지 길이 참으라 보라 농부

---

66 훈계의 문맥에서 언급된 구약 인물이나 지명들은 다음과 같다: 유다서 5절(이스라엘 백성들), 6절(천사들), 9절(미카엘) 및 11절(가인, 고라, 발람, 소돔과 고모라). 이것들은 논증의 측면에서 이해를 돕기 위한 예들로 제시되었지, 삶의 방식을 위한 모델로서 수신자들에게 제시되지 않았다.

67 Mack은 그리스-로마 저자들이나 유대 저자들은 효과적인 훈계를 위해 주로 역사적이고 전통적인 자료들 혹은 인물들로부터 모델들을 선발하였다. 그러나 성경 저자들의 경우 이방 헬레니즘 문학으로부터의 차용은 기독교의 정체성에 적합하지 않고 또한 구약 성경은 유대인들과의 마찰이 있을 수 있다는 측면에서 이들 자료를 사용하는 것을 부정적으로 생각했다고 본다(B. L. Mack, 『수사학과 신약성서』, 유태엽 역 [서울: 나단, 1993], 63). 만약 Mack의 견해를 수용한다면, 성경 편지에서 이방인 자료는 물론 구약 성경으로부터의 모델들의 선택이 그리 많지 않은 현상이 일부 설명된다(더 중요한 요소는 문맥에 맞는 적절한 모델들을 발견하지 못했기 때문일 것이다). 또한 짧은 역사(특별히 편지가 기록될 당시는 더욱 그러함)를 가지고 있어 마땅히 선택할 인물들이 없었던 상황 중에 신약 성경 저자들이 예수 혹은 자기 자신(바울)을 모델로 제시하는 것을 선호했을 수도 있다(한편, 한 단체의 창시자나 교사의 예가 모델로 제시되는 것은 그리 어색한 일은 아니다).

가 땅에서 나는 귀한 열매를 바라고 길이 참아 이른 비와 늦은 비를 기다리나니 8 너희도 길이 참고 마음을 굳건하게 하라 주의 강림이 가까우니라 9 형제들아 서로 원망하지 말라 그리하여야 심판을 면하리라 보라 심판주가 문 밖에 서 계시니라 10 형제들아 주의 이름으로 말한 선지자들을 고난과 오래 참음의 본으로 삼으라(ὑπόδειγμα λάβετε... τῆς κακοπαθίας καὶ τῆς μακροθυμίας τοὺς προφήτας) 11 보라 인내하는 자를 우리가 복되다 하나니 너희가 욥의 인내(τὴν ὑπομονὴν Ἰώβ)를 들었고 주께서 주신 결말을 보았거니와 주는 가장 자비하시고 긍휼히 여기시는 이시니라

야고보서 5:7-11(특별히, 10, 11절)의 본문은 주의 오심을 기다리는 것과 관련한 인내에 대한 권고이다.[68] 수신자들의 일부가 주님의 더디 오심으로 말미암아 신앙에 혼란(즉, 그릇된 선택을 함)이 온 것으로 보인다. 주님은 오실 것이다(8-9절). 그럼에도 불구하고, 주님을 기다리며 신앙생활을 하는 것은 어려운 일이다. 그것은 마치 농부가 열매를 바라며 때에 따른 비를 기다리듯이 인내가 요구되는 일이다(7절). 이러한 인내를 감당할 것을 권면하면서 야고보는 선지자들의 모델(10절), 특별히 욥을 제시한다(11절). 야보고는 그들을 "고난과 오래 참음"의 전형(ὑπόδειγμα... τῆς κακοπαθίας καὶ τῆς μακροθυμίας)으로 묘사한다. 이들은 수신자들에게 모범적인 자들로 인정받은 이들이었을 것이다(수신자들이 유대인들이었거나 많은 수가 유대인이었음을 암시해주는 모델들이기도 함). 그러나 초점은 그들의 성공이 아닌 그들이 약속된 "결말"을 보았다는 데 있다는 점에서 야고보의 모델 사용의 특징을 보여준다.[69] 그

---

68 A. Adamson, *The Epistle of James* (Grand Rapids, Michigan: William B. Eerdmans Publishing, 1976), 190.

69 Adamson, *The Epistle of James*, 192-193을 참조하라.

들 모두가 오실 주님을 기다렸다면 그들 역시 하나님의 약속, 즉 그리스도 예수를 받은 자가 아니겠는가. 그렇다면 같은 약속을 받고 그 약속의 성취를 맛본 이들은 여러 말에 흔들릴 것 없이 더더욱 인내 가운데 그의 다시 오심을 기다려야 할 것이다.

<예 13> 요일 3:10-12(특별히, 12절)
10 이러므로 하나님의 자녀들과 마귀의 자녀들이 드러나나니 무릇 의를 행하지 아니하는 자나 또는 그 형제를 사랑하지 아니하는 자는 하나님께 속하지 아니하니라 11 우리는 서로 사랑할지니 이는 너희가 처음부터 들은 소식이라 12 가인 같이 하지 말라(οὐ καθὼς Κάϊν) 그는 악한 자에게 속하여 그 아우를 죽였으니 어떤 이유로 죽였느냐 자기의 행위는 악하고 그의 아우의 행위는 의로움이라

요한일서 3:10-12(특별히, 12절)에서는 행위자의 소속에 대한 문제가 제시되는데, 요한은 의와 사랑을 행하는 자는 하나님께 죄를 짓는 자는 마귀에게 속한다고 진술한다(10절). 이 진술은 수신자들로 하여금 일정한 입장을 취해 행동할 것을 요구한다. 즉, 11절에 이르러 요한은 "우리는 서로 사랑할지니 이는 너희가 처음부터 들은 소식이라."고 권면한다. 이 말은 본 단락의 핵심이 서로 사랑(ἵνα ἀγαπῶμεν ἀλλήλους)임을 말해준다.[70] 서로 사랑이라는 주제와 관련하여 요한은 자신의 논지를 지지해주는 모델을 제시한다. 바로 가인이다. 요한은 가인을 부정의 모델로 사용한다(12절[οὐ καθὼς Κάϊν]).[71] 가인은 질투로 의로운 행위를 한 아우를 죽인 것으로 묘사되어 의로운 자의 핍박자를 대표

---

70 Yarbrough, *1-3 John*, 197. Smalley, *1, 2, 3 John*, 183을 참조하라.
71 Smalley, *1, 2, 3 John*, 183.

한다.[72] 이 모델을 통해 요한은 형제를 사랑하는 않는 것은 가인의 길, 곧 형제를 죽인 일과 동일한 길을 가는 것임을 강조한다.[73]

§3.3. 요약[74]

위에 제시된 예들을 통해 신약 성경 편지 저자들의 정체성 사용을 위한 모델 사용 노력을 다음과 같이 정리할 수 있다.

첫째, 그들의 대부분은 이교, 유대교 혹은 거짓 가르침의 위협 가운데 기독교인의 정체성을 확립하기 위한 훈계의 정황 중에 선별된 모델들을 사용했다. 이 모델들을 사용함에 있어서 신약 편지 저자들은 <예 13>에서 보듯 유대교적 모델을 사용했으나, 대부분의 경우 기독교적인 모델들, 즉 예수, 바울과 그의 동역자를 제시하거나(<예 1-11>) 구

---

72 Yarbrough, *1-3 John*, 198.
73 요한의 가인 모델 사용은 유대적 특성을 반영하는 것으로 볼 수 있다(R. E. Brown, *The Epistles of John translated with Introduction, Notes and Commentary* [Garden City, New York: Doubleday, 1983], 443). 그러나 형제 살인의 예는 비단 유대교적 율법 위반에만 제한되는 악덕이 아니다. 또한 창 1-11장은 구체적인 유대인 역사가 아니라 그 이전의 역사를 다루기에 그것이 꼭 유대적이라고 말할 수도 없다. 예수와 바울 역시 율법과의 마찰 가운데 종종 율법 이전의 역사, 즉 창 1-11장의 내용에 호소하기도 하셨다. Edwards, 『요한서신』, 133을 참조하라.
74 앞서 언급된 예들 외에도 모델에 대한 다른 언급이 더 있다(고전 10:6; 살전 1:7; 2:14; 히 4:11; 6:12; 13:7; 벧전 5:1-4[3]을 참조하라). 그러나 이 예들은 특정 문맥 내에서 다양한 의미를 포함하는 모델이 아니다. 단순히 공동체 구성원 상호 간의 모델을 이야기하거나 근접 공동체에 대한 모방을 이야기하기 때문이다. 따라서 본 연구를 위해 꼭 필요한 사항이 아니기에 각주 처리한다. 그럼에도 불구하고, 여기에 속하는 예들은 초기 기독교의 내부적 활동의 일면을 보여준다는 점에서 큰 가치가 있다.

약 모델들을 기독교인 관점에서 해석하여(<예 12>) 제시했다(히 11장을 참조하라). 한 가지 더 주의를 기울여야 할 사항은 적지 않은 수신자들이 이방인 출신이었음에도 불구하고, 이교 세계로부터의 모델은 제시하고 있지 않다는 점이다. 이러한 상황에 대해 이교도로부터의 핍박과 같은 수·발신자의 편지적 정황을 무시할 수는 없으나, 오히려 이러한 경향은 기독교적 정체성 형성과 관련 있는 것으로 보는 것이 더 개연성이 있다.

이러한 사실은 오늘날의 설교자가 훈계를 강화하기 위한 모델을 선택함에 있어서 기독교에 속한 그리고 고려하고 있는 모델을 기독교적으로 해석할 것을 요구한다. 한 가지 염두에 두어야 할 사항은 신약성경 저자들의 시대 보다 2,000년 이상의 기독교 역사를 지닌 작금의 교회는 면밀한 조사를 통해 더욱 설득력 있는 모델을 선택할 기회가 있다는 점이다.

둘째, 신약 편지 저자들의 모델 사용은 특별히 기독교인들의 현재의 삶에 당면한 현실을 해결하는 권면들을 지지하는 데 사용되었다(<예 1-13>). 그렇게 함에 있어 저자들은 모델들이 역사적으로 보인 많은 모습 가운데 특정 부분들에 초점을 두고 모델들을 사용했다. 예를 들어, 바울은 예수의 구속 사역을 통한 이신칭의의 복음을 선포한 사도임에도 불구하고, 구원받은 성도들의 삶과 관련된 권면의 정황에서 예수를 모델로 제시할 경우 예수의 초월적 능력에 호소하기보다는 그가 지상에서 보여준 순종, 인내, 용서 등의 모습에 초점을 두었다(<예 1-5>). 이는 바울이 이 땅을 살아가는 기독교인들의 정체성 형성과 관련하여 어떠한 점에 관심을 기울였는지를 보여주는 대목이다. 바울은 지상에서의 성실한 삶의 중요성을 강조한다. 이러한 강조는 자기 자신을 모델로 제시하는 경우에도 나타난다(<예 8-11>). 또한 이 독특한 특징은 야고보가 <예 12>에서 선지자들, 특별히 욥을 모델로 제시하는 데서도 드러난다. 즉, 야고보는 고난 후 최종적으로 다시 회복되는 욥의 부(富)에는 관심이 없고, 그가 고난 중에서 하나님만을 바라봤다는 모습만을 강조한다. 야고보의 예는 하나님의 사람의 삶의 과정의 중요성을 강조한다.

이러한 사항은 오늘날 설교자가 설교 중 모델을 제시함에 있어서 어떻게 모델을 사용할 것인가에 대한 지침을 준다(한 모델의 삶으로부터의 강조점 선택). 위의 예들을 통해 볼 때, 그 방향은 기독교인이 당하고 있는 현재적 고난이나 상황을 해결하기 위한 관심을 가지고 모델을 사용하되, 그것은 풍요나 안락이 아니라 현재 주어진 상황 가운데 인내나 낮아짐의 자세로 주님을 소망하며 견딜 수 있도록 돕는 방향으로 향해야 한다. 물론, 인내의 강조는 성경 저자들의 목회 정황이 핍박을 전제하고 있어 이러한 요소가 강화된다고 볼 수 있다. 그럼에도 불구하고, 상황과 상관없이 인내가 기독교의 여러 덕목 중에 최우선 가치를 가진다는 점 역시 부인될 수 없다.

셋째, 모델은 기독교 기본 원리의 실제적 적용에 있어 관심을 두고 사용되었다. 예를 들어, 저자들은 자신들의 훈계를 함에 있어 단순히 상황에 따른 직접적인 반응보다는 "하나님의 영광을 위해" 훈계를 시도한다(<예 1-2>). 이는 기독교 신앙의 첫 번째 이유이면서 동시에 기독교인 양육의 최우선 원리이기도 하다. 또한 모델들은 사랑 혹은 용납과 같은 기독교 기본 원리의 실행을 위해 사용되었다(<예 1, 3, 4, 6, 7, 13>).

이러한 사항은 오늘날 설교자가 모델을 사용함에 있어서 무엇보다 기독교의 기본 가르침이 무엇인지에 대한 정확한 이해를 갖추고 그 배경하에서 모델을 사용해야 함을 말한다. 다시 말해, 단순히 한 개인으로서 설교자가 그렇다고 생각하는 요소가 아니라 성경을 통해서 집약되거나 교리 공부를 통한 기독교 기본 가르침을 숙지한 이후 훈계의 상황 내에서 선택된 모델의 의미와 기능이 결정되어야 한다. 단, 모델은 교리에 완전히 종속되는 것이 아니기 때문에 선별된 모델의 일면이 어떻게 기독교 교리 혹은 사상과 조화될 수 있는지를 고려해야 할 것이다.

§4. 결론: 한국 교회의 설교에 있어서의 모델

서론에서 밝혔듯이 본 논문의 목적은 신약 성경 편지에 사용된 모델들의 기능과 의미를 살펴봄으로써 오늘날 설교에 있어 모델들을 사용할 때 어떠한 주의를 기울여야 하는가에 관한 제안을 하는 것이었다. 연구를 통해 드러난 사항은, 신약 성경 편지들에서 모델들이 사용될 때 그것은 단순히 제시된 인물들의 대략이 아닌 구체적인 사건과 행동을 고려한 상태에서 사용되었음을 보게 된다. 여기서 "구체적"이라는 말이 중요한데, 이는 신앙의 생활 중에 누구든 동일하게 겪고 있고 겪을 수 있는 경험들을 같은 신앙 때문에 제시된 모델들로 당했기에 같은 신앙 안에서 그것을 이겨내라는 식의 설명을 하고 있다는 점이다. 이는 예수 모델에게까지 적용된다. 한편, 신약 성경 편지들에 나타나는 모델들의 공통된 특성은 (몇몇은 제외하더라도) 신앙생활을 함에 있어 인내를 강조한 점이다. 예를 들어, 무엇인가 능력으로 이겨내고 싸워 승리하여 영광 가운데 머무는 것이 아니라, 제시된 모델들이 역사 가운데서 그러했듯이 승리하기까지 인내하며 신앙하라는 것이다. 인내가 강조된 것은 아마도 그들의 핍박 받는 역사적 정황 중에서 강조된 한시적인 요소일 수도 있다. 다시 말해, 평온의 시대를 사는 우리에게는 다른 요점일 수도 있다. 그러나 인내에 대한 강조는 단순히 정황 중의 요소라고 단정 지을 수 없다. 왜냐하면 이는 선택의 문제였기 때문이다. 즉, 인내가 아닌 다른 종류의 선택이 있을 수 있었다. 그러한 가능성 때문에 신약 편지 저자들은 다른 것이 아닌 인내의 요소를 모든 문제에 있어 제시되어야 할 훈계의 핵심으로 본 것이다.

그렇다면 이러한 사항들이 한국 교회와 설교라는 주제에 있어서 어떻게 적용될 수 있겠는가? 무엇보다, 모델들의 신중한 사용의 예들은 설교 작성의 신중함을 요구한다. 모델들 사용 성공 여부에 따라 전해지는 메시지의 효과가 배가될 수도 있고 무효화 될 수도 있다. 또한 메시지를 위한 모델들을 제시할 때 단순히 성공이나 축복의 도식이 아닌 기독교 정체성을 세우는 데 사용된 본질적인 요소들이 무엇인지를 고려하여 설명해야 한다는 점을 요구한다. 예를 들어, 이미 앞에서 살펴보았듯이, 성경이 말하는 기독교인의 삶의 일차적인 자세는 하나님을 바라며 감내하는 인내다. 이 요소가 어떻게 모든 설교 가운데 드러날 수 있겠는가. 바로 이점이 신중하게 고려되어야 한다. 이를 통해 기독교의 근원적 가치와 질서가 설교를 듣는 이들에게 전해져야 하며, 기독교의 가치와 질서를 유지하고 발전시킬 수 있게 되는 것이다. 이를 위해 적절한 모델을 사용할 필요가 있다. 마지막으로, 보다 실천적인 측면에서 선정된 모델들은 전통적이면서도 각 시대에 상황에 맞게 해석 및 변형되어 (인식하든 인식하지 못하든 간에) 그 단체 (혹은 사회나 시대)의 정신을 추구하는 데 도움이 되어야 한다.

제6부
결어

본서는 바울의 목회와 실천 원리들을 살펴보았다. 바울은 하나님의 사도로서 그분의 뜻대로 순종하며 살았지만, 그의 삶 자체 역시 오직 헌신과 충성으로 가득 찼다. 본서에서 드러났듯이, 그의 열심은 자기 삶을 통한 헌신은 물론 효과적인 목회를 위해 당대의 편지 양식을 창조적으로 수용하여 하나님의 말씀이 온전히 이해될 수 있도록 수고하는 데까지 이르렀다. 바울의 헌신과 충성은 말로만이 아니라 행함과 진실함이 있었다.

 13통의 바울 서신은 바울이 목회를 위해 어떤 말씀을 전하고 어떻게 말씀을 전했는지를 충분히 알 수 있도록 해준다. 우선, 바울은 물리적으로 떨어져 있던 성도들을 양육하기 위해 고대 그리스-로마 세계의 편지 작성법에 기초하면서도 동시에, 효과적인 목양을 위해 당대의 편지를 후대에 기독교 편지 양식으로 부를만한 것으로 변경하여 서신을 작성했다. 바울로부터의 가르침의 편지를 고대하던 최초 기독교인들은 바울 서신을 접하게 되었을 때 편지 양식의 새로움에 당황하거나 신선함을 느꼈을 것이다. 어떤 감정이었든 분명한 점은 성도들은 목회자가 어려운 처지에서도 자신들을 양육하기 위해 이러한 수고를 기꺼이 감내했다는 점을 알았을 것이라는 점이다. 다만, 아쉬운 점은 오늘날의 독자들이 고대 편지 양식은 물론 바울 서신의 독특성에 대해 배운 적이 없기에 초대 교회 성도들이 경험했을 그 놀라움을 알 길이 별로 없었다는 점이다. 그러나 본서를 통해 고대 편지 양식과 바울 서신의 독특성에 대해 배웠기에 그러한 경험을 공유할 기회를 갖게 되었을 것이라고 확신한다.

 그러나 여전히 염두에 두어야 할 사항은 이러한 창조적 서신 작성으로 바울이 목적했던 바가 작가로서의 명성을 얻는 것이 아닌, 오직 성도들을 효과적으로 목회하려고 했다는 사실이다. 즉, 그가 성도들과 육체적으로 함께 있을 수 없을 때조차 예수 그리스도의 복음으로 나온 이들이 여전히 삶의 자리에서 기독교 신앙을 온전히 지키기 위해 겪어야 했던 혼란과 고통 가운데서도 끝까지 그 신앙을 붙잡을 수 있도록 위로, 격려, 권면, 책망, 질책, 교정을 13통의 서신들을 통해 시행했던 것이다. 그러나 그의 목회는 단순히 교회 프로그램을 돌린 것이 아니라 새로운 피조물, 칭의 공동체의 일원으로 부름받은 그들이 이제 "그리스도인"의 정체성을 가지고 이 세상에서 사명자들로 살아갈 수 있도록 하는 것이었다.

그러므로 바울은 성도들의 삶의 목표를 인생의 풍요로움이나 기쁨 혹은 자족이 아닌 오직 "하나님께 합당한 삶"으로 구체적으로 제시했고, 그러한 삶이 가능한 것은 성도들의 모든 행사(行事)를 하나님께서 친히 이끄신다는 "하나님 주도 사상"을 정확히 가르침으로 성도들로 하여금 이 세상에서의 싸움을 온전히 담당할 것을 가르쳤다. 그러면서도 하나님이 이끄시는 삶에 자신처럼 온전히 반응할 것 역시 가르쳤는데, 즉 하나님의 주도하심을 머리로만 알 것이 아니라 입술로 고백하는 삶이 되어야 한다고 지도했다. 그러면서 항상 성도의 삶 중심에 그리스도를 놓았다("그리스도 중심 사상"). 이는 사고방식, 판단기준, 행동 양식 모두를 오직 그리스도를 중심으로 해석하고 그리스도를 삶의 모범으로 삼을 때만 온전한 그리스도인이 될 수 있음을 분명히 가르친 것이다. 그리고 이 쉽지 않은 일들을 감당함에 있어서 낙망치 말 것은 예수님께서 약속하신 대로 이 땅에 다시 오실 것이며(예수 재림 사상), 이를 통해 모든 일이 온전히 회복될 것이기 때문이라고 분명히 밝혔고(지속성의 기초), 다만 그때까지 성도들은 함께 이 삶을 영위해 나가라고 권면했다(교회 중심적 경향). 왜냐하면 그리스도인으로 사는 것은 단순히 마음의 문제가 아니라 죄로 훼손된 이 피조 세계에서 그리스도의 보혈로 새로운 피조물 된 그리스도인들이 삶을 살고 이 땅을 온전히 회복시키는 일을 사명으로 감당해야 하기 때문이었다. 또한 새로운 피조물로서의 삶의 양식을 온전히 세워나가야 했기 때문이다.

바울과 그의 13통의 서신은 신약 성경과 교회의 가르침에서 복음서와 함께 중심에 서 있다. 특별히, 바울은 목회자로서 자신의 서신들을 통해 최초 기독교인들을 그들이 믿게 된 복음과 그에 따른 삶을 온전히 살아갈 수 있도록 지도했다는 점에서 바울과 바울 서신을 아는 것이 기독교 신앙에 있어서 본질이라는 것을 분명히 드러내 준다. 본서를 통해 독자들이 하나님의 말씀에 대해 알게 되었고 또한 지속적으로 배우고 연구하고자 결심했다면 필자는 본서 집필 목적이 달성되었다고 본다. 그러나 바라기는 본서를 통해 단순히 지식을 얻는 것으로 멈추는 것이 아니라 바울이 그리스도를 본받은 것같이 독자들 역시 바울을 본받는 자들이 되길 소원한다(고전 11:1).

참고문헌

고맨, 마이클 J.『신학적 방법을 적용한 새로운 바울 연구개론』. 소기천 외. 서울: 대한기독교서회, 2014.
권혁정.『신약 전권을 한 코에 꿰는 러브레터 매뉴얼』. 서울: 솔로몬, 2010.
그란트, R. M.『성경 해석의 역사』. 이상훈 역. 서울: 대한기독교서회, 1994.
김병국.『신구약 중간사』. 서울: 대서, 2013.
김세윤.『바울 복음의 기원』. 개정판. 홍성희 역. 서울: 두란노, 2018(1994).
김주한. "신약 성경 편지 서두 번역에 대한 제안."「신약연구」11/4 (2012.12): 855-889.
김주한. "기독교 정체성의 아이콘, 모델: 신약 편지들을 중심으로."「성경과 신학」67 (2013.10): 291-322.
김주한. "신약 편지 문예적 분석 최근 40년 평가와 향후 연구를 위한 제언- 갈라디아서를 중심으로."「신약연구」12/4 (2013.12): 812-837.
김주한. "기독교 목회 편지 전통의 시작: 신약 편지."「Canon&Culture」8/1 (2014.봄): 137-166.
김주한. "바울 서신에 나타난 기독교 정체성 형성의 목회적 원리들과 적용."「성경과 신학」75 (2015.10): 69-112.
김주한. "바울의 선교 전략으로서의 '재방문' 목회-사도행전과 바울 서신을 중심으로."「한국개혁신학」66 (2020): 24-59.
김충연. "갈라디아서 1:1-2:10의 한국어 번역 연구-형식 일치 번역을 지향할 때의 문제 구절들을 중심으로."「성경원문연구」29 (2011.10): 105-133.
김희성.『신약의 배경사』. 서울: 대한기독교서회, 2013(2006).

내쉬, 로날드 H.(Nash).『복음과 헬라문화』. 이경직과 김상엽 역. 서울: CLC, 2017.
던, D. G.(Dunn).『바울신학』. 박문제 역. 서울: 크리스챤 다이제스트, 2003.
던, 제임스 D. G.(Dunn).『로마서 9-16』. 김철과 채천석 역. 서울: 솔로몬, 2005.
드롭너, H. R.(Drobner).『교부학』. 하성수 역. 왜관: 분도출판사, 2001.
드실바, 데이비드 A.(DeSilva).『신약개론』. 김경식 외 역. 서울: CLC, 2013.
마운스, 윌리암 D.(Mounce).『목회서신』. 채천석과 이덕신 역. 서울: 솔로몬, 2009.
마이클스, 램지.(Michaels)『베드로전서』. 박문재 역. 서울: 솔로몬, 2014.
마틴, 랠프 P.(Martin).『고린도후서』. 김철 역. 서울: 솔로몬, 2007.
말리나, 부루스 J.(Malina).『신약의 세계』. 심상법 역. 서울: 솔로몬, 2000.
맥, 버튼 L.(Mack).『수사학과 신약성서』. 유태엽 역. 서울: 나단, 1993.
맥도날드, L. M.(McDonald).『성경의 형성: 교회의 정경 이야기』. 김주한 역. 서울: 솔로몬, 2015.
민경식. "옥시림쿠스 파피루스의 가치와 전망."「성경원문연구」제22호 (2008.4): 7-22.
바레트, C. K.(Barrett).『고린도전서』. 번역실 역. 서울: 한국 신학 연구소, 1985.
박형용.『바울신학』. 수원: 합신대학원 출판부, 2013.
버히, 알렌.(Verhey).『신약 성경 윤리』. 김경진 역. 서울: 솔로몬, 1997.
벨, 앨버크.(Bell).『신약 시대의 사회와 문화』. 오광만 역. 서울: 생명이 말씀사, 2016(2001).
벳츠, H. D.(Betz).『갈라디아서』. 번역실 역. 서울: 한국 신학연구소, 1987.
브루스, F. F.(Bruce).『데살로니가전후서』. 김철 역. 서울: 솔로몬, 1999.
루이스, C. S.(Lewis).『스크루테이프의 편지』. 김선형 역. 서울: 홍성사, 2018.
롱멘 3세, T(Lonman III).『문학적 성경 해석』. 유은식 역. 서울: 솔로몬, 2002(1987).
롱에네커, R. N.(Longenecker).『바울의 사역과 메시지』. 김진영 역. 서울: 크리스챤 다이제스트, 1997.

롱에네커, R. N.(Longenecker). 『갈라디아서』. 이덕신 역. 서울: 솔로몬, 2003.
세네카, 루시어스.(Seneca). 『세네카 삶의 지혜를 위한 편지』. 김천운 역. 서울: 동서문화사, 2016.
슈나벨, 에크하르트.(Schnabel). 『선교사 바울』. 정옥배. 서울: 부흥과개혁사, 2014.
슈나벨, 에크하르트 J.(Schnabel). 『강해로 푸는 사도행전』. 정현 역. 서울: 도서출판 디모데, 2018.
슈라이너, 토마스 R.(Schreiner). 『바울신학: 그리스도 안에 있는 하나님의 영과의 사도』. 엄성옥 역. 서울: 은성, 2005.
스몰리, 스테핀, S.(Smalley). 『요한 1, 2, 3서』. 조호진 역. 서울: 솔로몬, 2005.
스톡스, 필립.(Stokes). 『100인의 철학자 사전』. 이승희 역. 서울: 말·글 빛냄, 2010.
심상법. 『신약 주해를 위한 신약 서론』. 서울: 이레서원, 2005.
야거스마, H.(Jagersma). 『신약 배경사』. 배용덕 역. 서울: 솔로몬, 1994.
에드워드, R. B.(Edwards). 『요한서신』. 김병국 역. 서울: 이레서원, 2000.
오브라이언, 피터. T.(O'Brien). 『골로새서·빌레몬서』. 정일오 역. 서울: 솔로몬, 2008.
와이마, 제프리 A. D.(Weima). 『고대의 편지 저술가, 바울: 서신 분석을 위한 개론』. 조호형 역. 서울: 그리심, 2017.
이상홍. "믿음의 공동체를 세우는 설교." 「성경과 신학」 56 (2010): 33-65.
이승구. "한국 그리스도인의 신앙 정체성 회복을 위하여." 「신앙세계」 통권 560호 (2015.3): 42-45.
이한수. 『이방인들의 구원과 삶을 위해 바울 사도가 쓴 러브레터』. 서울: 솔로몬, 2013.
장동수. "신적 수동태 구절 소고." 「성경원문연구」 7 (2000.8): 117-148.
정원래와 김주한. "토마스 아퀴나스의 『학업 방법에 대하여』의 소개, 번역 및 평가." 「신학지남」 85/4 (2018.12): 101-124.
정창균. "성경 인물 설교의 당위성과 한계성." 「신학정론」 26/2 (2008): 165-193.

채영삼.『공동서신의 신학: '세상 속의 교회,' 그 위기와 해법』. 고양: 이레서원, 2017.

최승락. "바울의 덕 사상과 철학의 접점 찾기."「성경과 신학」59 (2011): 37-71.

최종상.『로마서: 이방인의 사도가 전하는 복음』. 박대영 역. 서울: 이레서원, 2012.

탁석산.『한국의 정체성』. 서울: 책세상, 2004.

톰슨, J. W.(Thompson).『바울처럼 설교하라』. 이우제 역. 서울: 크리스챤출판사, 2008.

티슬턴, 앤토니 C.(Thiselton).『고린도전서: 해석학적 & 목회적으로 바라본 실용주의 주석』. 권연경 역. 서울: SFC, 2011.

클라우니, 에드먼드.(Clowney).『구약에 나타난 그리스도』. 편집부 역. 서울: 네비게이토 출판사, 2002.

파이퍼, 찰즈, F.(Pfeiffer).『신구약 중간사』. 조병수 역. 서울: 한국기독교교육연구원, 1982.

페닝, 부이스트 M.(Fanning).『공동 서신 신학』. 류근상 역. 고양: 크리스챤 출판사, 2011.

푀르스터, W.(Förster).『신구약 중간사: 포로시대부터 그리스도까지』. 문희석 역. 서울: 컨콜디아사, 1997(1975).

플라톤.(Plato).『편지들』. 개정판. 강철웅 외 역. 서울: 아카넷, 2021.

해그너, 도널드.(Hagner).『마태복음 14-28』. 채천석 역. 서울: 솔로몬, 2000.

허철민. "영혼 돌봄의 모델로서 바울의 목회사역."「국제신학」16 (2014.11): 155-178.

허타도, 래리.(Hurtado)『처음으로 기독교인이라 불렸던 사람들: 기독교 본연의 모습을 찾아 떠나는 여행』. 이주만 역. 고양: 이와우, 2017.

헨헨, E.(Haenchen)『사도행전 (II)』. 박경이 역. 서울: 한국신학연구소, 1989.

헹엘, 마틴.(Hengel).『신구약 중간사』. 임진수 역. 서울: 살림, 2004.

헹엘, 마르틴.(Hengel).『유대교와 헬레니즘 1』. 박정수 역. 파주: 나남, 2020(2012).

헹엘, 마르틴.(Hengel). 『유대교와 헬레니즘 2』. 박정수 역. 파주: 나남, 2020(2012).

홍인규. 『로마서: 어떻게 읽을 것인가』. 서울: 한국성서유니온선교회, 2001.

Adamson, A. *The Epistle of James*. Grand Rapids, Michigan: William B. Eerdmans Publishing, 1976.

Albert, P. *Le genre epistolaire chez les Anciens*. Paris: Librairie Hachette, 1869.

Aune, D. E. *The New Testament in Its Literary Environment*. Philadelphia: Westminster. 1987.

Aune, D. E. "Romans as a Logos Protreptikos in the Context of Ancient Religious and Philosophical Propaganda." In *Paulus und das antike Judentum*. Edited by M. Hengel and U. Heckel. Tübingen: J. C. B. Mohr (Paul Siebeck), 1992: 91-121.

Aune, D. E. *The Westminster Dictionary of New Testament and Early Christian Literature and Rhetoric*. Louisville / London: Westminster John Knox, 2003.

Bailey, J. L., and L. D. V. Broek. *Literary Forms in the New Testament: A Handbook*. Louisville: Westminster / John Knox, 1992.

Baker, W. R. *Personal Speech - Ethics in the Epistle of James*. Tübingen: J.C.B. Mohr [Paul Siebeck], 1995.

Balch, D. L. "Household Codes." In *The Anchor Bible Dictionary*. Edited by D. N. Freedman. 6 vols. Vol. 3. New York, N.Y.: Doubleday, 1992: 18-20.

Balz H. and G. Schneider. Ed. *Exegetical Dictionary of the New Testament*. 3 vols. Vol. 3. Grand Rapids, Michigan; William B. Eerdmans, 1993.

Barnett, P. *The Second Epistle to the Corinthians*. Grand Rapids, Michigan: William B. Eerdmans, 1997.

Bauer, J. B. *Die Polykarpbriefe*. Göttingen: Vandenhoeck & Ruprecht, 1995.

Beale, G. K. *The Book of Revelation: A Commentary on the Greek Text*. Grand Rapids, Michigan: William B. Eerdmans Publishing House, 1999.

Benner, Allen Rogers and Francis H. Fobes. *The Letters of Alciphron, Aelian and Philostratus with an English Translation.* London: William Heinemann, 1962.

Bentley, R. A. *Dissertation on the Epistles of Phalaris; with an Answer to the Objections of the Hon. Charles Boyle, ESQ.* London: W. Mc'Dowall, 1816(1697).

Bentley, R. "A Dissertation upon the Epistles of Phalaris, Themistocles, Socrates, Euripides and Others, and the Fables of Aesop (Appended to Wotton's Reflections upon Ancient and Modern Learning, 1697)." In *A Dissertation upon the Epistles of Phalaris, Themistocles, Socrates, Euripides and Others, and the Fables of Aesop: also, Epistola ad Joannem Millium.* Edited by A. Dyce. London: Francis Macpherson, 1836(1699).

Berger, K. *Formgeschichte des Neuen Testaments.* Heidelberg: Quelle & Meyer 1984.

Berger, K. "Hellenistische Gattungen im Neuen Testament." In *Aufstieg und Niedergang der römischen Welt II: Principat.* Edited by W. Haase. Vol. 25.2 Berlin / New York: Walter de Gruyter, 1984:

Betz, H. D. "The Literary Composition and Function of Paul's Letter to the Galatians." *NTS* 21 (1974/75): 353-379.

Betz, H. D. "In Defense of the Spirit: Paul's Letter to the Galatians as a Document of Early Christian Apologetics." In *Aspects of Religious Propaganda in Judaism and Early Christianity.* Edited by E. S. Fiorenza. Notre Dame / London: University of Notre Dame Press, 1976: 99-114

Betz, H. D. *Galatians: A Commentary on Paul's Letter to the Churches in Galatia.* Philadelphia: Fortress, 1979.

Brown, R. E. *The Epistles of John translated with Introduction, Notes and Commentary.* Garden City, New York: Doubleday, 1983.

Buzón, R. "Die Briefe der Ptolemaerzeit: Ihre Struktur und ihre Formeln." Diss. Fakultät für Orientalistik und Altertumswissenschaft, Ruprechte-Karl-Universität zu Heidelberg, 1984.

Bonhoeffer, T. "'Seelsorge' in Platos Apologie: Eine Richtigstellung." *Pastoraltheologie* 78 (1989): 285-286.

Charles, J. D. *Virtue amidst Vice: The Catalog of Virtues in 2 Peter 1*. Sheffield: Sheffield Academic Press, 1997.

Classen, C. J. *Rhetorical Criticism of the New Testament*. Boston / Leiden: Brill, 2002.

Corbett, E. P. J., and R. J. Connors, Classical Rhetoric for the Modern Student. The Fourth Edition. New York / Oxford: Oxford University Press, 1999.

Dryden, J. de Waal. *Theology and Ethics in 1 Peter: Paraenetic Strategies for Christian Character Formation*. Tübingen: Mohr Siebeck, 2006.

Deissmann, A. "Epistolary Literature." In *Encyclopaedia Biblica: A Critical Dictionary of the Literary, Political, and Religious History, the Archaeology, Geography, and Natural History of the Bible*. Edited by T. K. Cheyne and S. Black. 4 vols. Vol. 2. London: Admansand Charles Black, 1901: 1323-1329.

Deissmann, A. *Bible Studies: Contributions Chiefly from Papyri and Inscriptions to the History of the Language, the Literature, and the Religion of Hellenistic Judaism and Primitive Christianity*. Translated by A. Grieve. Edinburgh: T.&T. Clark, 1909(1895).

Deissmann, A. *Licht vom Osten: Das Neue Testament und die neuentdeckten Texte der hellenistisch-romischen Welt*. Tübingen: More Siebeck, 1923.

Deissmann, A. *Light from the Ancient East: The New Testament Illustrated by Recently Discovered Texts of the Graeco-Roman World, New and Completely Revised Edition with Eighty-Five Illustrations from the Latest German Edition*. Translated by L. R. M. Strachan. Grand Rapids, Michigan: Baker Book House, 1965(1909).

DeSilva, D. A. *An Introduction to the New Testament: Contexts, Methods, & Ministry Formation*. Downers Grove, Illinois: InterVarsity Press, 2004.

Dodd, B. *Paul's Paradigmatic 'I': Personal Examples as Literary Strategy*. Sheffield: Sheffield Academic Press, 1999.

Doty, W. G. *Letters in Primitive Christianity*. Philadelphia: Fortress. 1973.

Ellis, E. E. *The Sovereignty of God in Salvation: Biblical Essays*. London: T. & T. Clark, 2009.

Ellis, J. E. *Paul and Ancient Views of Sexual Desire: Paul's Sexual Ethics in 1 Thessalonians 4, 1 Corinthians 7 and Romans 1*. New York: T & T Clark International, 2007.

Elmer, I. J. "I, Tertius: Secretary or Co-author of Romans." *ABR* 56 (2008): 45-60.

Engberg-Pedersen, T. "The Concept of Paraenesis." In *Early Christian Paraenesis in Condext*. Edited by J. Starr and T. Engberg-Pedersen. Berlin / New York: Walter de Gruyter, 2004: 47-72.

Evans, J. *Philosophy for Life and Other Dangerous Situations*. London: Rider, 2012.

Exler, F. X. J. *The Form of the Ancient Greek Letter: A Study in Greek Epistolography*. Washington: Catholic University of America, 1923.

Ferguson, F. *Backgrounds of Early Christianity*. Third Edition. Grand Rapids, Michigan: William B. Eerdmans, 2003.

Findlay, G. G. *The Epistles of Paul the Apostle to the Thessalonians with Map, Introduction, and Notes*. Cambridge: Cambridge University Press, 1911.

Fiore, B. *The Function of Personal Example in the Socratic and Pastoral Epistles*. Rome: Biblical Institute Press, 1986.

Fiore, B. "Parenesis and Protreptic." In *The Anchor Bible Dictionary*. Edited by D. N. Freedman. 6 vols. Vol. 5. New York, N.Y.: Doubleday, 1992: 162-165.

Fiore, B. "Paul, Exemplification, and Imitation." In *Paul in the Greco-Roman World: A Handbook*. Edited by J. P. Sampley. Harrisburg: Trinity Press International, 2003: 228-257.

Fitzgerald, J. T. *Cracks in an Earthen Vessel: An Examination of the Catalogues of Hardships in the Corinthian Correspondence*. Atlanta, Georgia: Scholars Press, 1988.

Fitzgerald, J. T. "Virtue/Vice Lists." In *The Anchor Bible Dictionary*. Edited by D. N. Freedman. 6 vols. Vol. 6. New York, N.Y.: Doubleday, 1992: 857-859.

Fitzmyer, J. A. *Pauline Theology: A Brief Sketch*. Endlewood Cliffs, N.J.: Prentice-

Hall, 1967.

Frend, W. H. C. "Pastoral Care: History-The Early Church." In *A Dictionary of Pastoral Care*. Edited by A. V. Campbell. London: SPCK, 1990: 190-192.

Funk, R. W. "The Apostolic Parousia: Form and Significance." In *Christian History and Interpretation: Studies Presented to John Knox*. Edited by W. R. Farmer, C. F. D. Moule and R. R. Nieburhr. Cambridge: Cambridge University Press, 1967: 249-269.

Funk, R. W. "The Form and Structure of II and III John." *JBL* 86 (1967): 424-430.

Funk, R. W. "The Apostolic Presence: Paul." In *Parables and Presence: Forms of the New Testament Tradition*. Edited by R. W. Funk. Philadelphia: Fortress, 1982: 81-102.

Funk, R. W. "The Apostolic Presence: John the Elder." In *Parables and Presence: Forms of the New Testament Tradition*. Edited by R. W. Funk. Philadelphia: Fortress, 1982: 103-110.

Furnish, V. P. *1 & 2 Thessalonians*. Nashville, TN: Abingdon Press, 2007.

Gamble, H. Y. "Letters in the New Testament and in the Greco-Roman World." In *The Biblical World*. Edited by J. Barton. 2 vols. Vol. 1. London / New York: Routledge, 2002: 188-204

Gerhard, G. A. "Untersuchungen zur Geshichte der griechischen Breifes, I. Die Angangsformel." *Philologus* 64 (1905): 27-65.

Gill, C. *Greek Thought*. Oxford: Oxford University Press, 1995.

Glad, C. E. *Paul and Philodemus: Adaptability in Epicurean and Early Christian Psychagogy*. Leiden / New York / Köln: E. J. Brill, 1995.

Glad, C. E. "Paul and Adaptability." In *Paul in the Greco-Roman World: A Handbook*. Edited by J. P. Sampley. Harrisburg / London / New York: Trinity Press International, 2003: 17-41.

Gordley, M. E. *The Colossian Hymn in Context: An Exegesis in Light of Jewish and Greco-Roman Hymnic and Epistolary Conventions*. Tübingen: Mohr Siebeck, 2007.

Graver, M. "Philosophy as Therapy." In *The Oxford Encyclopedia of Ancient Greece and Rome*. Edited by M. Garagin and E. Fantham. 7 vols. Vol. 5. Oxford: Oxford University Press, 2010: 273-274.

Grenfell, B. P., and A. S. Hunt. *The Oxyrhynchus Papyri edited with Translations and Notes*. Vol. 2. London: Egypt Exploration Society, 1899.

Grenfell, B. P., and A. S. Hunt. *The Oxyrhynchus Papyri edited with Translations and Notes*. Vol. 3. London: Egypt Exploration Society, 1903.

Guerra, A. J. *Romans and the Apologetic Tradition: The Purpose, Genre and Audience of Paul's Letter*. Cambridge: Cambridge University Press, 1995.

Guthrie, D. *New Testament Introduction*. London: Inter-Varsity Press, 1970.

Hadot, I. *Seneca und die griechisch-römische Traditionder Seelenleitung*. Berlin: Walter de Gruyter, 1954.

Hadot, I. "The Spiritual Guide." In *Classical Mediterranean Spirituality: Egyptian, Greek, Roman*. Edited by A. H. Armstrong and translated by M. Kirby. London: Routledge & Kegan Paul, 1986: 436-459.

Hadot, P. *Philosophy as a Way of Life: Spiritual Exercises from Socrates to Foucault*. Translated by M. Chase. Oxford: Blackwell, 1995.

Hadot, P. "Philosophical Life." In *Brill's New Pauly: Encyclopaedia of Ancient World*. Edited by H. Cancik and H. Schneider. 15 vols. Vol. 2. Leiden / Boston: Brill, 2007: 91-94.

Hanbinek, T. *Ancient Rhetoric and Oratory*. Malden, MA: Blackwell, 2005.

Hansen, G. W. *Abraham in Galatians: Epistolary and Rhetorical Contexts*. Sheffield: Sheffield Academic Press, 1989.

Harding, M. *Tradition and Rhetoric in the Pastoral Epistles*. New York: Peter Lang, 1998.

Head, P. M. "Named Letter-Carriers among the Oxyrhynchus Papyri." *JSNT* 31 (2009): 279-299

Hengel, M. *Judaism and Hellenism: Studies in their Encounter in Palestine during the Early Hellenistic Period*. 2 vols. Eugene, Oregon: Wipf and Stock

Publishers, 1974.

Hercher R. Ed. *Epistolographi Graeci*. Paris: F. Didot, 1873.

Hirsh E. D. *Validity in Interpretation*. New York and London: Yale University Press, 1967.

Hiebert, D. E. *1 & 2 Thessalonians*. Chicago: Moody Press, 1992.

Holladay, C. R. *A Critical Introduction to the New Testament: Interpreting the Message and Meaning of Jesus Christ*. Nashville: Abingdon, 2005.

Holladay C. R.. et al. Ed. *Hellenistic Philosophy and Early Christianity Collected Essays, 1959-2012, by Abraham J. Malherbe*. Vol. 1. Leiden / Boston: Brill, 2014.

Hughes, F. W. *Early Christian Rhetoric and 2 Thessalonians*. Sheffield: JOST Press, 1989.

Johnson, L. T. *The First and Second Letters to Timothy: A New Translation with Introduction and Commentary*. New York: Doubleday, 2001.

Keener, Craig S. *Galatians: A Commentary*. Grand Rapids, Michigan: BakerAcademic, 2019.

Kennedy, G. A. *New Testament Interpretation through Rhetorical Criticism*. Chapel Hill: University of North Carolina Press, 1984.

Kim, C.(김진옥). "'Grüße in Gott, dem Herrn!': Studien zum Stil und zur Struktur der griechischen christlichen Privatbriefe aus Ägypten." Diss. Trier, 2011.

Kim, C.-H. *Form and Structure of the Familiar Greek Letter of Recommendation*. Missoula: Scholars Press, 1972.

Kim, C.-H. "The Papyrus Invitation." *JBL* 94 (1975): 391-402.

Kim, C.-H. "Index of Greek Papyrus Letters." *Semeia* 22 (1981): 107-112.

Kim, C.-H., and J. L. White. "Letters from the Papyri: A Study Collection." *Society of Biblical Literature Epistolography Seminar* 1974 (1974, Unpublished).

Kim, J. "The Pastoral Letter in the Early Christianity up to the Early Fifth Century C.E." Unpublished Dissertation; Stellenbosch: Stellenbosch University, 2012.

Kim, J. "The Literary Form of Prescript of Ancient Royal Letter and a Hint for Its Translation: Ezra 4:17 as Case Study." *Scriptura* 111 (2012.12): 544-554.

Kim, S. "The Jesus Tradition in 1 Thess 4.13-5.11." *NTS* 48 (2002): 225-242

Kim, S. *Paul and the New Perspective: Second Thoughts on the Origin of Paul's Gospel*. Grand Rapids, Michigan / Cambridge, U.K.: William B. Eerdmans, 2002.

Kim, S. "Paul's Common Paraenesis (1 Thess 4-5; Phil 2-4; and Rom 12-13): The Correspondence between Romans 1:18-32 and 12:1-2, and the Unity of Romans 12-13." *TynB* 62/1 (2011): 109-139.

Klauck, H. -J. *Ancient Letters and the New Testament: A Guide to Context and Exegesis*. Waco, Texas: Baylor University Press, 2006.

Knight, G. W. *The Pastoral Epistles: A Commentary on the Greek Text*. Grand Rapids, Michigan: William B. Eerdmans, 1992.

Koskenniemi, H. *Studien zur Idee und Phraselogie des griechischen Briefes bis 400 n. Chr.* Helsinki: Akateeminen Kirjakauppa, 1956.

Kotzé, A. "The Protreptic-paraenetic Purpose of Augustine's Confessions and its Manichean Audience." D.Litt. Diss. Stellenbosch, 2003.

Lambrecht, J. "Thanksgiving in 1 Thessalonians 1-3." In *Pauline Studies*. Leuven: Leuven University Press, 1994: 319-341.

Lanham, R. A. *A Handlist of Rhetorical Terms*. Second Edition. Berkeley / Los Angeles / London: University of California Press, 1991.

Lausberg, H. *Handbook of Literary Rhetoric: A Foundation for Literary Study*. Translated by M. T. Bliss, A. Jansen and D. E. Orton. Leiden / Boston / Köln: Brill, 1998.

Liddell, H. G., R. Scott and H. S. Jones. *A Greek-English Lexicon with a Revised Supplement*. Oxford, Clarendon Press, 1996.

Llewelyn, S. R. *A Review of the Greek Inscriptions and Papyri published 1984-85*. Grand Rapids, Michigan / Cambridge, U.K.: William B. Eerdmans Publishing Company, 1998.

Lohmeyer, E. "Probleme paulinischer Theologie: I. Briefliche Grußüberschriften." *ZNW* 26 (1927): 158-173.

Longenecker, R. N. "On the Form, Function and Authority of the New Testament Letters." In *Scripture and Truth*. Edited by D. A. Carson and J. D. Woodbridge. Leicester: InterVarsity Press, 1983: 101-114.

Longenecker, R. N. *Galatians*. Dallas, Texas: Word Books, 1990.

Longenecker, R. N. *Introducing Romans: Critical Issues in Paul's Most Famous Letter*. Grand Rapids, Michigan / Cambridge, U.K.: William B. Eerdmans, 2011.

Louw J. P., and E. A. Nida. *Greek-English Lexicon of the New Testament based on Semantic Domains*. Second Edition. 2 vols. Vol. 2. New York: United Bible Societies, 1989.

Mahaffy, J. P. *A History of Classical Greek Literature*. 2 Vols. London / New York: MacMillan, 1895.

Malherbe, A. J. "Ancient Epistolary Theorists." *Ohio Journal of Religious Studies* 5 (1977): 3-77

Malherbe, A. J. *The Cynic Epistles: A Study Edition*. Missoula, Mont.: Scholars Press, 1977.

Malherbe, A. J. *Social Aspects of Early Christianity*. Second and Enlarged Edition. Philadelphia: Fortress, 1983(1977).

Malherbe, A. J. *Moral Exhortations: A Greco-Roman Sourcebook*. Philadelphia: Westminster, 1986

Malherbe, A. J. *Paul and the Thessalonians: The Philosophic Tradition of Pastoral Care*. Philadelphia: Fortress, 1987.

Malherbe, A. J. *Ancient Epistolary Theorists*. Atlanta: Scholars Press, 1988.

Malherbe, A. J. *Paul and the Popular Philosophers*. Minneapolis: Fortress, 1989.

Malherbe, A. J. "Paul: Hellenistic Philosopher or Christian Pastor?." In *Paul and the Popular Philosophers*. Minneapolis: Fortress, 1989: 67-77.

Malherbe, A. J. "'Pastoral Care' in the Thessalonian Church." *NTS* 36/3 (1990): 375-391.

Malherbe, A. J. "Hellenistic Moralists and the New Testament." In *Aufstieg und Niedergang der römischen Welt II: Principat*. Edited by W. Haase. Vol. 26.1. Berlin / New York: Walter de Gruyter, 1992: 267-333.

Malherbe, A. J. *The Letters to the Thessalonians: A New Translation with Introduction and Commentary*. New York / London / Toronto / Sydney / Auckland: Doubleday, 2000.

Malherbe, A. J. "Paraenesis in the Epistle to Titus." In *Early Christian Paraenesis in Context*. Edited by J. Starr and T. Engberg-Pedersen. Berlin / New York: Walter de Gruyter, 2004: 297-317.

Malherbe, A. J. "New Testament, Traditions and Theology of Care In." In *The Dictionary of Pastoral Care and Counseling*. Edited by R. J. Hunter et al. Nashville, Tenn.: Abingdon, 2005: 787-792.

Malherbe, A. J. "Godliness, Self-Sufficiency, Greed, and the Enjoyment of Wealth: 1 Timothy 6:3-19 Part I." *NovT* 52 (2010): 376-405.

Malherbe, A. J. "Godliness, Self-Sufficiency, Greed, and the Enjoyment of Wealth: 1 Timothy 6:3-19 Part II." *NovT* 53 (2011), 76-96.

Malherbe, A. J., F. W. Norris, and J. W. Thompson Eds. *The Early Church in its Context: Essays in Honor of Everett Ferguson*. Leiden / Boston / Köln: Brill, 1998.

Martin, V. *Essai sur les Letters de St. Basil le Grand*. Nantes: Carpentier, 1865.

Marshall, I. H., *St. Travis and I. Paul. Exploring the New Testament: A Guide to the Letters & Revelation*. Vol. 2. Downers Grove, Illinois: InterVarsity Press, 2002.

McNeill, J. T. *A History of the Cure of Souls*. New York, Evanston and London: Harper Torchbooks, 1965.

Meecham, H. G. *Light from Ancient Letters: Private Correspondence in the Nonliterary Papyri of Oxyrhynchus of the First Four Centuries, and Its Bearing on New Testament Language and Thought*. Eugene, Oregon: Wipf & Stock, 1923.

Meecham, H. G. *The Epistle to Diognetus: The Greek Text with Introduction, Translation and Notes*. Manchester: Manchester University Press, 1949.

Meeks, W. A. *The Moral World of the First Christians*. Philadelphia: Westminster, 1986.

Meeks, W. A. *The Origins of Christian Morality: The First Two Centuries*. New Haven and London: Yale University, 1993.

Michaels, J. R. *Revelation*. Downer Grove, Illinois: InterVarsity Press, 1997.

Mitternacht, D. "A Structure of Persuasion in Galatians: Epistolary and Rhetorical Appeal in an Aural Setting." In *Exploring New Rhetorical Approaches to Galatians: Papers presented at an International Conference, University of the Free State Bloemfontein March 13-14, 2006*. Edited by D. F. Tolmie. Bloemfontein: UFS, 2007: 53-98.

Moles, I. L. "Cynics." In *The Oxford Classical Dictionary*. Edited by S. Hornblower, A. Spawforth and E. Eidinow. Oxford: Oxford University Press, 2012: 415-434.

Mouton, E. *Reading a New Testament Document Ethically*. Atlanta: Society of Biblical Literature, 2002.

Mullins, T. Y. "Disclosure: A Literary Form in the New Testament." *NovT* 7 (1964): 44-50.

Mullins, T. Y. "Greeting as a New Testament Form." *JBL* 87 (1968): 418-426.

Mullins, T. Y. "Formulas in New Testament Epistles." *JBL* 91 (1972): 380-390.

Mullins, T. Y. "Visit Talk in New Testament Letters." *CBQ* 35 (1973): 350-358.

Murphy-O'Connor, J. *Paul the Letter-Writer: His World, His Options, His Skills*. Collegeville, Minnesota: Liturgical Press, 1955.

Nanos, M. D. *The Galatians Debate: Contemporary Issues in Rhetorical and Historical Interpretation*. Peabody, Massachusetts: Hendrickson, 2002.

Neyrey. J. H. *2 Peter, Jude: A New Translation with Introduction and Commentary*. New York: Doubleday, 1993.

O'Brien, P. T. *Introductory Thanksgivings in the Letters of Paul*. Leiden: E. J. Brill,

1977.

O'Brien, P. T. "Thanksgiving within the Structure of Pauline Theology." In *Pauline Studies: Essays presented to Professor F. F. Bruce on his 70th Birthday*. Edited by D. A. Hagner and M. J. Harris. Exeter, Devon: Paternoster, 1980: 50-66.

O'Brien, P. T. *The Epistle to the Philippians: A Commentary on the Greek Text*. Grand Rapids, Michigan: Wm. B. Eerdmans Publishing, 1991.

O'Brien, P. T. "Benediction, Blessing, Doxology, Thanksgiving." In *Dictionary of Paul and His Letters*. Edited by G. F. Hawthorne and R. P. Martin, Downers Grove, Ill.: InterVarsity Press, 1997: 68-71.

O'Brien, P. T. "Letters, Letter Forms." In *Dictionary of Paul and His Letters*. Edited by G. F. Hawthorne and R. P. Martin. Downers Grove, Ill.: InterVarsity Press, 1997: 550-553.

Orelli, J. K. *Collectio Epistularum Graecarum: Graece et Latine*. Lipsiae: Libraria Weidmannia, 1815.

Painter, J. *1, 2, and 3 John*. Collegeville, Minnesota: The Liturgical Press, 2002.

Park, Y. M. "Is Paul a Rhetorician? - An Evaluation based on Paul's own Biographical Statements." 「신약연구」 11/2 (2012.6).

Pease, E. M. "The Greeting in the Letters of Cicero." In *Studies in Honor of Basil. L. Gildersleev*. Edited by B. L. Gildersleeve. Baltimore: John Hopkins Press, 1902: 395-404.

Perdue, L. G. "Paraenesis and the Epistle of James." *ZNW* 72 (1981): 241-256.

Perdue, L. G. "The Social Character of Paraenesis and Paraenetic Literature." *Semeia* 50 (1990): 5-39.

Pilch, J. J. "Book Reviews and Short Notices." *CBQ* 36 (1974): 146-147.

Plato. *Platonis Opera*. Edited by John Burnet. Oxford University Press, 1903.

Porter, S. E. Ed. *Handbook to Exegesis of the New Testament*. Leiden / New York / Köln: E. J. Brill, 1997.

Porter, S. E. "Exegesis of the Pauline Letters, including the Deutero-Pauline Letters."

In *Handbook to Exegesis of the New Testament*. Edited by S. E. Porter. Leiden / New York / Köln: E. J. Brill, 1997: 503-553.

Porter, S. E. "The Theoretical Justification for Application of Rhetorical Categories to Pauline Epistolary Literature." In *Rhetoric and the New Testament: Essays from the 1992 Heidelberg Conference*. Edited by S. E. Porter and T. H. Olbricht. Sheffield: Sheffield Academic Press, 1993: 100-122.

Porter, S. E. "Paul as Epistolographer and Rhetorician? Implications for the Study of the Paul of Acts." In *Paul in Acts*. Edited by S. E. Porter. Peabody, Massachusetts: Hendrickson, 2001: 98-125.

Rabbow, A. *Seelenführung: Methodikder Exerzitien in der Antike*. München: Kösel; Hadot, I. 1969.

Ramsay, W. M. *The Letters to the Seven Churches*. Peabody, Massachusetts: Hendrickson, 1994.

Rankin, D. I. *From Clement to Origen: The Social and Historical Context of the Church Fathers*. Hampshire: Ashgate, 2006.

Richards, E. R. *Paul and First-Century Letter Writing: Secretaries, Composition and Collection*. Downers Grove, IL.: InterVarsity Press, 2004.

Roberts, W. *History of Letter-Writing from the Earliest Period to the Fifth Century*. London: William Pickering, 1843.

Rogers Jr. C. L., and C. L. Rogers III. *The New Linguistic and Exegetical Key to the Greek New Testament*. Grand Rapids, Michigan: Zondervan Publishing House, 1998.

Rowe, G. P. "Style." In *Handbook of Classical Rhetoric in the Hellenistic Period (330 B.C.-A.D. 400)*. Edited by S. E. Porter. Leiden / New York / Köln: Brill, 1997: 121-157.

Schlier, H. "δείκνυμι κτλ." In *TDNT*. Edited G. Kittel and translated by G. W. Bromiley. 10 vols. Vol. 2. Grand Rapids, Michigan: Wm B. Eerdmans Publishing Company, 1995.

Schnider, F., und W. Stenger. *Studien zum neutestamentlichen Briefformular*. Leiden:

E. J. Brill, 1987.

Schreiner, T. R. *Interpreting the Pauline Epistles*. Grand Rapids, Michigan: Baker Book House, 1990.

Schreiner, Thomas R. *Romans*. Second Edition. Grand Rapids, Michigan: BakerAcademic, 2018(1998).

Silva, M. "Betz and Bruce on Galatians." *WTJ* 45 (1983): 371-385.

Silva, M. *Philippians*. Second Edition. Grand Rapids, Michigan: Baker Academic, 1992.

Smalley, S. S. *1, 2, 3 John*. Waco, Texas: Word Books Publisher, 1984.

Smit, J. "The Letter of Paul to the Galatians: A Deliberative Speech." *NTS* 35 (1989): 1-26.

Soulen R. N., and R. K. Soulen. *Handbook of Biblical Criticism*. Third Revised and Expanded Edition. Louisville, London: Westminster John Knox Press, 2001.

Starr, J. "Was Paraenesis for Beginners?." In *Early Christian Paraenesis in Context*. Edited by J. Starr and T. Engberg-Pedersen. Berlin / New York: Walter de Gruyter, 2004: 73-111.

Sterling, G. "Hellenistic Philosophy and the New Testament." In *Handbook to Exegesis of the New Testament*. Edited by S. E. Porter. Leiden / New York / Köln: E. J. Brill, 1997: 313-358.

Stirewalt, M. L. "Review." *JBL* 93(3) (1974, S.): 479-480.

Stirewalt, M. L. *Paul, the Letter Writer*. Grand Rapids, Michigan / Cambridge: William B. Eerdmans, 2003.

Stowers, S. K. *The Diatribe and Paul's Letter to the Romans*. Chico, Calif.: Scholars Press, 1981.

Stowers, S. K. *Letter Writing in Greco-Roman Antiquity*. Philadelphia: Westminster, 1986.

Stowers, S. K. "Social Typification and Classification of Ancient Letters." In *The Social World of Formative Christianity and Judaism: Essays in Tribute to*

Howard Clark Kee. Edited by J. Neusner, et al. Philadelphia: Fortress, 1988: 78-90.

Stowers, S. K. "Letters: Greek and Latin Letters." In *The Anchor Bible Dictionary*. Edited by D. N. Freedman. 6 vols. Vol. 4. New York: Doubleday, 1992: 290-293.

Strecker, G. *History of New Testament Literature*. Translated by C. Katter. Pennsylvania: Trinity Press International, 1997.

Thom, J. C. *The Pythagorean Golden Verses with Introduction and Commentary*. Leiden / New York / Köln: E. J. Brill, 1995.

Thom, J. C. "'The mind is its own place': Defining the Topos." In *Early Christianity and Classical Culture: Comparative Studies in Honor of Abraham J. Malherbe*. Edited by J. T. Fitzgerald, T. H. Olbricht and L. M. White. Leiden: E. J. Brill, 2003: 553-573.

Thompson, M. M. *Colossians & Philemon*. Grand Rapids, Michigan: William B. Eerdmans, 2005.

Thorsteinsson, R. M. *Paul's Interlocutor in Romans 2: Function and Identity in the Context of Ancient Epistolography*. Stockholm, Sweden: Almqvist & Wiksell International, 2003.

Thraede, K. *Grundzüge griechisch-römischer Brieftopik*. München: C. H. Beck, 1970.

Thurén, L. "Motivation as the Core of Paraenesis - Remarks on Peter and Paul as Persuaders." In *Early Christian Parenesis in Context*. Edited by J. Starr and T. Engberg-Pedersen. Berlin / New York: Wlater de Gruyter, 2004: 353-371.

Tolmie, D. F. *Persuading the Galatians: A Text-Centred Rhetorical Analysis of a Pauline Letter*. Tübingen: Mohr Siebeck, 2005.

Towner, P. H. *1-2 Timothy & Titus*. Downers Grove, Illinois: InterVarsity Press, 1994.

Trapp M. Ed. *Greek and Latin Letters: An Anthology, with Translation*. Cambridge: Cambridge University Press, 2003.

Trapp, M. *Philosophy in the Roman Empire: Ethics, Politics and Society*. Hampshire:

Ashgate, 2007.

VanderKam, James C. "Judaism in the Land of Israel." In *Early Judaism: A Comprehensive Overview*. Editied by John J. Collins and Daniel C. Harlow. Grand Rapids, Michigan: William B. Eerdmans Publishing Company, 2012: 70-94.

Vielhauer, P. *Geschichte der urchristlichen Literatur: Einleitung in das Neue Testament, die Apokryphen und die Apostolischen Väter*. Berlin / New York: Walter de Gruyter, 1975.

Wallace, B. D. *Greek Grammar beyond the Basic: An Exegetical Syntax of the New Testament with Scripture, Subject, and Greek Word Indexes*. Grand Rapids, Michigan: Zondervan Publishing House, 1996.

Watson, D. F. "Rhetorical Criticism of the New Testament." In *Rhetorical Criticism of the Bible: A Comprehensive Bibliography with Notes on History and Method*. Edited by D. F. Watson and A. J. Hauser. Leiden / New York / Köln: E. J. Brill, 1994: 99-206.

Watson, D. F. "A Reexamination of the Epistolary Analysis Underprining the Arguments for the Composite Nature of Philippians." In *Early Christianity and Classical Culture: Comparative Studies in Honor of Abraham J. Malherbe*. Edited by J. T. Fitzgerald, T. H. Olbricht and L. M. White. Leiden / Boston: E. J. Brill, 2003: 157-177.

Weima, J. A. D. *Neglected Endings: The Significance of the Pauline Letter Closings*. Sheffield: JSOT Press, 1994.

Weima, J. A. D. "Epistolary Theory." In *Dictionary of New Testament Background*. Edited by C. A. Evans and S. E. Porter. Downers Grove, Ill.: InterVarsity Press, 2000: 327-330.

Weima, J. A. D. "Greco-Roman Letters." In *Dictionary of New Testament Background*. Edited by C. A. Evans and S. E. Porter. Downers Grove, Ill.: InterVarsity Press, 2000: 640-644.

Weima, J. A. D. *1-2 Thessalonians*. Grand Rapids, Michigan: Baker Academic, 2014.

Weima, J. A. D. *Paul 'the' Ancient Letter Writer: An Introduction to Epistolary Analysis*. Grand Rapids, MI.: Baker Academic, 2016.

Welles, C. B. *Royal Correspondence in the Hellenistic Period: A Study in Greek Epistolography*. New Haven: Yale University Press, 1934.

Wendland, P. *Die urchristlichen Literaturformen*. Vol. 1.3. Tübingen: J.C.B. Mohr (Siebeck), 1912.

Westermann, A. *De epistolarum scriptoribus Graecis commentationis*. Lipsiae: Staritz, 1851-1858.

White, J. L. "Introductory Formulae in the Body of the Pauline Letter." *JBL* 90 (1971): 91-97.

White, J. L. "The Structural Analysis of Philemon: A Point of Departure in the Formal Analysis of the Pauline Letters." *SBLSP* 1 (1971): 1-47.

White, J. L. *The Form and Structure of the Official Petition: A Study in Greek Epistolography*. Missoula, Montana: Scholars Press, 1972.

White, J. L. *The Form and Function of the Body of the Greek Letter: A Study of the Letter-Body in the Non-Literary Papyri and in Paul the Apostle*. Second Edition. Missoula, Montana: Scholars Press, 1972.

White, J. L. "Epistolary Formulas and Clichés in Greek Papyrus Letters." *SBLSP* 14 (1978): 289-320.

White, J. L. "The Greek Documentary Letter Tradition Third Century B.C.E. to Third Century C.E." *Semeia* 22 (1982): 89-106.

White, J. L. "Saint Paul and the Apostolic Letter Tradition." *CBQ* 45 (1983): 433-444.

White, J. L. "New Testament Epistolary Literature in the Framework of Ancient Epistolography." In *Aufstieg und Niedergang der römischen Welt II: Principat*. Edited by W. Haase. Vol. 25.2. Berlin / New York: Walter de Gruyter, 1984: 1730-1756

White, J. L. *Light from Ancient Letters*. Philadelphia: Fortress, 1986.

White, J. L. "Ancient Greek Letters." In *Greco-Roman Literature and the New Testament: Selected Forms and Genres*. Edited by D. E. Aune. Atlanta:

Scholars Press, 1988: 85-105.

White, J. L. "Apostolic Mission and Apostolic Message: Congruence in Paul's Epistolary Rhetoric, Structure and Imagery." In *Origins and Method: Toward a New Understanding of Judaism and Christianity: Essays in Honour of John C. Hurd*. Edited by B. H. McLean. Sheffield: JSOT, 1993: 145-161

White, J. L., and K. A. Kensinger. "Categories of Greek Papyrus Letters." *SBLSP* 10 (1976): 79-91.

Witherington, B. *1 and 2 Thessalonians: A Socio-Rhetorical Commentary*. Grand Rapids, Michigan, 2006.

Wilson, R. M. *A Critical and Exegetical Commentary on Colossians and Philemon*. London / New York: T&T Clark International, 2005.

Wilson, W. T. *Love without Pretense: Romans 12.9-21 and Hellenistic-Jewish Wisdom Literature*. Tübingen: J.C.B. Mohr [Paul Siebeck], 1991.

Wilson, W. T. *The Hope of Glory: Education and Exhortation in the Epistle to the Colossians*. Leiden: Brill, 1997.

Yarbrough, R. W. *1-3 John*. Grand Rapids, Michigan: Baker Academic, 2008.

Young, R. A. *Intermediate New Testament Greek: A Linguistic and Exegetical Approach*. Nashville, Tennessee: Broadman & Holman Publishers, 1994.

Ziemann, F. "De epistularum graecarum formulis sollemnibus quaestiones selectae." Diss. Halle.: 1911.

Zogbo L., and E. R. Wendland. *Hebrew Poetry in the Bible: A Guide for Understanding and for Translating*. New York: United Bible Society, 2000.

https://ko.dict.naver.com/#/entry/koko/d6ab4580ac804ff8a5e8128053d000f6 [접속일: 2019-2-5].